U0480815

考古文明

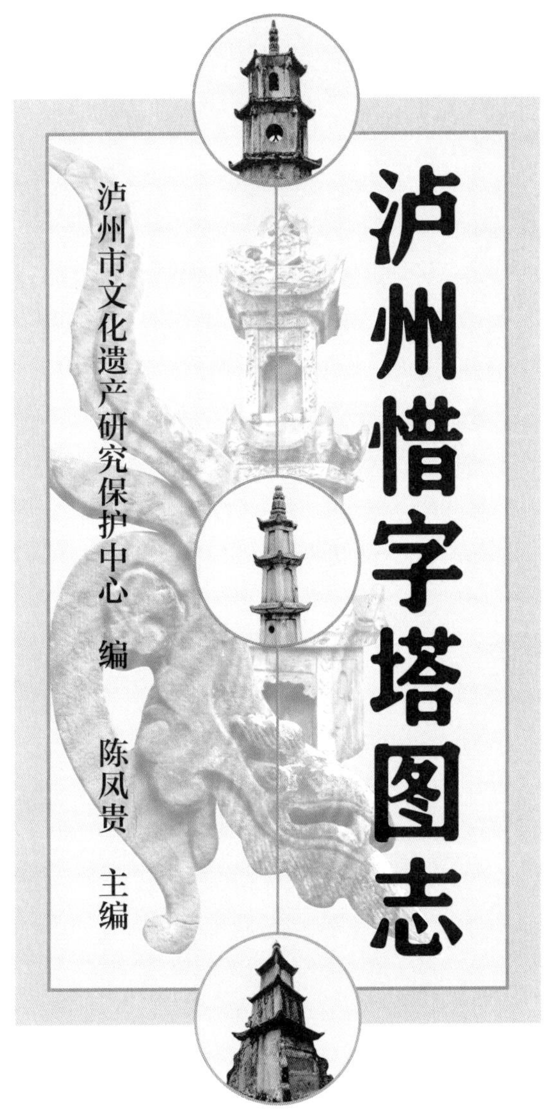

泸州惜字塔图志

泸州市文化遗产研究保护中心 编

陈凤贵 主编

四川大学出版社
SICHUAN UNIVERSITY PRESS

图书在版编目（CIP）数据

图书在版编目（CIP）数据
泸州惜字塔图志 / 泸州市文化遗产研究保护中心编 ；陈凤贵主编. -- 成都 : 四川大学出版社, 2024. 6.
（考古与文明）. -- ISBN 978-7-5690-6953-2
Ⅰ. K928.75
中国国家版本馆 CIP 数据核字第 20248RF516 号

书　　名：泸州惜字塔图志
　　　　　Luzhou Xizita Tuzhi
编　　者：泸州市文化遗产研究保护中心
主　　编：陈凤贵
丛 书 名：考古与文明

丛书策划：张宏辉　杨岳峰
选题策划：杨岳峰
责任编辑：梁　明
责任校对：李　耕
装帧设计：李　野
责任印制：王　炜

出版发行：四川大学出版社有限责任公司
　　　　　地址：成都市一环路南一段 24 号（610065）
　　　　　电话：（028）85408311（发行部）、85400276（总编室）
　　　　　电子邮箱：scupress@vip.163.com
　　　　　网址：https://press.scu.edu.cn
印前制作：成都完美科技有限责任公司
印刷装订：四川盛图彩色印刷有限公司

成品尺寸：210mm×285mm
印　　张：27.75
字　　数：699 千字

版　　次：2024 年 7 月 第 1 版
印　　次：2024 年 7 月 第 1 次印刷
定　　价：198.00 元

扫码获取数字资源

四川大学出版社
微信公众号

前　言

惜字塔，亦称惜字楼、惜字炉、惜字宫、焚字库、字库，是专用于焚烧带字纸张的建筑，是古人敬惜字纸理念的体现之一。文字自诞生之时就有神秘性与神圣性的特征，早期为特权阶级所垄断，用于维护其统治。随着社会的发展，文字逐渐普及开来，神秘性弱化，而神圣性则保留了下来，写有文字的纸张更是被称为“圣迹”。这类纸被认为是具有灵性的，需要敬惜，不能随意毁坏，要用专门的方式在特定的地点来处理。中国古代一直都有这样的惜字思想，而到了清朝，社会变革激烈，惜字信仰发展到顶峰，人们在处理字纸时不仅有盛大的仪式，还有专门的场所，即惜字塔。

泸州市第三次全国文物普查始于 2007 年，止于 2011 年。此次普查对泸州境内所有不可移动文物进行了彻底的普查登记，摸清了泸州的文物家底。将泸州市所有不可移动文物分为古墓葬、古遗址、古建筑等六大类，分别进行了普查登记。普查显示：泸州市不可移动文物 5503 处，数量位居省内前列，其中泸县、合江、叙永不可移动文物数量都超过 1000 处。惜字塔在全国都有分布，盐亭字库更是全国闻名。泸州在历次的文物普查中亦发现一定数量的惜字塔。此次对泸州市域内这种特殊的建筑进行调查，行程两千多公里，走访 26 个乡镇，发现了 36 座惜字塔。这些惜字塔基本修建于清朝中后期，泸州各区县都有分布，其中古蔺县最多，有 23 座，江阳区 2 座，龙马潭区 1 座，纳溪区 2 座，泸县 2 座，合江县 4 座，叙永县 2 座。

现存的泸州惜字塔虽都建于清代，但各塔呈现出来的信息却不尽相同。有的装饰繁多，塔的每一层都雕刻有繁花益草和人物雕像，如福宝回龙街惜字库；有的每层都有抱鼓石，使塔看起来高大威严，如观音堂惜字塔；有的则以素面示人，不加装饰，清新秀丽，如东林观惜字亭。泸州惜字塔蕴含着丰富的文化内涵，此次调查对第三次全国文物普查相关资料进行了部分修正，也重新绘制了立面图，较为全面地收集了数据，以期为后续保护管理提供借鉴和数据支撑，也可为学者们研究提供参考资料。

泸州市文化遗产研究保护中心

2023 年 5 月

目录

泸州惜字塔调查研究概述

惜字塔，亦称为惜字亭、惜字宫、惜字楼、焚字库、焚纸楼。四川也称字库。惜字塔是用于烧毁带有文字的纸张的建筑，是古人“敬惜字纸、惜字祈福”理念的体现之一。在台湾多称圣迹亭，大陆东南的客家地区称敬字亭，泸州则多称惜字塔、惜字亭、字库。据记载，惜字塔始建于宋代，到元明清时在全国各地已经相当普遍。明清时期，惜字、敬字风俗日盛，人们认为万物有灵，书写文字的字纸为“圣迹”，更具灵性，敬惜它们就能积累功德。清朝时，焚烧字纸已经有了繁复的仪式，这种仪式同时也发挥着宣传伦理道德的作用。惜字塔作为专门焚烧字纸的建筑，属于场镇中的文化礼制建筑，一般修建于道路旁、街巷里，或是寺庙中，所以惜字塔往往又成为一种标志性景观建筑。惜字塔这种中国特有的古建筑类型，一般体量不大，但造型挺拔匀称、装饰玲珑精巧、质色典雅朴实、所承载的文化内涵深厚丰富，是中国传统建筑艺术与传统文化高度融合的杰出典范和珍贵类型，是极具文化遗产价值的宝贵历史遗存。

一、惜字塔的源流

惜字塔的建造始于宋代，到明清时期就已经十分普遍了。惜字塔虽有塔之称，但其与佛塔之间的差别极大。佛塔一般体量较大，人可以进入，但惜字塔体量一般较小，人不可进入。惜字塔是佛塔进入中国后，受敬惜字纸习俗影响而出现的一种本土化的塔。泸州的惜字塔最早记载于《泸县志》：“文星塔，在县北八十九里王之铨墓前。俗称文笔星。明御史王藩臣建。”由此可见，泸州地区最早的惜字塔建造时间不晚于明代。但现已无实例可寻，亦无图片可供考证。目前泸州现存的惜字塔都建于清代。

（一）塔的源流

惜字塔作为一种非宗教的塔形建筑，和全国各地同时期的文峰塔、风水塔等一样，其形制与佛塔基本一致，但在内涵上却千差万别。它虽然以佛塔为蓝本建造，但其文化内涵却是中国本源的。梁思成先生称这一类型的塔为“儒教塔”。

中国传统建筑中并没有塔这一建筑形式，塔是随着佛教一起传入中国的。据佛教经典记载，佛教的创始人释迦牟尼圆寂后留下舍利，众弟子建造了一种特殊的建筑来供奉舍利，这种建筑就是塔，梵文名为“stupa”，意思为墓冢。后来传到中国，直接音译为“窣堵坡”。“塔”字最早见于东晋葛洪的《字苑》，而关于佛塔的最早文献记载是《后汉书·陶谦传》中的“上累金盘，下为重楼”。

“重楼”的建筑形式在汉朝已经是常见的了，当时的文献中多有大兴楼台的记录。后来“窣堵坡”的形制就和本土原有的高台、亭阁逐渐相互借鉴，相互融合，这在魏晋时期的文献和雕刻、壁画中都有体现，而在云冈石窟和敦煌北魏壁画中尤为明显。塔传入中国后，在发展中逐步突破佛教限制，产生了很多本土的塔，惜字塔正是其中的一种。

（二）敬惜字纸习俗

在远古时代，先民对世界的认知有着局限性，一些自然现象很容易被理解成是鬼神所为，而巫术、祭祀等则表现了人对自然界及神灵的臣服。《淮南子・本经训》中记载，“昔者仓颉作书，而天雨粟，鬼夜哭”，“天雨粟，鬼夜哭”描述的是神鬼对造字所做出的反应，其本质是先民敬天地、事鬼神的心理映射。仓颉因为造字成为民间信仰体系中诸多神祇之一，而文字这种诞生于“鸟兽蹄远之迹”中的神圣之物本身亦受到人们的顶礼膜拜。

敬惜字纸的习俗与文字、文化是分不开的，民间与之相关或相似的信仰则有文昌帝君与仓颉信仰，其共同之处在于都和儒家、科举制度息息相关。南北朝时期，颜之推的《颜氏家训・治家篇》中便有“吾每读圣人之书，未尝不肃敬对之。其故纸有《五经》词义及贤达姓名，不敢秽用也”之言，颜之推认为圣人之书需要“肃敬对之”，这表明在南北朝时就已经有惜字信仰的雏形，不过当时仅限于针对记载了五经和贤达姓名的书籍。到明朝时，刘宗周《人谱类记》载：“王曾之父生平见字纸遗弃，必拾而以香汤洗之，然后焚化。一夕梦至圣抚其背曰：‘汝何敬重吾字之勤也。恨汝老矣，无可成就，当遣曾参来生汝家。’未几生一男，即沂公也。三元及第，为宋名相。”从这则故事可以看出，敬惜字纸实际上是对文化的敬重爱惜，作为回报，在科举考试中则获得了“三元及第”的结果。这样，敬重文化的观念与科举制度之间就形成了密切的联系。民众认为敬惜字纸的行为会为后代祈福，能够使其在科举中获得好的名次。这种朴素的愿望对敬惜字纸这一类习俗在古代的发展与传播起到了极大的作用。

文昌帝君作为主管科举考试的神祇，对惜字信仰也产生了影响。民众除修建文昌庙用以供奉文昌帝君，还在惜字塔这一专门焚烧字纸的场所也供奉起文昌帝君的神像，由此，进一步发展出专门焚烧字纸的仪式。到明清时，全国各地都兴建了惜字塔，甚至在康熙时出现了惜字组织。

二、泸州惜字塔分布简况

调查发现了泸州惜字塔36座，建造年代都在清代中后期。泸州各区县均有分布，其中江阳区2座，龙马潭区1座，纳溪区2座，泸县2座，合江县4座，叙永县2座，古蔺县23座（图1、表1）。古蔺县数量最多的原因可能是此地惜字塔分布远离城区，受到人为影响最小，也有可能是明清时期，这些地方的敬惜字纸习俗更加流行。总体上，惜字塔多分布在树林里、田埂上，仅少数分布在场镇。

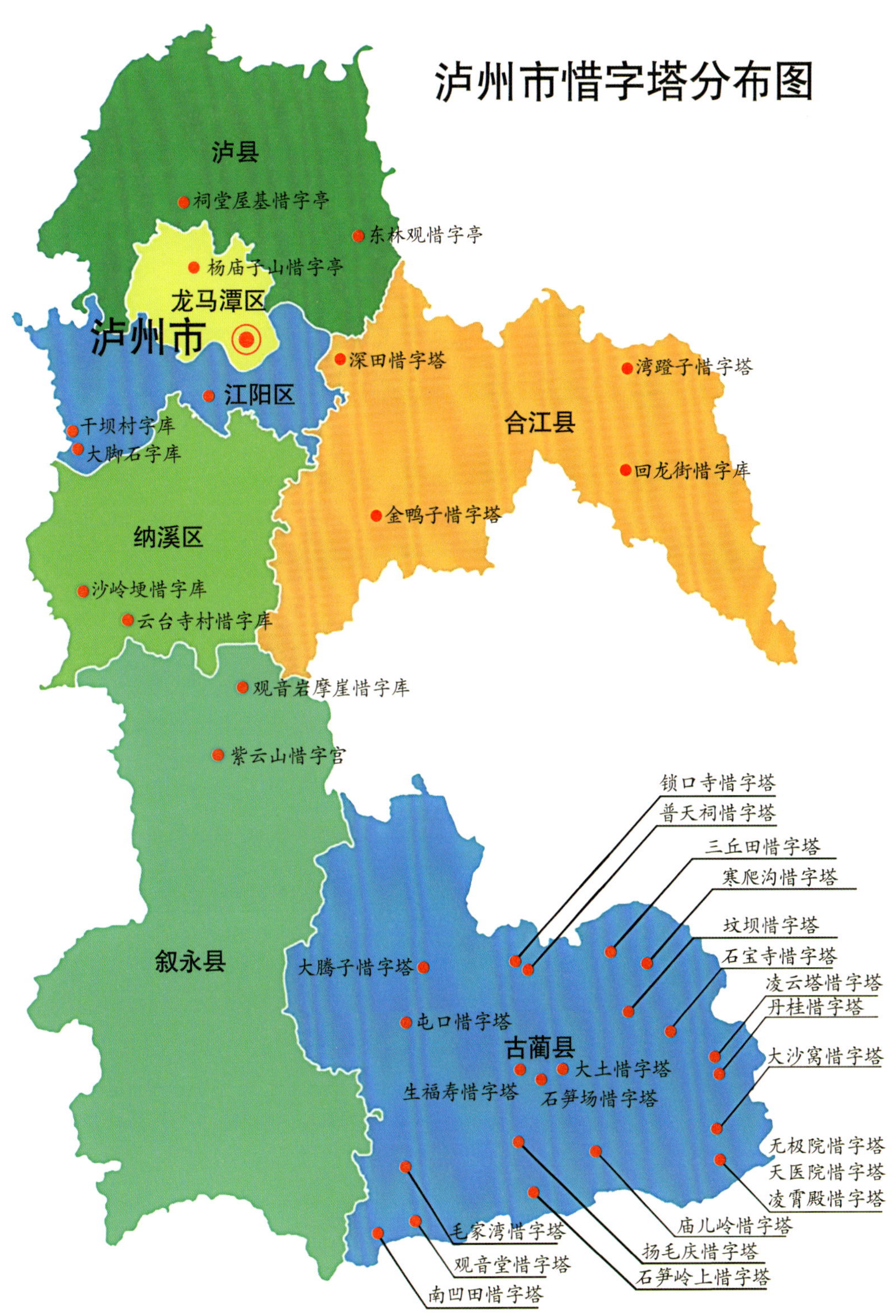
泸州市惜字塔分布图
泸县
祠堂屋基惜字亭
东林观惜字亭
杨庙子山惜字亭
龙马潭区
泸州市
深田惜字塔
湾蹬子惜字塔
江阳区
合江县
干坝村字库
大脚石字库
回龙街惜字库
金鸭子惜字塔
纳溪区
沙岭埂惜字库
云台寺村惜字库
观音岩摩崖惜字库
紫云山惜字宫
锁口寺惜字塔
普天祠惜字塔
三丘田惜字塔
寒爬沟惜字塔
坟坝惜字塔
石宝寺惜字塔
叙永县
大騰子惜字塔
凌云塔惜字塔
丹桂惜字塔
屯口惜字塔
古蔺县
大土惜字塔
大沙窝惜字塔
生福寿惜字塔
石笋场惜字塔
无极院惜字塔
天医院惜字塔
凌霄殿惜字塔
毛家湾惜字塔
庙儿岭惜字塔
扬毛庆惜字塔
观音堂惜字塔
石笋岭上惜字塔
南凹田惜字塔

图 1　泸州惜字塔分布图

表 1　泸州惜字塔统计表

序号	1	2	3
名称	大脚石字库	干坝村字库	杨庙子山惜字亭
材质	石材	砖石混砌	石材
立面图	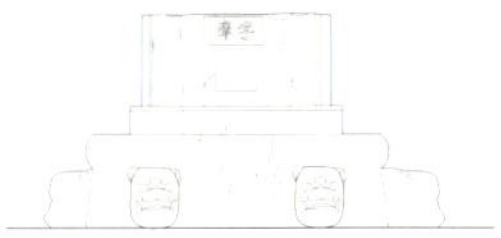	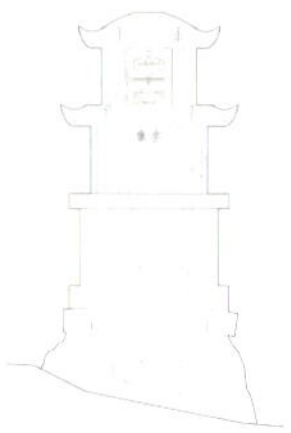	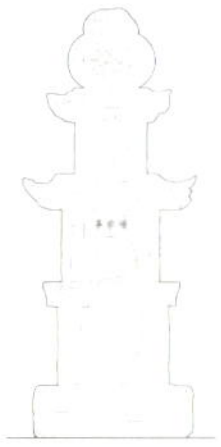
序号	4	5	6
名称	云台寺村惜字库	沙岭埂惜字库	祠堂屋基惜字亭
材质	砖石混砌	石材	石材
立面图	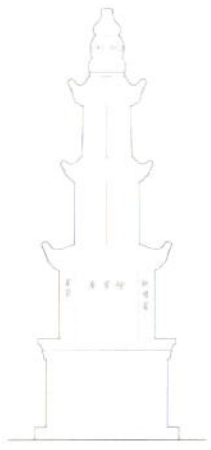	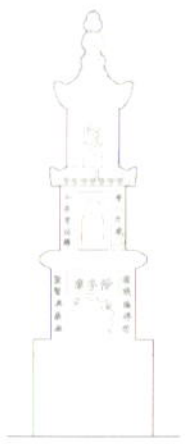	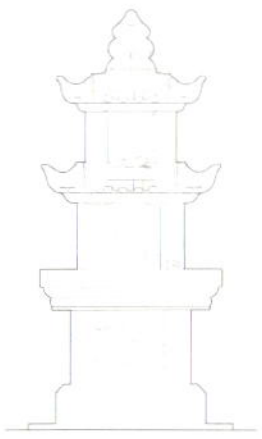
序号	7	8	9
名称	东林观惜字亭	金鸭子惜字塔	回龙街惜字库
材质	石材	砖石混筑	砖石混筑
立面图			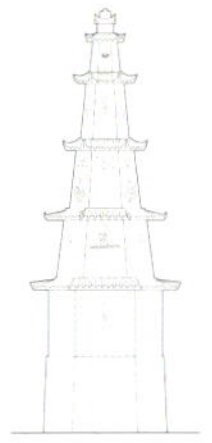
序号	10	11	12
名称	湾蹬子惜字塔	深田惜字塔	观音岩摩崖惜字库
材质	砖石混筑	砖石混筑	摩崖石刻
立面图		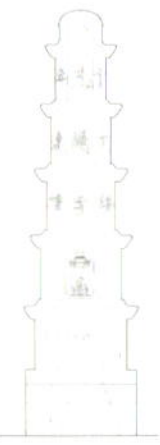	

（续表）

序号	13	14	15
名称	紫云山惜字宫	无极院惜字塔	天医院惜字塔
材质	砖石混筑	石材	石材
立面图	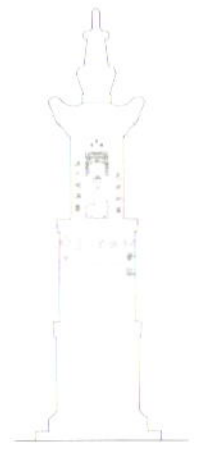	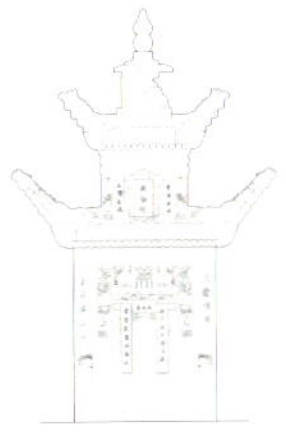	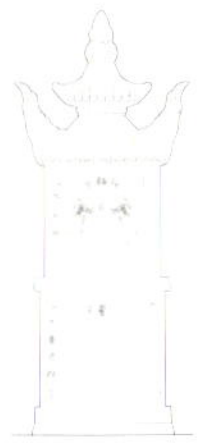
序号	16	17	18
名称	凌霄殿惜字塔	大沙窝惜字塔	凌云塔惜字塔
材质	石材	石材	砖石砌筑
立面图	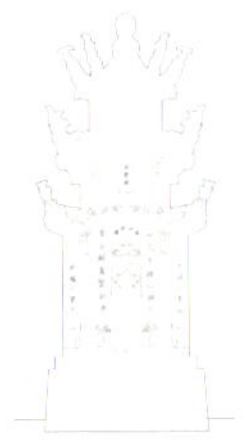	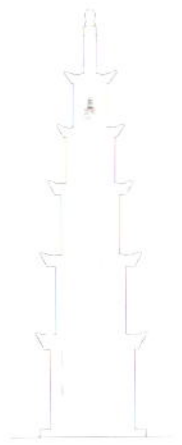	
序号	19	20	21
名称	丹桂惜字塔	石宝寺惜字塔	坟坝惜字塔
材质	砖石混筑	石材	砖石混筑
立面图	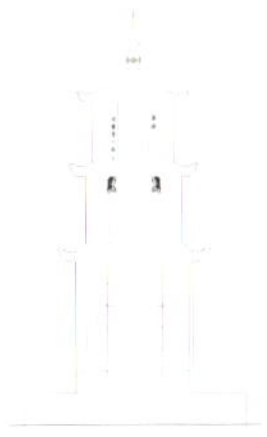		
序号	22	23	24
名称	寒爬沟惜字塔	三丘田惜字塔	扬毛庆惜字塔
材质	砖石混筑	砖石混筑	砖石混筑
立面图	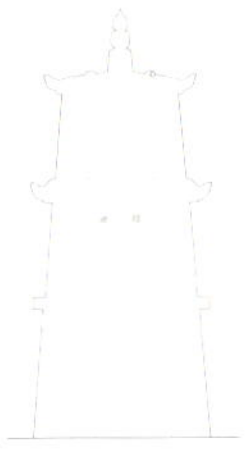	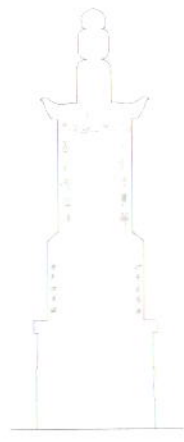	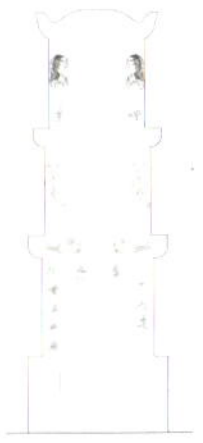

（续表）

序号	25	26	27
名称	庙儿岭惜字塔	石笋岭上惜字塔	观音堂惜字塔
材质	砖石混筑	石材	砖石混筑
立面图			
序号	28	29	30
名称	南凹田惜字塔	毛家湾惜字塔	普天祠惜字塔
材质	砖石混筑	石材	砖石混筑
立面图			
序号	31	32	33
名称	锁口寺惜字塔	大腾子惜字塔	屯口惜字塔
材质	砖石混筑	石材	石材
立面图			
序号	34	35	36
名称	石笋场惜字塔	生福寿惜字塔	大土惜字塔
材质	石材	石材	石材
立面图			

三、特征

惜字塔与佛塔的差别较大，它们虽然以佛塔为建造蓝本，但是惜字塔的形态更加多样化。佛塔属于宗教建筑，严谨性和严肃性都远大于作为民间建筑的惜字塔。另外，佛塔的内部空间一般较大，可供人登临而上；而惜字塔主要的实用功能是焚烧字纸，内部结构都是单腔空筒式。在装饰上，由于不受佛教教义的拘束，惜字塔的装饰也更加多种多样。

（一）分类方式

李沄璋等在《盐亭经典式字库塔形制特征研究》中根据惜字塔立面形态，将盐亭惜字塔分为经典式、简化式和楼阁式三种类型，经典式是盐亭特有的类型，而简化式则广泛分布于四川。泸州大多数的惜字塔在立面上与简化式惜字塔相近，但又不能以一概全，可根据砌筑方式的不同将泸州惜字塔进行分类。第一类通体采用石材砌筑，共 17 座。其中又可根据塔身是否有装饰来分类。多数有石兽装饰和浮雕画，如毛家湾惜字塔（图 2）；少数通体素面，塔的正立面无任何的装饰，如屯口惜字塔（图 3）。第二类采用砖石和石材混合的砌筑方法，共 17 座。这一类多用砖石砌筑台基或最下面一层，塔的上层则用石材砌筑，如云台寺村惜字库（图 4）。第三类只采用砖石来砌筑，仅发现凌云塔惜字塔一座，塔身为六边形，通高约 20 米，层层开拱形窗，塔刹为六边形宝珠。在塔的一侧有石敢当一座，此外无任何装饰，整体显得清新灵动（图 5）。第四类为直接在崖壁上开凿的惜字塔，现发现的仅为观音岩摩崖惜字库（图 6），其刻于观音岩的一崖壁上，距地约 1.6 米，凿壁不足 1 米。炉口两侧刻有对联“存圣贤精血，植子孙功名”，炉口上方刻有“惜字库”，右侧刻有“监生王□□□心敬修，道光十五年九月吉日谷旦”，在字库的右侧刻有“洁净”。直接于崖壁上开凿惜字塔，这在泸州属于特例，放眼全国也属少见。采用四种不同砌筑方式建造惜字塔应是因地制宜的表现。

图 2　毛家湾惜字塔

图 3　屯口惜字塔

图4　云台寺村惜字库

图5　凌云塔惜字塔

图6　观音岩摩崖惜字库

（二）塔身雕刻

36 座惜字塔中只有 13 座是没有任何雕刻的，其余塔身或多或少都有雕刻。这些雕刻内容的主题以具象的元素来表达一种愿望或者宣扬某种理念，既寄托了民众的祈福愿想，又起到了很好的装饰效果。这些雕刻内容多寓意吉祥、喜庆，涵盖了繁花益草、吉祥器物、祥麟瑞兽和人物图案等。其中以繁花益草的数量最多，如代表富贵的牡丹、代表多子多福的葡萄、代表高洁的兰草等，其次为各种吉祥器物，如“暗八仙”中的笛子、玉板等。比较典型的是东林观惜字亭，其塔身每一层都有雕刻（图 7），从台基到第五层，雕刻了带状纹饰、笛子、猪头、凤鸟、花草、人物等多幅浮雕画。

图 7　东林观惜字亭台基及塔身浮雕

（三）匾额与楹联

匾额在建筑上一般起到标识、点题的作用。从泸州惜字塔的匾额来看，其内容大体可以分为三类。第一类为雕刻塔名或直言塔的性质，如“字库”“惜字塔”“惜字宫”等。福宝回龙街惜字库第一层塔身西侧就雕刻有“字库”二字（图 8）。第二类则雕刻龛的名字。惜字塔作为开展民间祭祀活动的场所，塔身多设有龛位以供奉神像，故龛上的匾额用以指示龛名。如南凹田惜字塔，在塔的第二层与第三层各设有龛位和匾额，第二层为“武圣宫”，第三层为“桂香宫”。又如生福寿惜字塔，在第二层和第三层也都有匾额，上刻“二圣宫”“神农殿”（图 9）。还有一类则刻有赞美或颂扬等谀辞，如普天祠惜字塔第一层和第二层匾额上刻“乃神乃圣”“圣德昭彰”。

图 8　福宝回龙街惜字库第一层西侧雕刻有“字库”二字

图 9　生福寿惜字塔二、三层匾额

楹联是我国传统建筑的典型装饰，恰到好处的语句对建筑以及环境能起到画龙点睛之效。惜字塔楹联的内容多是表现文字的神圣性和敬惜文字获得福报的句子，如屯口惜字塔二层上书“启斯文之运，堂耀武之风”，与其匾额上的“允文允武”合为一组完整的楹联，表达出修建者希望能文能武的愿望；石笋场惜字塔二层立柱上书“阴德多神能助笔，工夫到士会凌云”（图 10）；坟坝惜字塔刻“到此文章归化境，从今字迹起烟云”（图 11）；等等。

图 10　石笋场惜字塔二层楹联

图 11　坟坝惜字塔二层楹联

（四）神像

惜字塔上常设龛用以供奉神像。虽然惜字塔多是一种民间自发建造的建筑，建造者多为深受儒家文化熏染的士绅，但经过唐宋元三代的发展，儒释道在中国相互影响，不断融合，故而在惜字塔上不仅可以看到儒家元素，也常可看到佛教、道教的元素。泸州现存惜字塔大部分龛内都不见留存有神像，仅少数保存较好的能见到神像。比较清晰的主要有以下几座。坟坝惜字塔第二层供奉一座戴冠帽、双手放于腰间的神像，其形象似为文昌帝君。大沙窝惜字塔第五层龛内端坐一佛像。金鸭子惜字塔第三层神像为左手放于膝盖上的菩萨，第四层的神像是文昌帝君（图 12）。石笋场惜字塔第二层龛位供奉文昌帝君（图 10）。深田惜字塔第二层亦供奉有神像，但因风化，神像难以辨认，或为文昌帝君（图 13）。紫云山惜字宫第三层的龛内供奉文昌帝君，头戴冠冕，手放于腰间（图 14）。

文昌帝君不仅是主文运之神，同时也是“孝弟之至，通于神明”思想的主要传播者。泸州惜字塔多供奉文昌帝君，体现了惜字塔在寄托士人科举夺魁的愿望之外，还发挥着礼教教化作用。

图 12　金鸭子惜字塔三层（左）、四层神像

图 13　深田惜字塔二层神像

图 14　紫云山惜字宫神像及楹联

四、价值

（一）惜字塔是独特传统文化的见证

泸州惜字塔的发展伴随着敬惜字纸文化信仰的发展。敬惜字纸是中国独特的文化现象，萌发于中国本土的儒教文化，后在发展过程中融入了道教、佛教的元素，而惜字塔正是这种文化的实物载体。

无论是敬惜字纸这一风俗还是惜字塔建筑本身，都能够展现传统的社会价值取向。现如今，随着电脑和网络的普及，字纸有了可替代性，敬惜字纸在现代人中逐渐变得陌生，焚烧字纸的专门仪式也已然消失，而惜字塔这一实物建筑，则成为敬惜字纸这一独特传统文化的见证。

（二）反映了社会转变期的重要特征

科举制度的出现为古代读书人提供了一条明路，读书即可进仕，读书即可治国，读书即可平天下。因此，包含进阶之道的书籍、字纸受到天下读书人的追捧，大量惜字塔的修建正反映了当时社会的需要。而到了清朝中后期，造纸业、印刷业飞速发展，使得出版的书籍越来越多，纸张的生产也越来越快，导致文字的神圣性大大降低。同时，商业的发展对儒生的社会地位造成冲击，惜字塔的修建者们试图通过修建惜字塔来唤醒敬惜字纸的文化基因，维护封建正统文化的权威，维持士农工商的社会秩序。

（三）建筑价值

泸州惜字塔具有挺拔匀称的整体造型、玲珑精巧的细部装饰和密实厚重的材质。平面多为四边形和六边形，多是标准的正多边形，左右对称。其整体由下而上逐层收缩，在渐变中达到稳定，符合中国传统的审美情趣。另外，惜字塔的建筑艺术价值不仅仅体现在其外在的躯体之美，更重要的还有它哲学范畴内的意义。

五、结语

泸州地处川滇渝三省市交界处，历来是西南重要的交通节点，拥有众多的古乡镇和古村落，它们保留了大量的传统建筑和传统习俗，惜字塔正是其中的代表。惜字塔作为中国古建筑中独特的类型，具有特定的使用功能和特殊的文化内涵，蕴含着“惜字”这一历史悠久的文化习俗。惜字塔一方面体现了民众集体的精神诉求，另一方面则在民间基层中发挥着劝人向善的教化作用。

古蔺县

无极院惜字塔

无极院惜字塔调查保护记录表

<table>
<tr><td>名　称</td><td colspan="4">无极院惜字塔</td></tr>
<tr><td>年　代</td><td colspan="2">清</td><td>类　别</td><td>古建筑</td></tr>
<tr><td>所在地</td><td colspan="4">四川省泸州市古蔺县茅溪镇碧云寺</td></tr>
<tr><td>海　拔</td><td>1293.5 米</td><td>经　度</td><td>106°14'9"E</td><td>纬　度</td><td>27°50'43"N</td></tr>
<tr><td>保护级别</td><td colspan="4">一般不可移动文物</td></tr>
<tr><td>所有权</td><td colspan="2">集体所有</td><td>使用人</td><td>碧云寺</td></tr>
<tr><td>管理机构</td><td colspan="4">古蔺县文化广播电视和旅游局（下称文旅局）、茅溪镇</td></tr>
<tr><td>用　途</td><td colspan="4">活动场所</td></tr>
<tr><td>简　介</td><td colspan="4">无极院惜字塔为三层四边形阁楼式石质空心塔，坐南向北；四边形素面台基，边长 1.8 米（侧面为 1.6 米），高 0.4 米；塔顶为四角攒尖顶，翘角上有飞鱼；塔身为四边形，逐层上收；塔体高约 5 米；一层正面四柱，均阴刻有对联，其中外侧两柱角下有圆雕神兽，一层正中镂空雕雀替；二层正中火焰纹牌匾上雕刻“无极院”三字，两侧方柱面饰雕刻浅浮雕宝瓶、花朵。</td></tr>
<tr><td>文物描述</td><td colspan="4">无极院惜字塔由台基、塔身、塔檐、塔顶组成，为四边形阁楼式石质空心塔，整座塔用石灰、糯米浆、青石砌筑，榫卯卡槽式连接。
台　基：四边形素面台基，表面不做磨光处理而采用寸五錾的细道处理。
塔　身：四边形塔身由方形角柱与石板榫卯连接，柱脚置于基座卡槽之上，共两层，逐层上收。一层门柱内设 4 柱三间龛室，龛柱面均阴刻有对联，其中外侧两门柱角间设镂空深浮雕雀替，柱下有圆雕神兽一对；二层正中火焰纹匾额上雕刻“无极院”三字，两侧方柱浅浮雕宝瓶、花朵；三层素面石板拼砌。
塔　檐：四角攒尖石雕塔檐。
塔　顶：四边形整石雕刻宝珠塔顶。
真实性：无极院惜字塔基本保持了清代建筑形制，文物建筑在形制特征、材料和工艺特点等方面保留了历史原状，具有鲜明的地方特色，仍保留了宗教活动场所的简易功能。
完整性：无极院惜字塔整体保存状况良好，基本保留了历史原构，留存早期的历史活动信息，周边环境能够真实反映惜字塔选址与地形地貌的关系。</td></tr>
<tr><td rowspan="2">文物调查</td><td>形制</td><td>工艺</td><td>结构</td><td>材料</td></tr>
<tr><td>三层四边形阁楼式石塔</td><td>石构榫卯连接，各部构件整石雕刻，表面做细道和扁光相结合的加工工艺</td><td>仿木榫卯结构，内部构造为单腔空筒式</td><td>石灰、糯米浆、青石</td></tr>
<tr><td colspan="6">文物本体历史沿革
根据文献记载，该惜字塔建于清代。
至今，该惜字塔未做过较大修缮，基本为原状保存。</td></tr>
</table>

（续表）

保护管理工作沿革 2009 年，对该文物建筑进行普查记录。 至今，无极院惜字塔由茅溪镇和古蔺县文旅局协同管理。
价值评估 该塔位于碧云寺内，现在多作为当地村民祈福之用，具有一定社会价值，对研究川南地区宗教和民俗文化有着重要作用。 惜字塔作为中华民族的物质文化遗产之一，承载着明清时期民间敬惜字纸文化信仰的历史记忆。
风险评估 无极院惜字塔主要为石砌仿木结构，受大自然酸雨长期浸渍，有风化侵蚀的风险。 无极院惜字塔所处地区年雷雨天数较多，文物建筑遭受雷击风险较高。
现状评估 无极院惜字塔整体形制保存完整，第三层塔顶受自然灾害影响而破损、残缺、开裂，主要表现为塔顶檐口翘角残损，塔檐残缺位移，塔顶石构件残损严重，塔身构件位移、开裂等。 无极院惜字塔位于碧云山顶部悬崖边，交通便利。
“四有”工作情况 **保护范围：**无。 **保护标志：**无。 **记录档案：**无极院惜字塔保护档案已建立，现存于古蔺县文旅局。 **保护管理机构：**无极院惜字塔现由茅溪镇管理，古蔺县文旅局主要负责对无极院惜字塔文物保护工作的监督、指导，并协同管理。
安全保卫情况 **安　防：**暂未安装监控等相关安防预警设施。 **消　防：**未设置消防设施，周边地势空旷，多以低矮灌木为主，发生火灾风险可能性相对较低。 **防　雷：**无极院惜字塔未安装防雷设施，无法满足防雷要求。
调查、考古、保护、展示工作 **保护工作：**古蔺县文旅局定期对文物保护单位进行安全巡查。 **利用情况：**当地宗教信徒开展宗教活动，燃香祈福。
下一阶段保护、管理、使用计划 **保护区划：**调整、完善保护区划。 **本体保护：**制订保护计划，根据文物保护“不改变文物原状”及“最小干预”的原则进行保护修复。 **加强研究：**加强对无极院惜字塔艺术价值和社会价值的研究工作。 **安全防护：**进一步完善安防、消防、防雷等防护措施。 **环境整治：**对无极院惜字塔周围对文物有影响的植物进行清理，规范安装照明设施。 **管理工作：**完善管理机制，增设管理人员。

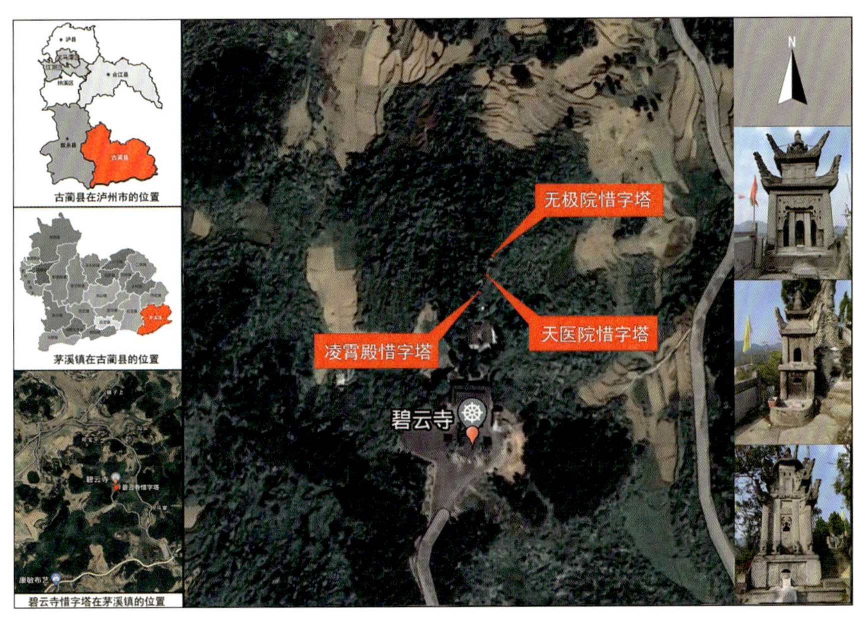

图号 01

绘制时间：2022 年 10 月
绘 制 人：刘洋
图　　名：无极院惜字塔区位图

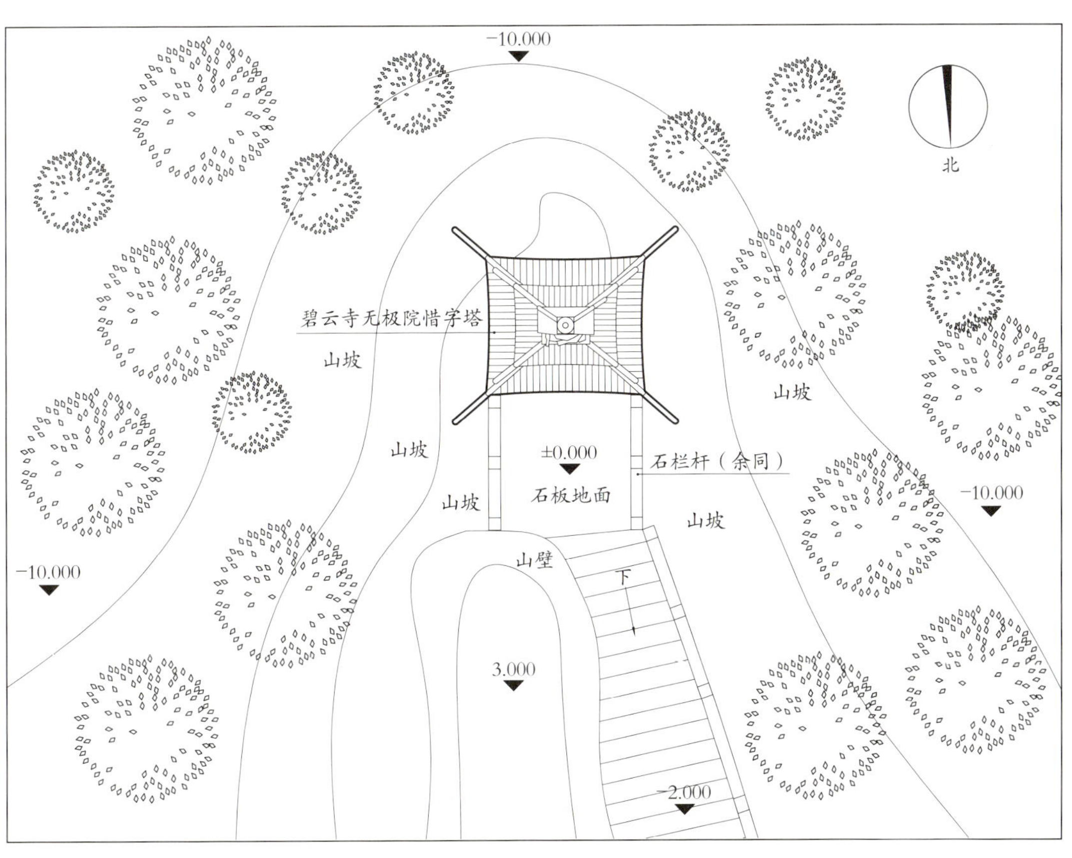

图号 02

绘制时间：2022 年 10 月
绘 制 人：刘洋
比　　例：1:50
图　　名：无极院惜字塔总平面图

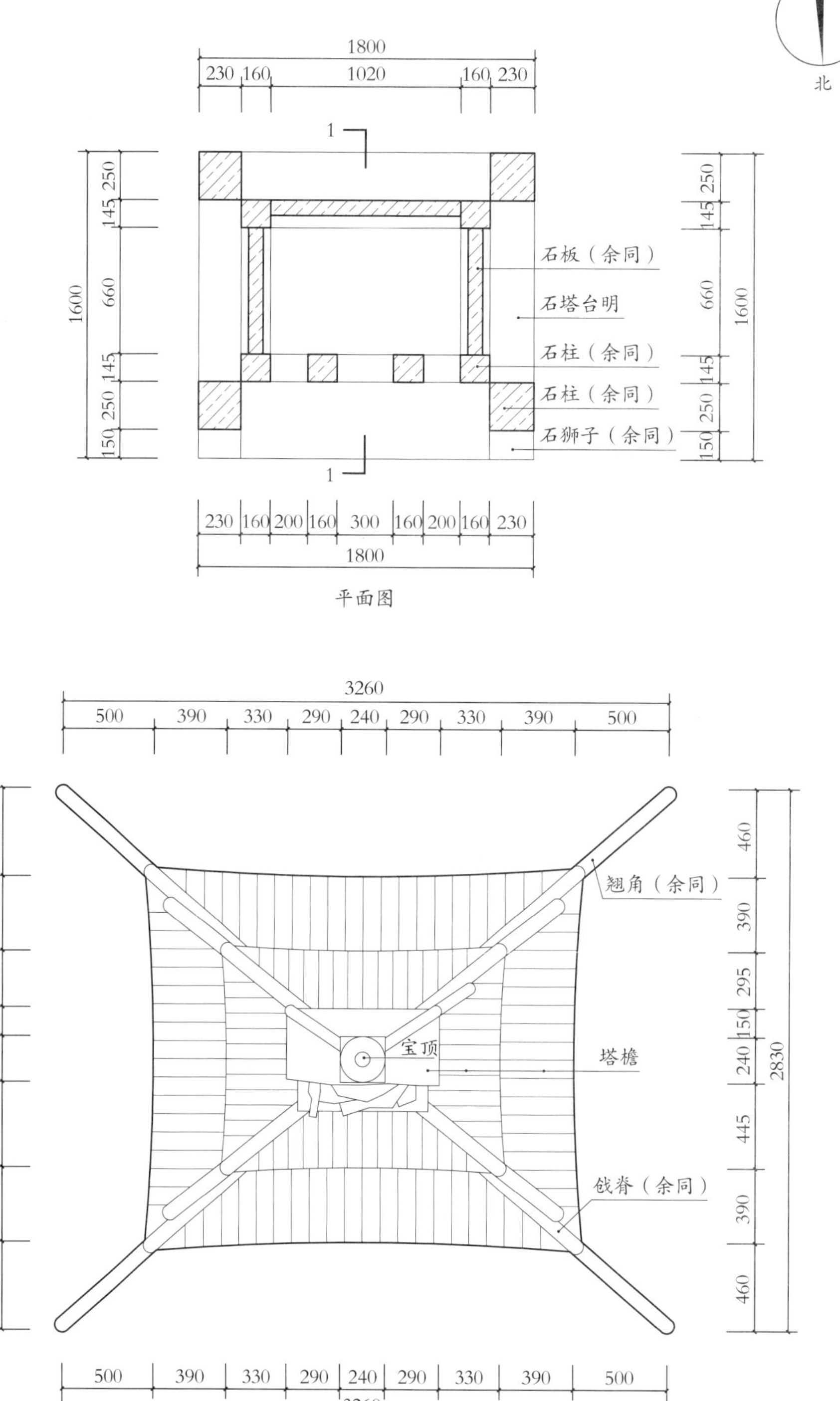

图号 03

绘制时间：2022 年 10 月

绘 制 人：刘洋

比　　例：1 : 10 / 1 : 20

图　　名：无极院惜字塔平面图、俯视图

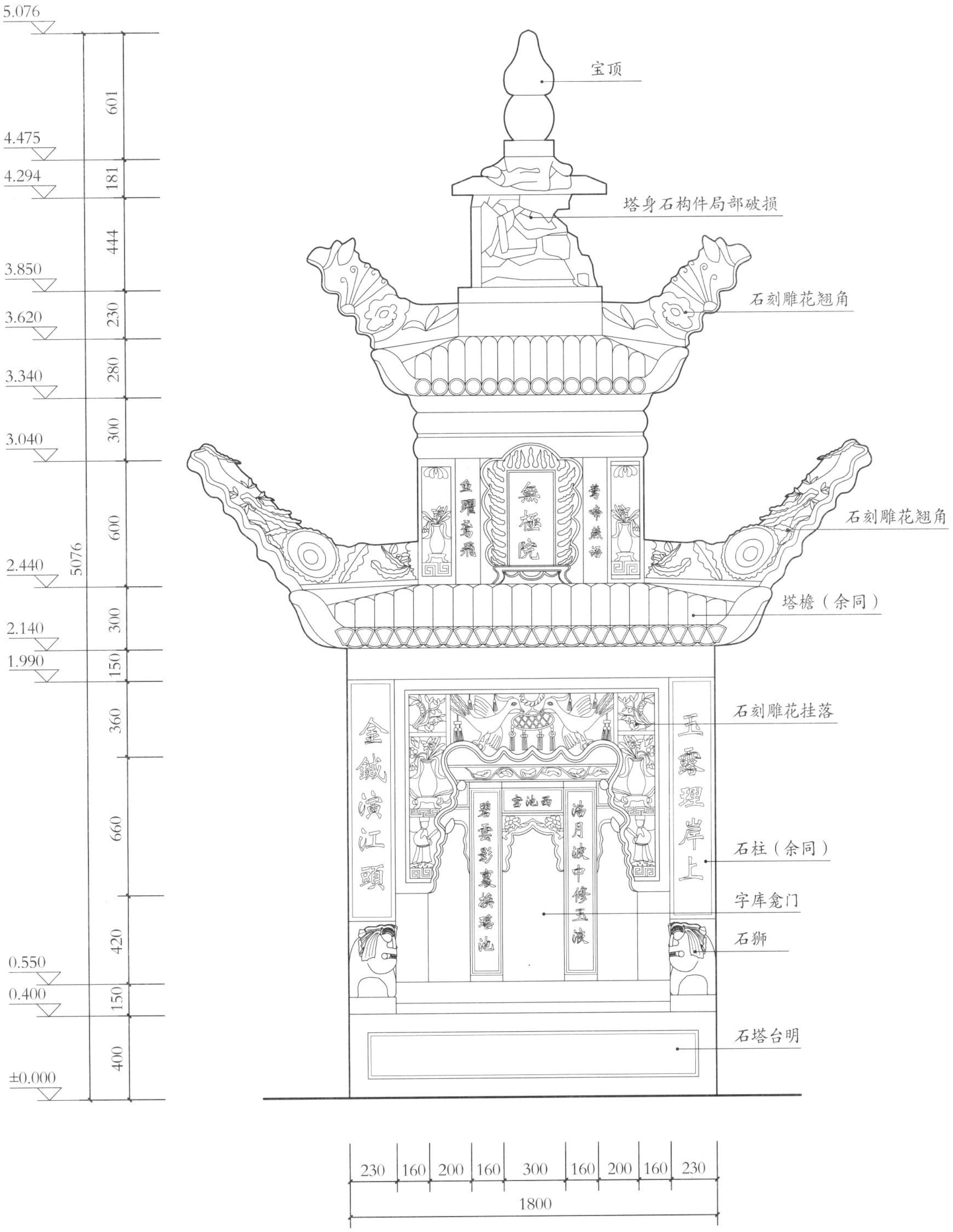

5.076
4.475
4.294
3.850
3.620
3.340
3.040
2.440
2.140
1.990
0.550
0.400
±0.000

601
181
444
230
280
300
600
300
150
360
660
420
150
400
5076

宝顶
塔身石构件局部破损
石刻雕花翘角
石刻雕花翘角
塔檐（余同）
石刻雕花挂落
石柱（余同）
字库龛门
石狮
石塔台明

230	160	200	160	300	160	200	160	230

1800

图号 04

绘制时间：2022 年 10 月
绘 制 人：刘洋
比 例：1∶20
图 名：无极院惜字塔北立面图

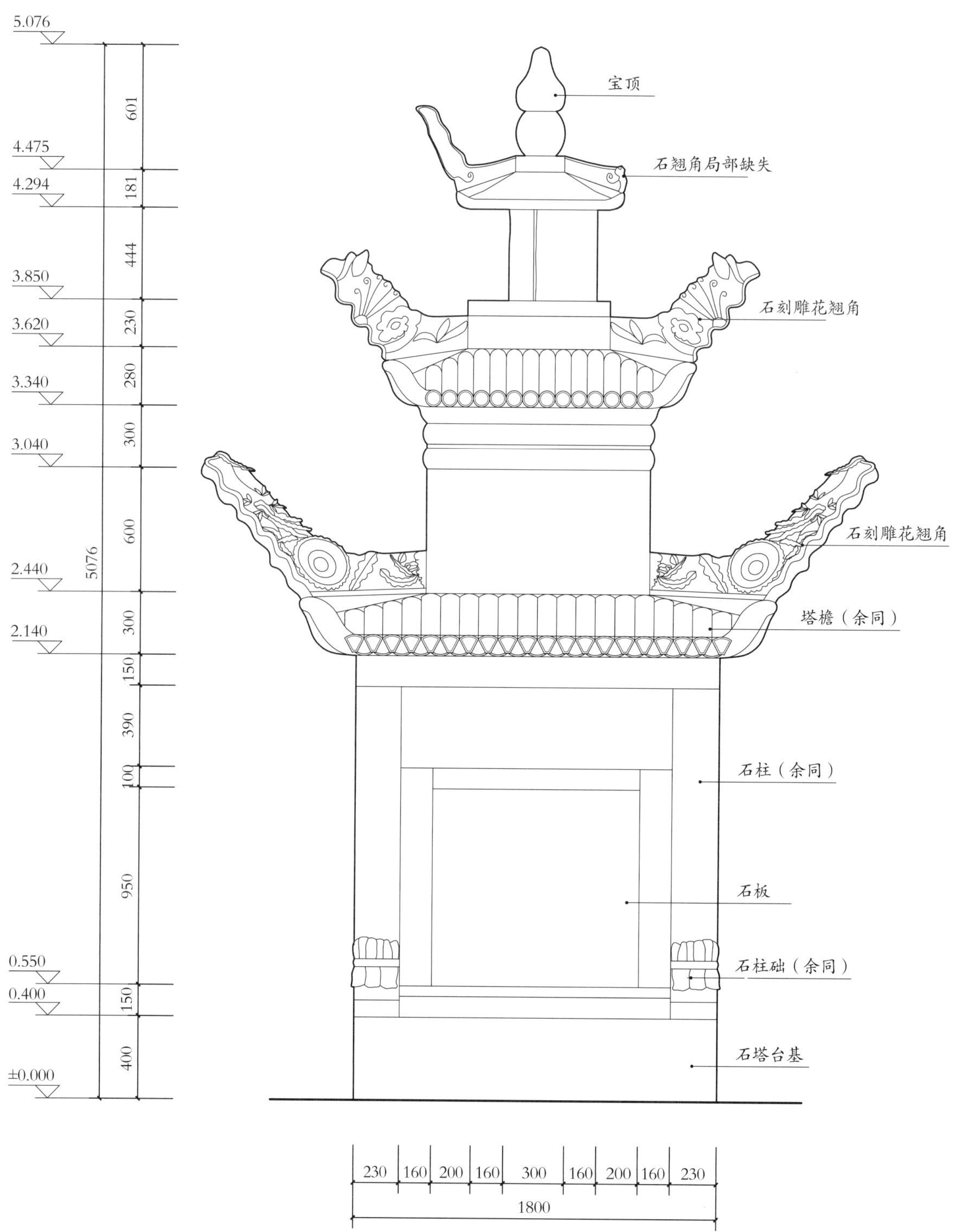

图号 05

绘制时间：2022 年 10 月
绘 制 人：刘洋
比　　例：1∶20
图　　名：无极院惜字塔南立面图

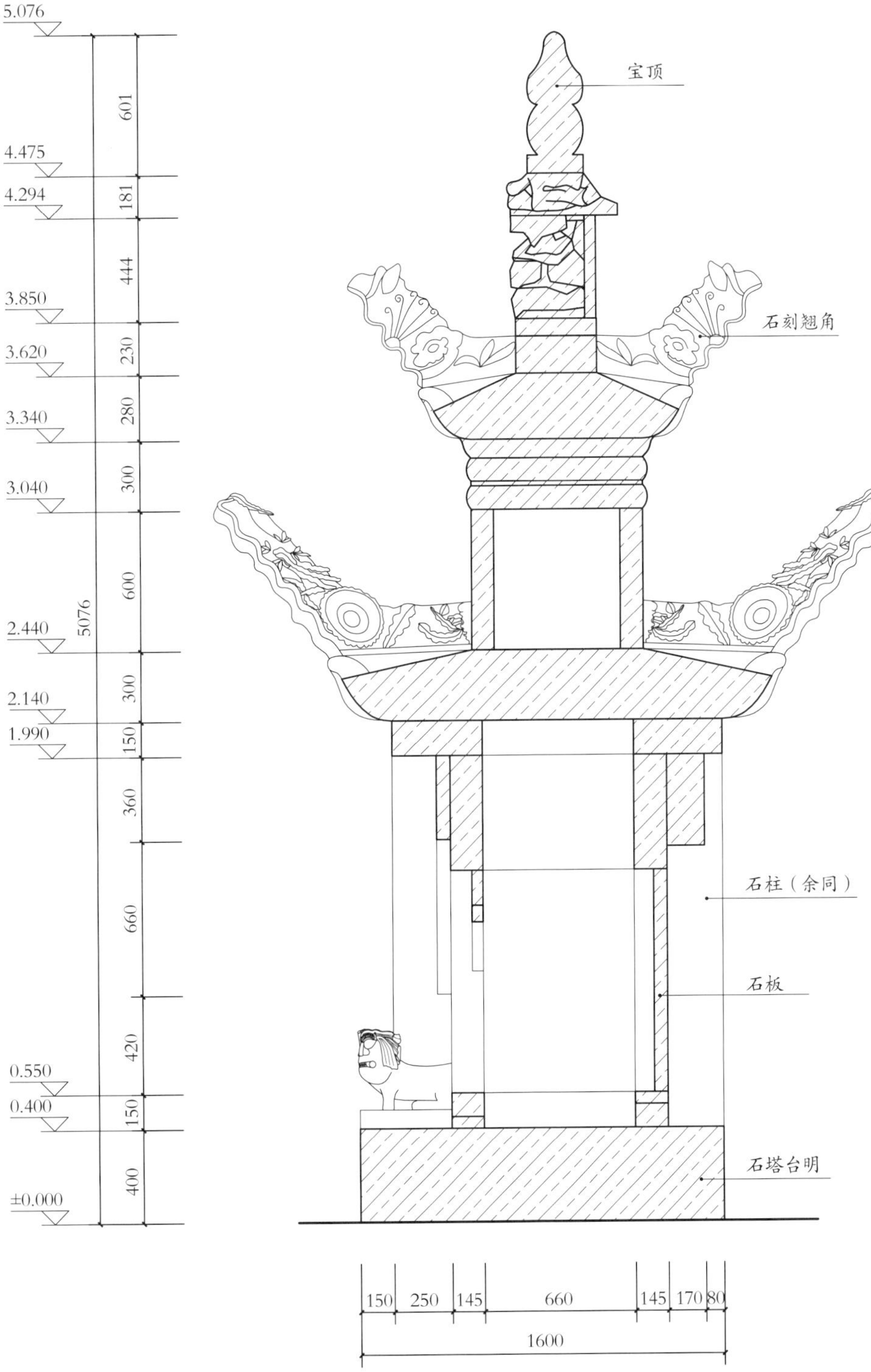

5.076
4.475
4.294
3.850
3.620
3.340
3.040
2.440
2.140
1.990
0.550
0.400
±0.000

601 181 444 230 280 300 600 300 150 360 660 420 150 400

5076

宝顶

石刻翘角

石柱（余同）

石板

石塔台明

150 250 145 660 145 170 80

1600

图号 06

绘制时间：2022 年 10 月

绘 制 人：刘洋

比　　例：1∶20

图　　名：无极院惜字塔剖面图

照片 01

拍摄时间：2022 年 10 月
拍 摄 人：刘洋
拍摄方向：由北向南
文物部位：北立面全景

照片 02

拍摄时间：2022 年 10 月
拍 摄 人：刘洋
拍摄方向：由南向北
文物部位：南立面全景

照片 03

拍摄时间：2022 年 10 月
拍 摄 人：刘洋
拍摄方向：俯视
文物部位：塔顶

照片 04

拍摄时间：2022 年 10 月
拍 摄 人：刘洋
拍摄方向：俯视
文物部位：塔顶残缺

照片 05

拍摄时间：2022 年 10 月
拍 摄 人：刘洋
拍摄方向：由南向北
文物部位：二层北立面雕刻

照片 06

拍摄时间：2022 年 10 月

拍 摄 人：刘洋

拍摄方向：由北向南

文物部位：一层龛位

照片 07

拍摄时间：2022 年 10 月

拍 摄 人：刘洋

拍摄方向：由东向西

文物部位：龛位右侧雕刻神兽

照片 08

拍摄时间：2022 年 10 月

拍 摄 人：刘洋

拍摄方向：由北向南

文物部位：龛位左侧雕刻神兽

照片 09

拍摄时间：2022 年 10 月
拍 摄 人：刘洋
拍摄方向：由北向南
文物部位：塔顶残缺、松动

照片 10

拍摄时间：2022 年 10 月
拍 摄 人：刘洋
拍摄方向：由东向西仰视
文物部位：二层翘角残损

照片 11

拍摄时间：2022 年 10 月
拍 摄 人：刘洋
拍摄方向：由西向东
文物部位：一层石雀替开裂

天医院惜字塔

天医院惜字塔调查保护记录表

<table>
<tr><td>名　　称</td><td colspan="4">天医院惜字塔</td></tr>
<tr><td>年　　代</td><td colspan="2">清</td><td>类　别</td><td>古建筑</td></tr>
<tr><td>所 在 地</td><td colspan="4">四川省泸州市古蔺县茅溪镇碧云寺</td></tr>
<tr><td>海　　拔</td><td>1296.7 米</td><td>经　度</td><td>106°14'9"E</td><td>纬　度</td><td>27°50'43"N</td></tr>
<tr><td>保护级别</td><td colspan="4">一般不可移动文物</td></tr>
<tr><td>所 有 权</td><td colspan="2">集体所有</td><td>使用人</td><td>碧云寺</td></tr>
<tr><td>管理机构</td><td colspan="4">古蔺县文旅局、茅溪镇</td></tr>
<tr><td>用　　途</td><td colspan="4">活动场所</td></tr>
<tr><td>简　　介</td><td colspan="4">天医院惜字塔为两层四边形阁楼式重檐石质空心塔，坐北向南；四边形素面台基，边长约 1 米，高 0.2 米；塔身为四边形；塔顶为四角攒尖顶，逐层上收；塔体高约 3 米；该塔正面层层均开窗，每层正面立柱上均雕刻有对联；一层正面拱形窗上长方形横额阴刻“天医院”三字；二层正面拱形窗上为扇形横额。它的发现，为研究当地人文历史提供了一定的实物依据，丰富了川南石塔建筑艺术内涵。</td></tr>
<tr><td>文物描述</td><td colspan="4">天医院惜字塔由台基、塔身、塔檐、塔顶组成，为四边形阁楼式石质空心塔，整座塔用石灰、糯米浆、青石砌筑，榫卯卡槽式连接。
台　基：四边形素面台基，表面不做磨光处理，而采用寸三錾的细道处理。
塔　身：四边形塔身由方形角柱与石板榫卯连接，柱脚置于基座卡槽之上，分两层，一层南面拱形窗上长方形横额阴刻“天医院”三字，两层角柱阴刻对联一副；二层南面拱形窗上为扇形横额，左右两侧为牡丹浅浮雕，两层角柱阴刻对联一副。
塔　檐：四角攒尖石雕塔檐。
塔　顶：整石雕刻宝珠塔顶。
真实性：天医院惜字塔基本保持了清代建筑形制，文物建筑在形制特征、材料和工艺特点等方面保留了历史原状，具有鲜明的地方特色，碑刻题记记载的历史和物质遗存可以相互印证，同时仍保留了宗教活动场所的简易功能。
完整性：天医院惜字塔整体保存状况完整，基本保留了历史原构，留存不同时期的历史活动信息，周边环境能够真实反映惜字塔选址与地形地貌的关系。</td></tr>
<tr><td rowspan="2">文物调查</td><td>形制</td><td>工艺</td><td>结构</td><td>材料</td></tr>
<tr><td>两层四边形阁楼式石塔</td><td>石构榫卯连接，各部构件整石雕刻，表面做细道和扁光相结合的加工工艺</td><td>仿木榫卯结构，内部构造为单腔空筒式</td><td>石灰、糯米浆、青石</td></tr>
</table>

（续表）

文物本体历史沿革 　　根据文献记载，该惜字塔建于清代。 　　至今，该惜字塔未做过较大修缮，基本为原状保存。
保护管理工作沿革 　　2009 年，对该文物建筑进行普查记录。 　　至今，天医院惜字塔由茅溪镇和古蔺县文旅局协同管理。
价值评估 　　天医院惜字塔为仿木结构阁楼式石塔，由石灰、糯米浆和青石砌筑，榫卯卡槽式连接。制作精巧、比例协调，建筑营造美观大方，结构连接严谨科学，整体庄严肃立，具有较高科学价值。 　　该塔位于碧云寺内，现在多为当地村民祈福之用，具有一定社会价值，对研究川南地区宗教和民间民俗文化有着重要作用。 　　惜字塔作为中华民族的物质文化遗产，承载着明清时期民间敬惜字纸文化信仰的历史记忆。
风险评估 　　天医院惜字塔主要为石砌仿木结构，受大自然酸雨长期浸渍，有风化侵蚀的风险。 　　天医院惜字塔所处地区年雷雨天数较多，文物建筑遭受雷击风险较高。
现状评估 　　天医院惜字塔整体形制保存完整，局部轻度受损，现状保存较好。 　　天医院惜字塔位于碧云寺通往山顶的道路边，交通便利。
“四有”工作情况 　　**保护范围：**无。 　　**保护标志：**无。 　　**记录档案：**天医院惜字塔保护档案已建立，现存于古蔺县文旅局。 　　**保护管理机构：**天医院惜字塔现主要由茅溪镇管理，古蔺县文旅局主要负责对天医院惜字塔文物保护工作的监督、指导并协同管理。
安全保卫情况 　　**安　防：**暂未安装监控等相关安防预警设施。 　　**消　防：**未设置消防设施，火灾发生时无法满足救灾的需求。 　　**防　雷：**天医院惜字塔未安装防雷设施，无法满足防雷要求。
调查、考古、保护、展示工作 　　**保护工作：**古蔺县文旅局定期对文物保护单位进行安全巡查。 　　**利用情况：**当地宗教信徒开展宗教活动，燃香祈福。
下一阶段保护、管理、使用计划 　　**保护区划：**调整、完善保护区划。 　　**本体保护：**制订保护计划，后期多以保养维护为主。 　　**加强研究：**加强对天医院惜字塔科学价值和社会价值的研究工作。 　　**安全防护：**进一步完善安防、消防、防雷等防护措施。 　　**环境整治：**对塔四周影响文物安全的植物进行清理。 　　**管理工作：**完善管理机制，增设管理人员。

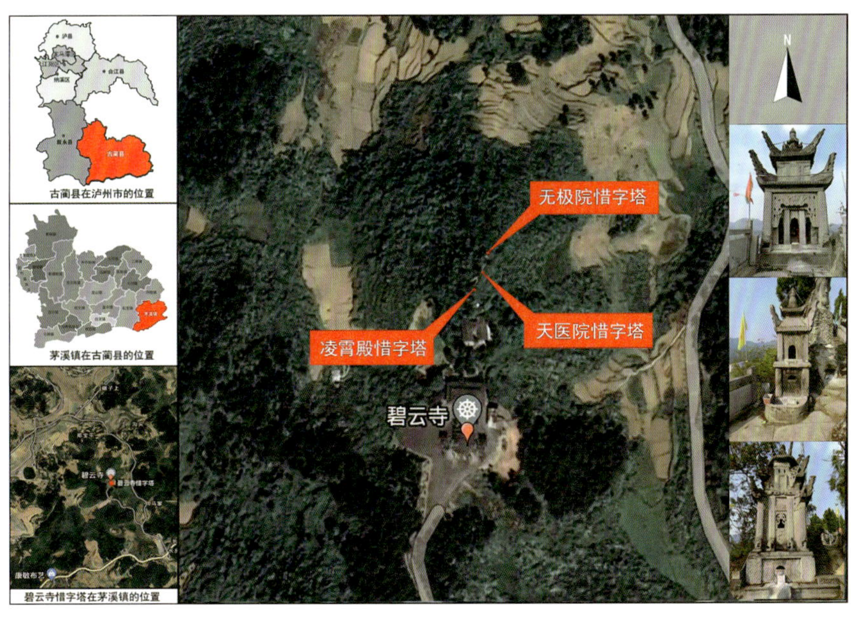

图号 01

绘制时间：2022 年 11 月

绘 制 人：刘洋

图　　名：天医院惜字塔区位图

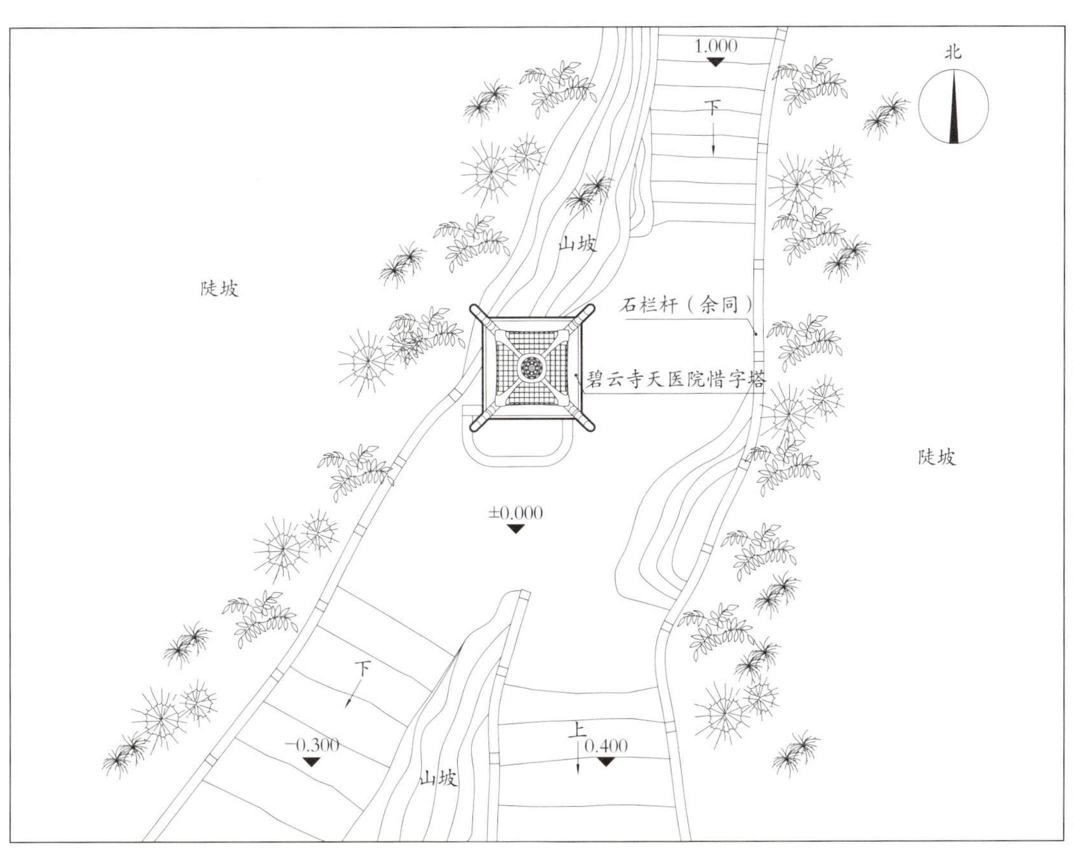

图号 02

绘制时间：2022 年 11 月

绘 制 人：刘洋

比　　例：1∶30

图　　名：天医院惜字塔总平面图

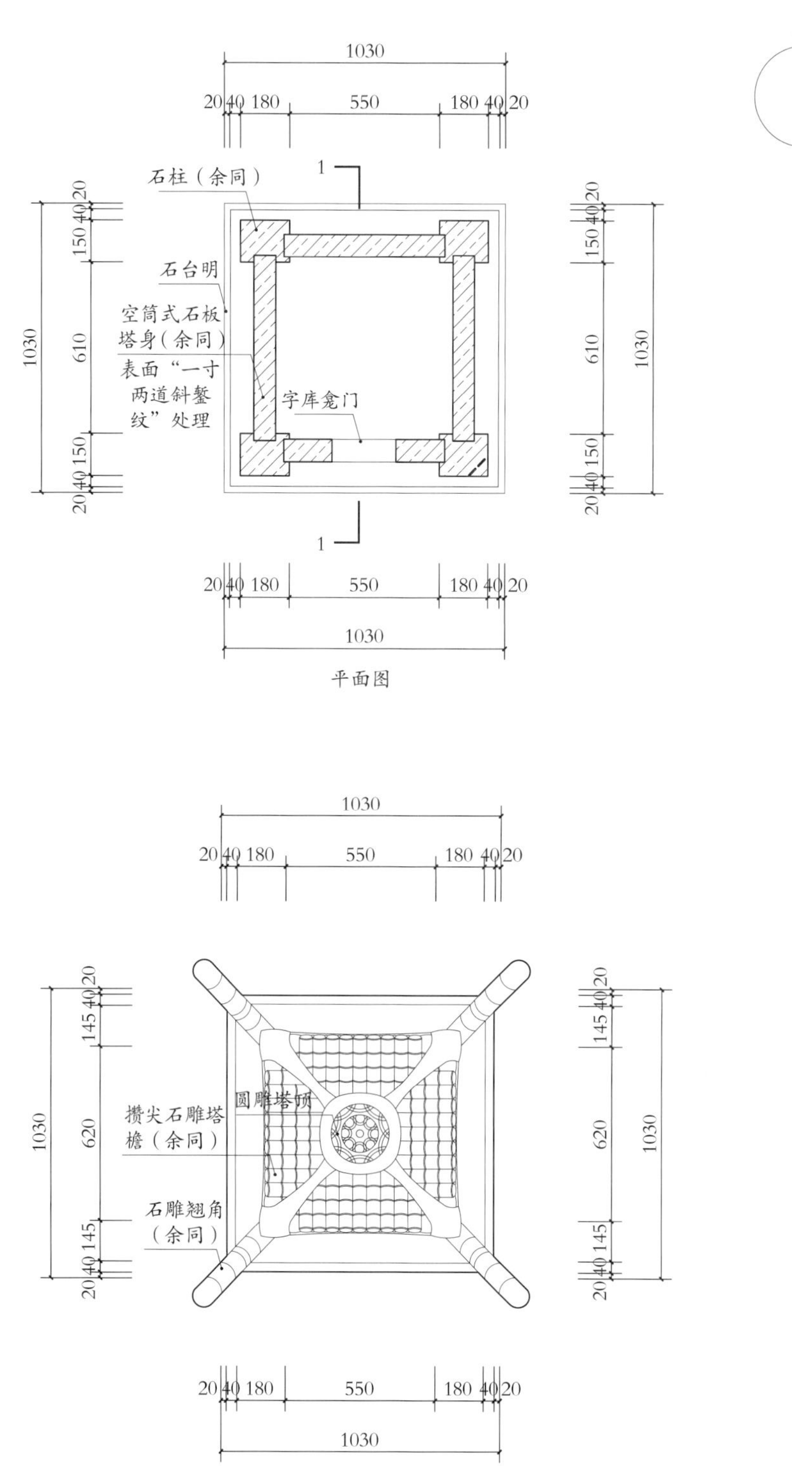

图号 03

绘制时间：2022 年 11 月

绘 制 人：刘洋

比　　例：1 : 15

图　　名：天医院惜字塔平面图、俯视图

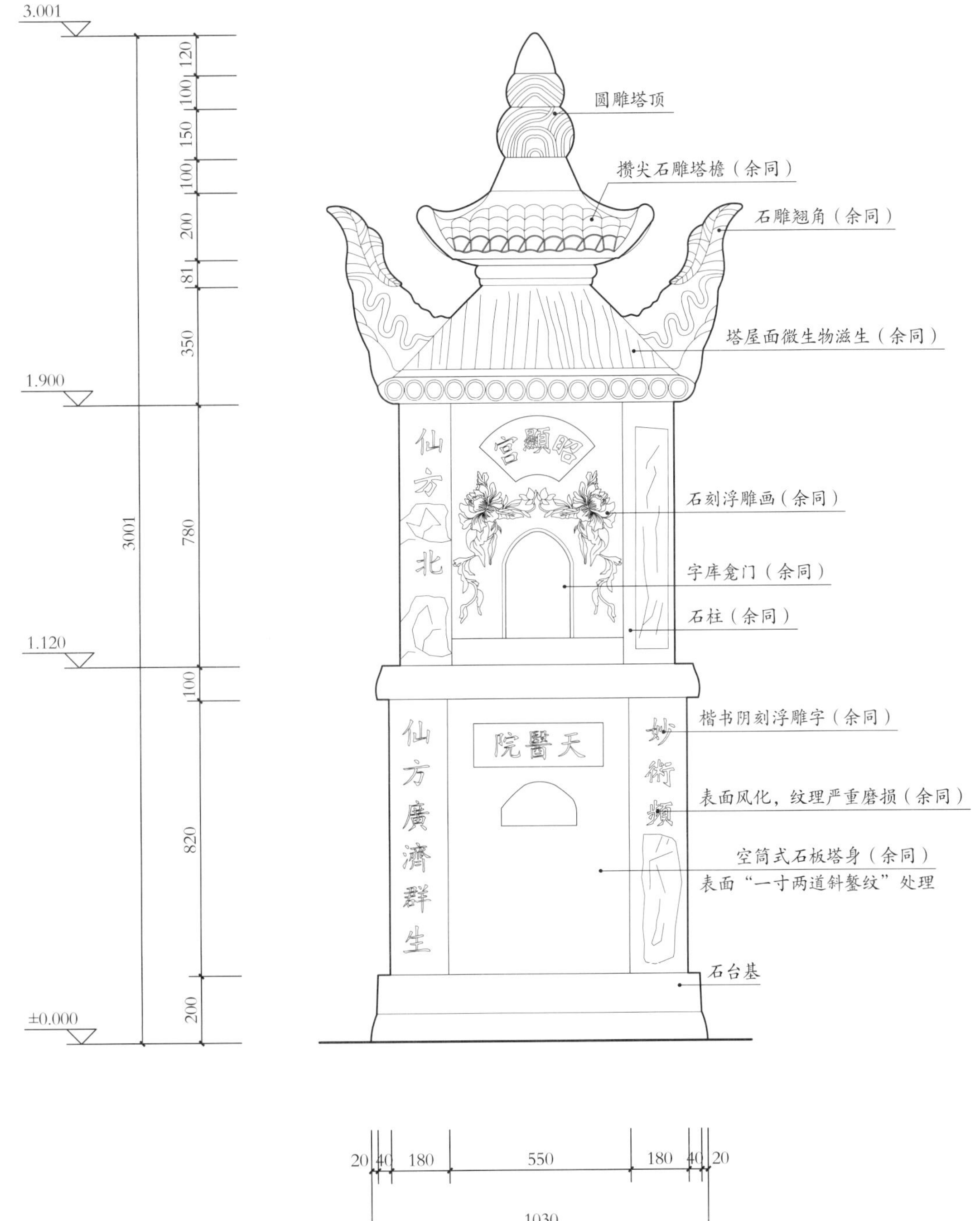

图号 04

绘制时间：2022 年 11 月

绘 制 人：刘洋

比　　例：1∶15

图　　名：天医院惜字塔南立面图

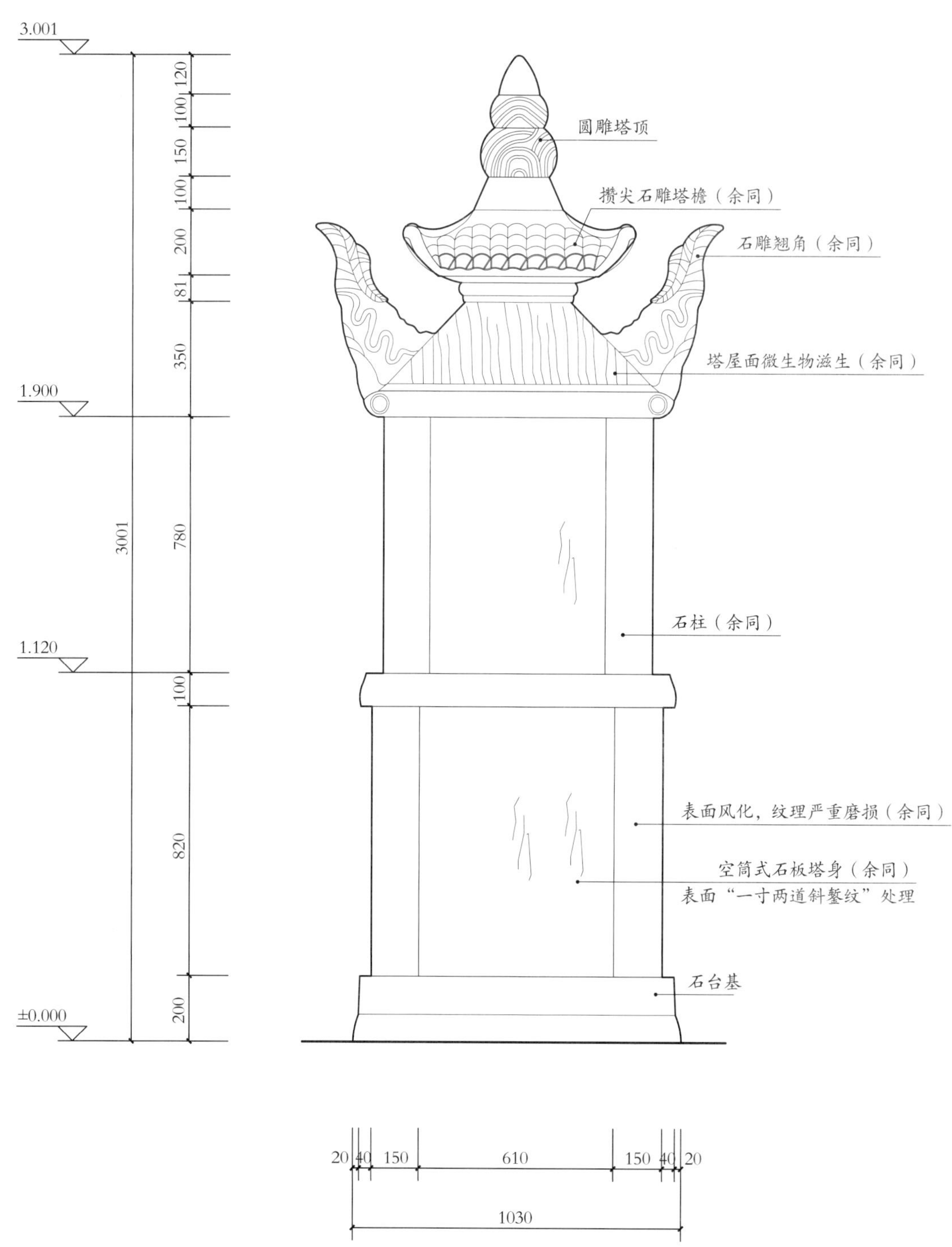

图号 05

绘制时间：2022 年 11 月

绘 制 人：刘洋

比　　例：1∶15

图　　名：天医院惜字塔东立面图

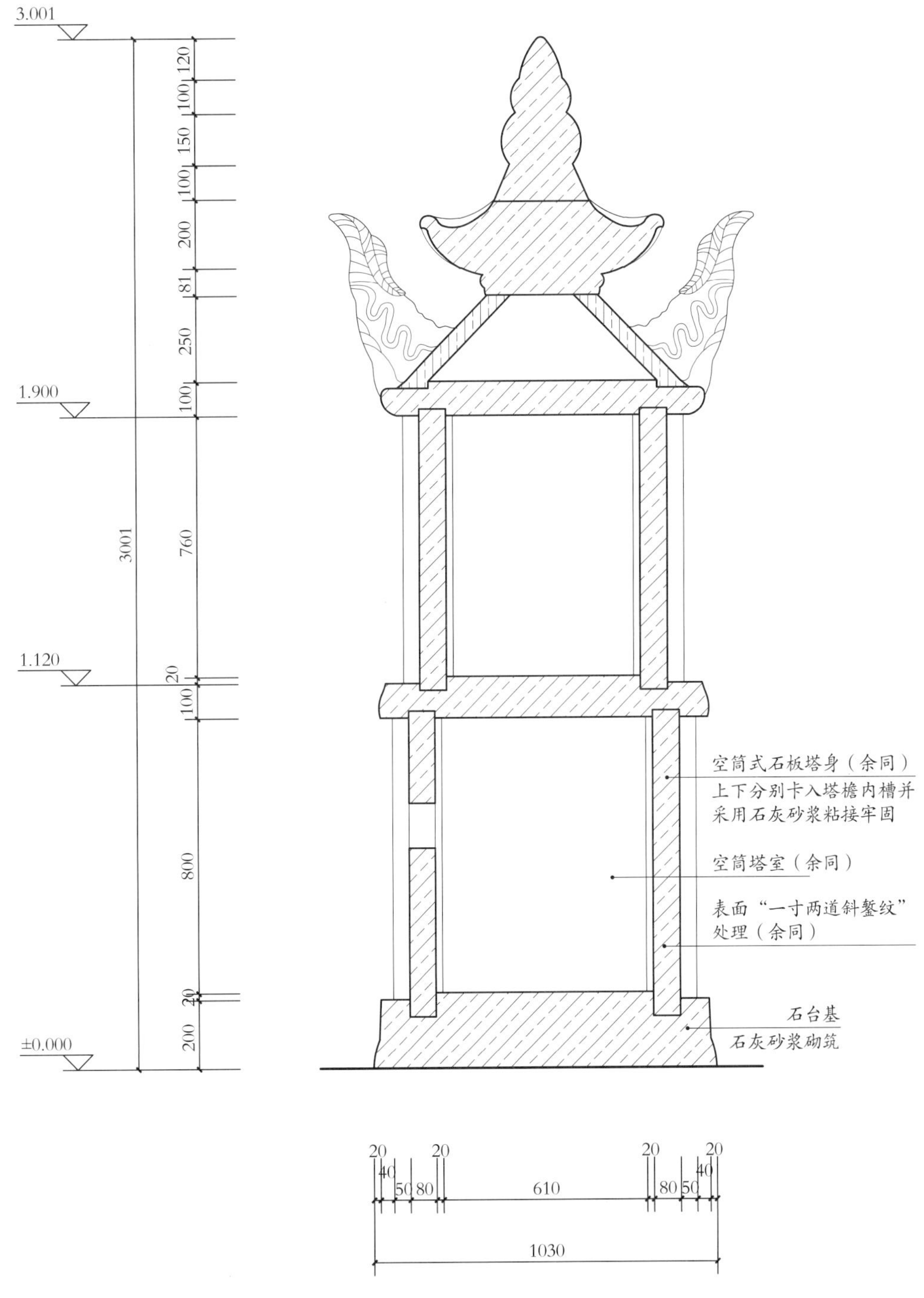

图号 06

绘制时间：2022 年 11 月
绘 制 人：刘洋
比　　例：1∶15
图　　名：天医院惜字塔剖面图

照片 01

拍摄时间：2022 年 10 月
拍 摄 人：刘洋
拍摄方向：由南向北俯视
文物部位：天医院惜字塔全景

照片 02

拍摄时间：2022 年 10 月
拍 摄 人：刘洋
拍摄方向：由南向北
文物部位：一层南面龛位立面

照片 03

拍摄时间：2022 年 10 月

拍 摄 人：刘洋

拍摄方向：由东向西

文物部位：东立面全景

照片 04

拍摄时间：2022 年 10 月
拍 摄 人：刘洋
拍摄方向：由南向北
文物部位：南立面全景

照片 05

拍摄时间：2022 年 10 月
拍 摄 人：刘洋
拍摄方向：由南向北
文物部位：二层及塔顶南立面

照片 06

拍摄时间：2022 年 10 月
拍 摄 人：刘洋
拍摄方向：由南向北
文物部位：塔顶南立面

凌霄殿惜字塔

凌霄殿惜字塔调查保护记录表

<table>
<tr><td>名　称</td><td colspan="5">凌霄殿惜字塔</td></tr>
<tr><td>年　代</td><td colspan="2">清</td><td>类　别</td><td colspan="2">古建筑</td></tr>
<tr><td>所在地</td><td colspan="5">四川省泸州市古蔺县茅溪镇碧云寺</td></tr>
<tr><td>海　拔</td><td>1297.5 米</td><td>经　度</td><td>106°16'35"E</td><td>纬　度</td><td>27°53'56"N</td></tr>
<tr><td>保护级别</td><td colspan="5">一般不可移动文物</td></tr>
<tr><td>所有权</td><td colspan="2">集体所有</td><td>使用人</td><td colspan="2">碧云寺</td></tr>
<tr><td>管理机构</td><td colspan="5">古蔺县文旅局、茅溪镇</td></tr>
<tr><td>用　途</td><td colspan="5">活动场所</td></tr>
<tr><td>简　介</td><td colspan="5">凌霄殿惜字塔为两层四边形阁楼式石质重檐空心塔，坐北向南；四边形素面台基，边长约 1.9 米（各边略有差异），高 0.9 米；塔身为四边形；塔顶为六角攒尖顶，逐层上收；塔体高约 5 米；一层正面有四柱，柱下雕刻有四只神兽，柱上阴刻对联两副，正中镂空雕异形窗洞，上部阴刻“万神朝礼”四字；二层正中雕刻“凌霄殿”三字；四角攒尖塔檐，其上有飞鱼翘角。它的发现，为研究当地的人文历史提供了一定的实物依据，丰富了川南石塔建筑艺术内涵。</td></tr>
<tr><td>文物描述</td><td colspan="5">凌霄殿惜字塔由台基、塔身、塔檐、塔顶组成，为四边形阁楼式石质空心塔，整座塔用石灰、糯米浆、青石砌筑，榫卯卡槽式连接。
台　基：四边形素面台基，中空，正面开有券孔，表面做捶打麻面和棱形錾纹处理。
塔　身：四边形塔身由方形角柱与石板榫卯连接，柱脚置于基座卡槽之上，分两层，一层正面有四柱，柱下雕刻有四只神兽，柱上阴刻对联两副，正中镂空雕异形窗洞，上部额板阴刻“万神朝礼”四字，大额枋为深浮雕二龙抢宝图案；二层正中竖向火焰纹匾额雕刻“凌霄殿”三字。
塔　檐：四角攒尖石雕塔檐上有飞鱼翘角。
塔　顶：整石雕刻宝珠塔顶。
真实性：凌霄殿惜字塔基本保持了清代建筑形制，文物建筑在形制特征、材料和工艺特点等方面保留了历史原状，具有鲜明的地方特色，碑刻题记记载的历史和物质遗存可以相互印证，同时仍保留了宗教活动场所的简易功能。
完整性：凌霄殿惜字塔整体保存状况完整，基本保留了历史原构，留存不同时期的历史活动信息，周边环境能够真实反映惜字塔选址与地形地貌的关系。</td></tr>
<tr><td rowspan="2">文物调查</td><td>形制</td><td colspan="2">工艺</td><td>结构</td><td>材料</td></tr>
<tr><td>两层四边形四柱三间阁楼式石塔</td><td colspan="2">石构榫卯连接，各部构件整石雕刻，表面做细道和扁光相结合的加工工艺</td><td>仿木榫卯结构，内部构造为单腔空筒式</td><td>石灰、糯米浆、青石</td></tr>
</table>

（续表）

文物本体历史沿革 根据文献记载，该惜字塔建于清代。 至今，该惜字塔未做过较大修缮，基本为原状保存。
保护管理工作沿革 2009 年，对该文物建筑进行普查记录。 至今，凌霄殿惜字塔由茅溪镇和古蔺县文旅局协同管理。
价值评估 惜字塔见证着中华民族“惜字”的文化传统，反映着中国古人尊重文化、传承文化的初衷，成为中国传统文化一个凝固的符号。
风险评估 凌霄殿惜字塔主要为石砌仿木结构，受大自然酸雨长期浸渍，有风化侵蚀的风险。 凌霄殿惜字塔所处地区年雷雨天数较多，文物建筑遭受雷击风险较高。
现状评估 凌霄殿惜字塔整体形制保存完整，现状保存较好。
“四有”工作情况 **保护范围：**无。 **保护标志：**无。 **记录档案：**凌霄殿惜字塔保护档案已建立，现存于古蔺县文旅局。 **保护管理机构：**凌霄殿惜字塔现由茅溪镇管理，古蔺县文旅局主要负责对凌霄殿惜字塔文物保护工作的监督、指导，并协同管理。
安全保卫情况 **安　防：**暂未安装监控等相关安防预警设施。 **消　防：**未设置消防设施，火灾发生时无法满足救灾的需求。 **防　雷：**凌霄殿惜字塔安装有防雷设施。
调查、考古、保护、展示工作 **保护工作：**古蔺县文旅局定期对文物保护单位进行安全巡查。 **利用情况：**当地宗教信徒开展宗教活动，燃香祈福。
下一阶段保护、管理、使用计划 **保护区划：**调整、完善保护区划。 **本体保护：**制订保护计划，后期多以保养维护为主。 **加强研究：**加强对凌霄殿惜字塔艺术价值和历史价值的研究工作。 **安全防护：**进一步完善安防、消防、防雷等防护措施。 **环境整治：**建筑本体与环境相协调，建议维持现状。 **管理工作：**完善管理机制，增设管理人员。

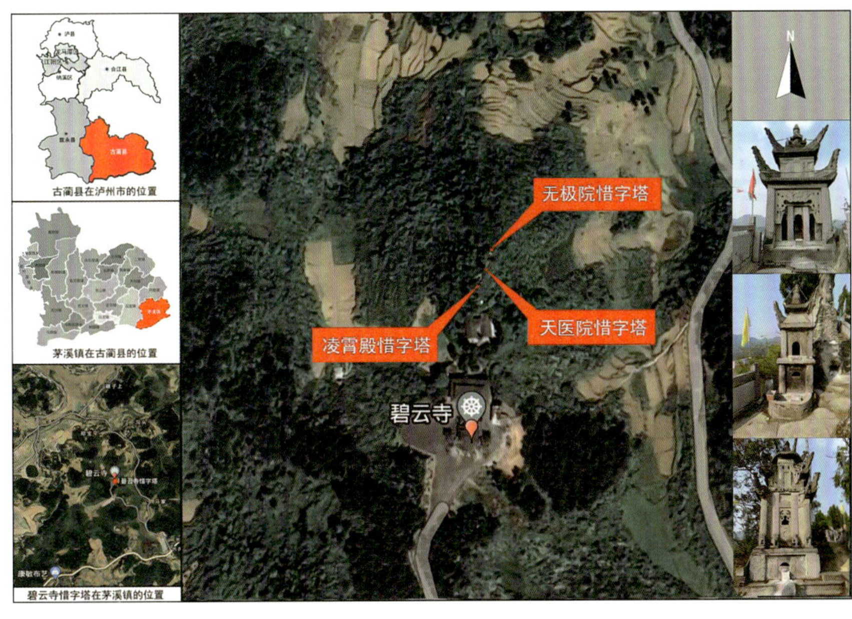

图号 01

绘制时间：2022 年 10 月
绘 制 人：刘洋
图　　名：凌霄殿惜字塔区位图

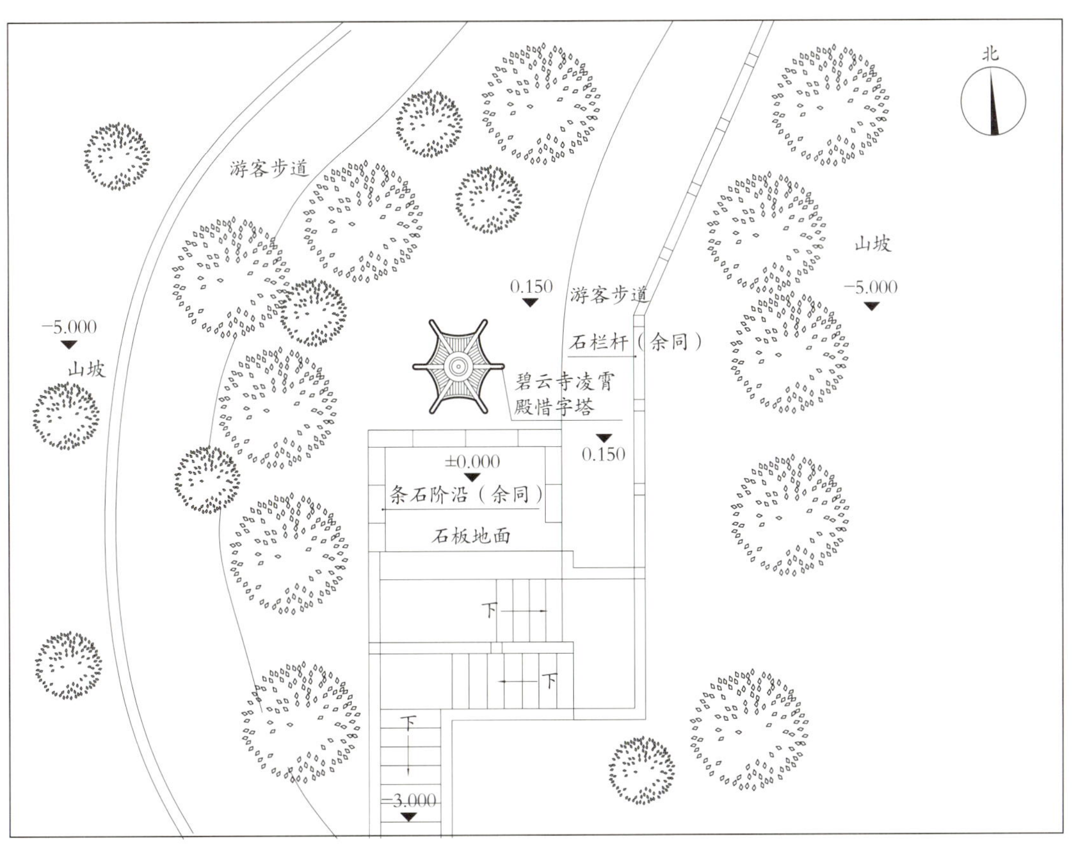

图号 02

绘制时间：2022 年 10 月
绘 制 人：刘洋
比　　例：1∶50
图　　名：凌霄殿惜字塔总平面图

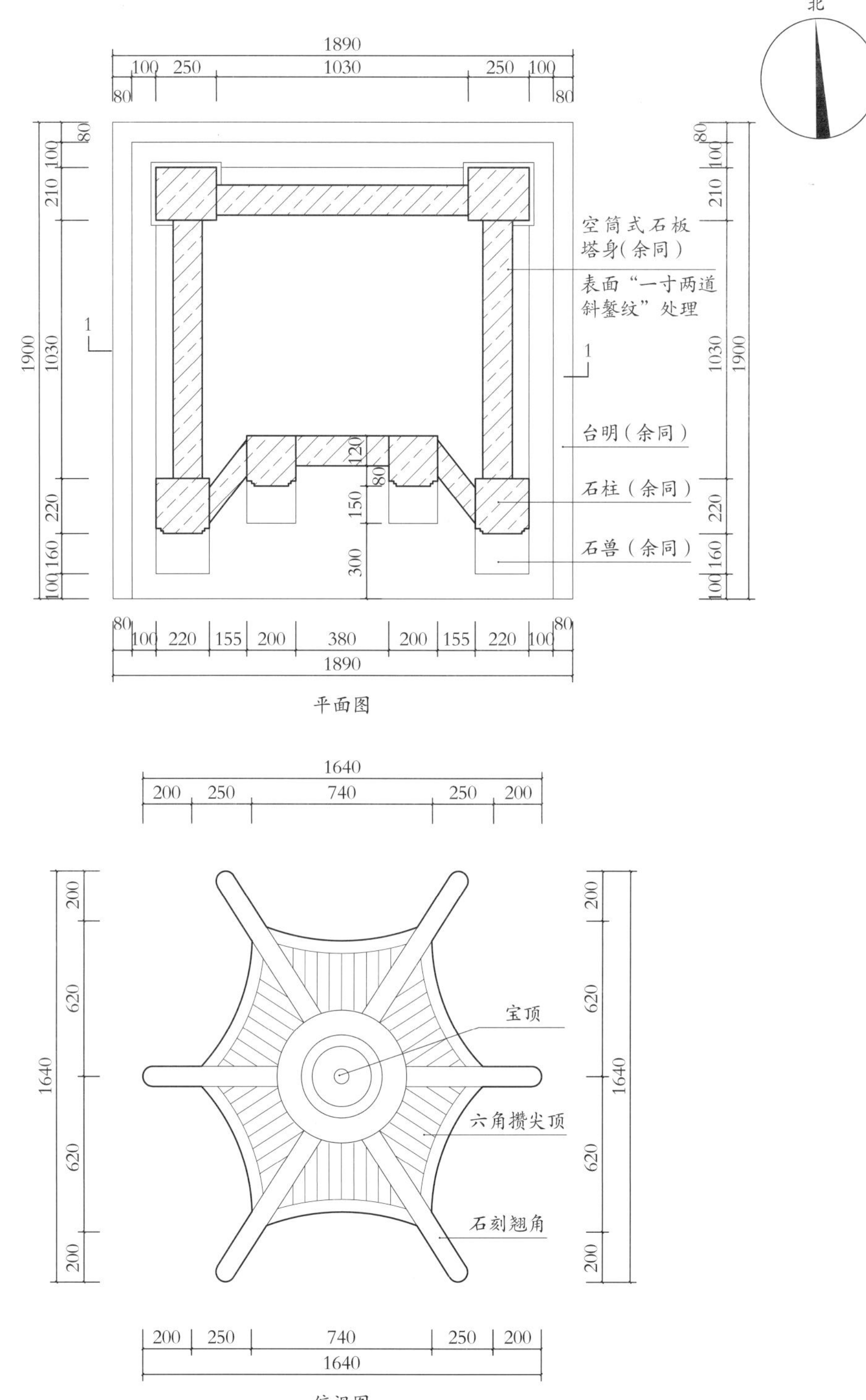

图号 03

绘制时间：2022 年 10 月

绘 制 人：刘洋

比　　例：1:10

图　　名：凌霄殿惜字塔平面图、俯视图

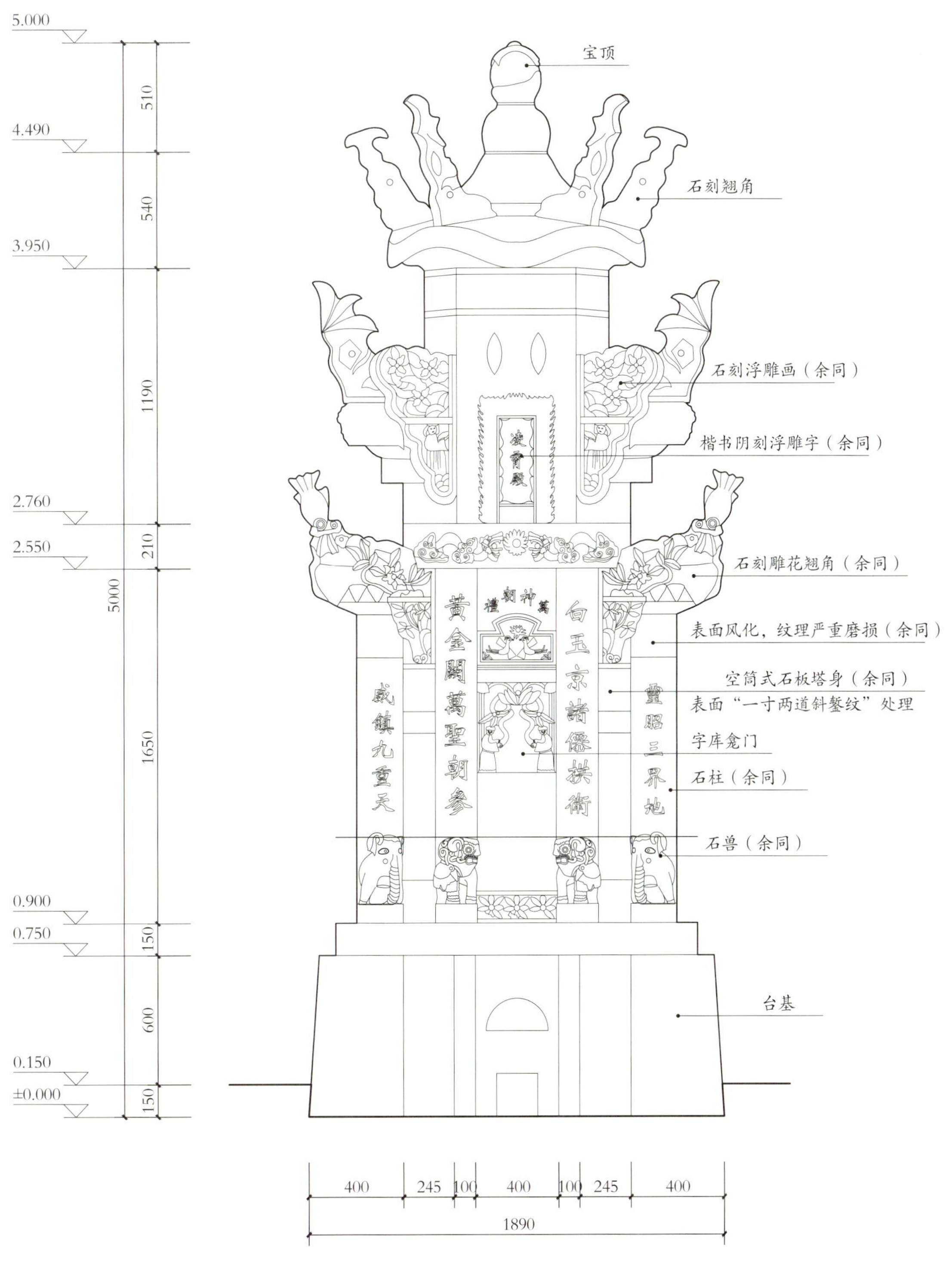

图号 04

绘制时间：2022 年 10 月

绘 制 人：刘洋

比　　例：1∶20

图　　名：凌霄殿惜字塔南立面图

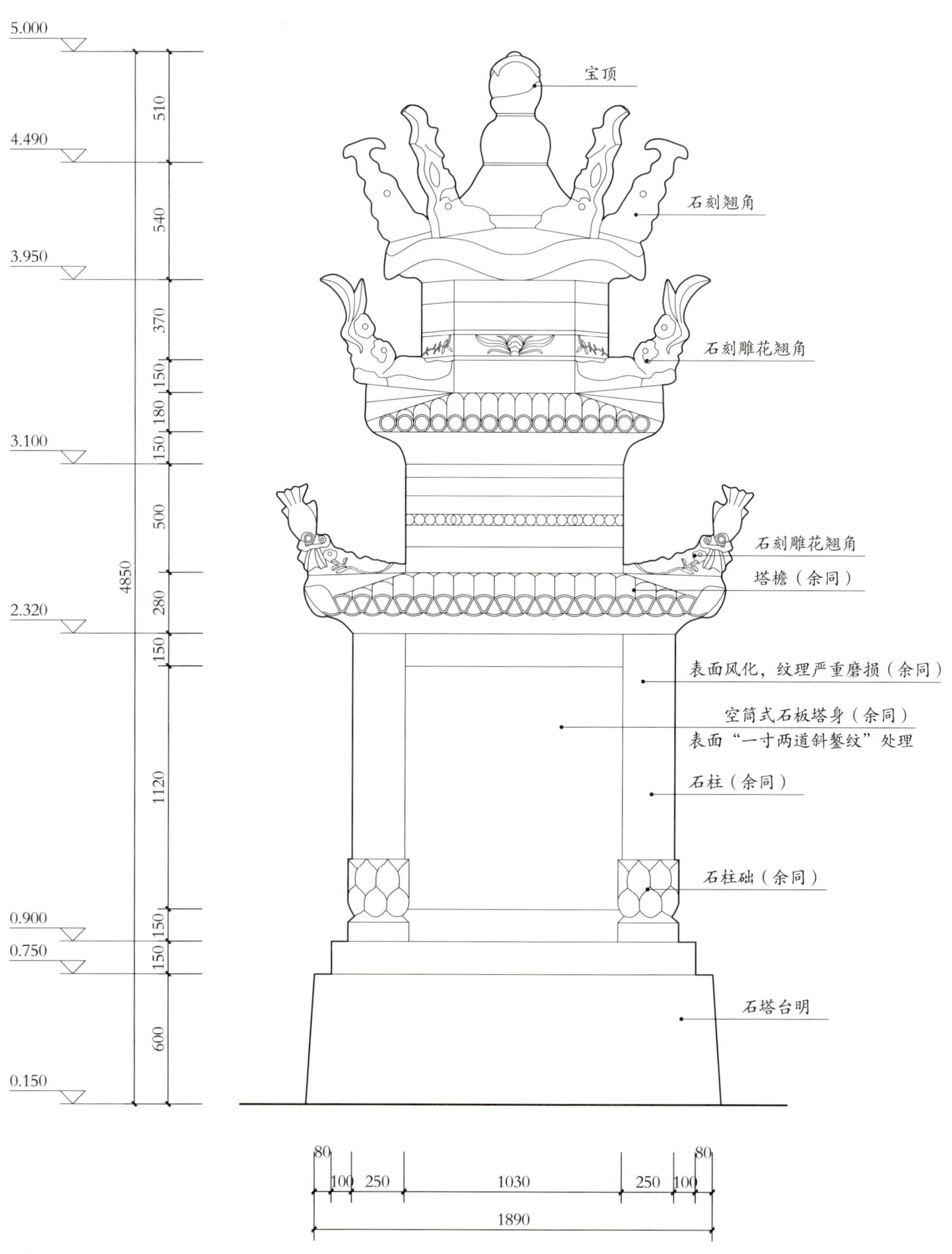

图号 05

绘制时间：2022 年 10 月
绘 制 人：刘洋
比　　例：1∶20
图　　名：凌霄殿惜字塔北立面图

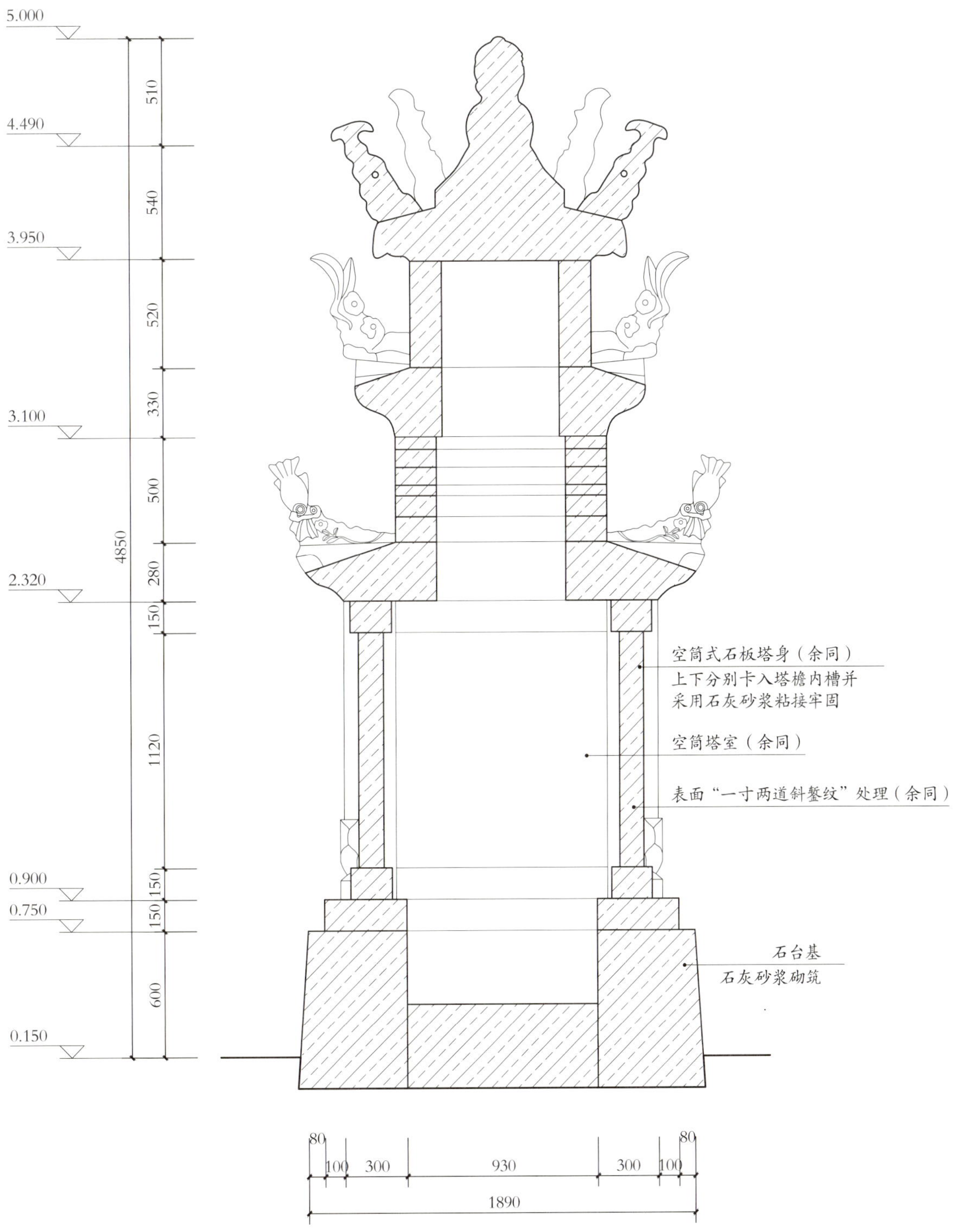

图号 06

绘制时间：2022 年 10 月

绘 制 人：刘洋

比　　例：1∶20

图　　名：凌霄殿惜字塔剖面图

照片 01

拍摄时间：2022 年 10 月
拍 摄 人：刘洋
拍摄方向：由南向北俯视
文物部位：凌霄殿惜字塔全景

照片 02

拍摄时间：2022 年 10 月
拍 摄 人：刘洋
拍摄方向：由南向北
文物部位：南立面全景、一层龛位南立面雕刻

照片 03

拍摄时间：2022 年 10 月
拍 摄 人：刘洋
拍摄方向：由东北向西南
文物部位：东北立面全景

照片 04

拍摄时间：2022 年 10 月
拍 摄 人：刘洋
拍摄方向：由南向北
文物部位：塔顶南立面

照片 05

拍摄时间：2022 年 10 月
拍 摄 人：刘洋
拍摄方向：由南向北
文物部位：二层南立面雕刻

照片 06

拍摄时间：2022 年 10 月
拍 摄 人：刘洋
拍摄方向：由南向北
文物部位：一层龛位右侧神兽

大沙窝惜字塔

大沙窝惜字塔调查保护记录表

<table>
<tr><td>名　　称</td><td colspan="6">大沙窝惜字塔</td></tr>
<tr><td>年　　代</td><td colspan="2">清</td><td>类　别</td><td colspan="3">古建筑</td></tr>
<tr><td>所 在 地</td><td colspan="6">四川省泸州市古蔺县茅溪镇中坪村</td></tr>
<tr><td>海　　拔</td><td>1124 米</td><td>经　度</td><td>106°15'48.1"E</td><td>纬　度</td><td colspan="2">27°53'16.1"N</td></tr>
<tr><td>保护级别</td><td colspan="6">一般不可移动文物</td></tr>
<tr><td>所 有 权</td><td colspan="2">集体所有</td><td>使用人</td><td colspan="3">中坪村</td></tr>
<tr><td>管理机构</td><td colspan="6">古蔺县文旅局、茅溪镇</td></tr>
<tr><td>用　　途</td><td colspan="6">活动场所</td></tr>
<tr><td>简　　介</td><td colspan="6">大沙窝惜字塔为五层四边形阁楼式石质空心塔，坐东北向西南，占地面积 8 平方米；塔身四边形，逐层上收，每层均开窗；塔顶为四角攒尖顶；塔体高 5.4 米，塔上字迹风化，依稀可辨“大清”二字，无纹饰。该塔具有一定的历史价值。</td></tr>
<tr><td>文物描述</td><td colspan="6">大沙窝惜字塔由台基、塔身、塔檐、塔顶组成，为五层四边形阁楼式石质空心塔，整座塔用石灰、糯米浆、青石砌筑，榫卯卡槽式连接。
台　基：圆形台基，不规则石块垒砌。
塔　身：四边形塔身由方形角柱与石板榫卯连接，柱脚置于基座卡槽之上，共五层，每层西南面开龛门，每层样式不一。
塔　檐：四角攒尖石雕塔檐。
塔　顶：四边形整石雕刻宝珠塔顶。
真实性：大沙窝惜字塔基本保持了清代建筑形制，文物建筑在形制特征、材料和工艺特点等方面保留了历史原状，具有鲜明的地方特色，现无宗教活动痕迹。
完整性：大沙窝惜字塔整体保存状况较完整，基本保留了历史原构，留存不同时期的历史活动信息，周边环境能够真实反映惜字塔选址与地形地貌的关系。</td></tr>
<tr><td rowspan="2">文物调查</td><td>形制</td><td colspan="2">工艺</td><td colspan="2">结构</td><td>材料</td></tr>
<tr><td>五层四边形阁楼式石塔</td><td colspan="2">石构榫卯连接，各部构件整石加工，表面做细道处理</td><td colspan="2">仿木榫卯结构，内部构造为单腔空筒式</td><td>石灰、糯米浆、青石</td></tr>
<tr><td colspan="7">文物本体历史沿革
根据塔身石刻题记文献记载，该惜字塔建于清代。
至今，该惜字塔未做过较大修缮，基本为原状保存。</td></tr>
</table>

（续表）

保护管理工作沿革 2009 年，对该文物建筑进行普查记录。 至今，大沙窝惜字塔由茅溪镇和古蔺县文旅局协同管理。
价值评估 大沙窝惜字塔为五层石质仿木结构，由石灰、糯米浆和青石砌筑，榫卯卡槽式连接。制作精巧、比例协调，建筑营造美观大方，结构连接严谨科学，整体庄严肃立，具有较高历史价值和科学价值。 惜字塔作为中华民族的物质文化遗产之一，承载着明清时期民间敬惜字纸文化信仰的历史记忆。
风险评估 大沙窝惜字塔主要为石砌仿木结构，受大自然酸雨长期浸渍，有风化侵蚀的风险。 大沙窝惜字塔所处地区年雷雨天数较多，文物建筑遭受雷击风险较高。 大沙窝惜字塔地处偏僻的山林地区，现已倾斜，存在一定的安全隐患。
现状评估 大沙窝惜字塔整体形制保存完整，局部受自然灾害影响而破损、开裂，塔身向东北方向倾斜约 12 度。石构件表面风化，原雕刻字迹已模糊不清。 大沙窝惜字塔西北距环山小学 3 千米，距离乡村水泥公路及当地居民住宅约 1.5 千米，距泥土道路约 30 米，无便道通往此塔，塔坐落于山顶位置。
“四有”工作情况 保护范围：暂未划定。 保护标志：无。 记录档案：大沙窝惜字塔保护档案已建立，现存于古蔺县文旅局。 保护管理机构：大沙窝惜字塔现由茅溪镇管理，古蔺县文旅局主要负责对大沙窝惜字塔文物保护工作的监督、指导，并协同管理。
安全保卫情况 安　防：暂未安装监控等相关安防预警设施。 消　防：未设置消防设施，火灾发生时无法满足救灾的需求。 防　雷：大沙窝惜字塔未安装防雷设施，无法满足防雷要求。
调查、考古、保护、展示工作 保护工作：古蔺县文旅局定期对文物保护单位进行安全巡查。 利用情况：现无使用痕迹。
下一阶段保护、管理、使用计划 保护区划：调整、完善保护区划。 本体保护：制订保护计划，对惜字塔存在安全隐患的部位做局部加固处理，加强日常维护和管理。 加强研究：加强对大沙窝惜字塔历史价值和科学价值的研究工作。 安全防护：进一步完善安防、消防、防雷等防护措施。 环境整治：对影响大沙窝惜字塔风貌的植物进行清除，周边地面适当硬化，修建巡查文物道路（采用传统方式，如铺设石板）。 管理工作：完善管理机制，增设管理人员，每年定期对文物安全进行巡查。

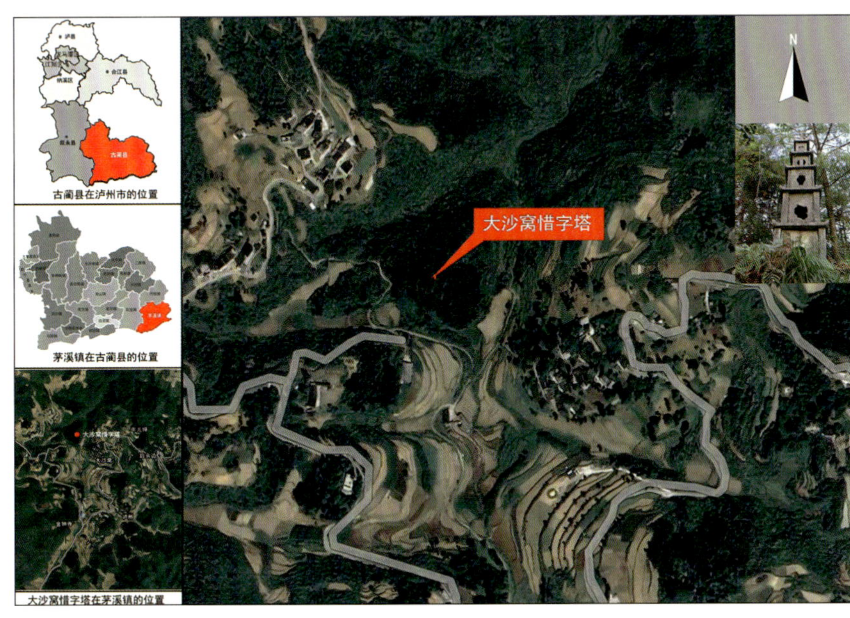

图号 01

绘制时间：2022 年 10 月

绘 制 人：刘洋

图　　名：大沙窝惜字塔区位图

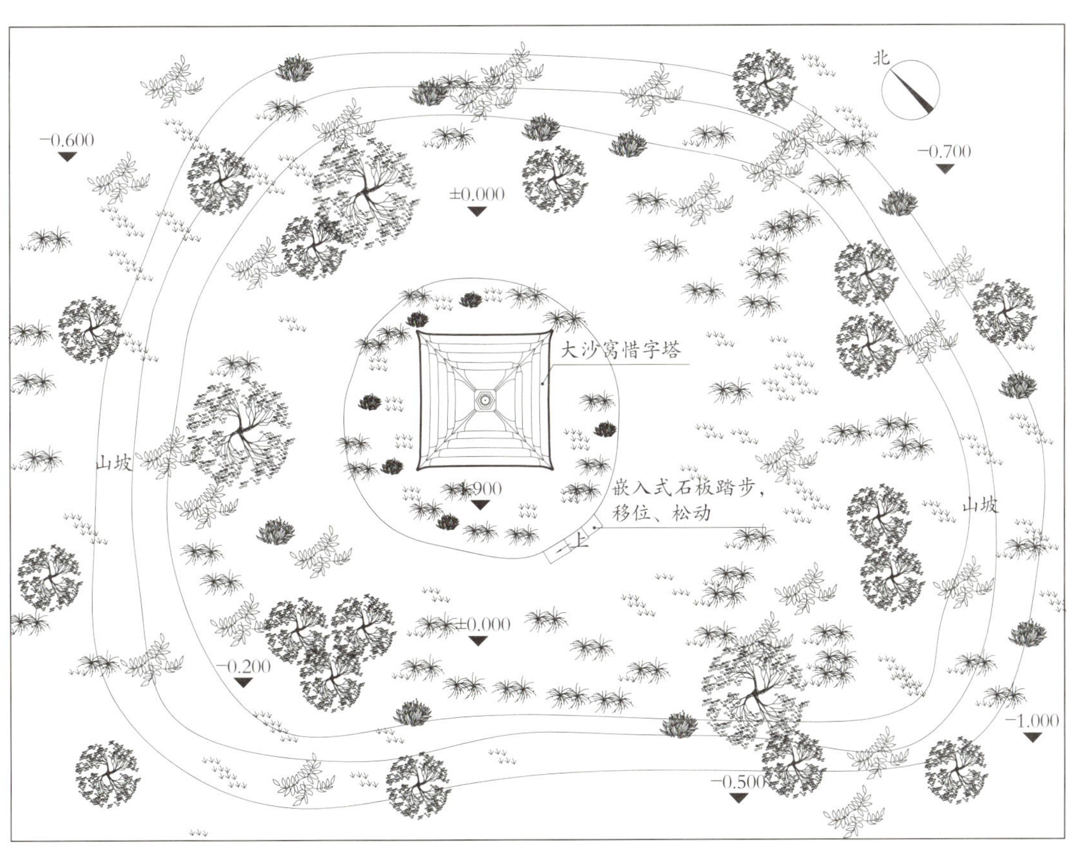

图号 02

绘制时间：2022 年 10 月

绘 制 人：刘洋

比　　例：1∶30

图　　名：大沙窝惜字塔总平面图

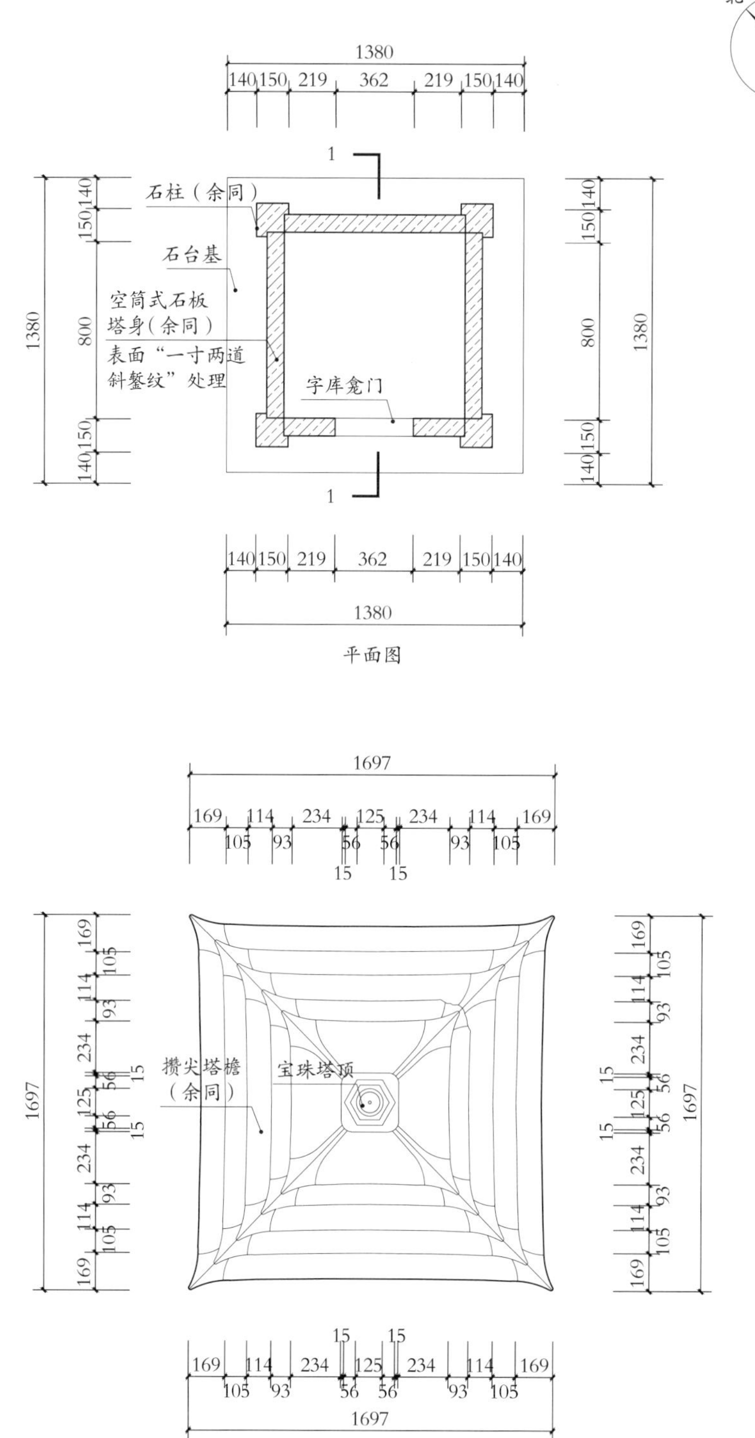

图号 03

绘制时间：2022 年 10 月

绘 制 人：刘洋

比　　例：1:20

图　　名：大沙窝惜字塔平面图、俯视图

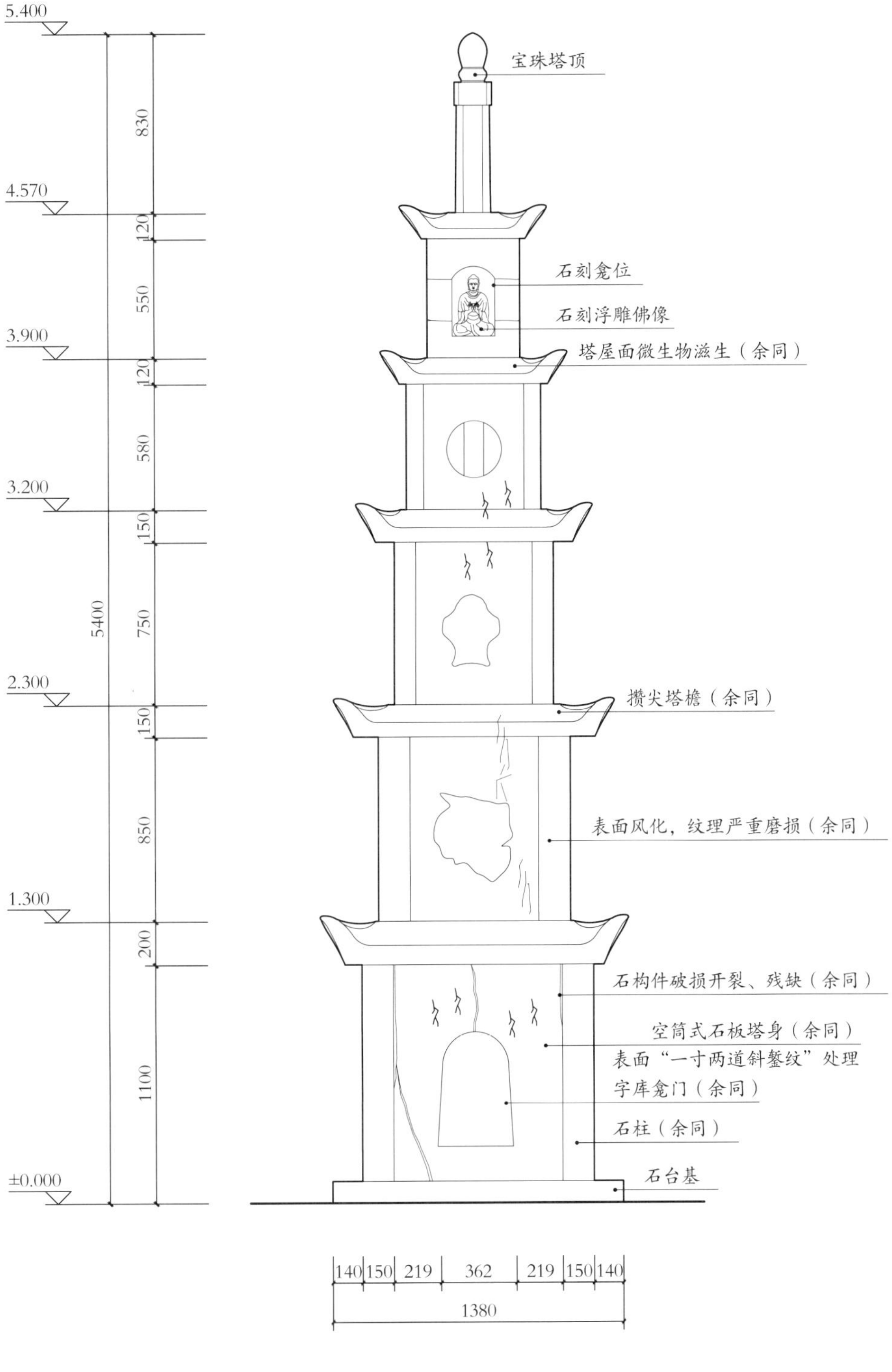

5.400

830

4.570

120

550

3.900

120

580

3.200

150

5400

750

2.300

150

850

1.300

200

1100

±0.000

宝珠塔顶

石刻龛位

石刻浮雕佛像

塔屋面微生物滋生（余同）

攒尖塔檐（余同）

表面风化，纹理严重磨损（余同）

石构件破损开裂、残缺（余同）

空筒式石板塔身（余同）

表面“一寸两道斜錾纹”处理

字库龛门（余同）

石柱（余同）

石台基

140	150	219	362	219	150	140

1380

图号 04

绘制时间：2022 年 10 月

绘 制 人：刘洋

比　　例：1∶20

图　　名：大沙窝惜字塔西南立面图

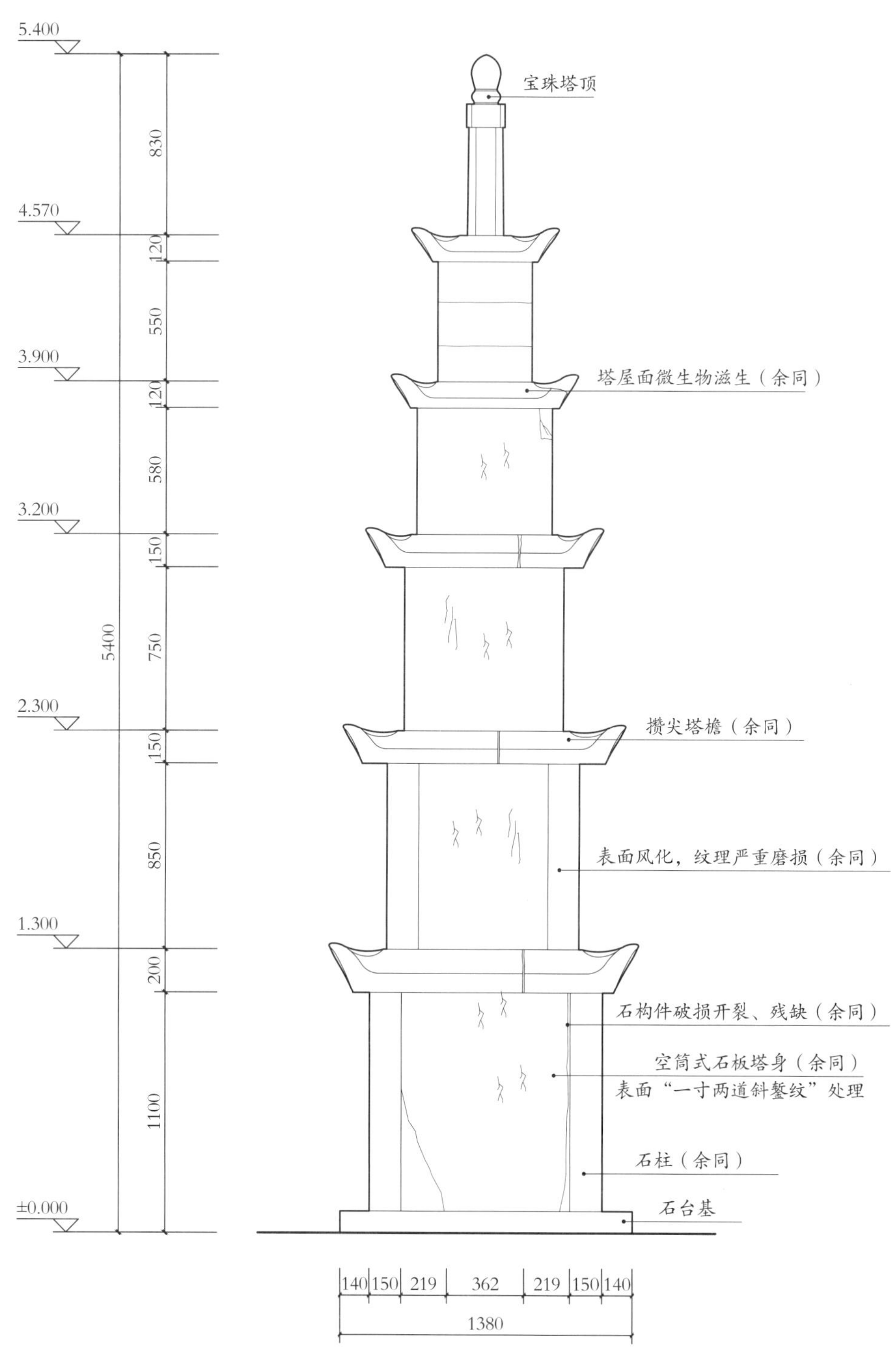

图号 05

绘制时间：2022 年 10 月

绘 制 人：刘洋

比　　例：1 : 20

图　　名：大沙窝惜字塔东南立面图

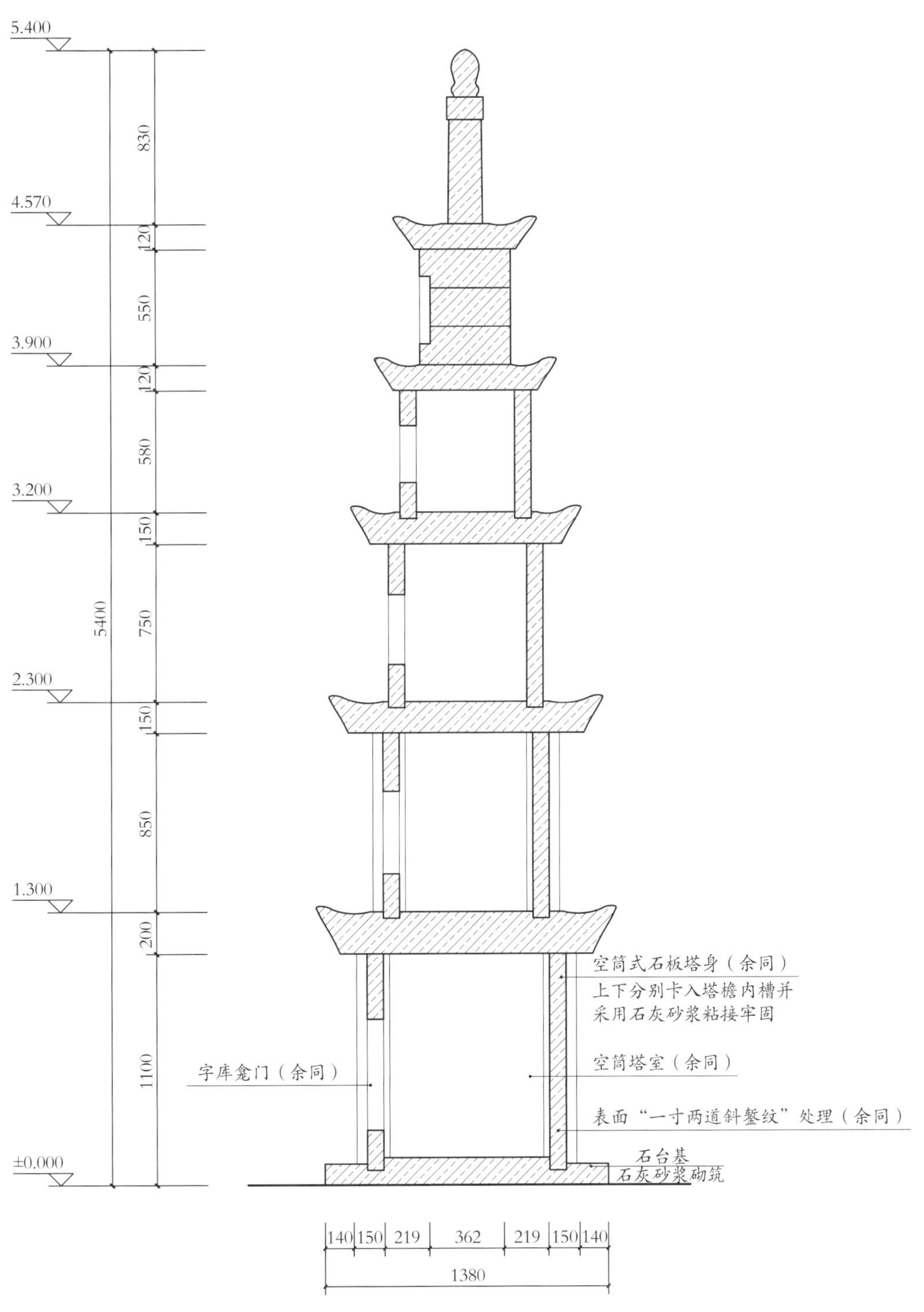

图号 06

绘制时间：2022 年 10 月
绘 制 人：刘洋
比　　例：1∶20
图　　名：大沙窝惜字塔剖面图

照片 01

拍摄时间：2022 年 10 月
拍 摄 人：刘洋
拍摄方向：由东南向西北俯视
文物部位：东南立面全景

照片 02

拍摄时间：2022 年 10 月
拍 摄 人：刘洋
拍摄方向：由西南向东北仰视
文物部位：西南立面全景、台基

照片 03

拍摄时间：2022 年 10 月

拍 摄 人：刘洋

拍摄方向：由东南向西北

文物部位：东南立面、一二层龛位

凌云塔惜字塔

凌云塔惜字塔调查保护记录表

<table>
<tr><td>名　　称</td><td colspan="4">凌云塔惜字塔</td></tr>
<tr><td>年　　代</td><td colspan="2">清道光二十三年（1843）</td><td>类　别</td><td>古建筑</td></tr>
<tr><td>所 在 地</td><td colspan="4">四川省泸州市古蔺县丹桂镇香元村下寨</td></tr>
<tr><td>海　　拔</td><td>1038.4 米</td><td>经　度</td><td>106°15'30"E</td><td>纬　度</td><td>27°55'39"N</td></tr>
<tr><td>保护级别</td><td colspan="4">市级文物保护单位</td></tr>
<tr><td>所 有 权</td><td colspan="2">集体所有</td><td>使用人</td><td>下寨</td></tr>
<tr><td>管理机构</td><td colspan="4">古蔺县文旅局、丹桂镇</td></tr>
<tr><td>用　　途</td><td colspan="4">活动场所</td></tr>
<tr><td>简　　介</td><td colspan="4">凌云塔惜字塔为七层六边形阁楼式石质空心塔，坐东向西，占地面积 6 平方米；六边形素面台基；塔身为六边形；塔顶为六角攒尖顶，逐层上收；塔体高约 20 米；该塔正面层层均开拱形窗，东侧有石敢当一座，塔檐为六边形攒尖塔檐。它的发现，为研究当地的人文历史提供了一定的实物依据，丰富了川南石塔建筑艺术内涵。</td></tr>
<tr><td>文物描述</td><td colspan="4">凌云塔惜字塔由台基、塔身、塔檐、塔顶组成，为锥形六角阁楼式石质空心塔，整座塔用石灰、糯米浆、青石砌筑。
台　基：六边台基，表面做錾纹处理。
塔　身：六边形塔身用石灰、糯米浆、青条石砌筑，塔身共七层，每层西面开拱形龛门，塔身表面做寸三錾纹。
塔　檐：六角攒尖石雕塔檐，石檐翘角如六只神龟，它们驮着上层塔身，仰望远方。
塔　顶：六边形整石雕刻宝珠塔顶。
真实性：凌云塔惜字塔基本保持了清代建筑形制，文物建筑在形制特征、材料和工艺特点等方面保留了历史原状，具有鲜明的地方特色。
完整性：凌云塔惜字塔整体保存状况完整，基本保留了历史原构，留存不同时期的历史活动信息，周边环境能够真实反映惜字塔选址与地形地貌的关系。</td></tr>
<tr><td rowspan="2">文物调查</td><td>形制</td><td>工艺</td><td>结构</td><td>材料</td></tr>
<tr><td>七层六边形阁楼式石塔</td><td>石构错缝砌筑，各层由屋檐开槽连接固定塔身砌体，表面做细道处理</td><td>石砌体结构</td><td>石灰、糯米浆、青石</td></tr>
<tr><td colspan="5">文物本体历史沿革
根据塔身石刻题记文献记载，该惜字塔建于清道光二十三年。
1843 年至今，该惜字塔未做过较大修缮，基本为原状保存。</td></tr>
</table>

（续表）

保护管理工作沿革 2009 年，对该文物建筑进行普查记录。 2010 年 12 月，泸州市人民政府以泸市府函〔2010〕259 号文公布凌云塔惜字塔为泸州市级文物保护单位。 2011 年至今，凌云塔惜字塔由丹桂镇和古蔺县文旅局协同管理。
价值评估 凌云塔惜字塔通体用石灰、糯米浆、青石砌筑，建筑营造美观大方，结构连接严谨科学，整体庄严肃立，塔身高耸而稳定，比例协调，具有较高科学价值。 惜字塔作为中华民族的物质文化遗产之一，承载着明清时期民间敬惜字纸文化信仰的历史记忆。
风险评估 凌云塔惜字塔主要为石砌体结构，受大自然酸雨长期浸渍，有风化侵蚀的风险。 凌云塔惜字塔所处地区年雷雨天数较多，文物建筑遭受雷击风险较高。
现状评估 凌云塔惜字塔整体形制保存完整，局部受自然灾害影响而残缺、开裂，主要表现在塔檐翘角残损，塔檐残缺位移，一层塔身石构断裂、残破，基座表层风化剥落等。 凌云塔惜字塔位于坡顶树林中，距离乡村水泥公路约 2 千米，距泥土道路及看护人居住地约 800 米，有宽约 0.8 米、500 米长的水泥便道（路面破损）通往此塔。
“四有”工作情况 2010 年 12 月，泸州市人民政府以泸市府函〔2010〕259 号文公布凌云塔惜字塔保护范围及建控地带。 **保护范围：**以其台基边缘为基线，东、南、西、北面各外延 15 米，东西长 30 米，南北宽 30 米。保护、建控面积约 900 平方米。 **保护标志：**位于塔前 2 米位置。 **记录档案：**凌云塔惜字塔保护档案已建立，现存于古蔺县文旅局。 **保护管理机构：**凌云塔惜字塔现由丹桂镇管理，古蔺县文旅局主要负责对凌云塔惜字塔文物保护工作的监督、指导，并协同管理。
安全保卫情况 **安　防：**暂未安装监控等相关安防预警设施。 **消　防：**未设置消防设施，火灾发生时无法满足救灾的需求。 **防　雷：**凌云塔惜字塔未安装防雷设施，无法满足防雷要求。
调查、考古、保护、展示工作 **保护工作：**古蔺县文旅局定期对文物保护单位进行安全巡查。 **利用情况：**当地宗教信徒开展宗教活动，燃香祈福。
下一阶段保护、管理、使用计划 **保护区划：**调整、完善保护区划。 **本体保护：**制订保护计划，对惜字塔整体加固、局部修复，后期加强不定期监测。 **加强研究：**加强对凌云塔惜字塔历史价值和科学价值的研究工作。 **安全防护：**进一步完善安防、消防、防雷等防护措施。 **环境整治：**周边环境适当硬化（采用传统方式，如铺设石板），保护台基，增设周边排水沟。 **管理工作：**完善管理机制，增设管理人员。

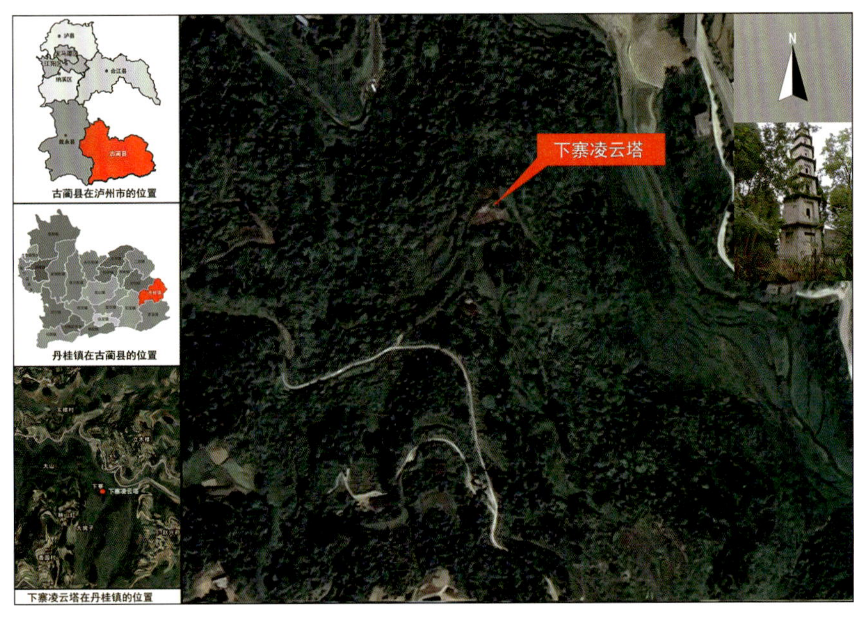

图号 01

绘制时间：2022 年 10 月

绘 制 人：刘洋

图　　名：凌云塔惜字塔区位图

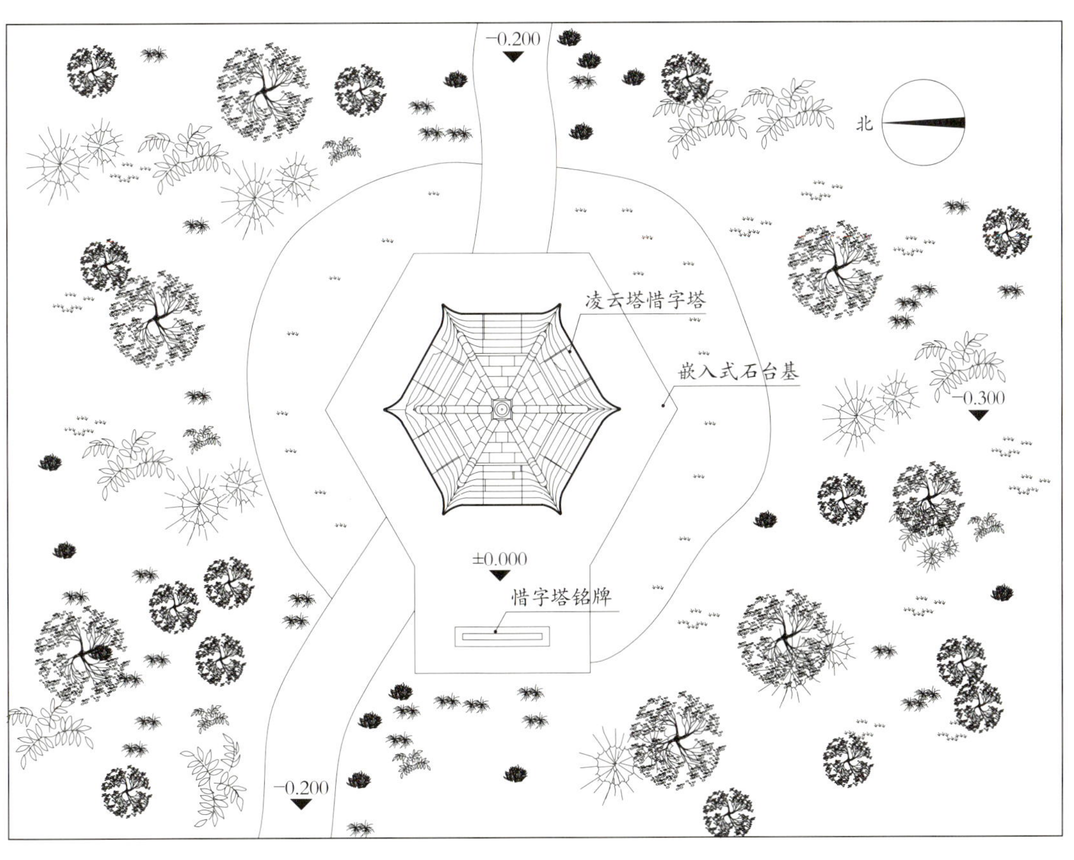

图号 02

绘制时间：2022 年 10 月

绘 制 人：刘洋

比　　例：1∶70

图　　名：凌云塔惜字塔总平面图

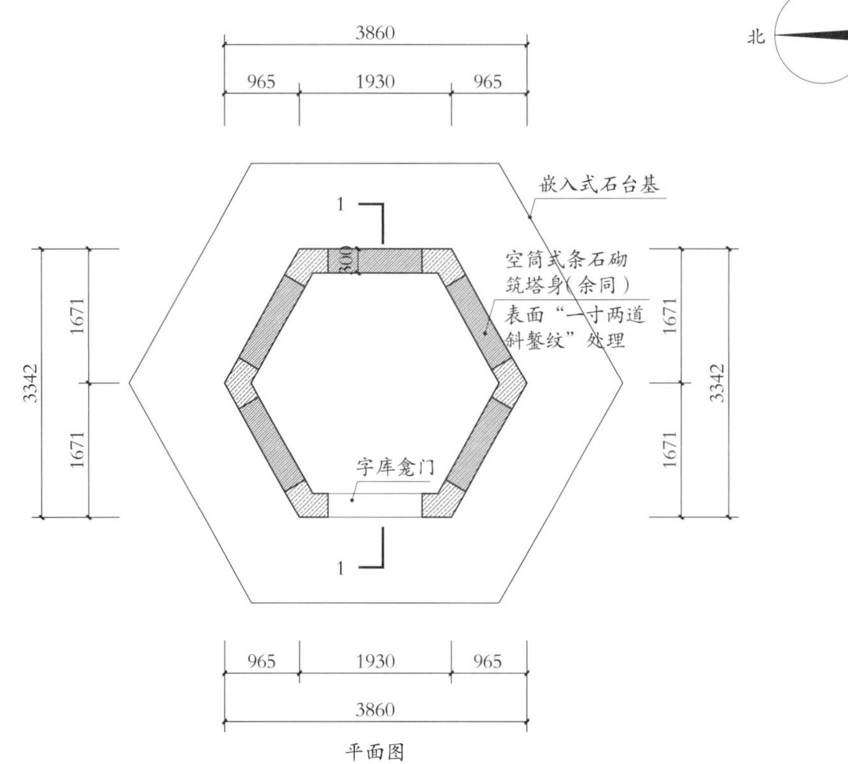

平面图

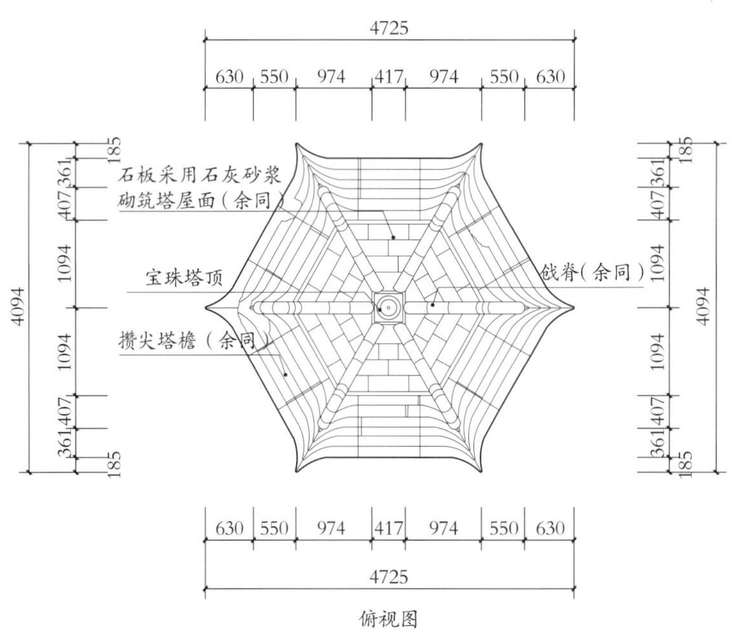

俯视图

图号 03

绘制时间：2022 年 10 月

绘 制 人：刘洋

比　　例：1∶50

图　　名：凌云塔惜字塔平面图、俯视图

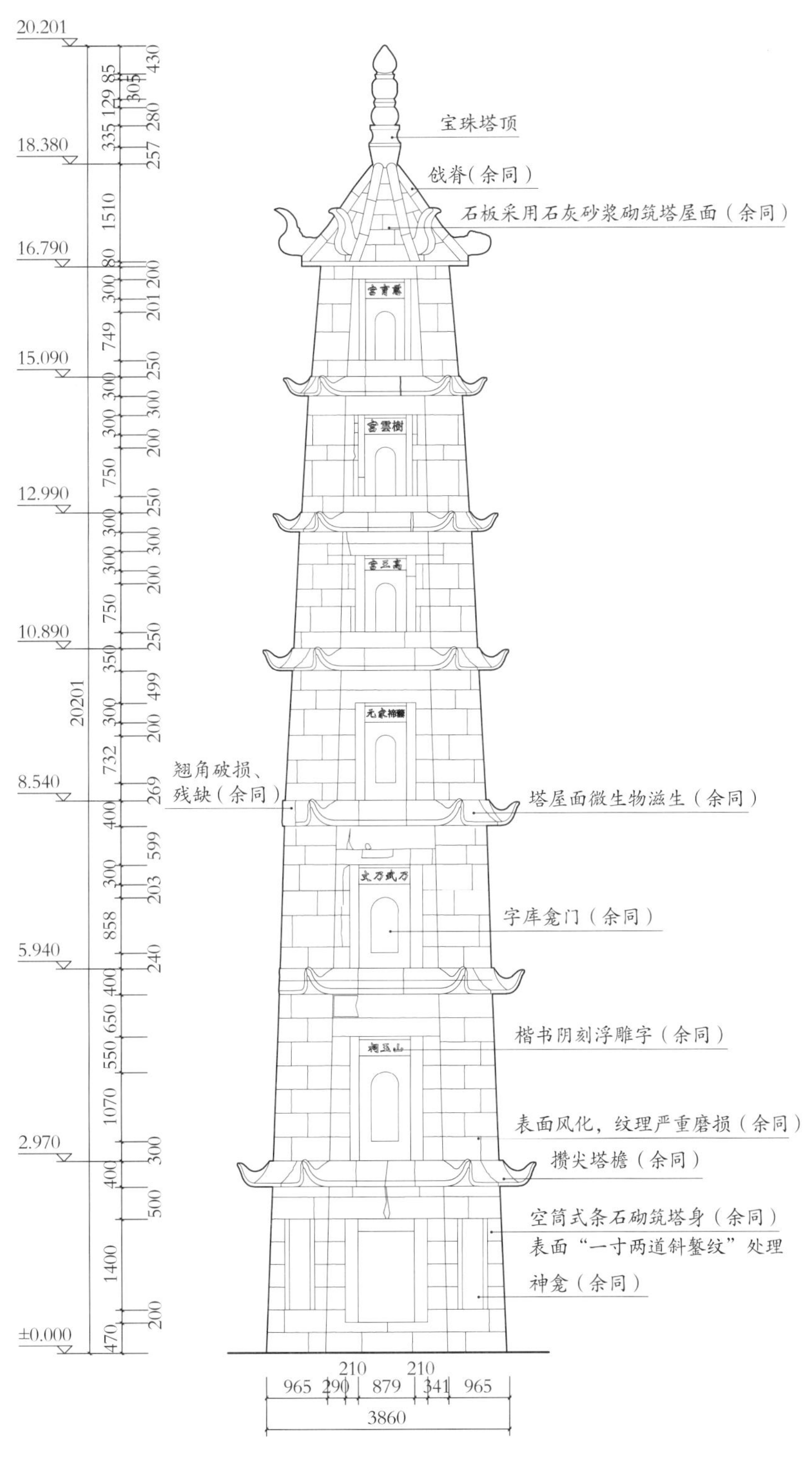

图号 04

绘制时间：2022 年 10 月

绘 制 人：刘洋

比　　例：1∶40

图　　名：凌云塔惜字塔西立面图

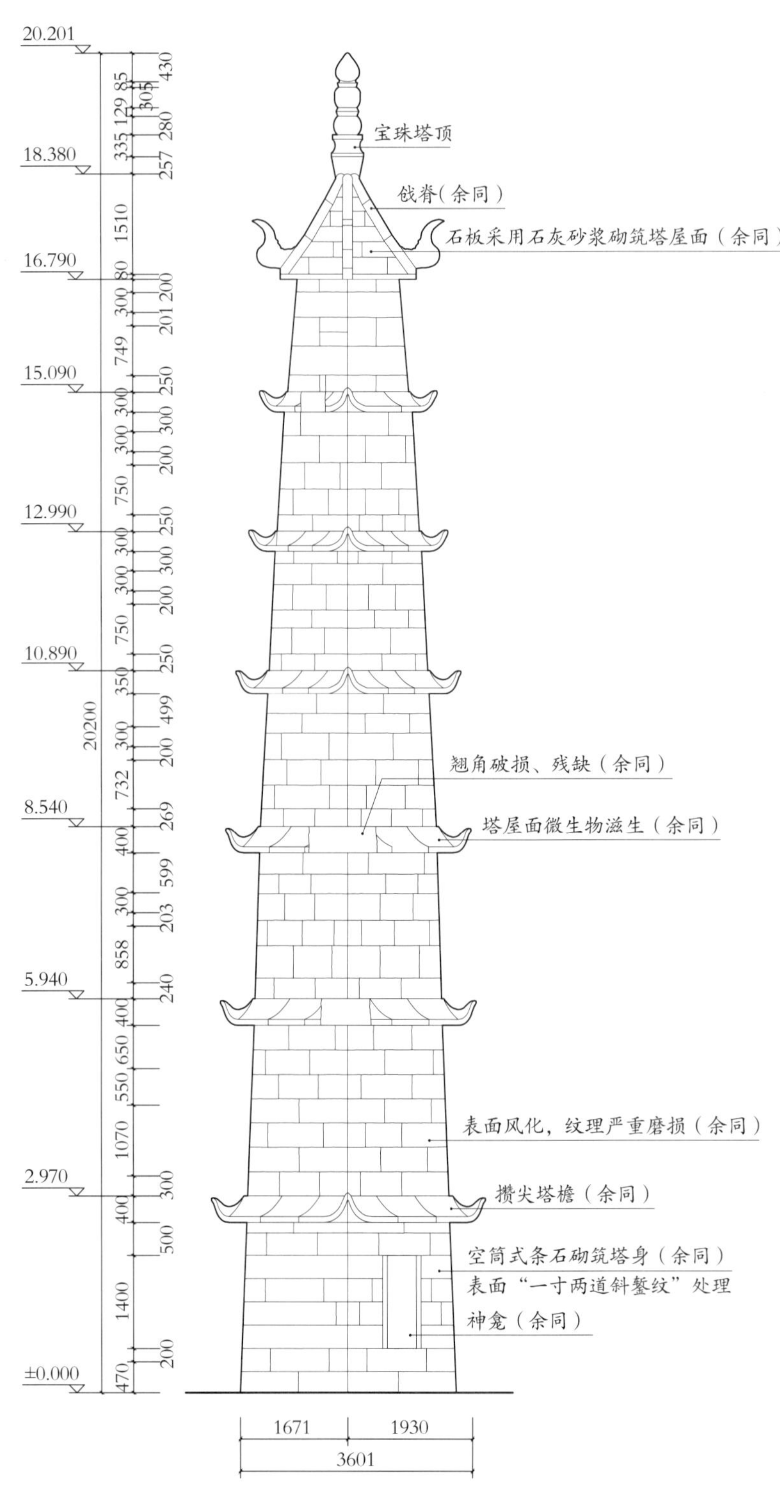

图号 05

绘制时间：2022 年 10 月

绘 制 人：刘洋

比　　例：1∶40

图　　名：凌云塔惜字塔北立面图

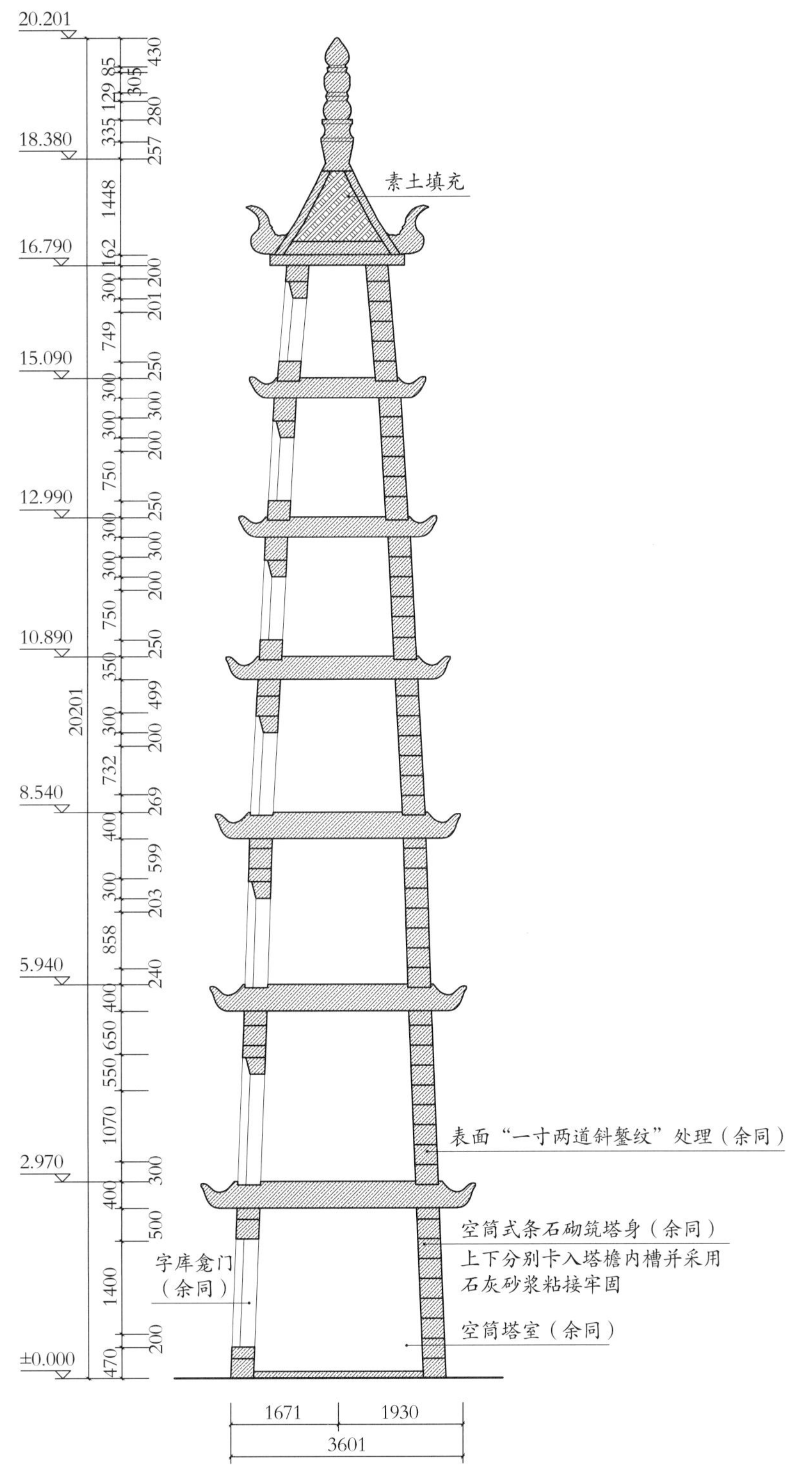

图号 06

绘制时间：2022 年 10 月

绘 制 人：刘洋

比　　例：1∶40

图　　名：凌云塔惜字塔剖面图

照片 01

拍摄时间：2022 年 10 月
拍 摄 人：刘洋
拍摄方向：由西向东
文物部位：凌云塔惜字塔铭碑

照片 02

拍摄时间：2022 年 10 月
拍 摄 人：刘洋
拍摄方向：由西向东俯视
文物部位：西立面全景

照片 03

拍摄时间：2022 年 10 月

拍 摄 人：刘洋

拍摄方向：由西北向东南

文物部位：西北立面全景

照片 04

拍摄时间：2022 年 10 月
拍 摄 人：刘洋
拍摄方向：由西向东仰视
文物部位：西立面

照片 05

拍摄时间：2022 年 10 月
拍 摄 人：刘洋
拍摄方向：由东向西
文物部位：东立面全景

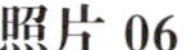

照片 06

拍摄时间：2022 年 10 月
拍 摄 人：刘洋
拍摄方向：由东向西
文物部位：塔顶部、一层石敢当

照片 07

拍摄时间：2022 年 10 月
拍 摄 人：刘洋
拍摄方向：由西向东
文物部位：塔顶部分石构件开裂

丹桂惜字塔

丹桂惜字塔调查保护记录表

<table>
<tr><td>名　　称</td><td colspan="4">丹桂惜字塔</td></tr>
<tr><td>年　　代</td><td colspan="2">清道光二十年（1840）</td><td>类　别</td><td>古建筑</td></tr>
<tr><td>所 在 地</td><td colspan="4">四川省泸州市古蔺县丹桂镇金龙村</td></tr>
<tr><td>海　　拔</td><td>997 米</td><td>经　度</td><td>106°13'31.7"E</td><td>纬　度</td><td>27°55'14.6"N</td></tr>
<tr><td>保护级别</td><td colspan="4">一般不可移动文物</td></tr>
<tr><td>所 有 权</td><td colspan="2">集体所有</td><td>使用人</td><td>金龙村</td></tr>
<tr><td>管理机构</td><td colspan="4">古蔺县文旅局、丹桂镇</td></tr>
<tr><td>用　　途</td><td colspan="4">活动场所</td></tr>
<tr><td>简　　介</td><td colspan="4">丹桂惜字塔为三层阁楼式空心石塔，坐南向北；建于清道光二十年，素面台基；塔身呈六边形；塔顶为六角攒尖顶；二、三层均开窗，第二层开圆形窗，立柱上有圆雕石狮一对；三层立柱上有圆雕石象一对。该塔为研究当地的人文历史提供了一定的实物依据，丰富了川南石塔建筑艺术内涵。</td></tr>
<tr><td>文物描述</td><td colspan="4">丹桂惜字塔由台基、塔身、塔檐、塔顶组成，为六边形阁楼式石质空心塔，逐层上收，整座塔用石灰、糯米浆、青石砌筑、榫卯卡槽式连接。
台　基：六边素面台基，外围包裹混凝土。
塔　身：一层由青石砌筑为六边形，二、三层由多边形角柱与石板榫卯连接，柱脚置于屋檐上下的卡槽之上，分上中下三层，二层南北面开圆形窗，立柱上有圆雕石狮一对；三层北面开拱形窗，立柱上有圆雕石象一对。
塔　檐：六角攒尖石雕塔檐，石檐翘角如六只神龟，它们驮着上层塔身，仰望远方。
塔　顶：雕刻宝珠塔顶。
真实性：丹桂惜字塔基本保持了清代建筑形制，文物建筑在形制特征、材料和工艺特点等方面保留了历史原状，具有鲜明的地方特色，仍保留了宗教活动场所的简易功能。
完整性：丹桂惜字塔整体保存状况较完整，基本保留了历史原构，留存不同时期的历史活动信息，周边环境能够真实反映惜字塔选址与地形地貌的关系。</td></tr>
<tr><td rowspan="2">文物调查</td><td>形制</td><td>工艺</td><td>结构</td><td>材料</td></tr>
<tr><td>三层六边形阁楼式石塔</td><td>石构榫卯连接，各部构件整石雕刻，表面做细道处理</td><td>仿木榫卯结构，内部构造为单腔空筒式</td><td>石灰、糯米浆、青石</td></tr>
<tr><td colspan="5">文物本体历史沿革
根据文献记载，该惜字塔建于清道光二十年。
1840 年至今，该惜字塔未做过较大修缮，基本为原状保存。</td></tr>
</table>

（续表）

保护管理工作沿革 2009 年，对该文物建筑进行普查记录。 至今，丹桂惜字塔由丹桂镇和古蔺县文旅局协同管理。
价值评估 丹桂惜字塔由台基、塔身、塔檐和塔顶组成，为石质三层仿木结构，其上饰有瑞兽圆雕。 惜字塔见证着中华民族“惜字”的文化传统，反映着中国古人尊重文化、传承文化的初衷，成为中国传统文化一个凝固的符号。
风险评估 丹桂惜字塔主要为石砌仿木结构，受大自然酸雨长期浸渍，有风化侵蚀的风险。丹桂惜字塔所处地区年雷雨天数较多，文物建筑所处地势较高且周围空旷，遭受雷击风险较高。
现状评估 丹桂惜字塔整体形制保存较完整，局部受自然灾害影响而破损、残缺、开裂，主要表现在塔檐残缺位移、开裂，塔身石构件部分位移，缝隙较大。 丹桂惜字塔位于金龙村 4 组一平整耕地里，东北距镇政府约 2500 米，距离乡村水泥公路及当地居民住宅约 600 米，通往此塔的便道为田埂小路。
“四有”工作情况 **保护范围：**暂未划定。 **保护标志：**无。 **记录档案：**丹桂惜字塔保护档案已建立，现存于古蔺县文旅局。 **保护管理机构：**丹桂惜字塔现由丹桂镇管理，古蔺县文旅局主要负责对丹桂惜字塔文物保护工作的监督、指导，并协同管理。
安全保卫情况 **安　防：**暂未安装监控等相关安防预警设施。 **消　防：**未设置消防设施，火灾发生时无法满足救灾的需求。 **防　雷：**丹桂惜字塔未安装防雷设施，无法满足防雷要求。
调查、考古、保护、展示工作 **保护工作：**古蔺县文旅局定期对文物保护单位进行安全巡查。 **利用情况：**当地宗教信徒开展宗教活动，燃香祈福。
下一阶段保护、管理、使用计划 **保护区划：**调整、完善保护区划。 **本体保护：**制订保护计划，对惜字塔存在的开裂、移位石构件进行加固处理，对老化灰缝清掏后用糯米浆灌浆，基座表面铺贴当地青石板。 **加强研究：**加强对丹桂惜字塔历史价值的研究工作。 **安全防护：**进一步完善安防、消防、防雷等防护措施。 **环境整治：**周边地面适当硬化，修建文物工作巡查道路（采用传统方式，如铺设石板），保护塔基，增设周边排水沟。 **管理工作：**完善管理机制，增设管理人员，每年定期对文物安全进行巡查。

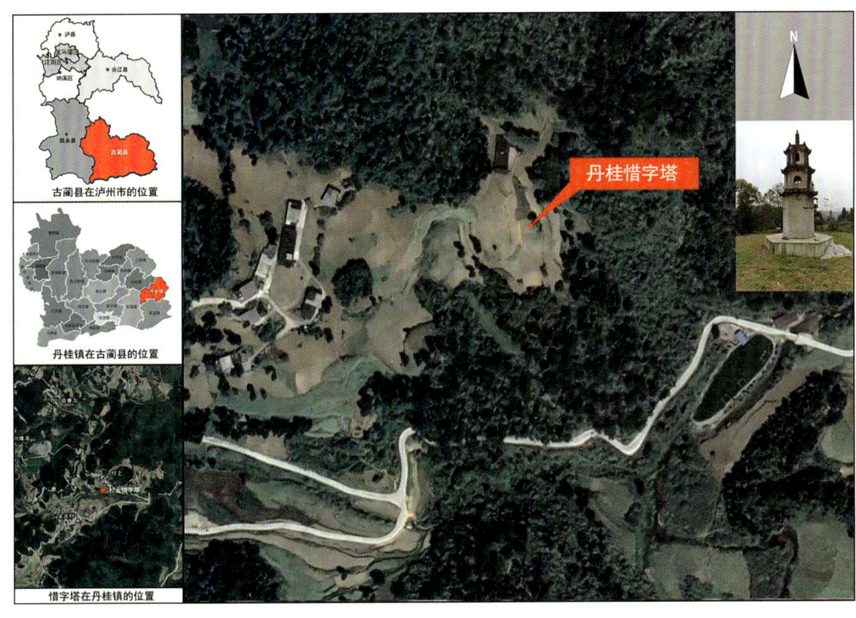

图号 01

绘制时间：2022 年 10 月

绘 制 人：刘洋

图　　名：丹桂惜字塔区位图

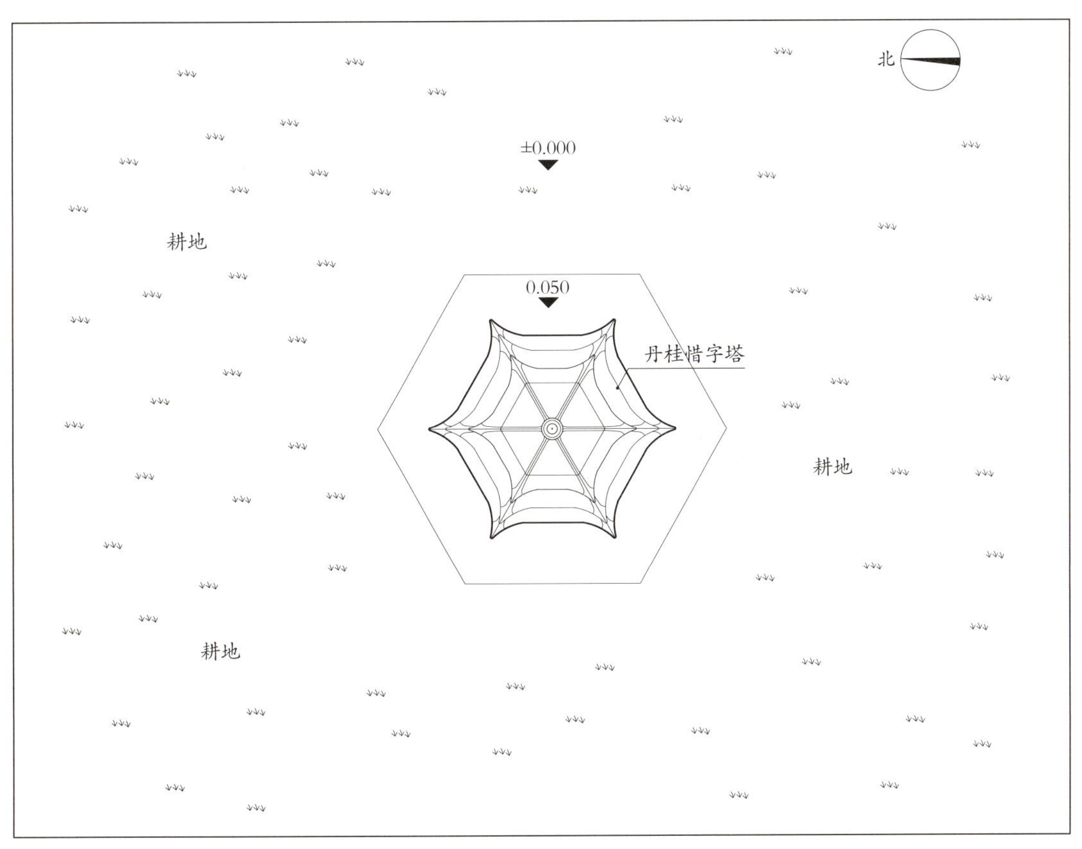

图号 02

绘制时间：2022 年 10 月

绘 制 人：刘洋

比　　例：1∶30

图　　名：丹桂惜字塔总平面图

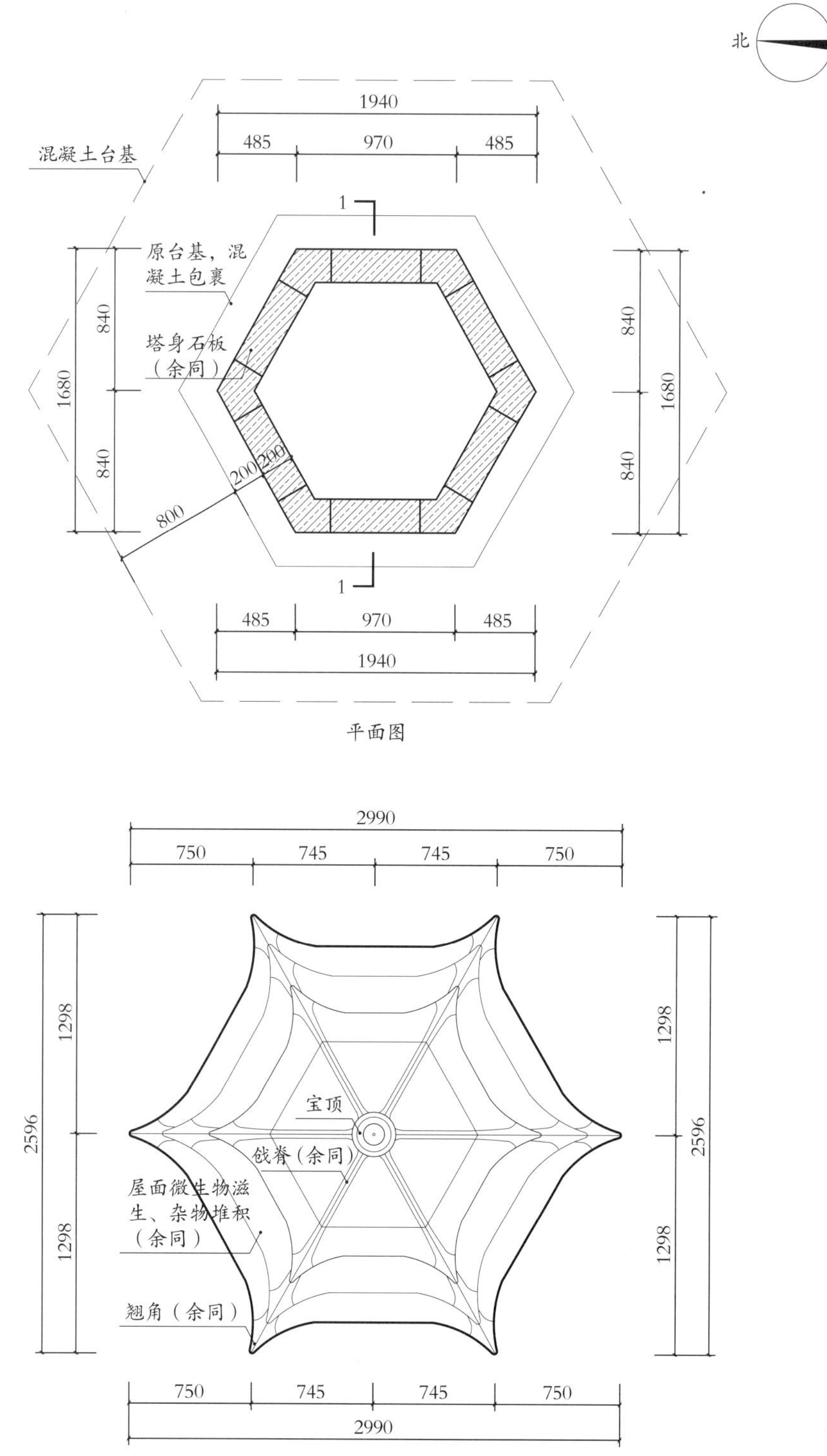

平面图

俯视图

图号 03

绘制时间：2022 年 10 月

绘 制 人：刘洋

比　　例：1∶20

图　　名：丹桂惜字塔平面图、俯视图

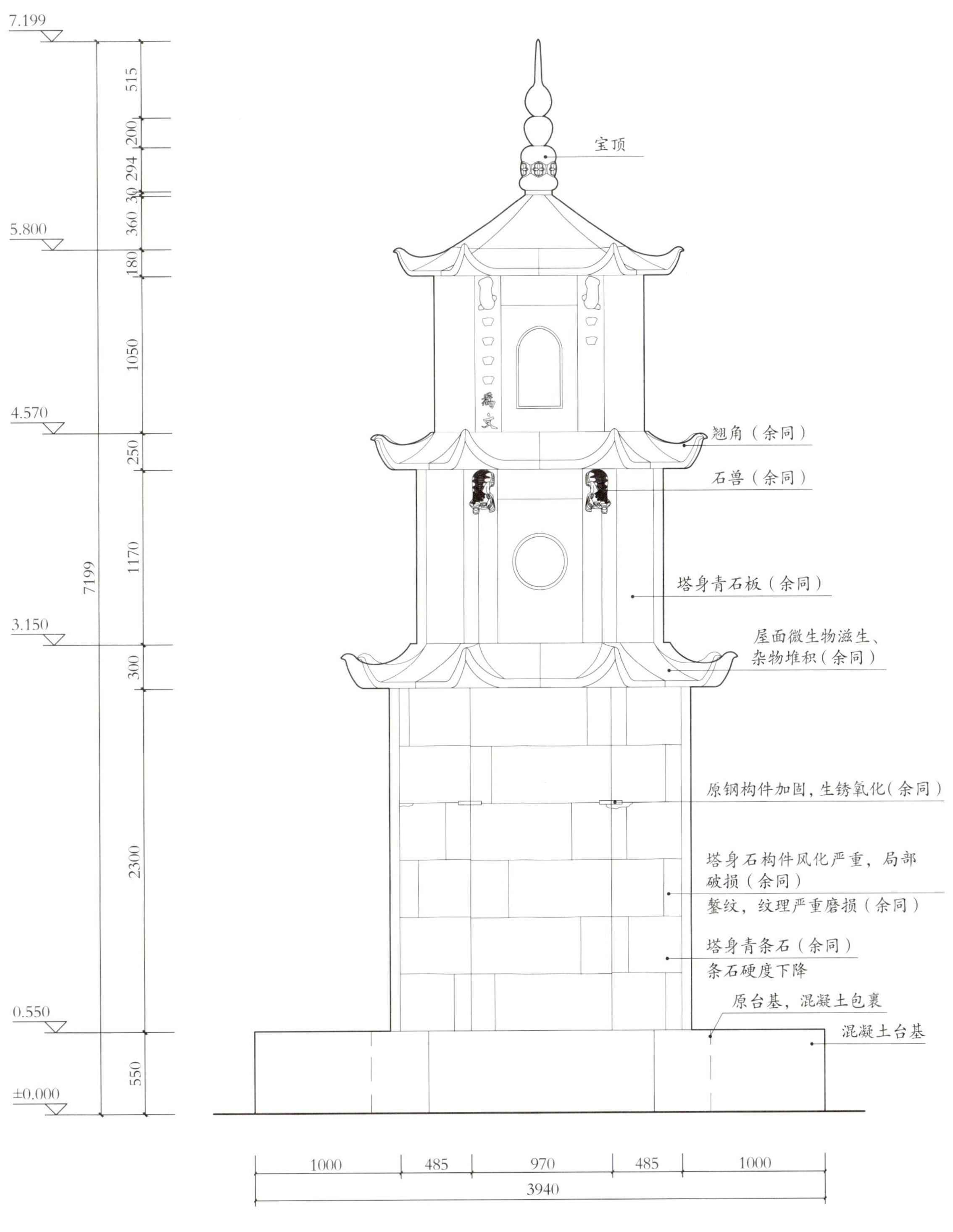

图号 04

绘制时间：2022 年 10 月

绘 制 人：刘洋

比　　例：1 : 25

图　　名：丹桂惜字塔北立面图

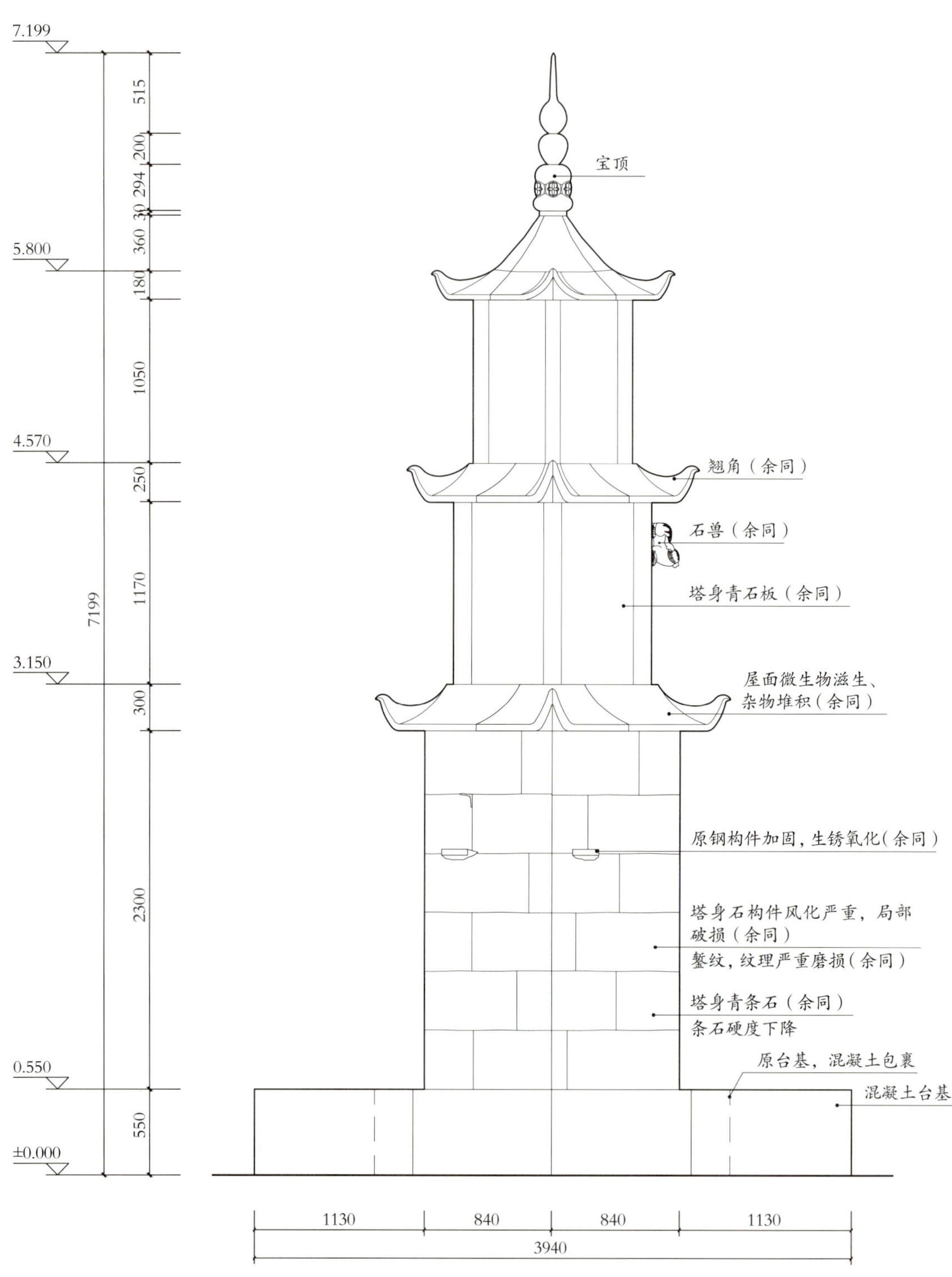

图号 05

绘制时间：2022 年 10 月

绘 制 人：刘洋

比　　例：1∶25

图　　名：丹桂惜字塔东北立面图

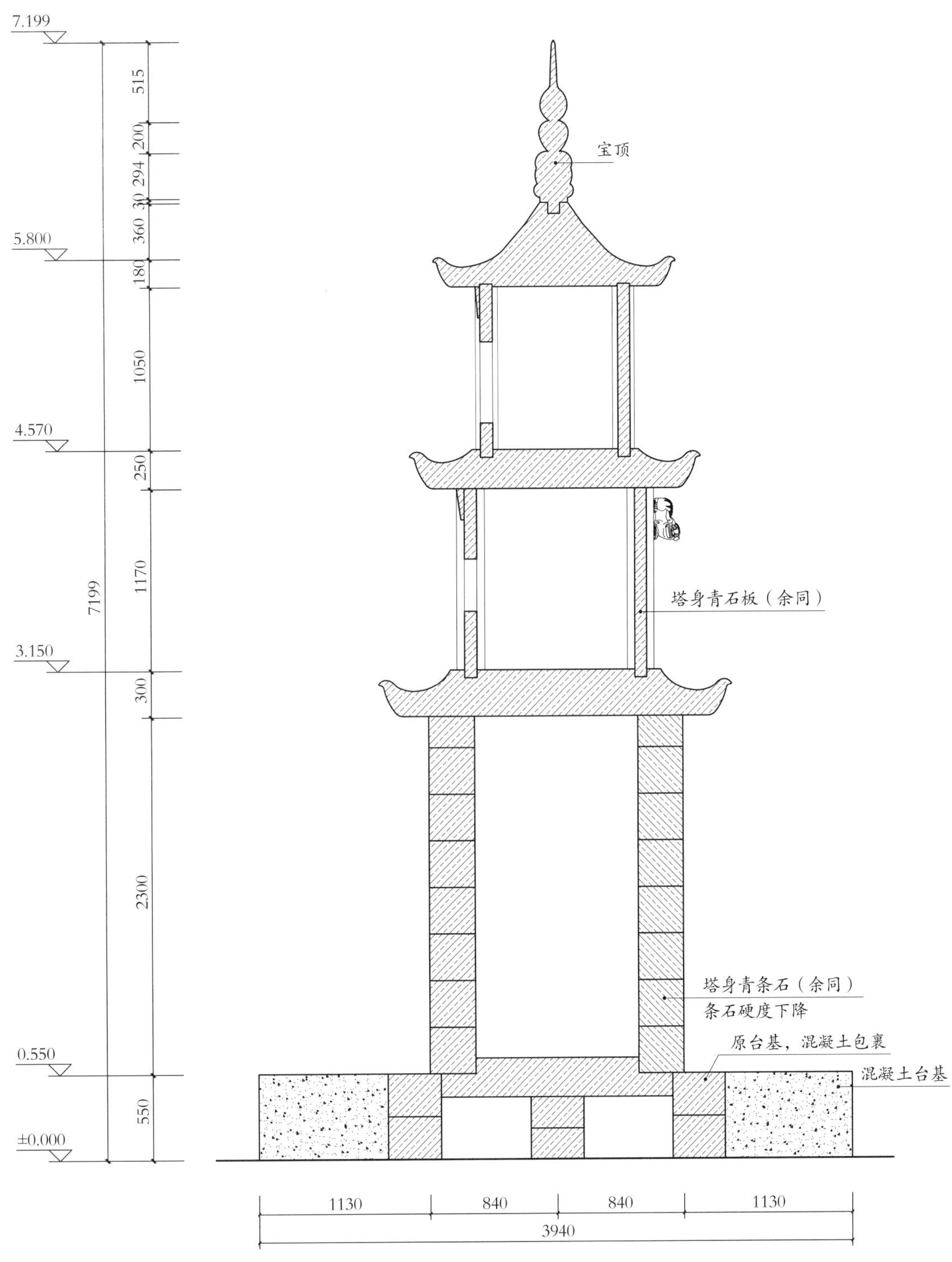

图号 06

绘制时间：2022 年 10 月

绘 制 人：刘洋

比　　例：1∶25

图　　名：丹桂惜字塔剖面图

照片 01

拍摄时间：2022 年 10 月
拍 摄 人：刘洋
拍摄方向：由北向南
文物部位：北立面全景

照片 02

拍摄时间：2022 年 10 月
拍 摄 人：刘洋
拍摄方向：由南向北
文物部位：南立面全景

照片 03

拍摄时间：2022 年 10 月
拍 摄 人：刘洋
拍摄方向：由南向北俯视
文物部位：南立面全景俯视

照片 04

拍摄时间：2022 年 10 月
拍 摄 人：刘洋
拍摄方向：由北向南
文物部位：二层北面龛位立面

照片 05

拍摄时间：2022 年 10 月
拍 摄 人：刘洋
拍摄方向：由北向南
文物部位：三层北立面

照片 06

拍摄时间：2022 年 10 月
拍 摄 人：刘洋
拍摄方向：由东北向西南
文物部位：北立面二层龛位旁雕刻

石宝寺惜字塔

石宝寺惜字塔调查保护记录表

<table>
<tr><td>名　　称</td><td colspan="5">石宝寺惜字塔</td></tr>
<tr><td>年　　代</td><td colspan="2">清</td><td>类　别</td><td colspan="2">古建筑</td></tr>
<tr><td>所 在 地</td><td colspan="5">四川省泸州市古蔺县大村镇</td></tr>
<tr><td>海　　拔</td><td>912.7 米</td><td>经　度</td><td>106°14'14.5"E</td><td>纬　度</td><td>27°59'34.3"N</td></tr>
<tr><td>保护级别</td><td colspan="5">一般不可移动文物</td></tr>
<tr><td>所 有 权</td><td colspan="2">集体所有</td><td>使用人</td><td colspan="2">大村镇</td></tr>
<tr><td>管理机构</td><td colspan="5">古蔺县文旅局、大村镇</td></tr>
<tr><td>用　　途</td><td colspan="5">活动场所</td></tr>
<tr><td>简　　介</td><td colspan="5">石宝寺惜字塔为三层六边形阁楼式石质空心塔，坐南向北，占地面积 24.5 平方米；台基用条石砌成六边形；塔身呈六边形逐层上收；檐角外翘，每层正面均开窗；塔顶为六角攒尖宝珠塔刹；塔体高约 7.6 米；一层高约 2 米，宽 1 米，塔内有一尊木雕佛像；二层高约 1.9 米，宽 0.9 米，立柱上有一对圆雕石狮，塔内有一尊木雕佛像；三层高约 1.7 米，宽 0.7 米，立柱上有一对圆雕石狮，塔内有一尊木雕佛像。该塔始建于清代，具有一定的历史和建筑价值。</td></tr>
<tr><td>文物描述</td><td colspan="5">石宝寺惜字塔由台基、塔身、塔檐、塔顶组成，为锥形六边形阁楼式石质空心塔，整座塔用石灰、糯米浆、青石砌筑，榫卯卡槽式连接。
台　基：六边形素面台基。
塔　身：六边形塔身由多边形角柱与石板榫卯连接，柱脚置于基座卡槽之上，分上中下三层，北面开拱形窗，角柱顶部各有一对圆雕石狮。
塔　檐：六角攒尖石雕塔檐，石檐翘角如六只神龟。
塔　顶：六边形整石雕刻宝珠塔顶。
真实性：石宝寺惜字塔基本保持了清代建筑形制，文物建筑在形制特征、材料和工艺特点等方面保留了历史原状，具有鲜明的地方特色，碑刻题记记载的历史和物质遗存可以相互印证，同时仍保留了宗教活动场所的简易功能。
完整性：石宝寺惜字塔整体保存状况完整，基本保留了历史原构，留存不同时期的历史活动信息，周边环境能够真实反映惜字塔选址与地形地貌的关系。</td></tr>
<tr><td rowspan="2">文物调查</td><td>形制</td><td colspan="2">工艺</td><td>结构</td><td>材料</td></tr>
<tr><td>三层六边形阁楼式石塔</td><td colspan="2">石构榫卯连接，各部构件整石雕刻，表面做细道处理</td><td>仿木榫卯结构，内部构造为单腔空筒式</td><td>石灰、糯米浆、青石</td></tr>
<tr><td colspan="6">文物本体历史沿革
根据文献记载，该惜字塔建于清代。
至今，该惜字塔未做过较大修缮，基本为原状保存。</td></tr>
</table>

（续表）

保护管理工作沿革 2009 年，对该文物建筑进行普查记录。 2018 年，惜字塔北面新建四角亭，方便游人参观休息。
价值评估 石宝寺惜字塔由台基、塔身、塔檐和塔顶组成，为三层石质仿木结构，其上饰有瑞兽圆雕。该塔由石灰、糯米浆、青石砌筑，榫卯卡槽式连接。制作精巧、比例协调，建筑营造美观大方，结构连接严谨科学，整体庄严肃立，具有一定科学价值。
风险评估 石宝寺惜字塔主要为石砌仿木结构，受大自然酸雨长期浸渍，有风化侵蚀的风险。 石宝寺惜字塔所处地区年雷雨天数较多，文物建筑遭受雷击风险较高。
现状评估 石宝寺惜字塔整体形制保存完整，石构件表层风化剥落，塔檐青苔滋生。 石宝寺惜字塔距离公路约 60 米，西距大山街约 3500 米，位于农田边，通往惜字塔小路宽约 1 米，已硬化。
“四有”工作情况 **保护范围：**暂未划定。 **保护标志：**无。 **记录档案：**石宝寺惜字塔保护档案已建立，现存于古蔺县文旅局。 **保护管理机构：**石宝寺惜字塔现由大村镇管理，古蔺县文旅局主要负责对石宝寺惜字塔文物保护工作的监督、指导，并协同管理。
安全保卫情况 **安　防：**暂未安装监控等相关安防预警设施。 **消　防：**未设置消防设施，火灾发生时无法满足救灾的需求。 **防　雷：**石宝寺惜字塔未安装防雷设施，无法满足防雷要求。
调查、考古、保护、展示工作 **保护工作：**古蔺县文旅局定期对文物保护单位进行安全巡查。 **利用情况：**当地宗教信徒开展宗教活动，燃香祈福。
下一阶段保护、管理、使用计划 **保护区划：**调整、完善保护区划。 **本体保护：**现状保存，加强日常维护和管理。 **加强研究：**加强对石宝寺惜字塔历史价值和科学价值的研究工作。 **安全防护：**进一步完善安防、消防、防雷等防护措施。 **环境整治：**灌浆加固台基，拆除周围水泥地面，改铺当地青石板。 **管理工作：**完善管理机制，增设管理人员。

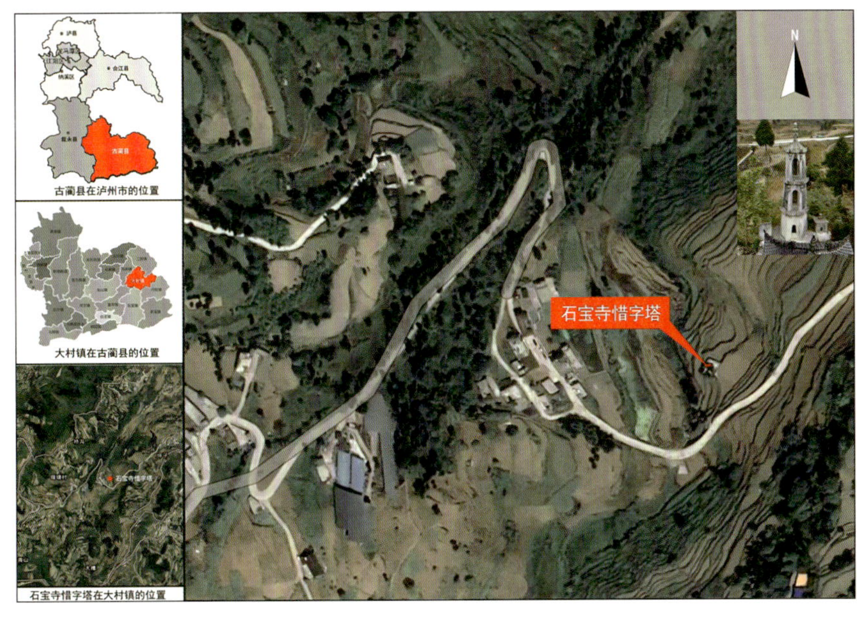

图号 01

绘制时间：2022 年 10 月

绘 制 人：刘洋

图　　名：石宝寺惜字塔区位图

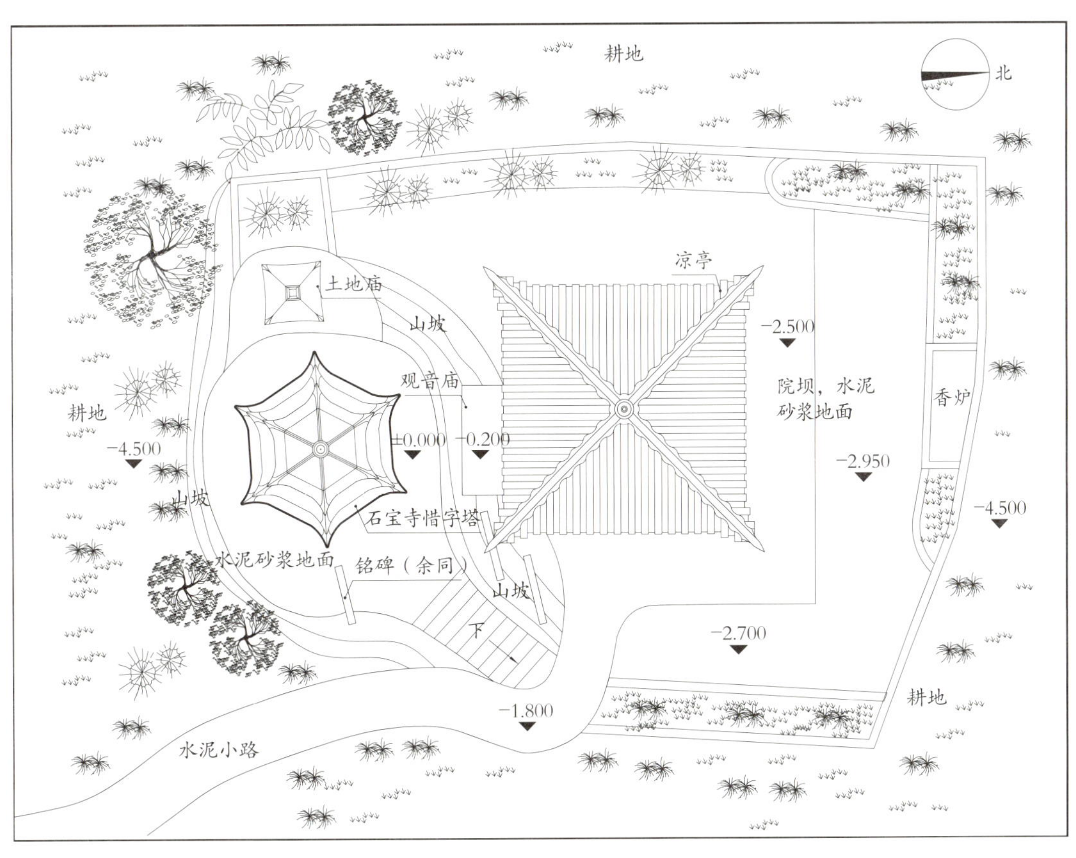

图号 02

绘制时间：2022 年 10 月

绘 制 人：刘洋

比　　例：1∶40

图　　名：石宝寺惜字塔总平面图

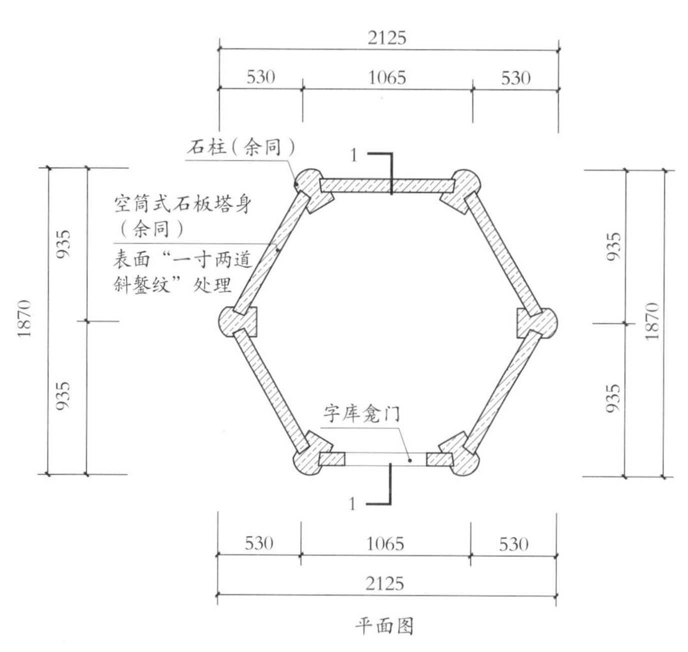

平面图

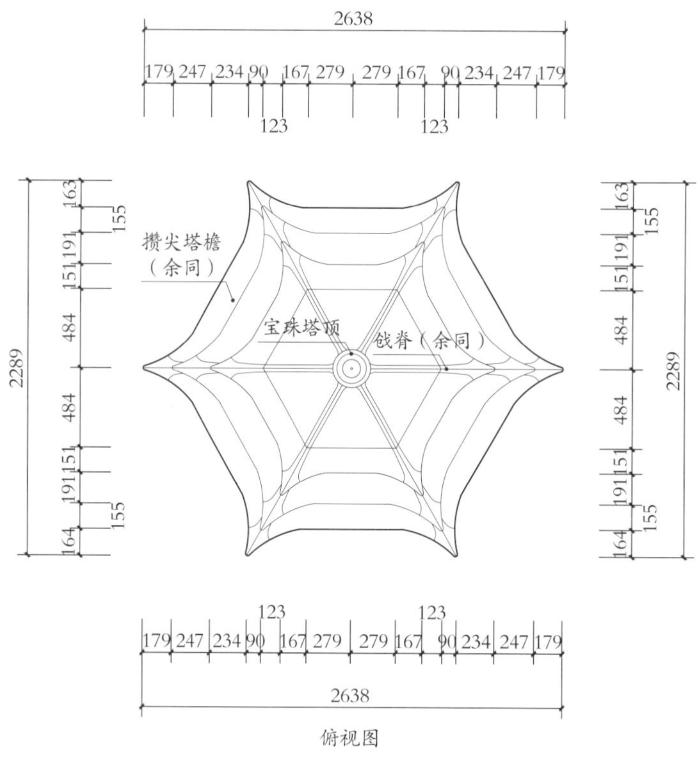

俯视图

图号 03

绘制时间：2022 年 10 月

绘 制 人：刘洋

比　　例：1∶25

图　　名：石宝寺惜字塔平面图、俯视图

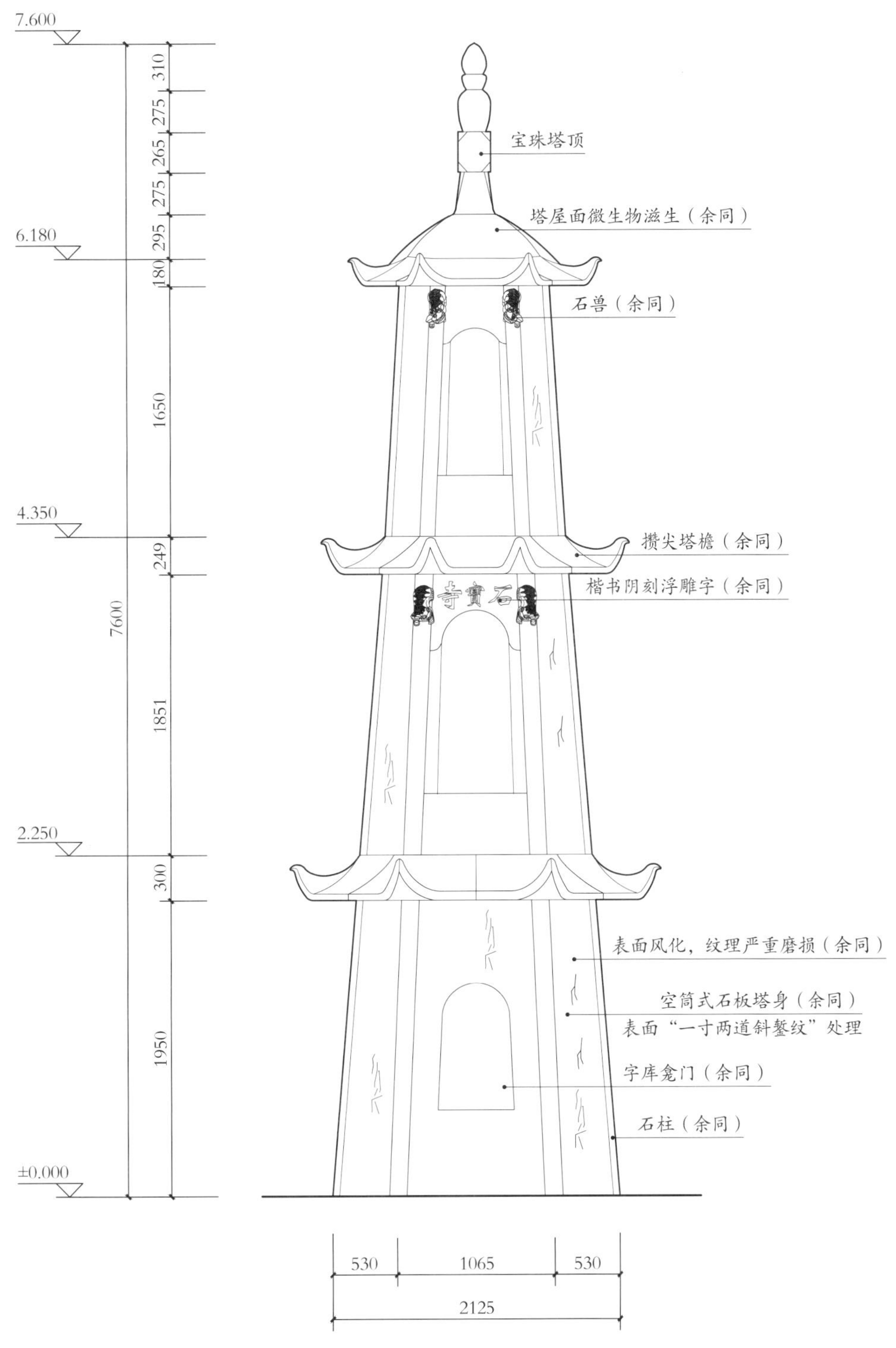

图号 04

绘制时间：2022 年 10 月

绘 制 人：刘洋

比　　例：1∶30

图　　名：石宝寺惜字塔北立面图

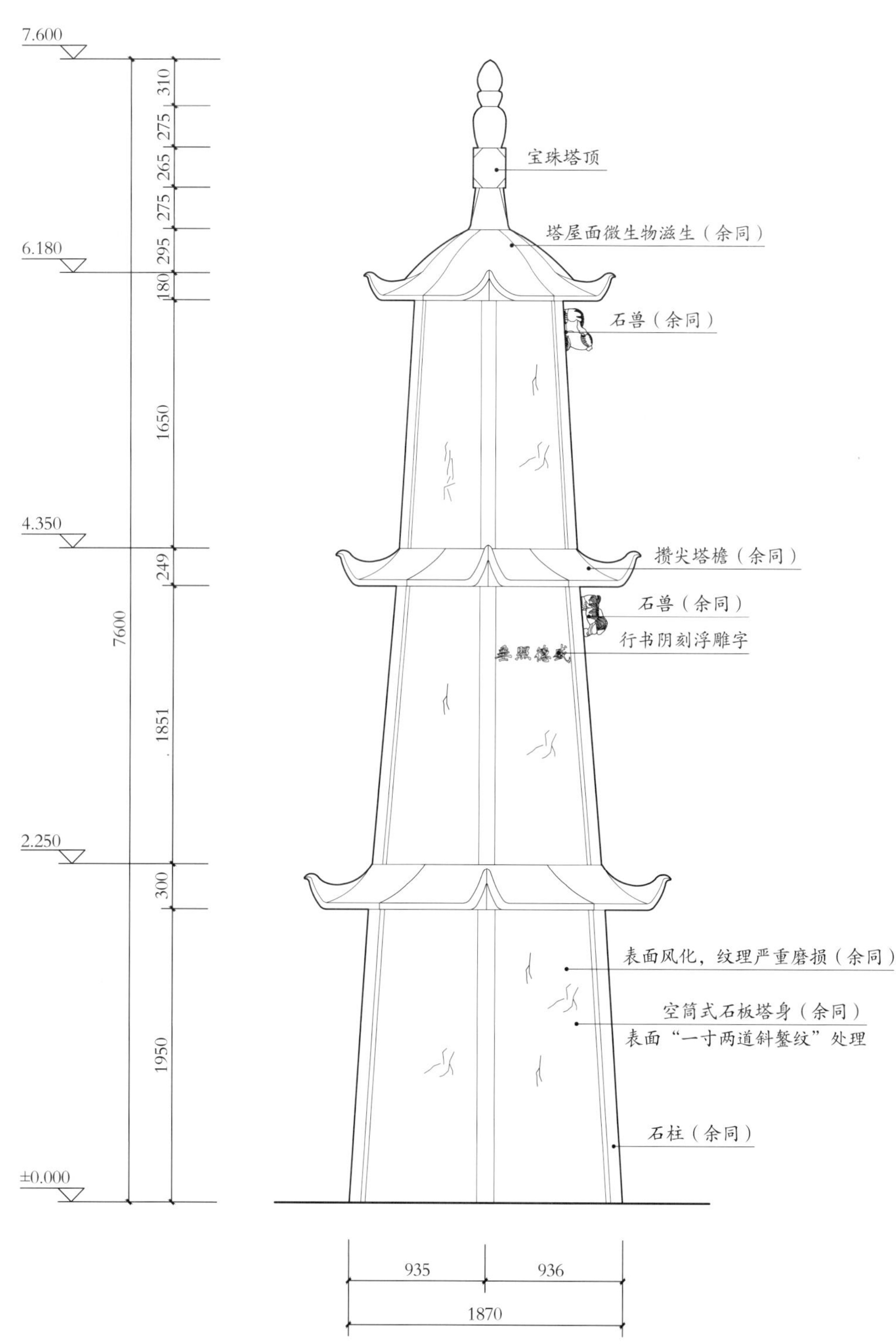

图号 05

绘制时间：2022 年 10 月
绘 制 人：刘洋
比　　例：1∶30
图　　名：石宝寺惜字塔东立面图

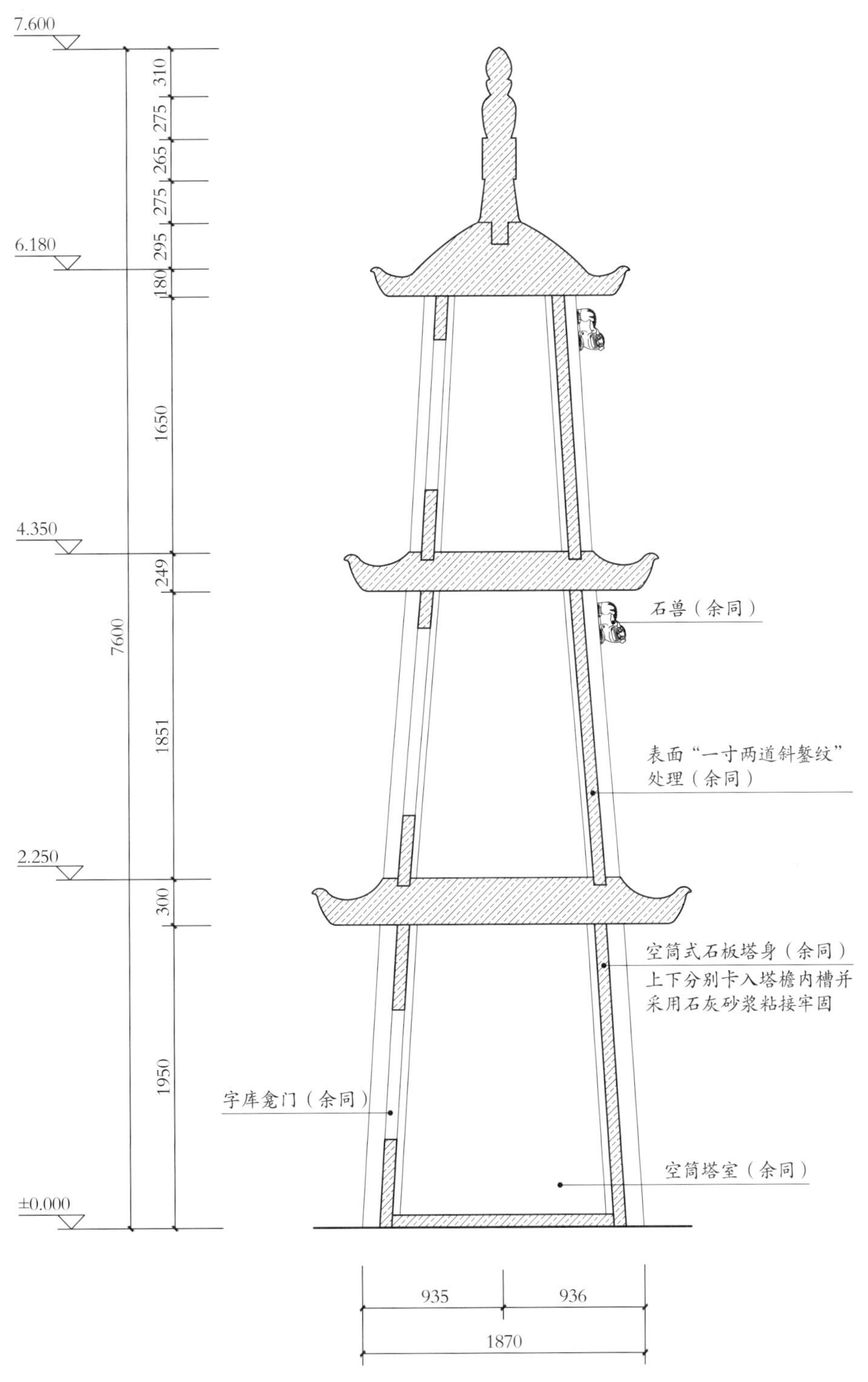

图号 06

绘制时间：2022 年 10月
绘 制 人：刘洋
比　　例：1∶30
图　　名：石宝寺惜字塔剖面图

照片 01

拍摄时间：2022 年 10 月
拍 摄 人：刘洋
拍摄方向：由东北向西南俯视
文物部位：东北立面全景

照片 02

拍摄时间：2022 年 10 月
拍 摄 人：刘洋
拍摄方向：由北向南
文物部位：北立面全景

照片 03

拍摄时间：2022 年 10 月
拍 摄 人：刘洋
拍摄方向：由南向北
文物部位：南立面全景

照片 04

拍摄时间：2022 年 10 月
拍 摄 人：刘洋
拍摄方向：由北向南
文物部位：北立面塔顶

照片 05

拍摄时间：2022 年 10 月
拍 摄 人：刘洋
拍摄方向：由东北向西南
文物部位：二层北立面龛位旁雕刻

坟坝惜字塔

坟坝惜字塔调查保护记录表

<table>
<tr><td>名　　称</td><td colspan="4">坟坝惜字塔</td></tr>
<tr><td>年　　代</td><td colspan="2">清咸丰十一年（1861）</td><td>类　别</td><td>古建筑</td></tr>
<tr><td>所 在 地</td><td colspan="4">四川省泸州市古蔺县东新镇建东村 1 组</td></tr>
<tr><td>海　　拔</td><td>844.1 米</td><td>经　度</td><td>106°7'3.8"E</td><td>纬　度</td><td>28°4'26.7"N</td></tr>
<tr><td>保护级别</td><td colspan="4">市级文物保护单位</td></tr>
<tr><td>所 有 权</td><td colspan="2">集体所有</td><td>使用人</td><td>建东村 1 组村民</td></tr>
<tr><td>管理机构</td><td colspan="4">古蔺县文旅局、东新镇（建东村）</td></tr>
<tr><td>用　　途</td><td colspan="4">活动场所</td></tr>
<tr><td>简　　介</td><td colspan="4">坟坝惜字塔为三层四边形阁楼式空心石塔，建于清咸丰十一年，大致坐北向南；方形素面台基边长约 1.35 米；塔身逐层上收，第一层为实心，宽约 1.1 米，柱高约 0.73 米，檐翘为莲瓣纹；二、三层均为四檐翘仿青瓦盖檐，二层高约 0.94 米，宽约 1 米，正面为半开门，门上镌草书“福”字，门两侧刻男女侍童深浮雕，门楣上部阳刻楷书“化钱炉”，东西两面开圆形窗，窗格为“卍”纹；三层高约 1 米，宽约 0.9 米，正面刻文士深浮雕，祥云纹环绕四周；立柱镌楷书对联“到此文章归化境，从今字迹起烟云”，扇形匾额上刻“惜字宫”，西面开扇形窗；塔顶为四角攒尖顶，饰宝珠塔刹，高约 1 米；塔体通高 4.81 米。</td></tr>
<tr><td>文物描述</td><td colspan="4">坟坝惜字塔由台基、塔身、塔檐、塔顶组成，为四边形阁楼式石质空心塔，塔身逐层上收，整座塔用石灰、糯米浆、青石砌筑，榫卯卡槽式连接。
台　基：四边须弥座式素面台基，表面做磨光处理。
塔　身：四边形塔身由方形角柱与石板榫卯连接，柱脚置于基座卡槽之上，分上中下三层，第一层为实心，二层正面为半开门，门上镌草书“福”字，门两侧刻男女侍童深浮雕，门楣上部阳刻楷书“化钱炉”，东西两面开圆形窗，窗格为“卍”纹；三层正面刻文士深浮雕，祥云纹环绕四周；立柱镌楷书对联“到此文章归化境，从今字迹起烟云”；扇形匾额上刻“惜字宫”，西面开扇形窗。
塔　檐：一层檐翘为莲瓣纹；二、三层为四檐翘仿青瓦盖檐。
塔　顶：四边形整石雕刻宝珠塔顶。
真实性：坟坝惜字塔基本保持了清代建筑形制，文物建筑在形制特征、材料和工艺特点等方面保留了历史原状，具有鲜明的地方特色，碑刻题记记载的历史和物质遗存可以相互印证，同时仍保留了宗教活动场所的简易功能。
完整性：坟坝惜字塔整体保存状况完整，基本保留了历史原构，留存不同时期的历史活动信息，周边环境能够真实反映惜字塔选址与地形地貌的关系。</td></tr>
</table>

（续表）

<table>
<tr><td rowspan="2">文物调查</td><td>形制</td><td>工艺</td><td>结构</td><td>材料</td></tr>
<tr><td>三层四边形阁楼式石塔</td><td>石构榫卯连接，各部构件整石雕刻，铁件连接，表面做细道和扁光相结合的加工工艺</td><td>仿木榫卯结构，内部构造为单腔空筒式</td><td>石灰、糯米浆、青石</td></tr>
</table>

文物本体历史沿革

根据塔身石刻题记文献记载，该惜字塔建于清咸丰十一年。

1861 年至今，该惜字塔未做过较大修缮，基本为原状保存。

保护管理工作沿革

2009 年，对该文物建筑进行普查记录。

2010 年 12 月，泸州市人民政府以泸市府函〔2010〕259 号文公布坟坝惜字塔为泸州市级文物保护单位。

2011 年至今，坟坝惜字塔由东新镇（建东村）和古蔺县文旅局协同管理。

价值评估

坟坝惜字塔由台基、塔身、塔檐和塔顶组成，为三层石砌仿木结构，其上饰花卉和人物等主题的深、浅浮雕，寓意吉祥如意、繁衍生息及保佑一方水土平安，其雕刻手法娴熟飘逸、精湛细腻；建筑营造美观大方，结构连接严谨科学，整体庄严肃立；花卉人物栩栩如生、活灵活现，具有较高艺术价值和科学价值。

风险评估

坟坝惜字塔主要为石砌仿木结构，受大自然酸雨长期浸渍，有风化侵蚀的风险。

坟坝惜字塔所处地区年雷雨天数较多，文物建筑遭受雷击风险较高。

坟坝惜字塔地处偏僻的山林地区，存在一定的安全隐患。

现状评估

坟坝惜字塔整体形制保存完整，局部受自然灾害影响而残缺，主要表现在塔顶翘角残损，石构件表层风化剥落，塔檐表面滋生青苔等。

坟坝惜字塔西南距东新镇政府 1500 米，距离乡村水泥公路约 30 米，位于建东村村民聚居点旁，小道宽约 1 米，已硬化。

“四有”工作情况

2010 年 12 月，泸州市人民政府以泸市府函〔2010〕259 号文公布坟坝惜字塔保护范围及建控地带。

保护范围：以台基边缘为基线，东至王元高住宅 10 米，南至王小平住宅 5 米，西面外延 2 米，北面外延 1 米，东西长 12 米，南北宽 6 米。

保护标志：坟坝惜字塔南侧立有保护标志一处。

记录档案：坟坝惜字塔保护档案已建立，现存于古蔺县文旅局。

保护管理机构：坟坝惜字塔现由建东村管理，古蔺县文旅局主要负责对坟坝惜字塔文物保护工作的监督、指导，并协同管理。

（续表）

安全保卫情况 　　**安　防：**暂未安装监控等相关安防预警设施。 　　**消　防：**未设置消防设施，火灾发生时无法满足救灾的需求。 　　**防　雷：**坟坝惜字塔未安装防雷设施，无法满足防雷要求。
调查、考古、保护、展示工作 　　**保护工作：**古蔺县文旅局定期对文物保护单位进行安全巡查。 　　**利用情况：**当地宗教信徒开展宗教活动，燃香祈福。
下一阶段保护、管理、使用计划 　　**保护区划：**调整、完善保护区划。 　　**本体保护：**制订保护计划，根据现状病害情况编制具有针对性的修缮保护方案，修缮措施为现状整修、局部恢复。 　　**加强研究：**加强对坟坝惜字塔的历史价值、科学价值、艺术价值的研究工作。 　　**安全防护：**进一步完善安防、消防、防雷等防护措施。 　　**环境整治：**周边增设石质防护栏杆，防止人类活动对其造成破坏。 　　**管理工作：**完善管理机制，增设管理人员。

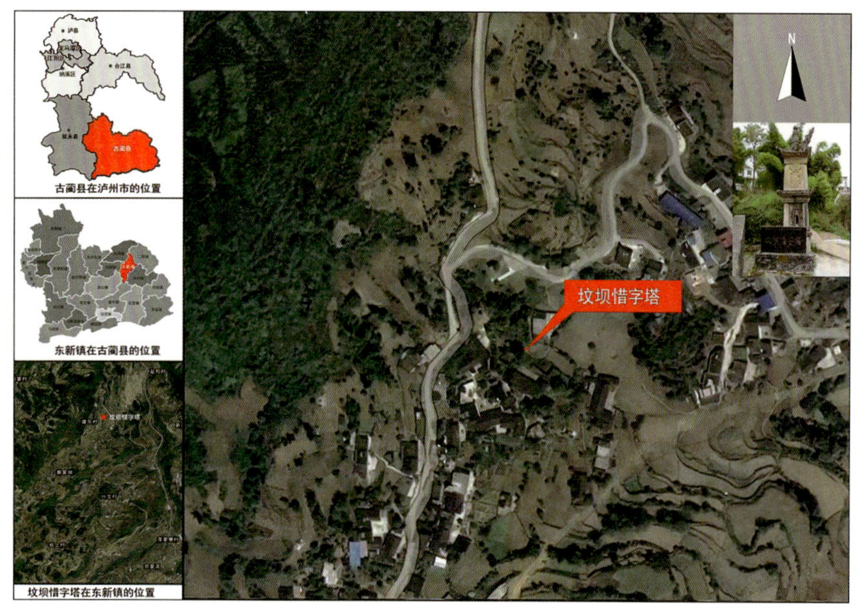

图号 01

绘制时间：2022 年 10 月
绘 制 人：刘洋
图　　名：坟坝惜字塔区位图

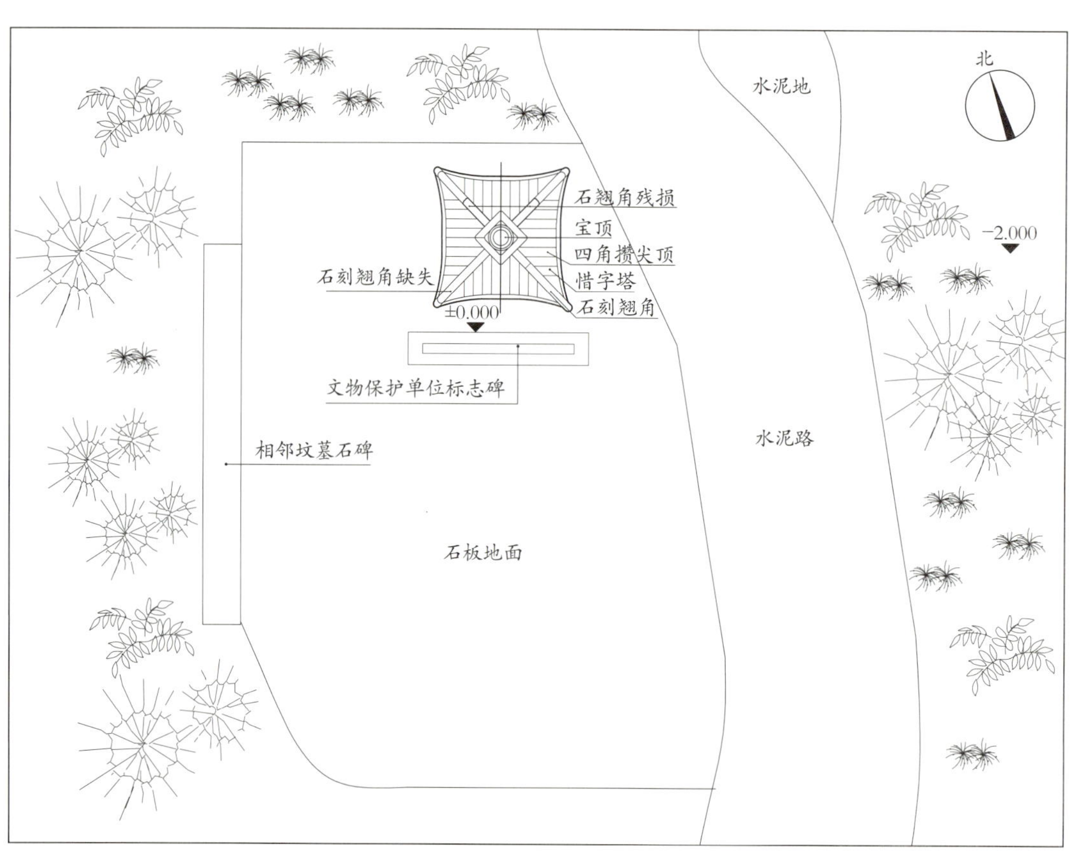

图号 02

绘制时间：2022 年 10 月
绘 制 人：刘洋
比　　例：1∶30
图　　名：坟坝惜字塔总平面图

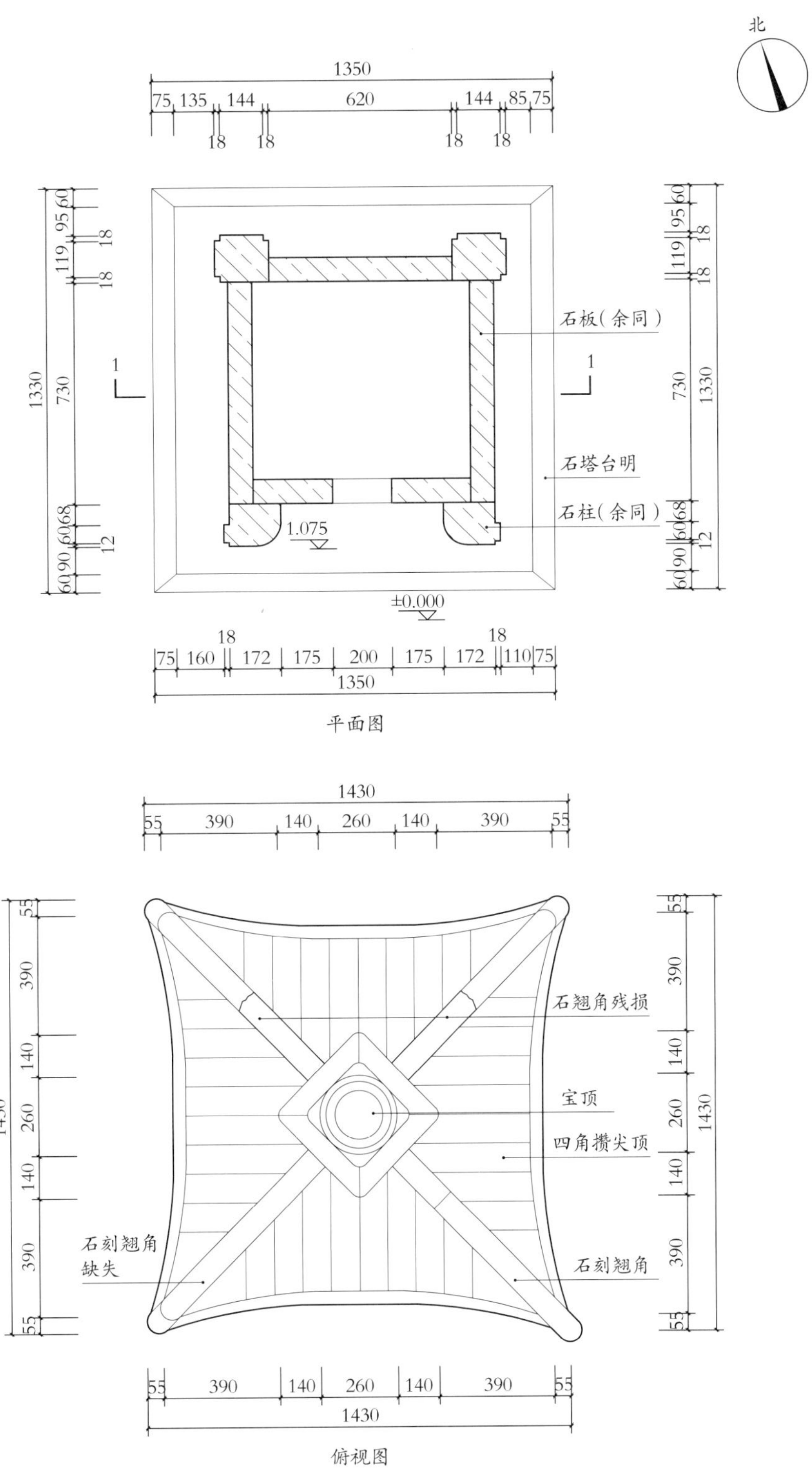

图号 03

绘制时间：2022 年 10 月

绘 制 人：刘洋

比　　例：1∶10

图　　名：坟坝惜字塔平面图、俯视图

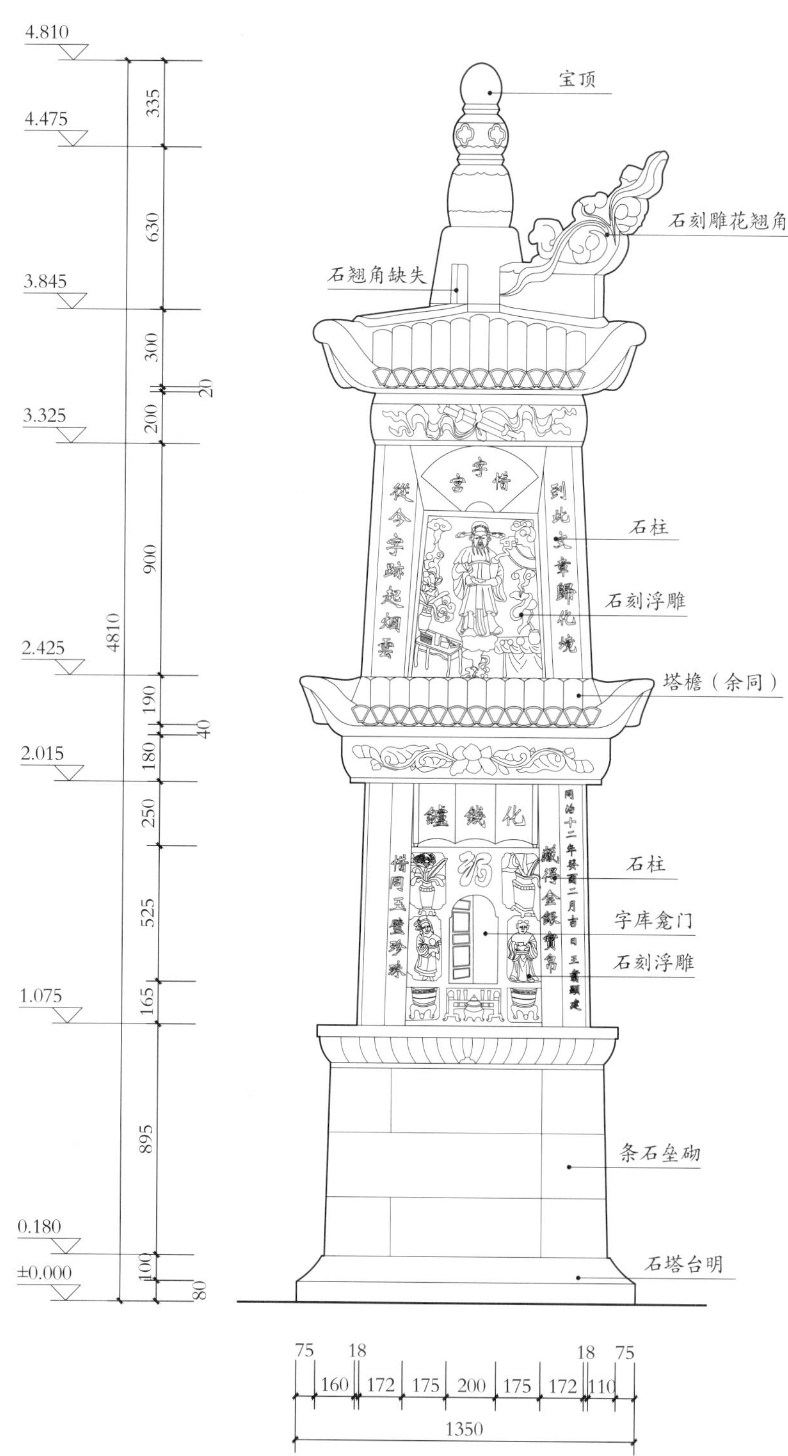

图号 04

绘制时间：2022 年 10 月

绘 制 人：刘洋

比　　例：1∶20

图　　名：坟坝惜字塔南立面图

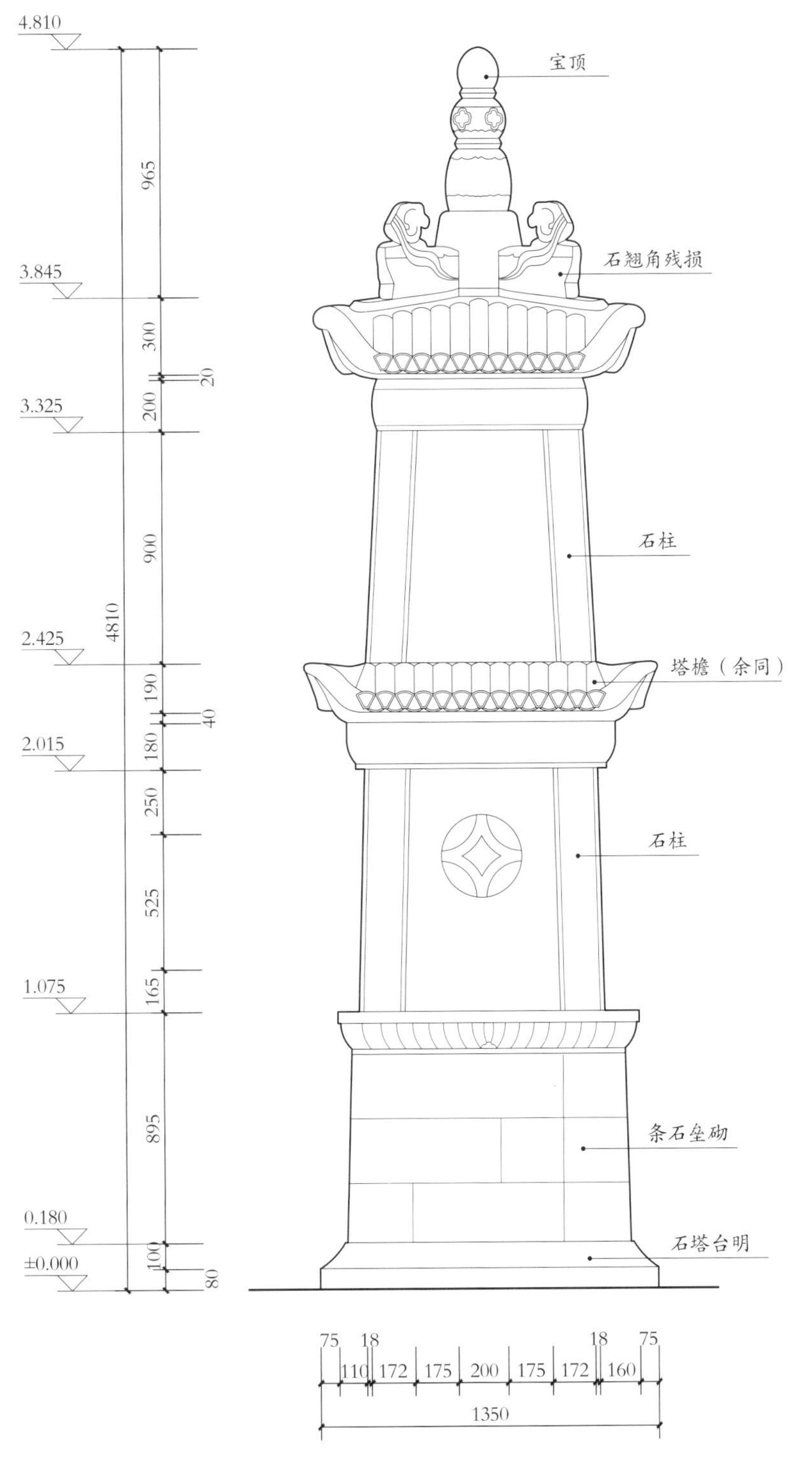

图号 05

绘制时间：2022 年 10 月

绘 制 人：刘洋

比　　例：1∶20

图　　名：坟坝惜字塔北立面图

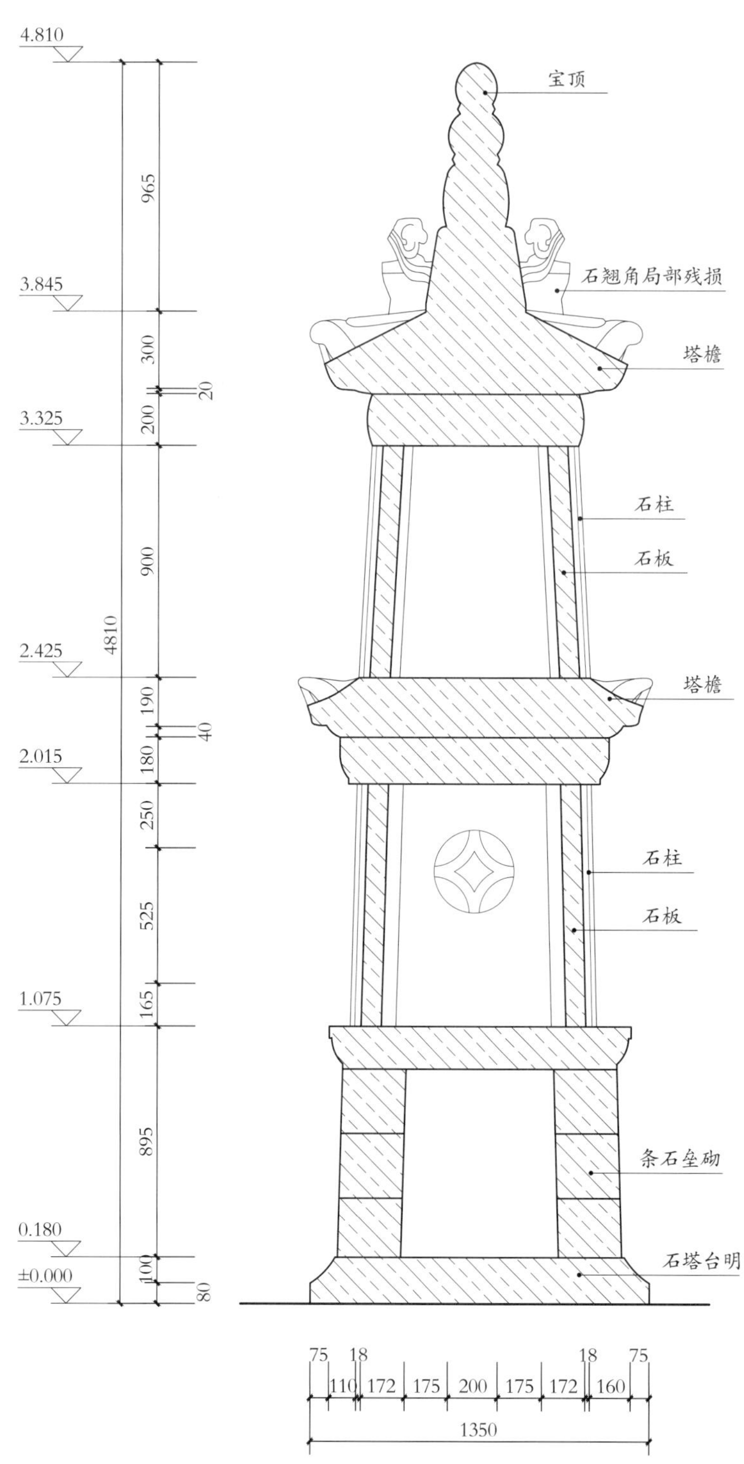

图号 06

绘制时间：2022 年 10 月
绘 制 人：刘洋
比　　例：1∶20
图　　名：坟坝惜字塔剖面图

照片 01

拍摄时间：2022 年 10 月

拍 摄 人：刘洋

拍摄方向：由南向北

文物部位：坟坝惜字塔铭碑

照片 02

拍摄时间：2022 年 10 月

拍 摄 人：刘洋

拍摄方向：由南向北俯视

文物部位：南立面俯视全景

照片 03

拍摄时间：2022 年 10 月

拍 摄 人：刘洋

拍摄方向：由南向北

文物部位：南立面平视全景

照片 04

拍摄时间：2022 年 10 月
拍 摄 人：刘洋
拍摄方向：由北向南
文物部位：北立面全景

照片 05

拍摄时间：2022 年 10 月
拍 摄 人：刘洋
拍摄方向：由东向西
文物部位：东立面全景

照片 06

拍摄时间：2022 年 10 月
拍 摄 人：刘洋
拍摄方向：由西向东
文物部位：西立面全景

照片 07

拍摄时间：2022 年 10 月
拍 摄 人：刘洋
拍摄方向：由南向北
文物部位：南立面一层龛位

照片 08

拍摄时间：2022 年 10 月
拍 摄 人：刘洋
拍摄方向：由南向北
文物部位：南立面一、二层间雕刻

照片 09

拍摄时间：2022 年 10 月
拍 摄 人：刘洋
拍摄方向：由南向北
文物部位：南立面二层雕刻

照片 10

拍摄时间：2022 年 10 月

拍 摄 人：刘洋

拍摄方向：由南向北

文物部位：南立面塔顶翘角缺失

寒爬沟惜字塔

寒爬沟惜字塔调查保护记录表

<table>
<tr><td>名　　称</td><td colspan="4">寒爬沟惜字塔</td></tr>
<tr><td>年　　代</td><td colspan="2">清同治七年（1868）</td><td>类　别</td><td>古建筑</td></tr>
<tr><td>所 在 地</td><td colspan="4">四川省泸州市古蔺县二郎镇水泉村</td></tr>
<tr><td>海　　拔</td><td>709 米</td><td>经　度</td><td>106°6'52.2"E</td><td>纬　度</td><td>28°7'36"N</td></tr>
<tr><td>保护级别</td><td colspan="4">一般不可移动文物</td></tr>
<tr><td>所 有 权</td><td colspan="2">集体所有</td><td>使用人</td><td>水泉村</td></tr>
<tr><td>管理机构</td><td colspan="4">古蔺县文旅局、二郎镇</td></tr>
<tr><td>用　　途</td><td colspan="4">活动场所</td></tr>
<tr><td>简　　介</td><td colspan="4">寒爬沟惜字塔为三层六边形阁楼式石质空心塔，该塔坐南向北，占地面积 4 平方米；塔身呈六边形，每边约长 1.2 米，逐层上收，正面层层均开拱形窗；塔顶为元宝宝刹顶；塔体高 5 米；二、三层正面立柱上均雕刻有对联；建于清同治七年。该塔的发现，为研究当地的人文历史提供了一定的实物依据，丰富了川南石塔建筑艺术内涵。</td></tr>
<tr><td>文物描述</td><td colspan="4">寒爬沟惜字塔由台基、塔身、塔檐、塔顶组成，为锥形六角阁楼式石质空心塔，整座塔用石灰、糯米浆、青石砌筑，榫卯卡槽式连接。
台　基：六边形素面台基。
塔　身：六边形塔身由多边形角柱与石板榫卯连接，柱脚置于基座卡槽之上，分上中下三层，逐层上收，每层北面开拱形窗，二、三层角柱北面阴刻对联。
塔　檐：六角攒尖石雕塔檐，石檐翘角如六只神龟。
塔　顶：六边形整石雕刻宝珠塔顶。
真实性：寒爬沟惜字塔基本保持了清代建筑形制，文物建筑在形制特征、材料和工艺特点等方面保留了历史原状，具有鲜明的地方特色，碑刻题记记载的历史和物质遗存可以相互印证，同时仍保留了宗教活动场所的简易功能。
完整性：寒爬沟惜字塔整体保存状况较完整，基本保留了历史原构，留存不同时期的历史活动信息，周边环境能够真实反映惜字塔选址与地形地貌的关系。</td></tr>
<tr><td rowspan="2">文物调查</td><td>形制</td><td>工艺</td><td>结构</td><td>材料</td></tr>
<tr><td>三层六边形阁楼式石塔</td><td>石构榫卯连接，各部构件整石雕刻，铁件连接，表面做细道和扁光相结合的加工工艺</td><td>仿木榫卯结构，内部构造为单腔空筒式</td><td>石灰、糯米浆、青石</td></tr>
<tr><td colspan="5">文物本体历史沿革
根据塔身石刻题记文献记载，该惜字塔建于清同治七年。
1868 年至今，该惜字塔未做过较大修缮，基本为原状保存。</td></tr>
</table>

（续表）

保护管理工作沿革 2009 年，对该文物建筑进行普查记录。 至今，寒爬沟惜字塔由二郎镇和古蔺县文旅局协同管理。
价值评估 寒爬沟惜字塔由台基、塔身、塔檐和塔顶组成，为三层石质仿木结构。惜字塔见证着中华民族“惜字”的文化传统，反映着中国古人尊重文化、传承文化的初衷，它们已成为中国传统文化一个凝固的符号。
风险评估 寒爬沟惜字塔主要为石砌仿木结构，受大自然酸雨长期浸渍，有风化侵蚀的风险。 寒爬沟惜字塔所处地区年雷雨天数较多，文物建筑遭受雷击风险较高。
现状评估 寒爬沟惜字塔整体形制保存较完整，二、三层塔身向东南方向倾斜、位移严重，局部受自然灾害影响而破损、残缺、开裂，主要表现为塔檐残缺位移，角柱开裂破损、位移，基座表层风化剥落等。 寒爬沟惜字塔坐落于山坡坡底，周围杂草丛生，旁边有排水渠，周围无居民居住，东距村委会约 980 米，距离乡村水泥公路约 1.5 千米，距机耕道路（宽 1.3 米）约 100 米。
“四有”工作情况 **保护范围：**暂未划定。 **保护标志：**无。 **记录档案：**寒爬沟惜字塔保护档案已建立，现存于古蔺县文旅局。 **保护管理机构：**寒爬沟惜字塔现由二郎镇管理，古蔺县文旅局主要负责对寒爬沟惜字塔文物保护工作的监督、指导，并协同管理。
安全保卫情况 **安　防：**暂未安装监控等相关安防预警设施。 **消　防：**未设置消防设施，火灾发生时无法满足救灾的需求。 **防　雷：**寒爬沟惜字塔未安装防雷设施，无法满足防雷要求。
调查、考古、保护、展示工作 **保护工作：**古蔺县文旅局定期对文物保护单位进行安全巡查。 **利用情况：**当地宗教信徒开展宗教活动，燃香祈福。
下一阶段保护、管理、使用计划 **保护区划：**调整、完善保护区划。 **本体保护：**在未实施保护工程以前，加强定期监测。同时编制整体修缮方案，对倾斜部位进行拆砌，开裂、残损部位按原状修复；修缮措施采用局部拆砌，整体加固，现状修复。 **加强研究：**加强对寒爬沟惜字塔历史价值的研究工作。 **安全防护：**进一步完善安防、消防、防雷等防护措施。 **环境整治：**周边地面适当硬化，修建文物工作巡查道路（采用传统方式，如铺设石板），保护台基，增设周边排水沟等。

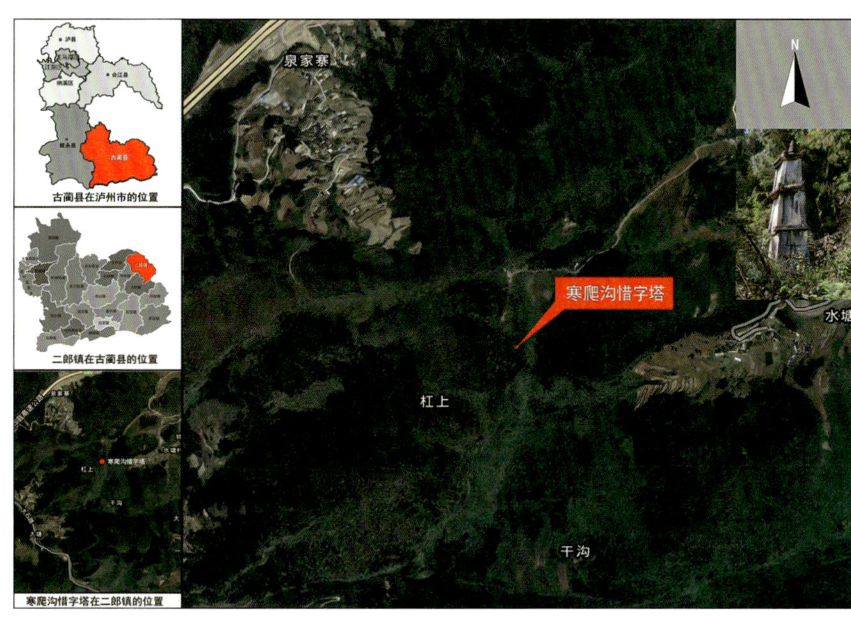

图号 01

绘制时间：2022 年 10 月
绘 制 人：刘洋
图　　名：寒爬沟惜字塔区位图

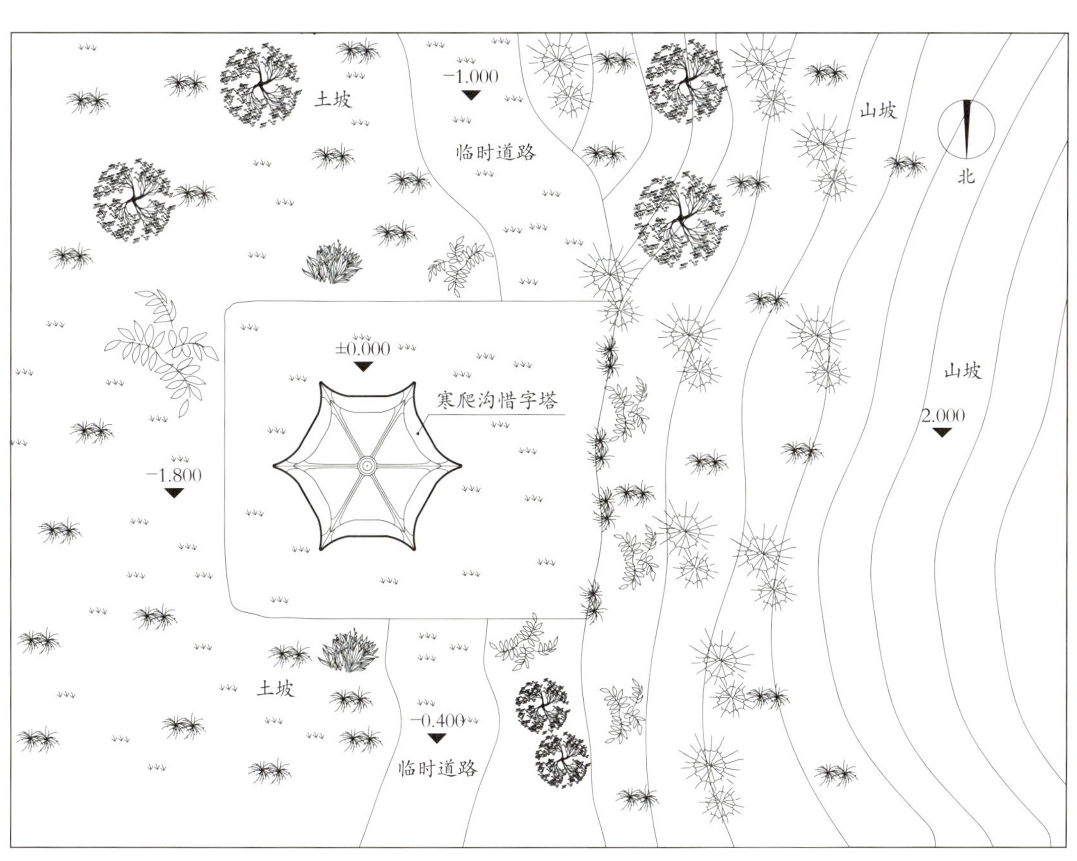

图号 02

绘制时间：2022 年 10 月
绘 制 人：刘洋
比　　例：1∶30
图　　名：寒爬沟惜字塔总平面图

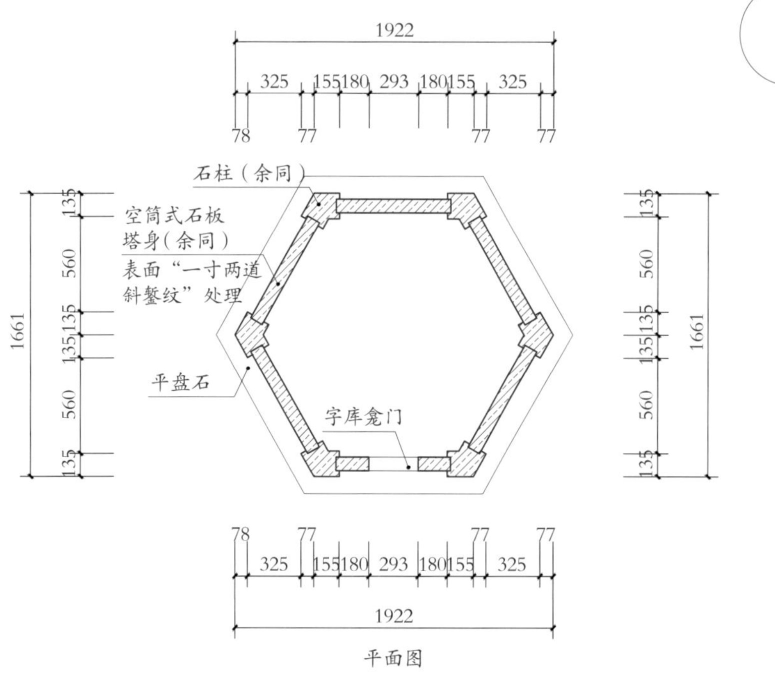

平面图

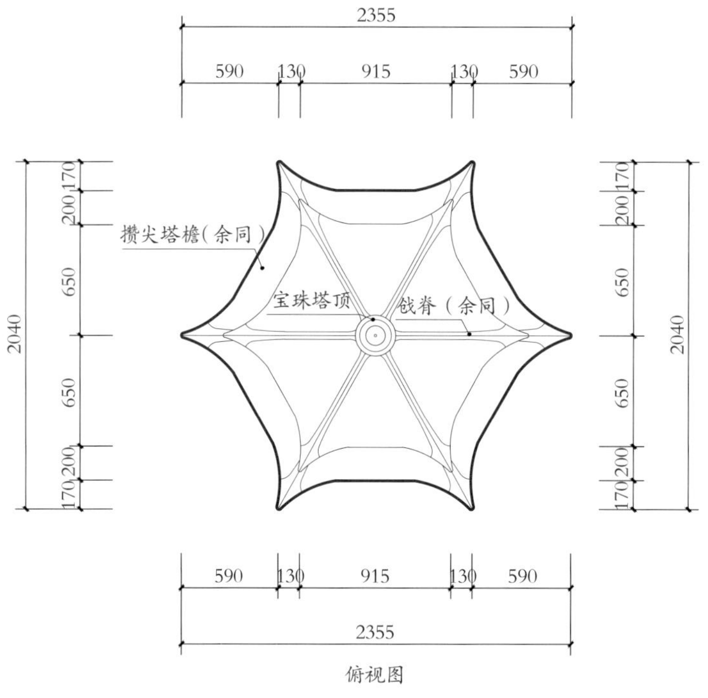

俯视图

图号 03

绘制时间：2022 年 10 月
绘 制 人：刘洋
比　　例：1∶25
图　　名：寒爬沟惜字塔平面图、俯视图

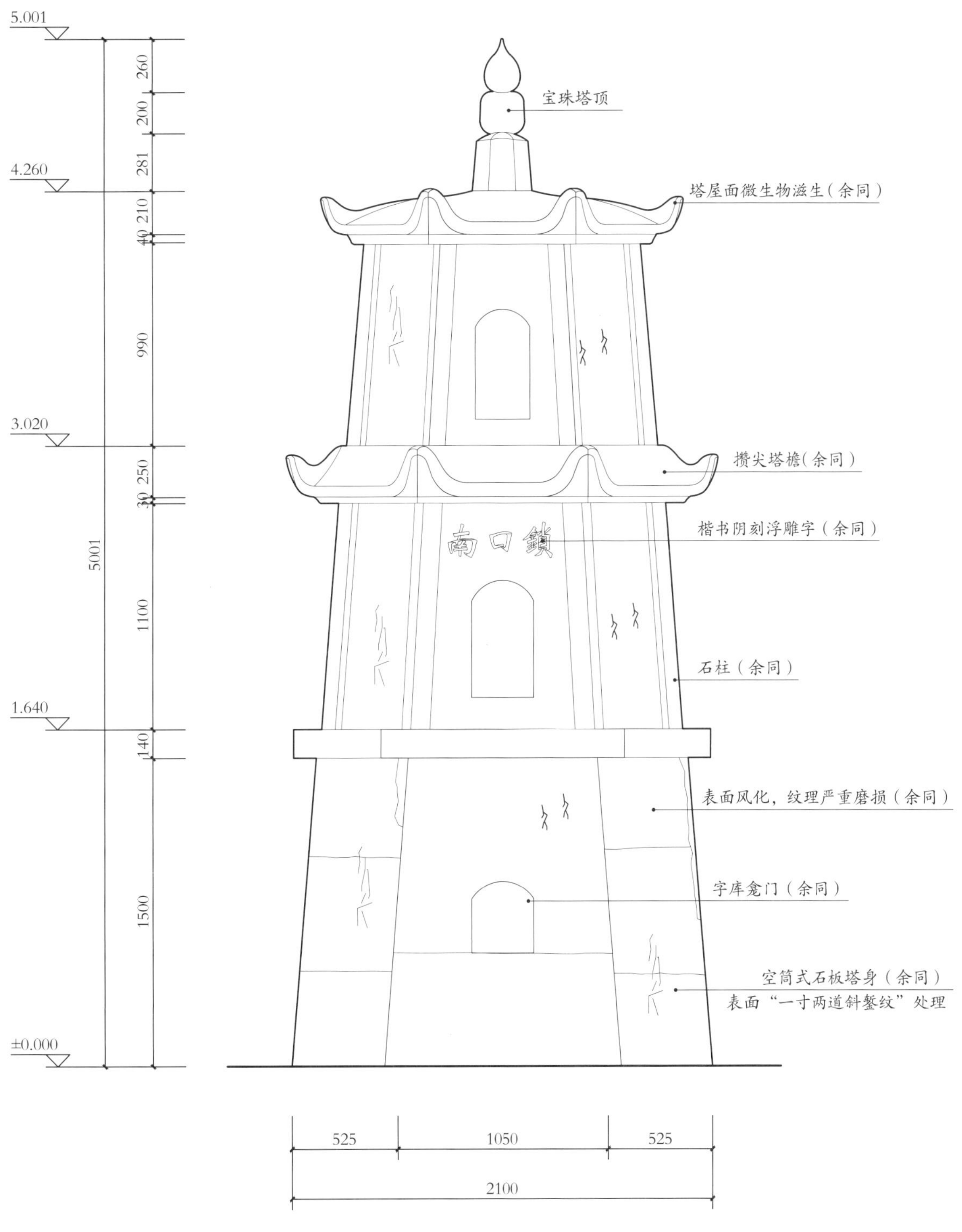

图号 04

绘制时间：2022 年 10 月

绘 制 人：刘洋

比　　例：1∶20

图　　名：寒爬沟惜字塔北立面图

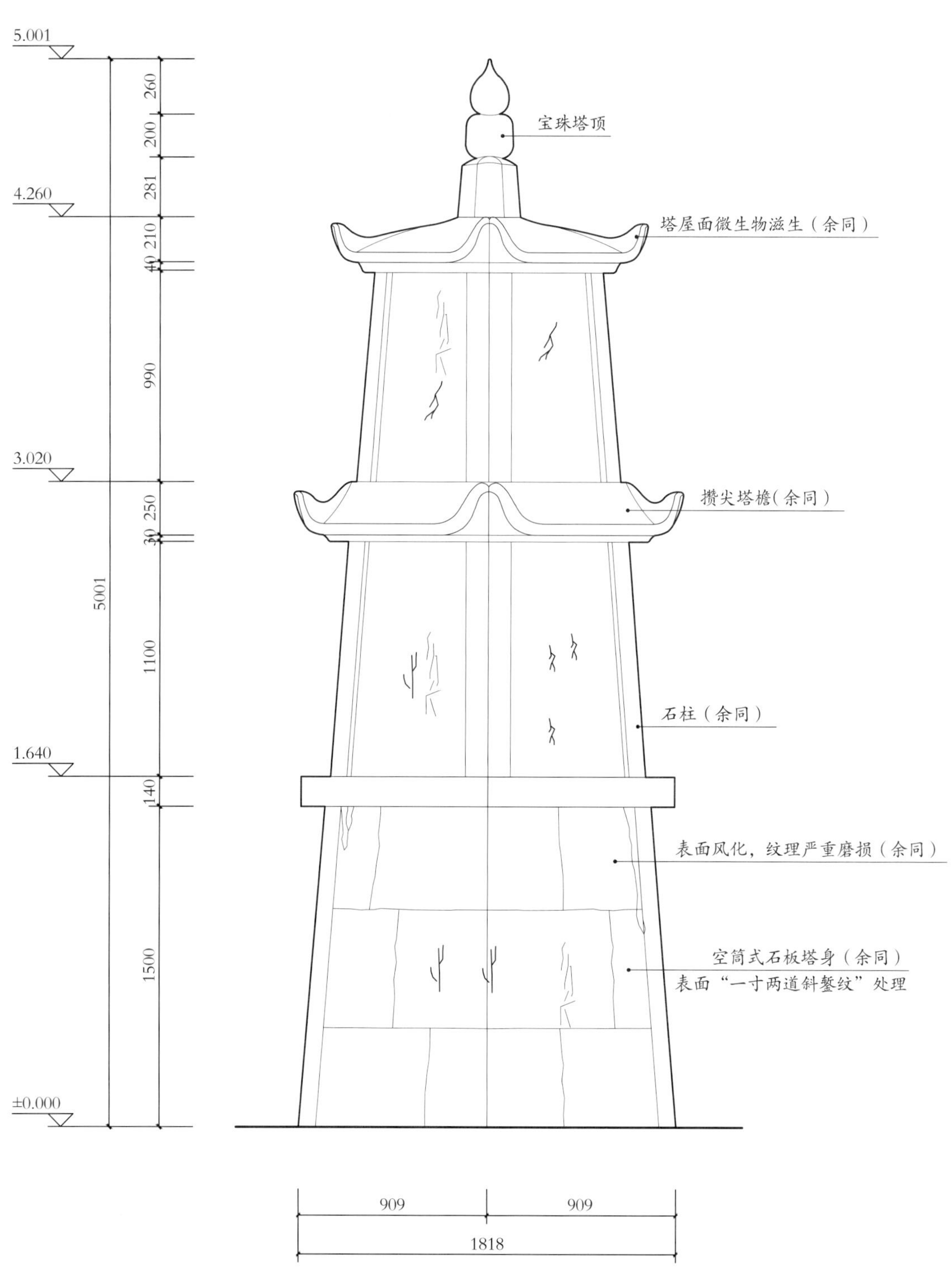

图号 05

绘制时间：2022 年 10 月

绘 制 人：刘洋

比　　例：1 : 20

图　　名：寒爬沟惜字塔西立面图

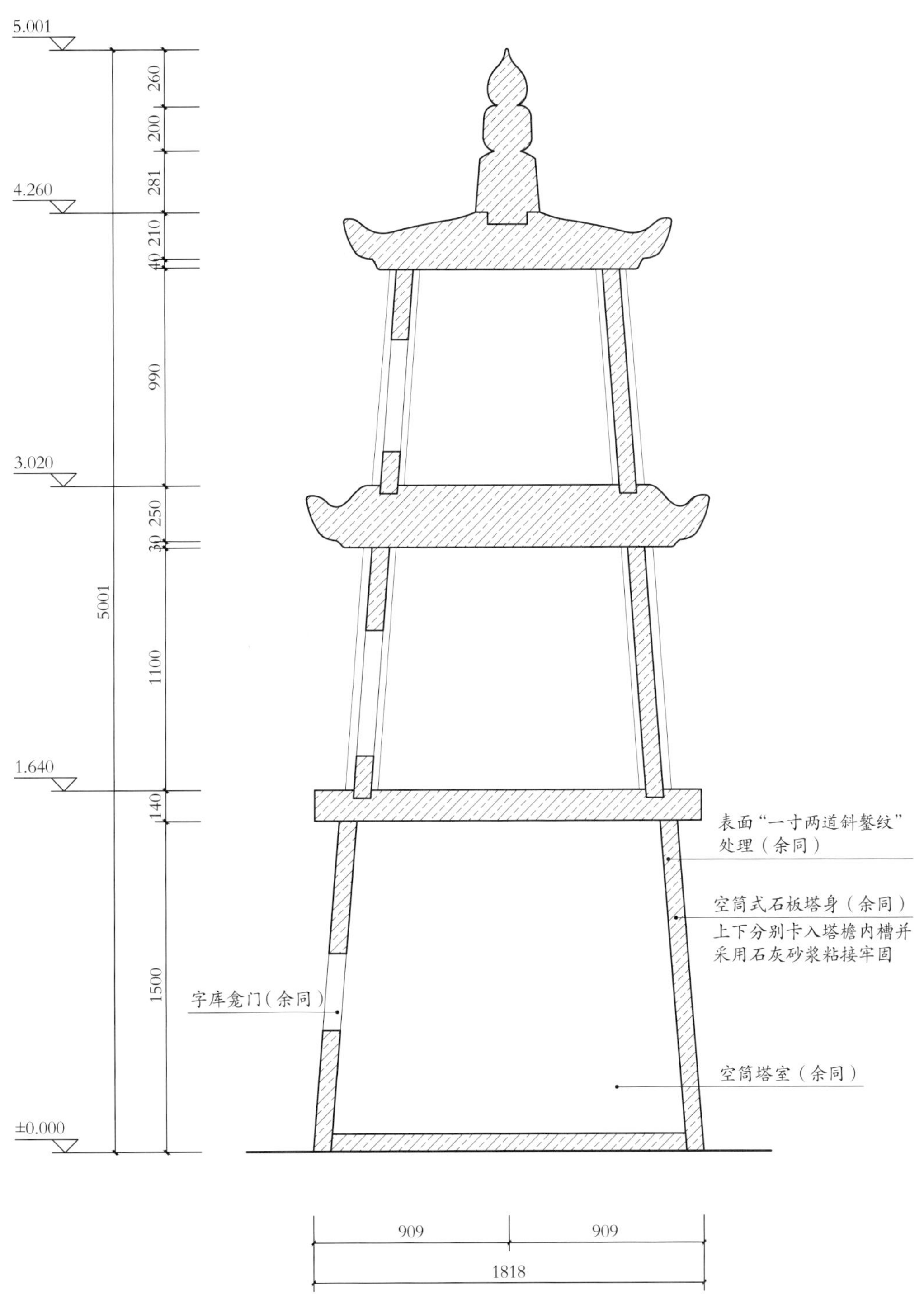

图号 06

绘制时间：2022 年 10 月

绘 制 人：刘洋

比　　例：1∶20

图　　名：寒爬沟惜字塔剖面图

照片 01

拍摄时间：2022 年 10 月

拍 摄 人：刘洋

拍摄方向：由东北向西南

文物部位：东北立面全景

照片 02

拍摄时间：2022 年 10 月
拍 摄 人：刘洋
拍摄方向：由南向北
文物部位：南立面全景

照片 03

拍摄时间：2022 年 10 月
拍 摄 人：刘洋
拍摄方向：由东向西
文物部位：东立面全景

照片 04

拍摄时间：2022 年 10 月
拍 摄 人：刘洋
拍摄方向：由南向北
文物部位：一层、二层南立面

照片 05

拍摄时间：2022 年 10 月
拍 摄 人：刘洋
拍摄方向：由东南向西北
文物部位：东南面石构件歪斜、偏移

三丘田惜字塔

三丘田惜字塔调查保护记录表

<table>
<tr><td>名　　称</td><td colspan="4">三丘田惜字塔</td></tr>
<tr><td>年　　代</td><td colspan="2">清光绪十九年（1893）</td><td>类　别</td><td>古建筑</td></tr>
<tr><td>所 在 地</td><td colspan="4">四川省泸州市古蔺县太平镇煌家村</td></tr>
<tr><td>海　　拔</td><td>538.8 米</td><td>经　度</td><td>106°5'46.9"E</td><td>纬　度</td><td>28°6'14"N</td></tr>
<tr><td>保护级别</td><td colspan="4">一般不可移动文物</td></tr>
<tr><td>所 有 权</td><td colspan="2">集体所有</td><td>使用人</td><td>煌家村</td></tr>
<tr><td>管理机构</td><td colspan="4">古蔺县文旅局、太平镇</td></tr>
<tr><td>用　　途</td><td colspan="4">活动场所</td></tr>
<tr><td>简　　介</td><td colspan="4">三丘田惜字塔为二层四边形阁楼式石质空心塔，坐北向南，占地面积 1.21 平方米；塔身为四边形，逐层上收；塔顶为四角攒尖顶，正面层层均开窗；塔体高约 3.6 米；其中，一层正面雕刻有“子山酉向”；二层西面刻有楷书“寿”字；该塔形制简洁大方，极具地方风格。</td></tr>
<tr><td>文物描述</td><td colspan="4">三丘田惜字塔由台基、塔身、塔檐、塔顶组成，为四边形阁楼式石质空心塔，整座塔用石灰、糯米浆、青石砌筑，榫卯卡槽式连接。
台　基：四边素面条石台基，表面做细道处理。
塔　身：四边形塔身由四边形角柱与石板榫卯连接，柱脚置于基座卡槽之上，南面每层开异形窗，两侧角柱阴刻浮雕字作左右对联，二层西侧墙板阳刻浮雕“寿”字。
塔　檐：四角攒尖石雕塔檐。
塔　顶：四边形整石雕刻宝珠塔顶。
真实性：三丘田惜字塔基本保持了清代建筑形制，文物建筑在形制特征、材料和工艺特点等方面保留了历史原状，具有鲜明的地方特色，碑刻题记记载的历史和物质遗存可以相互印证，同时仍保留了宗教活动场所的简易功能。
完整性：三丘田惜字塔整体保存状况一般，基本保留了历史原构，留存不同时期的历史活动信息，周边环境能够真实反映惜字塔选址与地形地貌的关系。</td></tr>
<tr><td rowspan="2">文物调查</td><td>形制</td><td>工艺</td><td>结构</td><td>材料</td></tr>
<tr><td>二层四边形阁楼式石塔</td><td>石构榫卯连接，塔顶整石雕刻，铁件连接，表面做细道处理</td><td>基座条石砌筑，塔身仿木榫卯结构，内部构造为单腔空筒式</td><td>石灰、糯米浆、青石</td></tr>
<tr><td colspan="5">文物本体历史沿革
根据塔身石刻题记文献记载，该惜字塔建于清光绪十九年。
1893 年至今，该惜字塔未做过较大修缮，基本为原状保存。</td></tr>
</table>

（续表）

保护管理工作沿革 2009 年，对该文物建筑进行普查记录。 至今，三丘田惜字塔由太平镇和古蔺县文旅局协同管理。
价值评估 三丘田惜字塔在形制特征、材料和工艺特点等方面保留了历史原状，具有鲜明的地方特色。
风险评估 三丘田惜字塔主要为石砌仿木结构，受大自然酸雨长期浸渍，有风化侵蚀的风险。 三丘田惜字塔所处地区年雷雨天数较多，文物建筑遭受雷击风险较高。
现状评估 三丘田惜字塔整体形制保存一般，局部受自然灾害影响而破损、残缺、开裂，主要表现为塔身二层南面开窗处石板残缺，角柱偏移、破损，基座表层风化剥落等。 三丘田惜字塔北距余洪银宅 200 米，距离乡村水泥公路约 100 米。通往此塔的便道为果园基地水泥小路，此塔坐落于果园基地里，小溪河旁边（河水干涸）。
“四有”工作情况 **保护范围：**暂未划定。 **保护标志：**无。 **记录档案：**三丘田惜字塔保护档案已建立，现存于古蔺县文旅局。 **保护管理机构：**三丘田惜字塔现由太平镇管理，古蔺县文旅局主要负责对三丘田惜字塔文物保护工作的监督、指导，并协同管理。
安全保卫情况 **安　防：**暂未安装监控等相关安防预警设施。 **消　防：**未设置消防设施，火灾发生时无法满足救灾的需求。 **防　雷：**三丘田惜字塔未安装防雷设施，无法满足防雷要求。
调查、考古、保护、展示工作 **保护工作：**古蔺县文旅局定期对文物保护单位进行安全巡查。 **利用情况：**当地宗教信徒开展宗教活动，燃香祈福。
下一阶段保护、管理、使用计划 **保护区划：**调整、完善保护区划。 **本体保护：**制订保护计划，对惜字塔加强日常维护，开裂部位做灌浆加固处理。 **加强研究：**加强对三丘田惜字塔历史价值和社会价值的研究工作。 **安全防护：**进一步完善安防、消防、防雷等防护措施。 **环境整治：**文物本体与周围环境相协调，建议保持现状。 **管理工作：**完善管理机制，增设管理人员，每年定期对文物安全进行巡查。

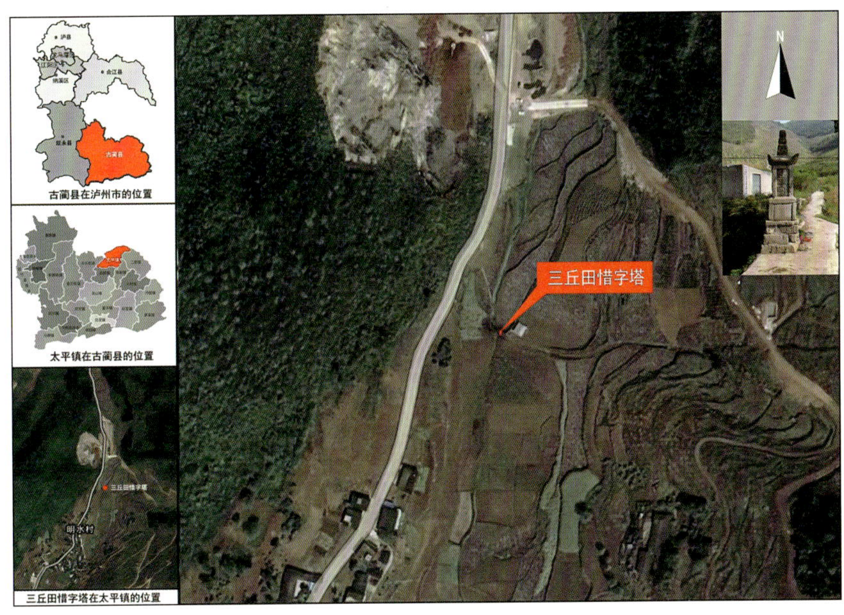

图号 01

绘制时间：2022 年 10 月

绘 制 人：刘洋

图　　名：三丘田惜字塔区位图

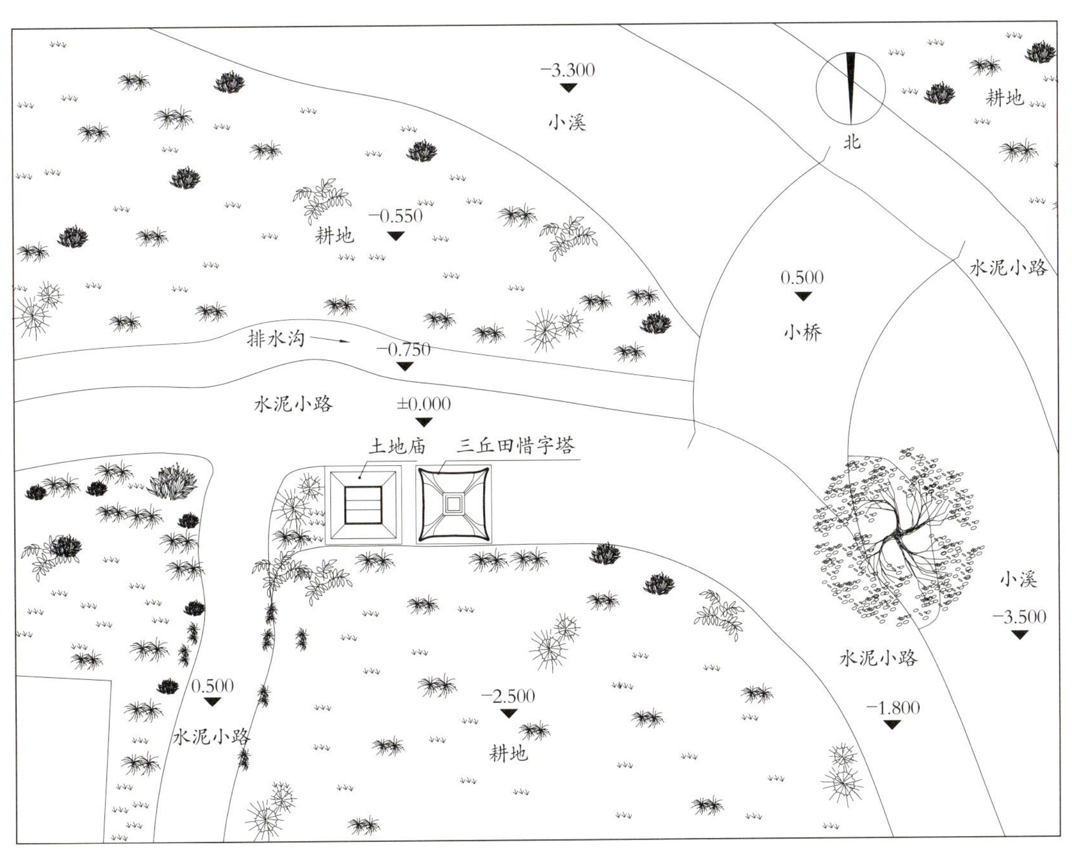

图号 02

绘制时间：2022 年 10 月

绘 制 人：刘洋

比　　例：1∶40

图　　名：三丘田惜字塔总平面图

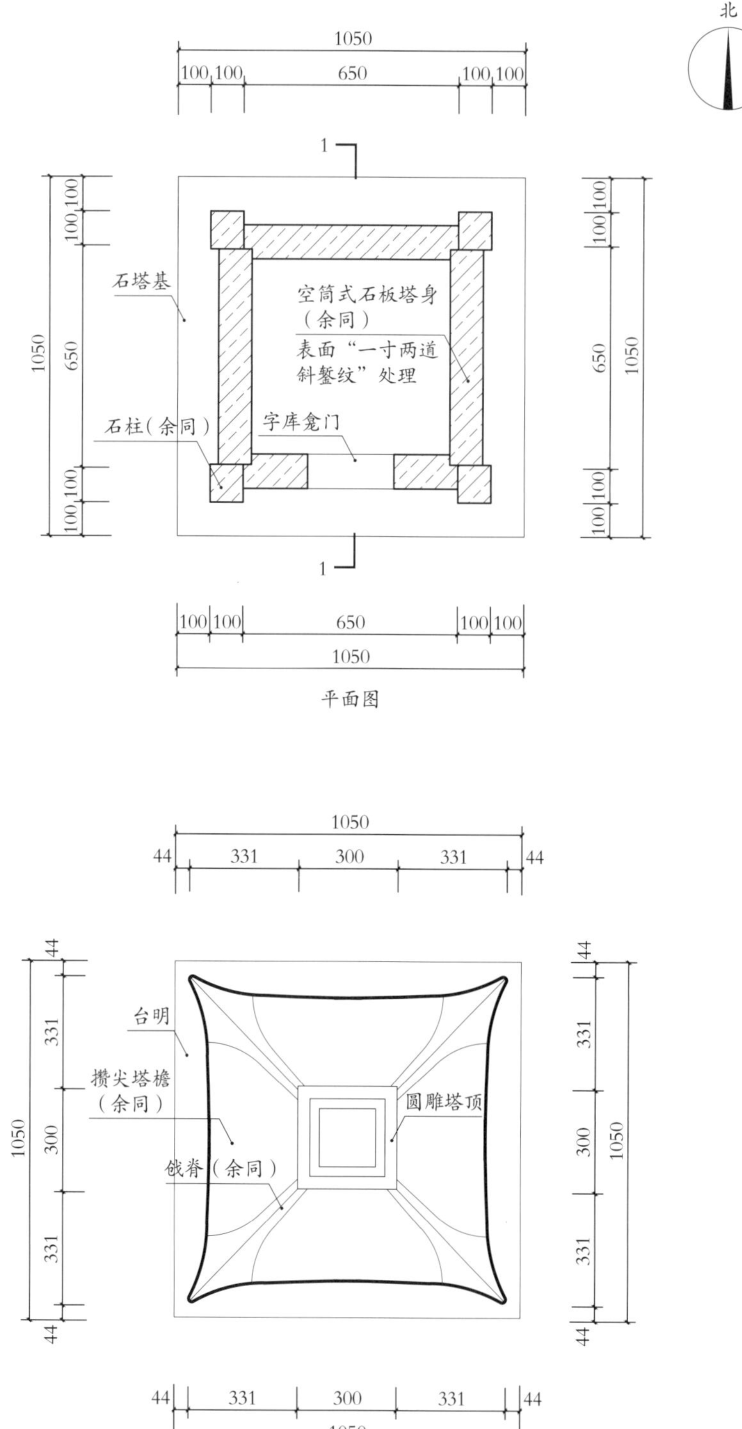

图号 03

绘制时间：2022 年 10 月
绘 制 人：刘洋
比　　例：1∶20
图　　名：三丘田惜字塔平面图、俯视图

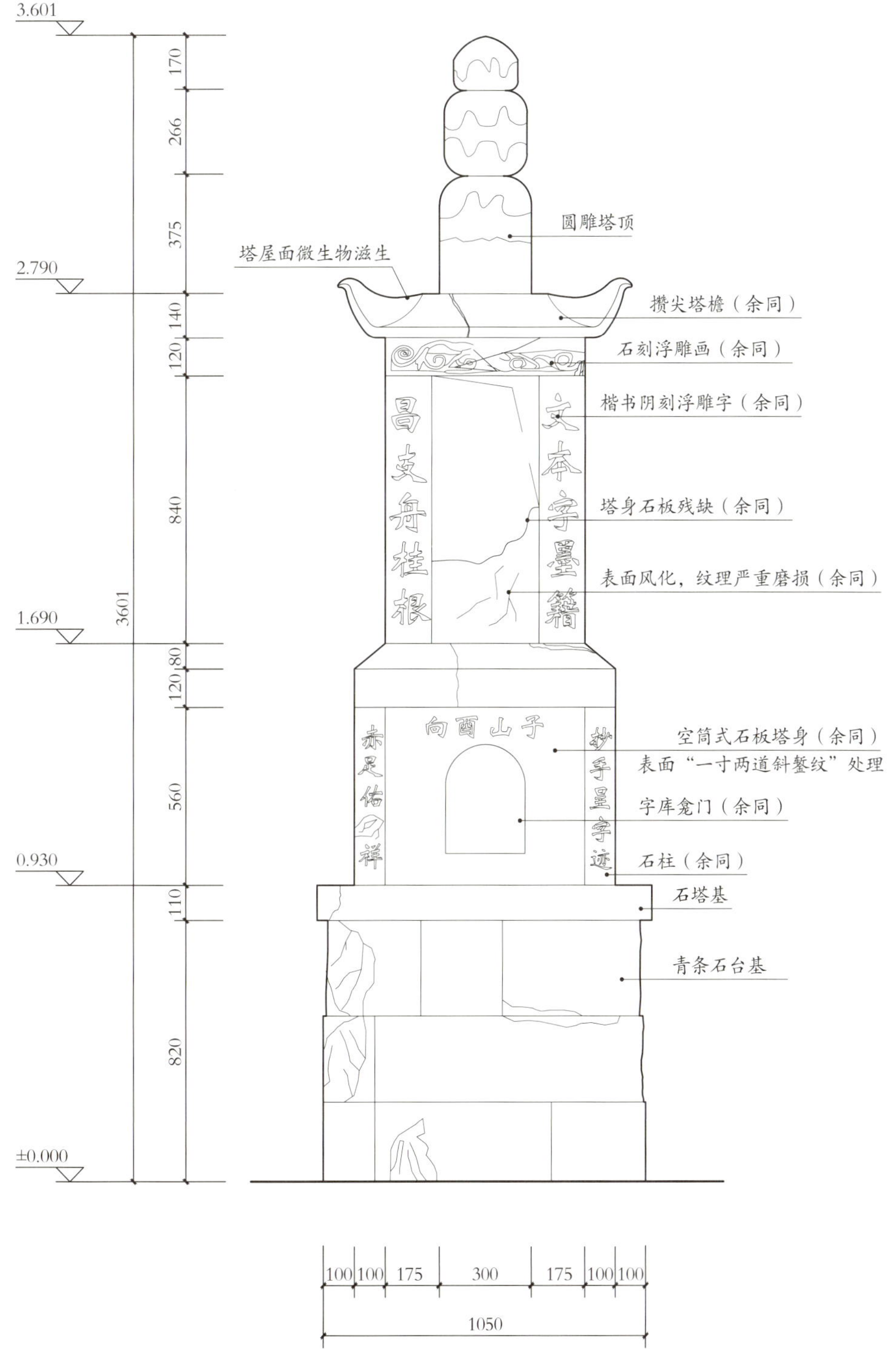

图号 04

绘制时间：2022 年 10 月

绘 制 人：刘洋

比　　例：1∶15

图　　名：三丘田惜字塔南立面图

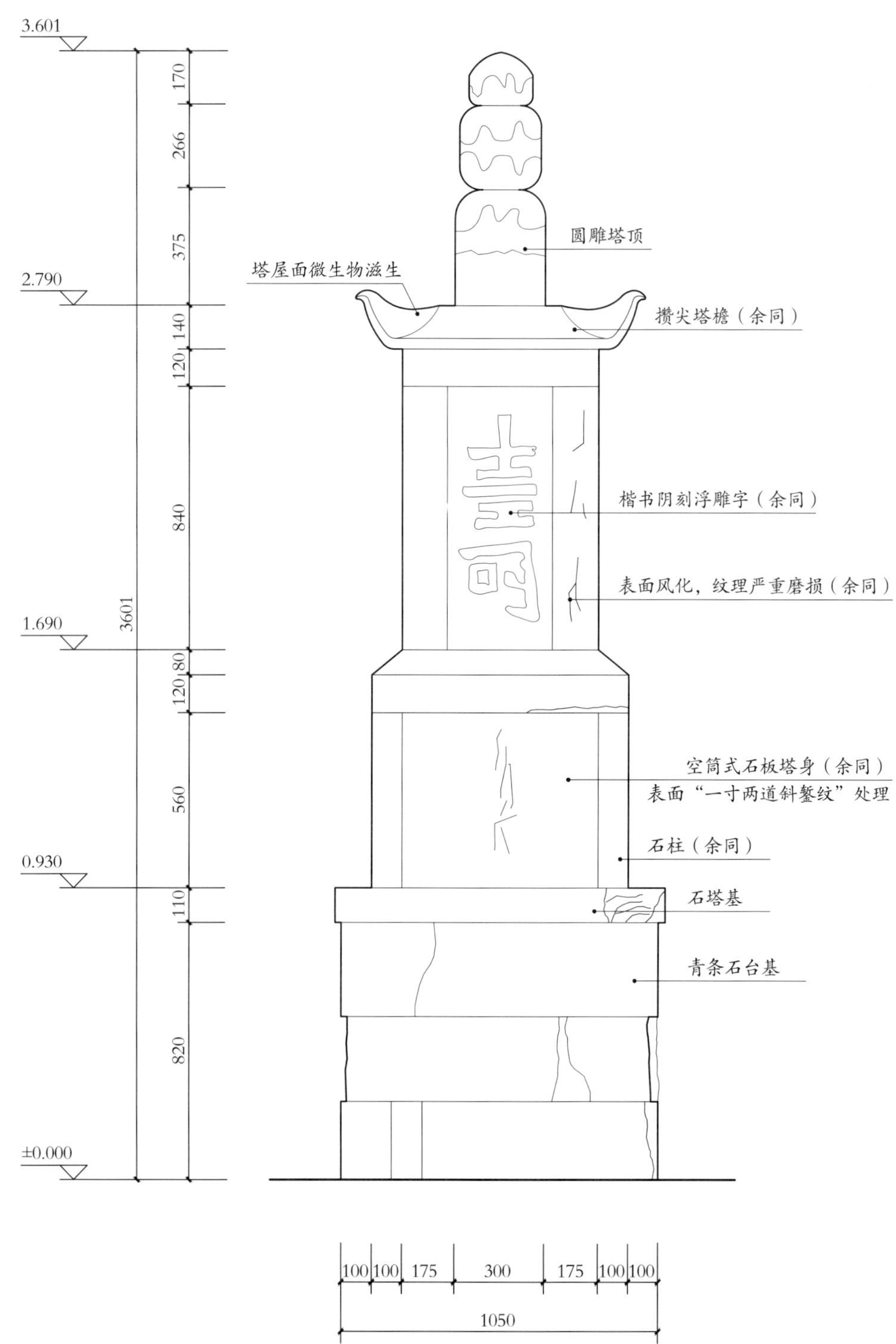

图号 05

绘制时间：2022 年 10 月
绘 制 人：刘洋
比　　例：1∶15
图　　名：三丘田惜字塔西立面图

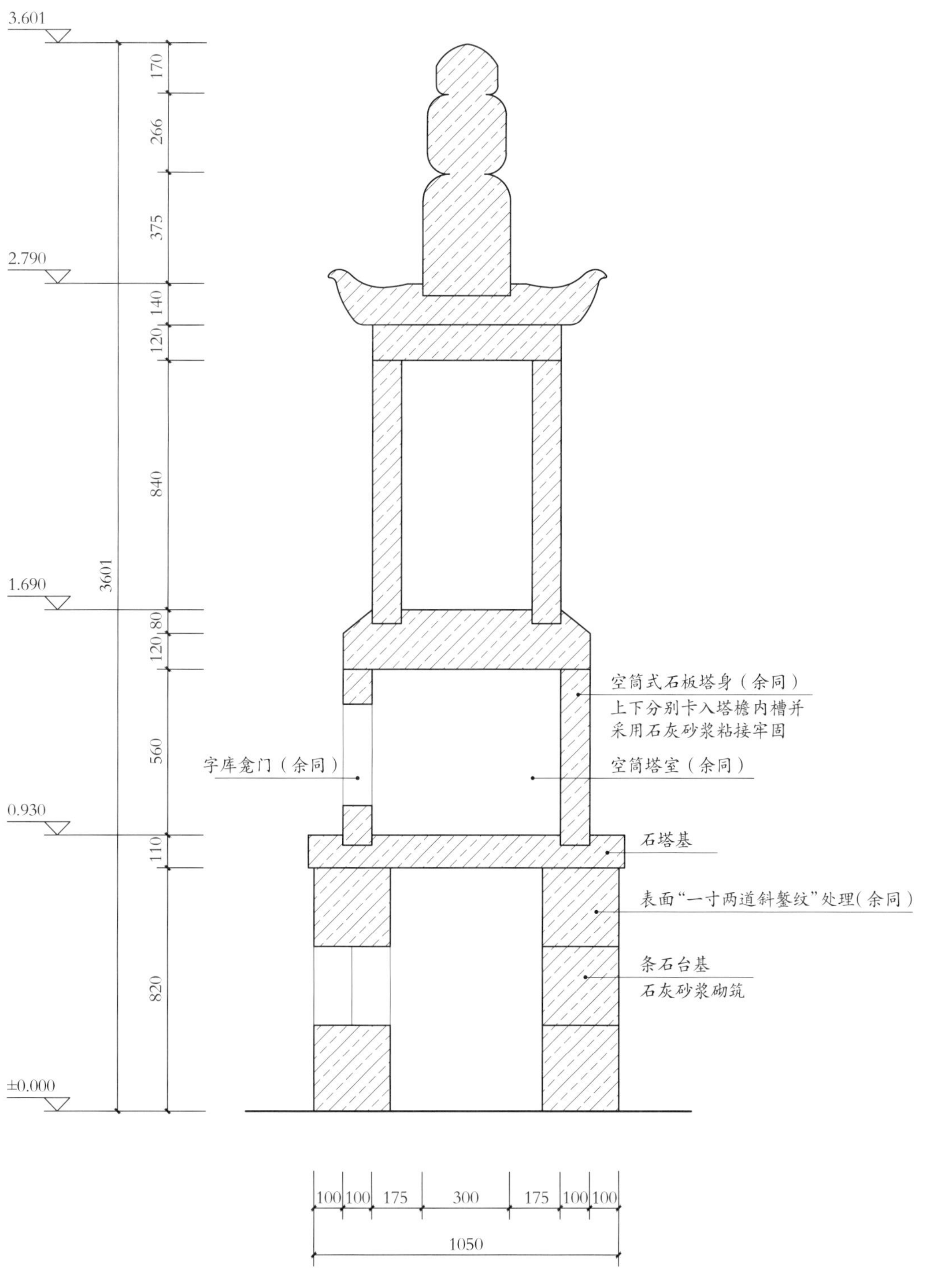

图号 06

绘制时间：2022 年 10 月

绘 制 人：刘洋

比　　例：1∶15

图　　名：三丘田惜字塔剖面图

照片 01

拍摄时间：2022 年 10 月
拍 摄 人：刘洋
拍摄方向：由南向北
文物部位：南立面全景

照片 02

拍摄时间：2022 年 10 月
拍 摄 人：刘洋
拍摄方向：由西向东
文物部位：西立面全景

照片 03

拍摄时间：2022 年 10 月

拍 摄 人：刘洋

拍摄方向：由东向西

文物部位：东立面全景

照片 04

拍摄时间：2022 年 10 月

拍 摄 人：刘洋

拍摄方向：由北向南

文物部位：北立面全景

照片 05

拍摄时间：2022 年 10 月
拍 摄 人：刘洋
拍摄方向：由南向北
文物部位：一层南立面龛位

照片 06

拍摄时间：2022 年 10 月
拍 摄 人：刘洋
拍摄方向：由东向西
文物部位：塔顶东立面

扬毛庆惜字塔

扬毛庆惜字塔调查保护记录表

<table>
<tr><td>名　　称</td><td colspan="5">扬毛庆惜字塔</td></tr>
<tr><td>年　　代</td><td colspan="2">清嘉庆二十五年（1820）</td><td>类　别</td><td colspan="2">古建筑</td></tr>
<tr><td>所 在 地</td><td colspan="5">四川省泸州市古蔺县观文镇永安村</td></tr>
<tr><td>海　　拔</td><td>1250 米</td><td>经　度</td><td>105°53'47.8"E</td><td>纬　度</td><td>27°53'11"N</td></tr>
<tr><td>保护级别</td><td colspan="5">县级文物保护单位</td></tr>
<tr><td>所 有 权</td><td colspan="2">集体所有</td><td>使用人</td><td colspan="2">永安村</td></tr>
<tr><td>管理机构</td><td colspan="5">古蔺县文旅局、观文镇</td></tr>
<tr><td>用　　途</td><td colspan="5">活动场所</td></tr>
<tr><td>简　　介</td><td colspan="5">扬毛庆惜字塔为三层四边形阁楼式石质空心塔，坐东向西，占地面积约 1.5 平方米；素面四边形台基，每边长 1.23 米，高 0.65 米；塔身为四边形，逐层上收；塔顶为四角攒尖顶，正面层层均开窗；塔体高 3.6 米；正面立柱阴刻对联“一方□庇佑，□境□洪庥”，横额“享祀堂”，额上刻浅浮雕双凤朝阳；第二层南北两侧塔壁上分别刻塔序及修建此塔募捐人姓名，正面立柱刻浅浮雕牡丹花纹；三层立柱顶部雕刻有圆雕石狮子一对；该塔建于清嘉庆二十五年，具有一定的历史和建筑价值。</td></tr>
<tr><td>文物描述</td><td colspan="5">扬毛庆惜字塔由台基、塔身、塔檐、塔顶组成，为三层四边形阁楼式石质空心塔，整座塔用石灰、糯米浆、青石砌筑，柱、板、顶采用榫卯卡槽式连接。
台　基：四边素面台基，表面做扁光处理。
塔　身：四边形塔身由四边形角柱与石板榫卯连接，柱脚置于基座卡槽之上，分上中下三层，逐层上收，每层西面开拱形龛门；一层西面角柱阴刻对联“一方□庇佑，□境□洪庥”，横额“享祀堂”，额上刻浅浮雕双凤朝阳；二层南北两侧塔壁上分别刻塔序及修建此塔募捐人姓名，西面角柱刻浅浮雕牡丹花纹；三层西面角柱顶部雕刻有圆雕石狮子一对。
塔　檐：四角攒尖石雕塔檐。
塔　顶：宝顶缺失。
真实性：扬毛庆惜字塔基本保持了清代建筑形制，文物建筑在形制特征、材料和工艺特点等方面保留了历史原状，具有鲜明的地方特色，仍保留了宗教活动场所的简易功能。
完整性：扬毛庆惜字塔整体保存状况较完整，基本保留了历史原构，留存不同时期的历史活动信息，周边环境能够真实反映惜字塔选址与地形地貌的关系。</td></tr>
<tr><td rowspan="2">文物调查</td><td>形制</td><td colspan="2">工艺</td><td>结构</td><td>材料</td></tr>
<tr><td>三层四边形阁楼式石塔</td><td colspan="2">柱、板、顶各部由石构榫卯连接，铁件加固，表面做扁光和寸三錾工艺</td><td>仿木榫卯结构，内部构造为单腔空筒式</td><td>石灰、糯米浆、青石</td></tr>
<tr><td colspan="6">文物本体历史沿革
根据文献记载，该惜字塔建于清嘉庆二十五年。
1820 年至今，该惜字塔未做过较大修缮，基本为原状保存；后期佛教信徒添置佛像于龛内作祈福之用。</td></tr>
</table>

（续表）

保护管理工作沿革 2003 年 4 月，古蔺县人民政府公布其为古蔺县第三批重点文物保护单位。 至今，扬毛庆惜字塔由观文镇和古蔺县文旅局协同管理。
价值评估 扬毛庆惜字塔，由台基、塔身、塔檐和塔顶（缺失）组成，为石砌仿木结构，由石灰、糯米浆和青石砌筑，榫卯卡槽式连接。制作精巧，比例和谐，建筑营造美观大方，结构连接严谨科学，整体庄严肃立，具有一定科学价值。
风险评估 扬毛庆惜字塔主要为石砌仿木结构，受大自然酸雨长期浸渍，有风化侵蚀的风险。 扬毛庆惜字塔所处地区年雷雨天数较多，文物建筑遭受雷击风险较高。 扬毛庆惜字塔地处偏僻的山林地区，塔身构件雕刻精美，神韵独特，存在一定的被盗风险。
现状评估 扬毛庆惜字塔整体形制保存较完整，局部受自然灾害影响而破损、残缺，主要表现为塔顶檐口翘角残损，宝顶缺失，塔身青苔滋生。 扬毛庆惜字塔坐落于耕地中央位置的土坡上，东距德安小学约 2000 米，距离乡村水泥公路约 50 米，距当地居民住宅约 50 米，有田埂泥土小道通往此塔。
“四有”工作情况 **保护范围**：以台基边缘为基线，东北、东南、西南、西北面各外延 5 米，东南至西北长 10 米，西南至东北宽 10 米。 **保护标志**：扬毛庆惜字塔西北侧 3 米立有保护标志一处。 **记录档案**：扬毛庆惜字塔保护档案已建立，现存于古蔺县文旅局。 **保护管理机构**：扬毛庆惜字塔现由观文镇管理，古蔺县文旅局主要负责对扬毛庆惜字塔文物保护工作的监督、指导，并协同管理。
安全保卫情况 **安　防**：暂未安装监控等相关安防预警设施。 **消　防**：未设置消防设施，火灾发生时无法满足救灾的需求。 **防　雷**：扬毛庆惜字塔未安装防雷设施，无法满足防雷要求。
调查、考古、保护、展示工作 **保护工作**：古蔺县文旅局定期对文物保护单位进行安全巡查。 **利用情况**：当地宗教信徒开展宗教活动，燃香祈福。
下一阶段保护、管理、使用计划 **保护区划**：调整、完善保护区划。 **本体保护**：制订保护方案，根据现状病害情况，编制具有针对性的修缮方案，修缮措施采用现状整修、局部复原的方法。 **加强研究**：加强对扬毛庆惜字塔历史价值和科学价值的研究工作。 **安全防护**：进一步完善安防、消防、防雷等防护措施。 **环境整治**：周边地面适当硬化，修建文物工作巡查道路（采用传统方式，如铺设石板），保护台基，增设周边排水沟。 **管理工作**：完善管理机制，增设管理人员，每年定期对文物进行安全巡查。

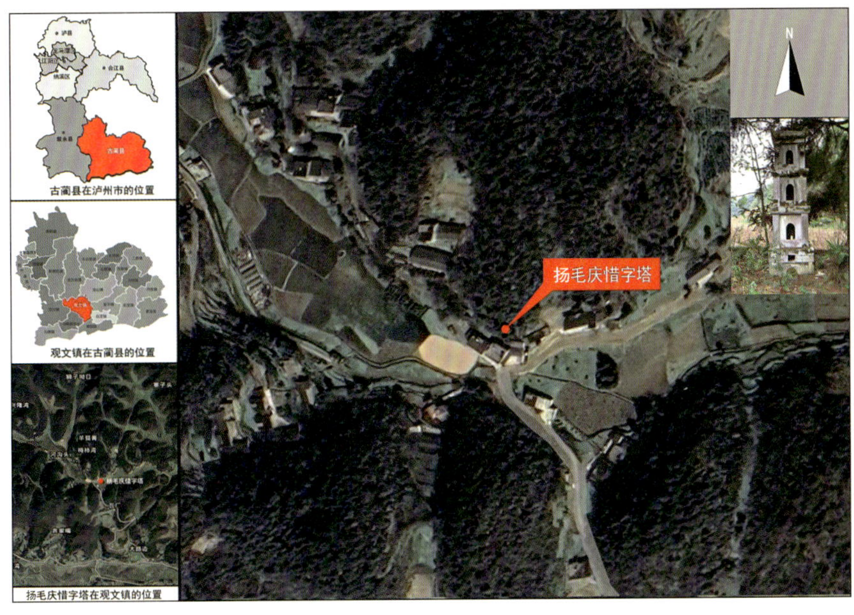

图号 01

绘制时间：2022 年 10 月

绘 制 人：刘洋

图　　名：扬毛庆惜字塔区位图

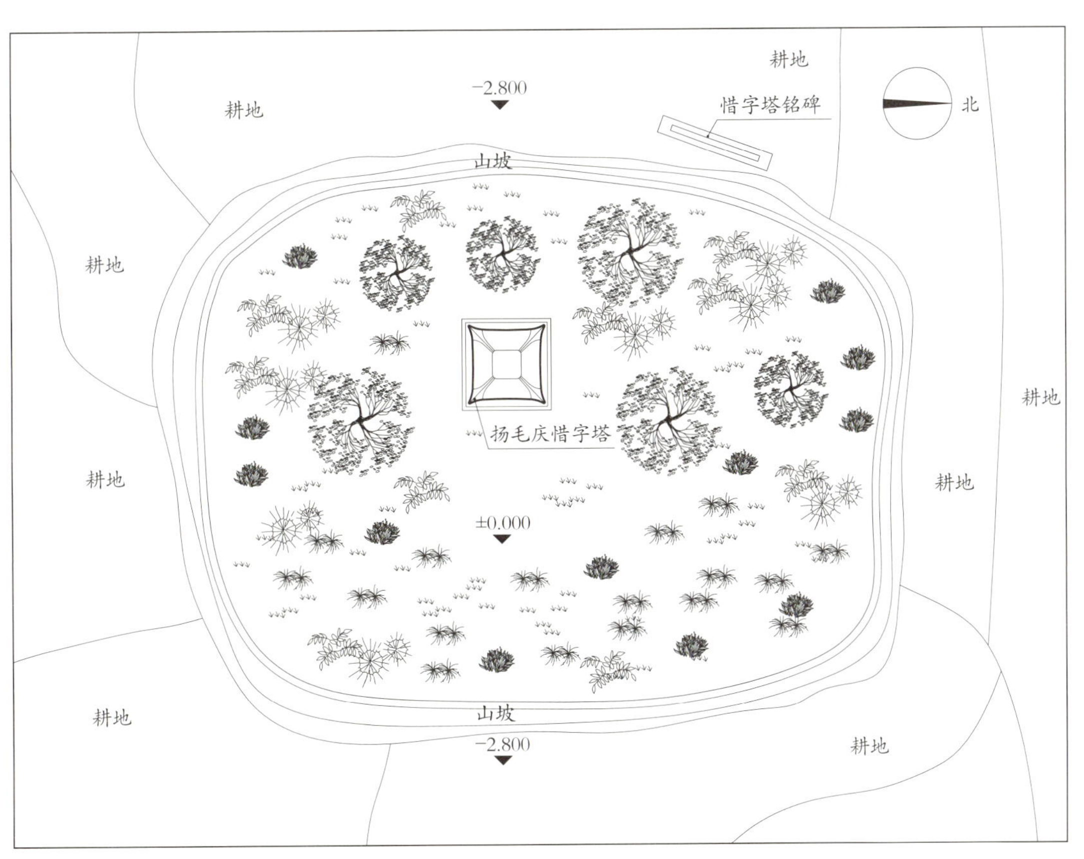

图号 02

绘制时间：2022 年 10 月

绘 制 人：刘洋

比　　例：1∶30

图　　名：扬毛庆惜字塔总平面图

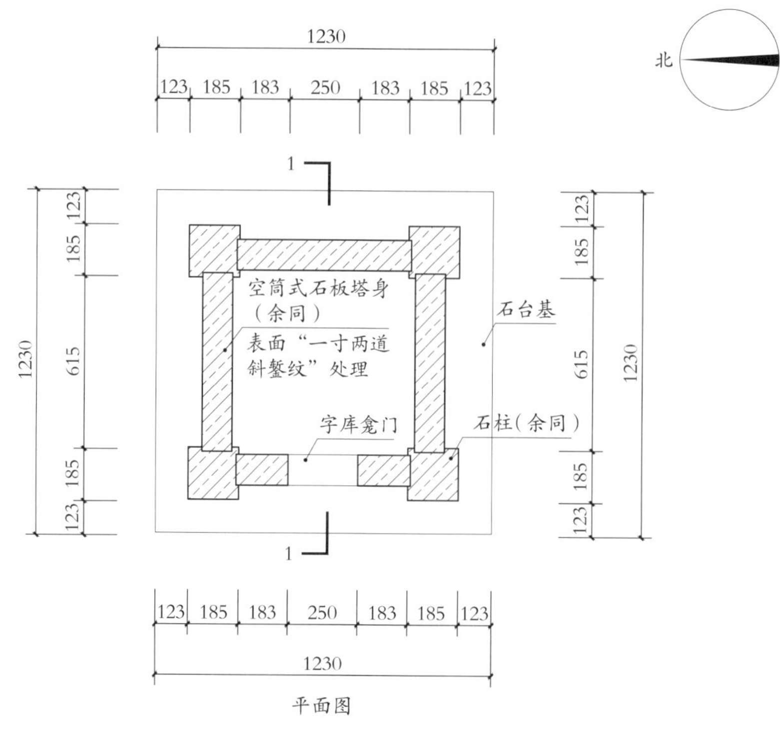

平面图

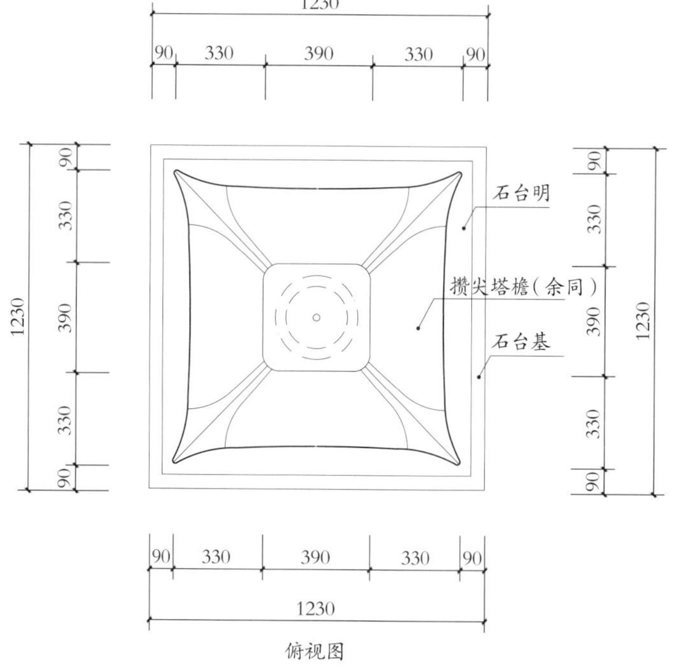

俯视图

图号 03

绘制时间：2022 年 10 月

绘 制 人：刘洋

比　　例：1∶15

图　　名：扬毛庆惜字塔平面图、俯视图

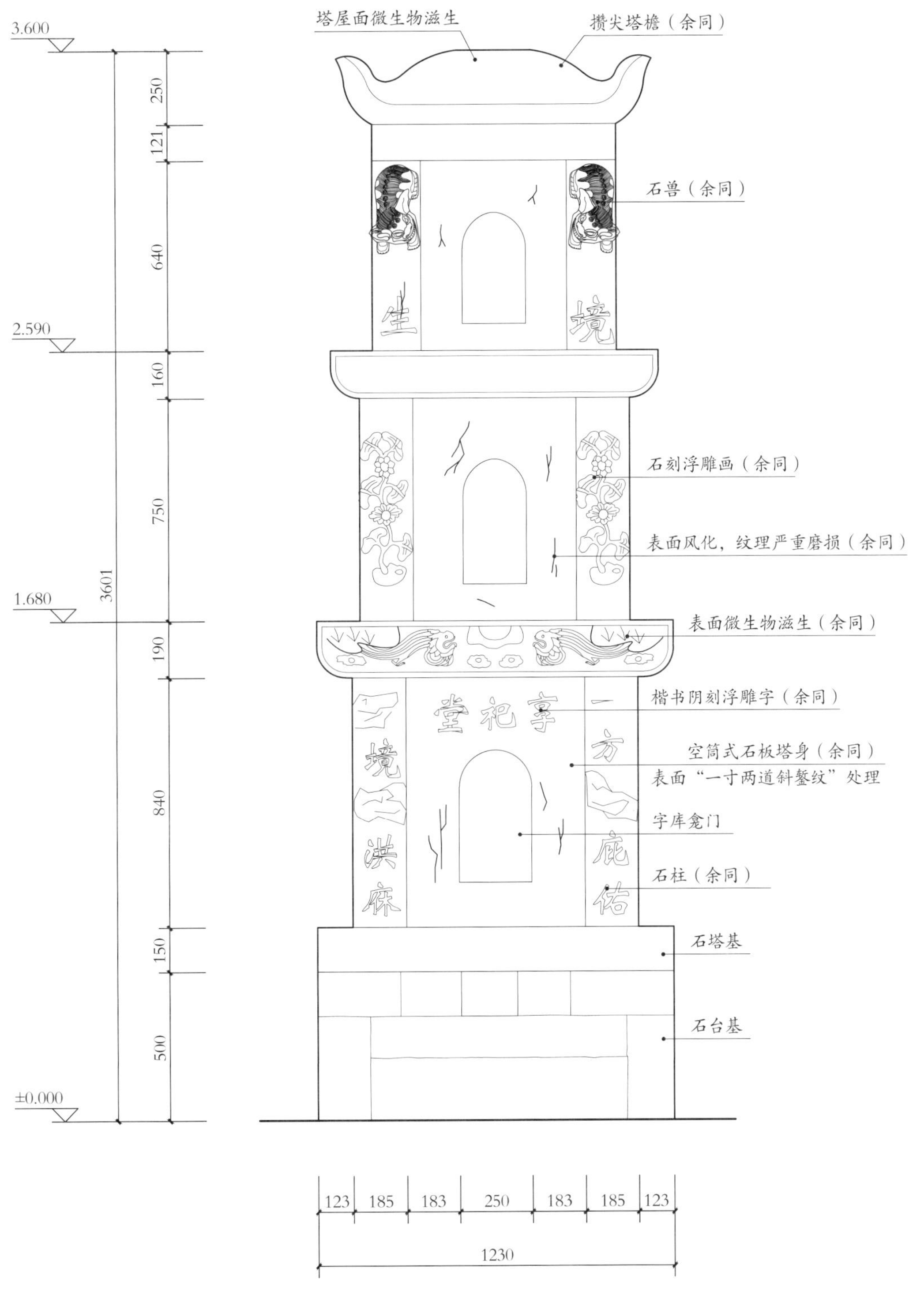

图号 04

绘制时间：2022 年 10 月

绘 制 人：刘洋

比　　例：1∶15

图　　名：扬毛庆惜字塔西立面图

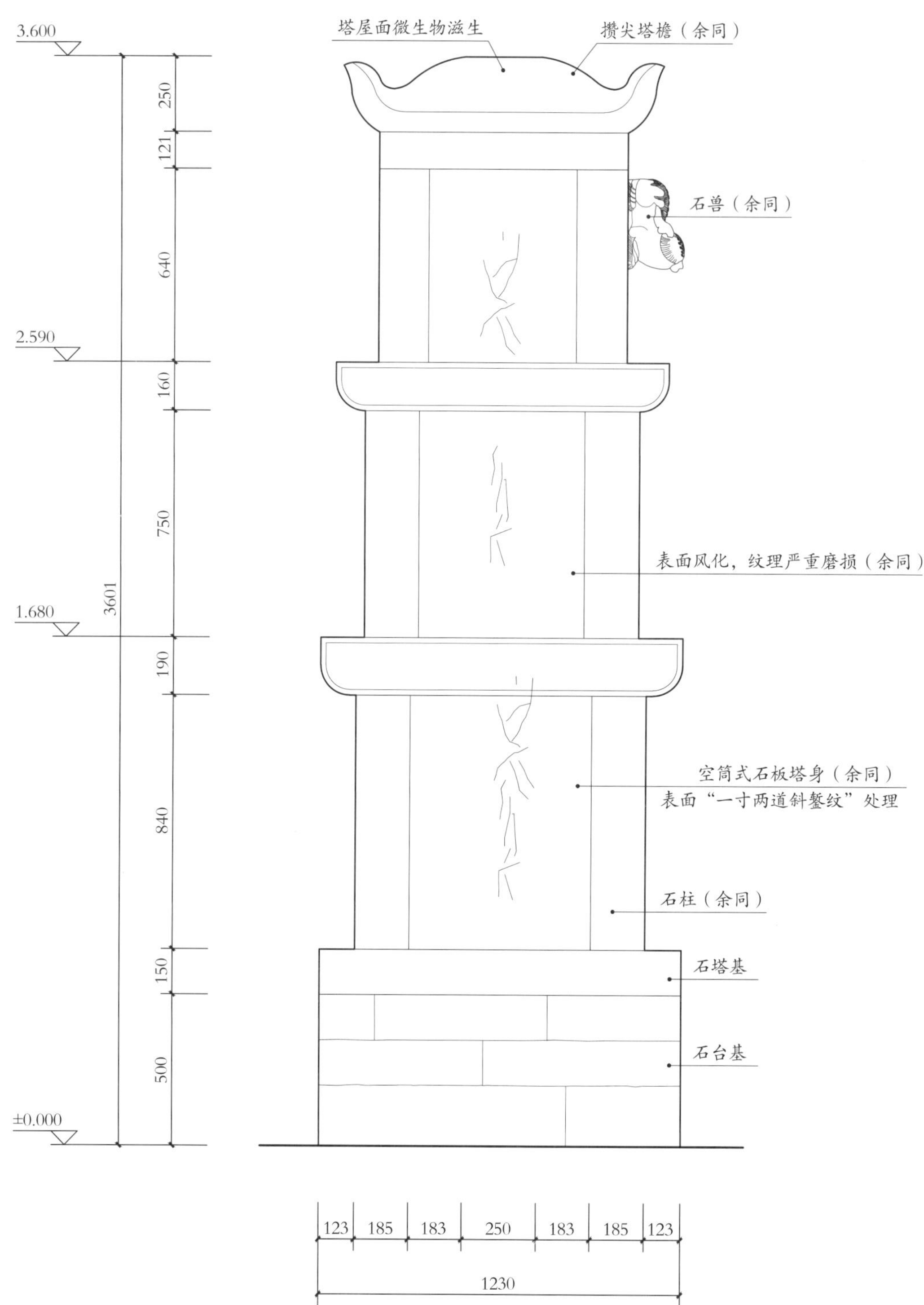

图号 05

绘制时间：2022 年 10 月

绘 制 人：刘洋

比　　例：1∶15

图　　名：扬毛庆惜字塔北立面图

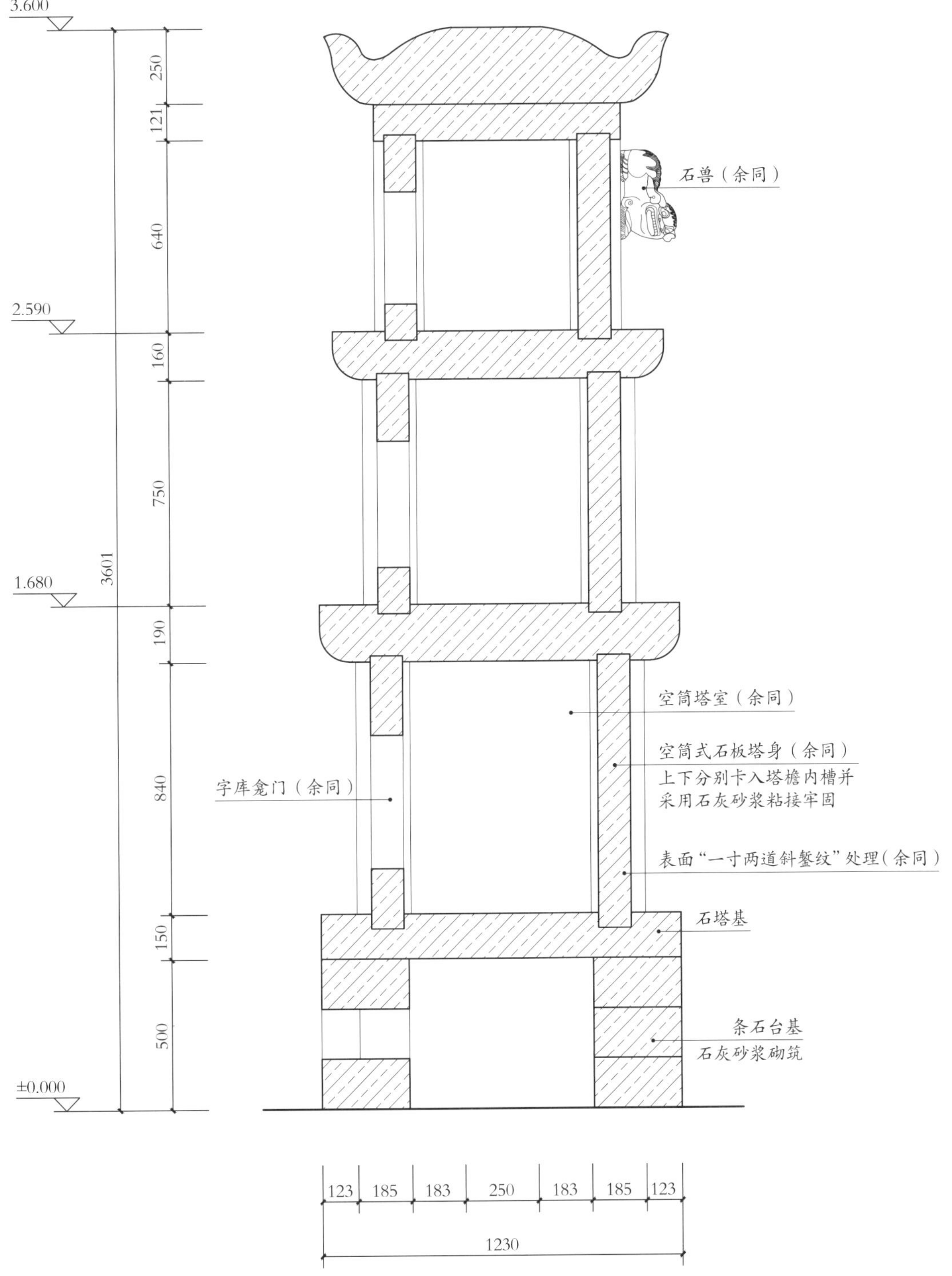

图号 06

绘制时间：2022 年 10 月

绘 制 人：刘洋

比　　例：1∶15

图　　名：扬毛庆惜字塔剖面图

照片 01

拍摄时间：2022 年 10 月

拍 摄 人：刘洋

拍摄方向：由西向东

文物部位：扬毛庆惜字塔铭碑

照片 02

拍摄时间：2022 年 10 月

拍 摄 人：刘洋

拍摄方向：由西向东

文物部位：西立面全景

照片 03

拍摄时间：2022 年 10 月
拍 摄 人：刘洋
拍摄方向：由北向南
文物部位：北立面全景

照片 04

拍摄时间：2022 年 10 月
拍 摄 人：刘洋
拍摄方向：由西向东
文物部位：三层西立面

照片 05

拍摄时间：2022 年 10 月
拍 摄 人：刘洋
拍摄方向：由南向北
文物部位：南立面全景

照片 06

拍摄时间：2022 年 10 月

拍 摄 人：刘洋

拍摄方向：由东向西仰视

文物部位：东立面全景

庙儿岭惜字塔

庙儿岭惜字塔调查保护记录表

<table>
<tr><td>名　　称</td><td colspan="4">庙儿岭惜字塔</td></tr>
<tr><td>年　　代</td><td colspan="2">清道光十四年（1834）</td><td>类　别</td><td>古建筑</td></tr>
<tr><td>所 在 地</td><td colspan="4">四川省泸州市古蔺县白泥镇顺河村</td></tr>
<tr><td>海　　拔</td><td>673.8 米</td><td>经　度</td><td>106°1'23.8"E</td><td>纬　度</td><td>27°49'59.2"N</td></tr>
<tr><td>保护级别</td><td colspan="4">一般不可移动文物</td></tr>
<tr><td>所 有 权</td><td colspan="2">集体所有</td><td>使用人</td><td>顺河村</td></tr>
<tr><td>管理机构</td><td colspan="4">古蔺县文旅局、白泥镇</td></tr>
<tr><td>用　　途</td><td colspan="4">活动场所</td></tr>
<tr><td>简　　介</td><td colspan="4">庙儿岭惜字塔为二层四边形阁楼式空心石塔，坐东向西；素面四边形台基主体边长约 1.4 米、高约 1 米；塔身呈错位，层层均开窗，第一层高约 1 米，边长约 0.9 米，正面为双开门拱形窗，拱形窗上有一古钱币形窗，立柱上阴刻有对联：“保此境清吉，佑四维平安”；南北面分别刻有梅花鹿、金鸡报晓浅浮雕图案，东面饰有浅浮雕波浪纹；第二层高约 1 米，每边边长约 0.7 米；正面开异形窗，异形窗上又开一道眉形窗，立柱对联为：“威威居銮殿，□□保民安”；第一、二层立柱顶端有圆雕石狮一对；塔顶为元宝形塔刹，顶高 0.9 米，塔体高约 4.8 米；题记年代为清道光十四年。该塔保存完好，造型美观，雕刻立体生动，在川南一带独具特色，具有较高的艺术价值和历史价值。</td></tr>
<tr><td>文物描述</td><td colspan="4">庙儿岭惜字塔由台基、塔身、塔檐、塔顶组成，为四边形阁楼式石质空心塔，整座塔用石灰、糯米浆、红砂石砌筑，榫卯卡槽式连接。
台　基：素面四边形台基，表面打錾纹。
塔　身：四边形塔身由四边形角柱与石板榫卯连接，柱脚置于基座卡槽之上，每层西面开窗，第一层为双拱形窗，拱形窗上有一古钱币形窗，立柱上阴刻有对联：“保此境清吉，佑四维平安”；南北面分别刻有梅花鹿、金鸡报晓浅浮雕图案，东面饰有浅浮雕波浪纹；第二层开异形窗，异形窗上又开一道眉形窗，立柱对联为：“威威居銮殿，□□保民安”；第一、二层立柱顶端有圆雕石狮一对。
塔　檐：四角攒尖整石雕刻高浮雕塔檐。
塔　顶：整石雕刻元宝形塔刹。
真实性：庙儿岭惜字塔基本保持了清代建筑形制，文物建筑在形制特征、材料和工艺特点等方面保留了历史原状，具有鲜明的地方特色，碑刻题记记载的历史和物质遗存可以相互印证，同时仍保留了宗教活动场所的简易功能。
完整性：庙儿岭惜字塔整体保存状况完整，基本保留了历史原构，留存不同时期的历史活动信息，周边环境能够真实反映惜字塔选址与地形地貌的关系。</td></tr>
<tr><td rowspan="2">文物调查</td><td>形制</td><td>工艺</td><td>结构</td><td>材料</td></tr>
<tr><td>二层四边形阁楼式石塔</td><td>高浮雕石构榫卯连接，糯米浆加固，表面做细道和扁光相结合的加工工艺</td><td>仿木榫卯结构，内部构造为单腔空筒式</td><td>石灰、糯米浆、红砂石</td></tr>
</table>

（续表）

文物本体历史沿革 根据塔身石刻题记文献记载，该惜字塔建于清道光十四年。 1834 年至今，该惜字塔未做过较大修缮，基本为原状保存。
保护管理工作沿革 2009 年，对该文物建筑进行普查记录。 至今，庙儿岭惜字塔由白泥镇和古蔺县文旅局协同管理。
价值评估 庙儿岭惜字塔由台基、塔身、塔檐和塔顶组成，为二层石质仿木结构，其上饰有瑞兽和花草等主题的深、浅浮雕及圆雕，寓意吉祥如意、繁衍生息及保佑一方水土平安，其雕刻手法娴熟飘逸、精湛细腻；动物犹如精灵栩栩如生、活灵活现，具有较高艺术价值。
风险评估 庙儿岭惜字塔主要为石砌仿木结构，受大自然酸雨长期浸渍，有风化侵蚀的风险。 庙儿岭惜字塔所处地区年雷雨天数较多，文物建筑遭受雷击风险较高。 庙儿岭惜字塔地处偏僻的山林地区，塔身构件雕刻精美，神韵独特，存在一定的被盗风险。
现状评估 庙儿岭惜字塔整体形制保存完整，局部受自然灾害影响而残缺，主要表现为塔檐翘角残损，台基表层风化剥落，塔檐及台基表面微生物滋生等。 庙儿岭惜字塔坐落于山坡上，距离乡村水泥公路约 1 千米，距泥土道路约 5 米（道路宽约 4 米），距当地居民住宅约 20 米。
“四有”工作情况 **保护范围：**暂未划定。 **保护标志：**无。 **记录档案：**庙儿岭惜字塔保护档案已建立，现存于古蔺县文旅局。 **保护管理机构：**庙儿岭惜字塔现由白泥镇管理，古蔺县文旅局主要负责对庙儿岭惜字塔文物保护工作的监督、指导，并协同管理。
安全保卫情况 **安　防：**暂未安装监控等相关安防预警设施。 **消　防：**未设置消防设施，火灾发生时无法满足救灾的需求。 **防　雷：**庙儿岭惜字塔未安装防雷设施，无法满足防雷要求。
调查、考古、保护、展示工作 **保护工作：**古蔺县文旅局定期对文物保护单位进行安全巡查。 **利用情况：**当地宗教信徒开展宗教活动，燃香祈福。
下一阶段保护、管理、使用计划 **保护区划：**调整、完善保护区划。 **本体保护：**制订保护计划，加强日常维护，裂缝部位用糯米浆灌浆加固。 **加强研究：**加强对庙儿岭惜字塔艺术价值和历史价值的研究工作。 **安全防护：**进一步完善安防、消防、防雷等防护措施。 **环境整治：**周边地面适当硬化，修建文物工作巡查道路（采用传统方式，如铺设石板），保护塔基，增设周边排水沟等。 **管理工作：**完善管理机制，增设管理人员，每年定期对文物进行安全巡查。

图号 01

绘制时间：2022 年 10 月

绘 制 人：刘洋

图　　名：庙儿岭惜字塔区位图

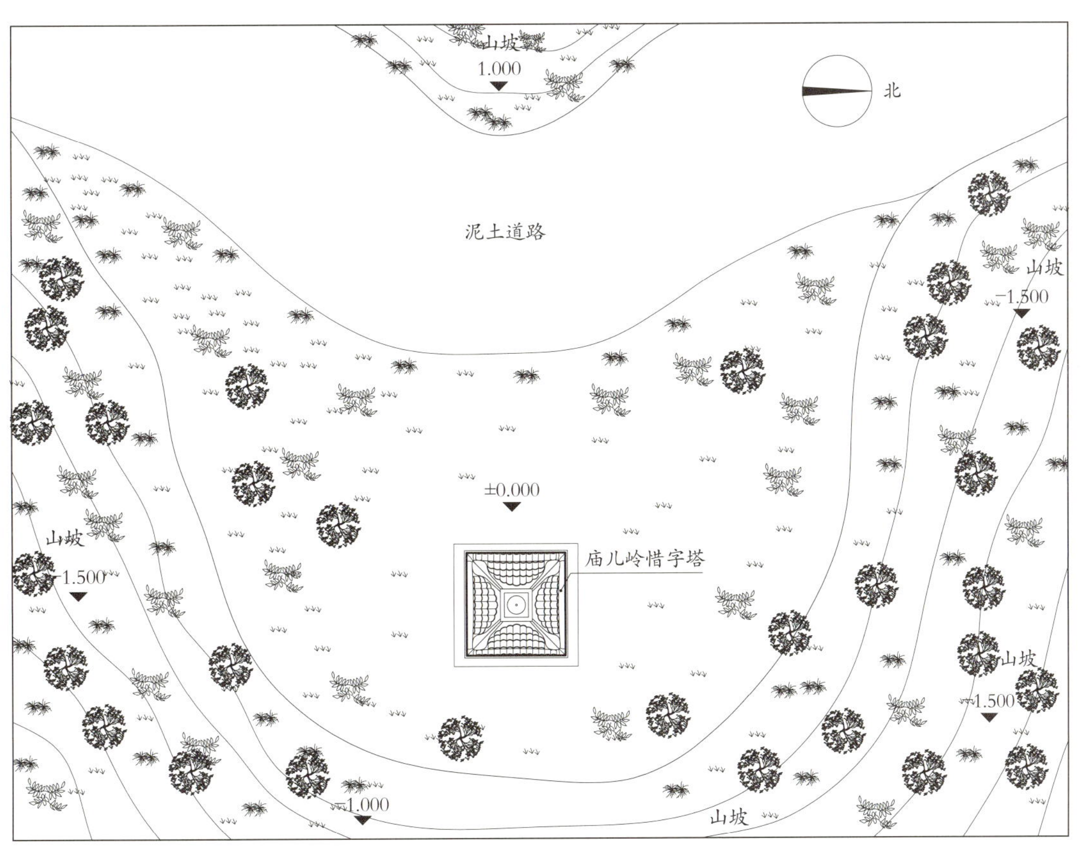

图号 02

绘制时间：2022 年 10 月

绘 制 人：刘洋

比　　例：1:30

图　　名：庙儿岭惜字塔总平面图

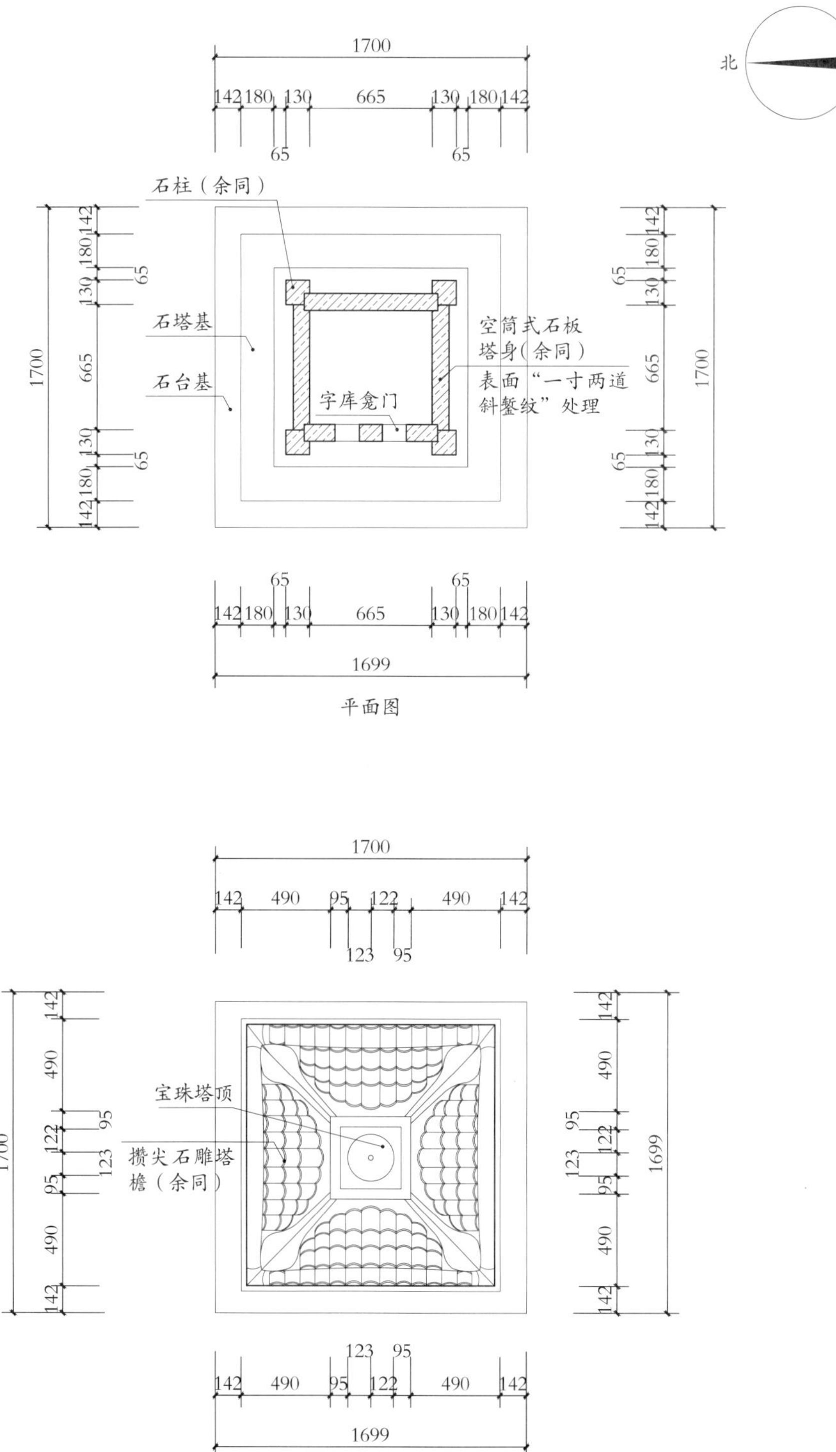

图号 03

绘制时间：2022 年 10 月

绘 制 人：刘洋

比　　例：1∶25

图　　名：庙儿岭惜字塔平面图、俯视图

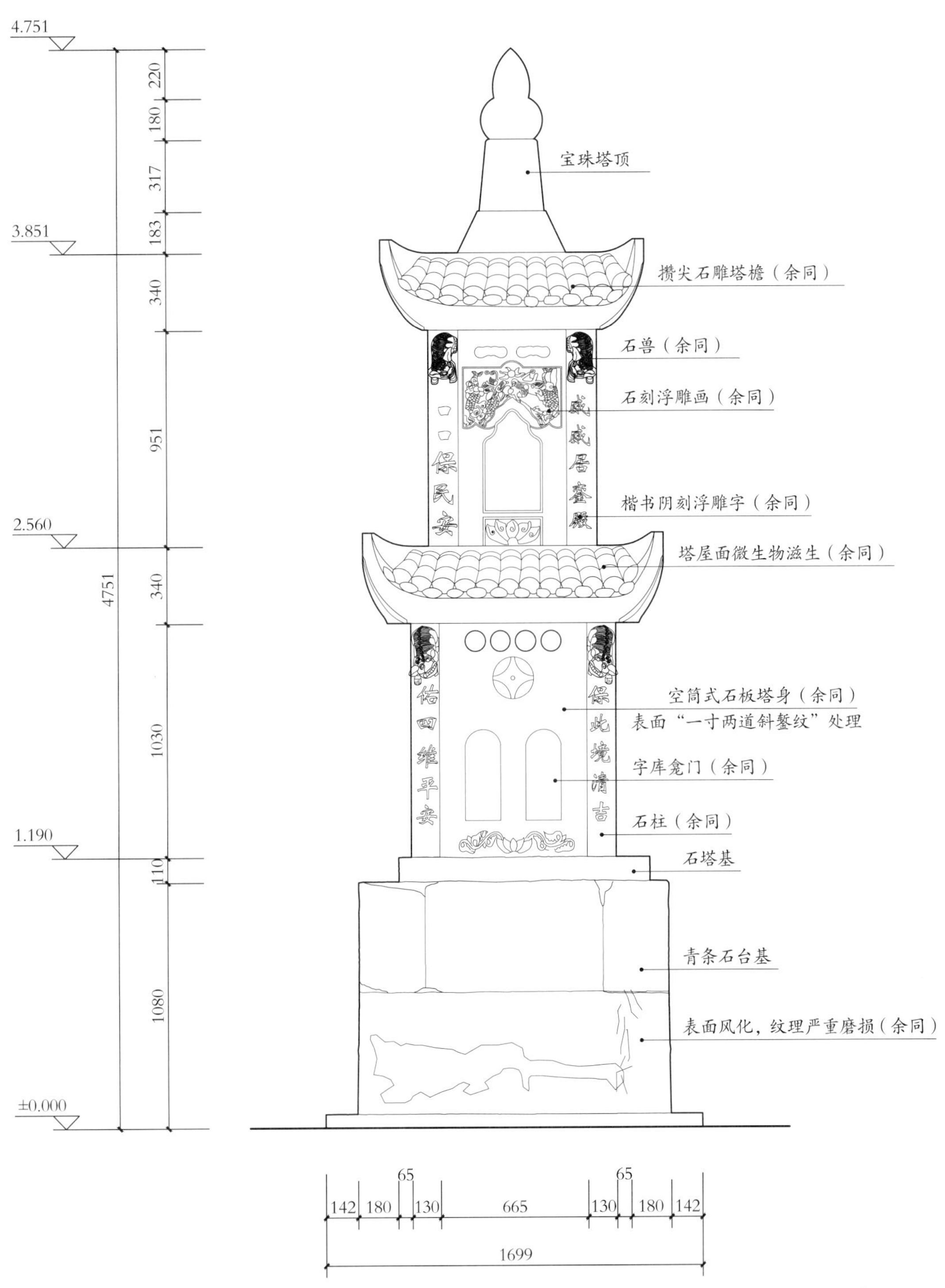

图号 04

绘制时间：2022 年 10 月

绘 制 人：刘洋

比　　例：1∶20

图　　名：庙儿岭惜字塔西立面图

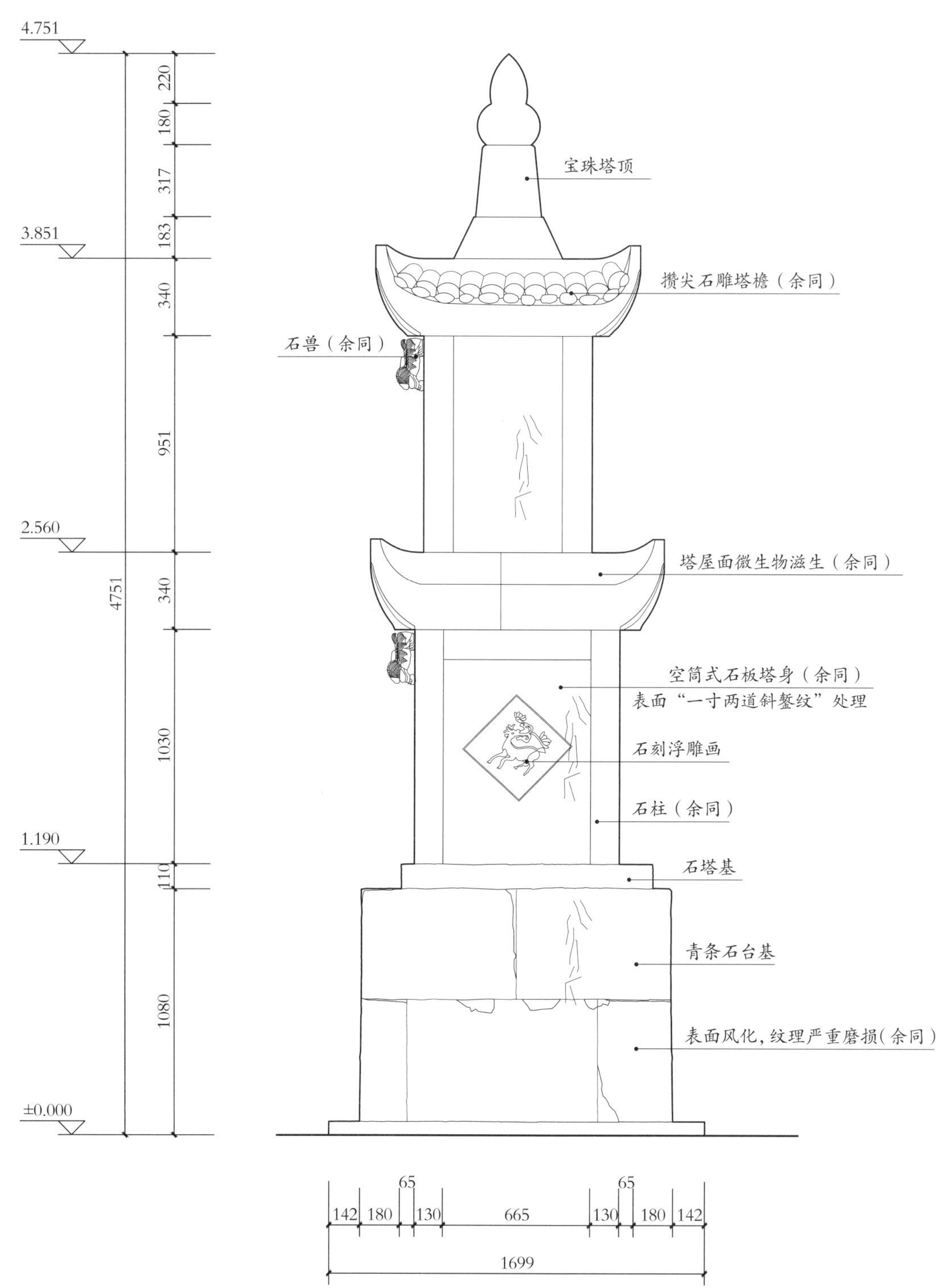

图号 05

绘制时间：2022年10月

绘 制 人：刘洋

比　　例：1∶20

图　　名：庙儿岭惜字塔南立面图

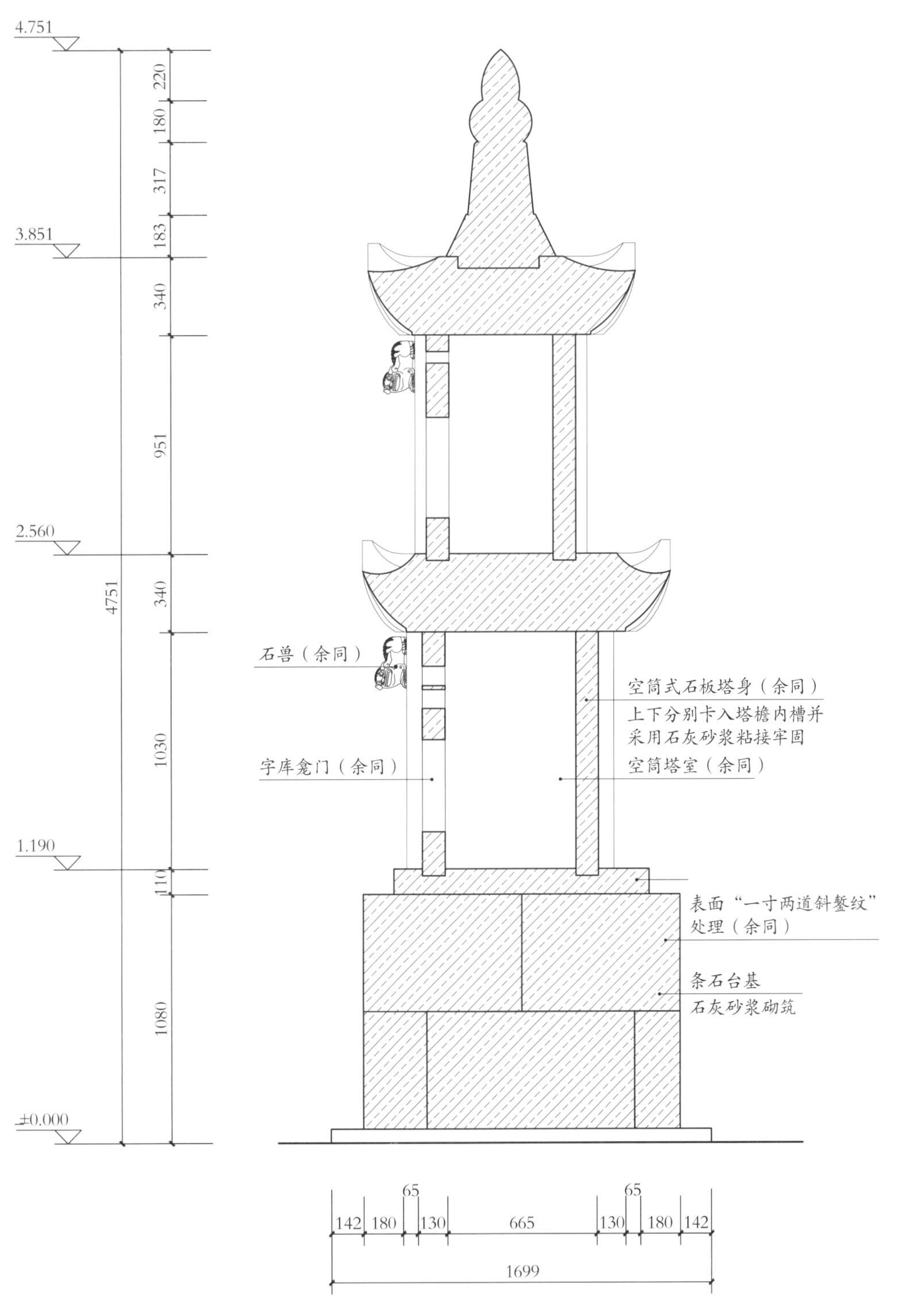

图号 06

绘制时间：2022 年 10 月
绘 制 人：刘洋
比　　例：1∶20
图　　名：庙儿岭惜字塔剖面图

照片 01

拍摄时间：2022 年 10 月
拍 摄 人：刘洋
拍摄方向：由西向东
文物部位：西立面全景

照片 02

拍摄时间：2022 年 10 月
拍 摄 人：刘洋
拍摄方向：由东向西
文物部位：东立面全景

照片 03

拍摄时间：2022 年 10 月

拍 摄 人：刘洋

拍摄方向：由南向北

文物部位：南立面全景

照片 04

拍摄时间：2022 年 10 月
拍 摄 人：刘洋
拍摄方向：由西向东俯视
文物部位：西立面全景

照片 05

拍摄时间：2022 年 10 月
拍 摄 人：刘洋
拍摄方向：由西北向东南
文物部位：二层西立面雕刻神兽

照片 06

拍摄时间：2022 年 10 月
拍 摄 人：刘洋
拍摄方向：由西向东
文物部位：二层西立面

石笋岭上惜字塔

石笋岭上惜字塔调查保护记录表

<table>
<tr><td>名　称</td><td colspan="4">石笋岭上惜字塔</td></tr>
<tr><td>年　代</td><td colspan="2">清</td><td>类　别</td><td>古建筑</td></tr>
<tr><td>所在地</td><td colspan="4">四川省泸州市古蔺县椒园镇苏门村</td></tr>
<tr><td>海　拔</td><td>881 米</td><td>经　度</td><td>106°1'23.2"E</td><td>纬　度</td><td>27°47'48.1"N</td></tr>
<tr><td>保护级别</td><td colspan="4">市级文物保护单位</td></tr>
<tr><td>所有权</td><td colspan="2">集体所有</td><td>使用人</td><td>苏门村</td></tr>
<tr><td>管理机构</td><td colspan="4">古蔺县文旅局、椒园镇</td></tr>
<tr><td>用　途</td><td colspan="4">活动场所</td></tr>
<tr><td>简　介</td><td colspan="4">石笋岭上惜字塔为五层四边形阁楼式空心石塔，坐北向南，方形塔基；塔身逐层上收，层层均开拱形窗；每层正面两塔柱均刻对联一副，其中第一层横额刻“傅忱所”三字；二层横额为“紫云台”，三层横额为“真武殿”，四层横额为“普陀山”，五层横额为“佛”；塔顶为四角攒尖顶；塔体高约 7.3 米；题记年代为光绪十年（1884），具有较高的研究价值。</td></tr>
<tr><td>文物描述</td><td colspan="4">石笋岭上惜字塔由台基、塔身、塔檐、塔顶组成，四边形阁楼式空心石塔，整座塔用石灰、糯米浆、青石砌筑，榫卯卡槽式连接。
台　基：四边素面台基，表面不做磨光处理而采用“一寸五根”的细道处理。
塔　身：四边形塔身由四边形角柱与石板榫卯连接，柱脚置于基座卡槽之上，塔身逐层上收，层层南面均开拱形窗，两侧塔柱均刻对联一副。
塔　檐：四角攒尖石雕塔檐。
塔　顶：四边形顶座，整石雕刻宝珠塔顶（宝珠已掉落到塔旁）。
真实性：石笋岭上惜字塔基本保持了清代建筑形制，文物建筑在形制特征、材料和工艺特点等方面保留了历史原状，具有鲜明的地方特色，仍保留了宗教活动场所的简易功能。
完整性：石笋岭上惜字塔整体保存状况较完整，基本保留了历史原构，留存不同时期的历史活动信息，周边环境能够真实反映惜字塔选址与地形地貌的关系。</td></tr>
<tr><td rowspan="2">文物调查</td><td>形制</td><td>工艺</td><td>结构</td><td>材料</td></tr>
<tr><td>五层四边形阁楼式石塔</td><td>柱、板、顶石构糯米浆砌筑，榫卯连接，各部构件整石雕刻，表面做细道和扁光相结合的加工工艺</td><td>仿木榫卯结构，内部构造为单腔空筒式</td><td>石灰、糯米浆、青石</td></tr>
<tr><td colspan="5">文物本体历史沿革
该惜字塔建于清代。
建成后至今，该惜字塔未做过较大修缮，基本为原状保存。</td></tr>
</table>

（续表）

保护管理工作沿革 2009 年，对该文物建筑进行普查记录。 2010 年 12 月，泸州市人民政府以泸市府函〔2010〕259 号文公布石笋岭上惜字塔为泸州市级文物保护单位。 2011 年至今，石笋岭上惜字塔由椒园镇和古蔺县文旅局协同管理。
价值评估 石笋岭上惜字塔由台基、塔身、塔檐和塔顶组成，为五层仿木石质结构，由石灰、糯米浆和青石砌筑，榫卯卡槽式连接，建筑营造美观大方，结构连接严谨科学，整体庄严肃立，具有较高科学价值。
风险评估 石笋岭上惜字塔主要为石砌仿木结构，受大自然酸雨长期浸渍，有风化侵蚀的风险。 石笋岭上惜字塔所处地区年雷雨天数较多，文物建筑遭受雷击风险较高。
现状评估 石笋岭上惜字塔整体形制保存较完整，局部受自然灾害影响而破损、残缺、开裂，主要表现为塔身石构件表面风化、宝顶掉落、角柱破损、塔檐青苔滋生等。 石笋岭上惜字塔坐落于山林坡腰位置，有田埂小路通往此塔，距离乡村水泥公路及当地居民住宅约 50 米。
“四有”工作情况 2010 年 12 月，泸州市人民政府以泸市府函〔2010〕259 号文公布石笋岭上惜字塔保护范围及建控地带。 **保护范围：**以台基边缘为基线，东、南、西、北面各外延 5 米，东西长 10 米，南北宽 10 米。 **保护标志：**石笋岭上惜字塔东侧 3 米，路旁立有保护标志一处。 **记录档案：**石笋岭上惜字塔保护档案已建立，现存于古蔺县文旅局。 **保护管理机构：**石笋岭上惜字塔现由椒园镇管理，古蔺县文旅局主要负责对石笋岭上惜字塔文物保护工作的监督、指导，并协同管理。
安全保卫情况 **安　防：**暂未安装监控等相关安防预警设施。 **消　防：**未设置消防设施，火灾发生时无法满足救灾的需求，仅可使用旁边鱼塘取水灭火。 **防　雷：**石笋岭上惜字塔未安装防雷设施，无法满足防雷要求。
调查、考古、保护、展示工作 **保护工作：**古蔺县文旅局定期对文物保护单位进行安全巡查。 **利用情况：**当地宗教信徒开展宗教活动，燃香祈福。
下一阶段保护、管理、使用计划 **保护区划：**调整、完善保护区划。 **本体保护：**制订保护计划，编制整体修缮方案，采用现状整修、局部修复、整体加固的方法进行修缮。 **加强研究：**加强对石笋岭上惜字塔历史价值和科学价值的研究工作。 **安全防护：**进一步完善安防、消防、防雷等防护措施。 **环境整治：**周边地面适当硬化，修建文物工作巡查道路（采用传统方式，如铺设石板），保护塔基，增设周边排水沟。 **管理工作：**完善管理机制，增设管理人员。

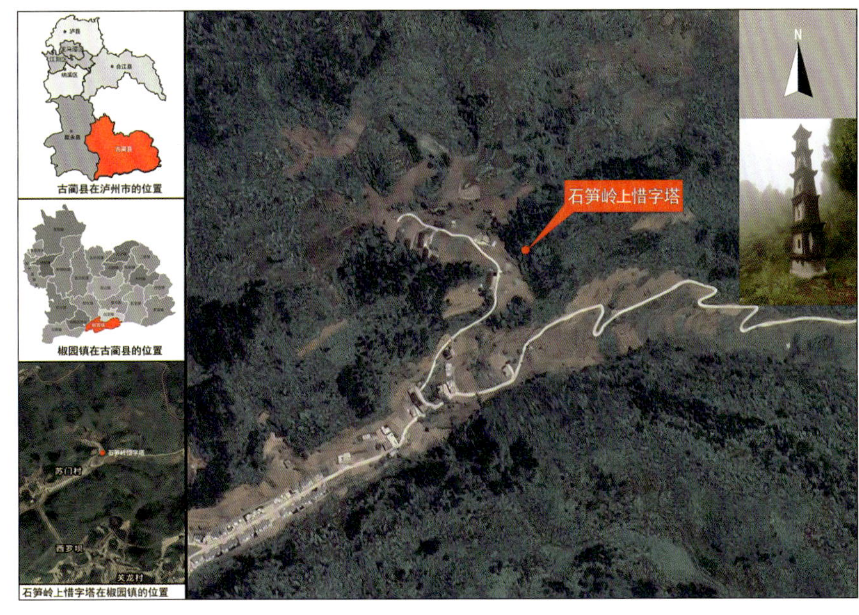

图号 01

绘制时间：2022 年 10 月
绘 制 人：刘洋
图　　名：石笋岭上惜字塔区位图

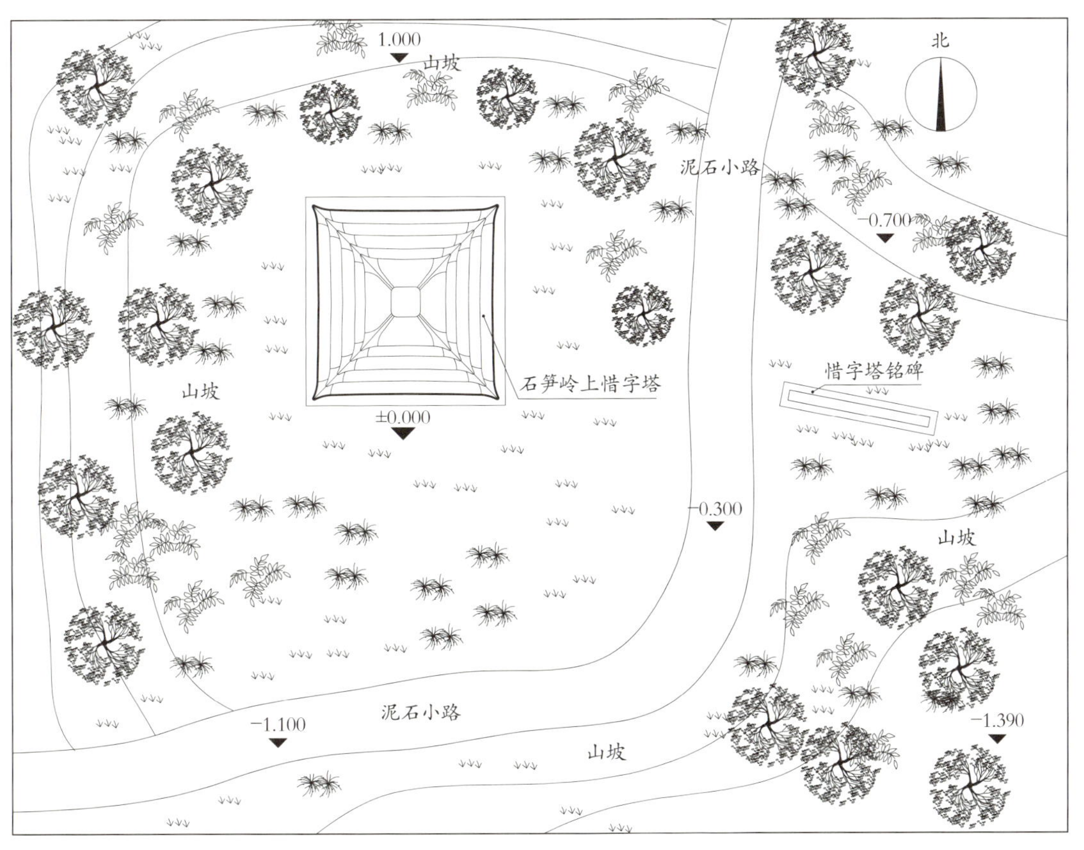

图号 02

绘制时间：2022 年 10 月
绘 制 人：刘洋
比　　例：1∶30
图　　名：石笋岭上惜字塔总平面图

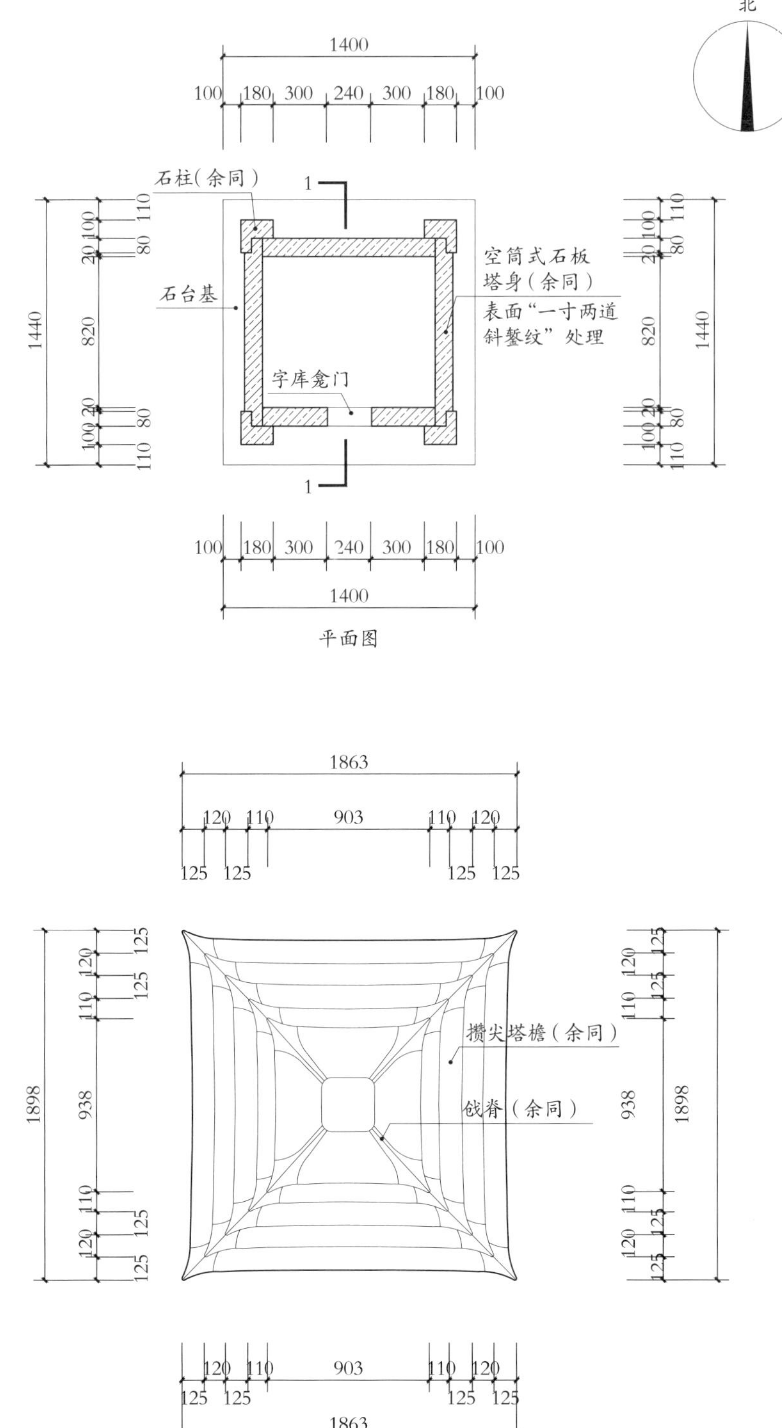

图号 03

绘制时间：2022 年 10 月

绘 制 人：刘洋

比　　例：1∶25

图　　名：石笋岭上惜字塔平面图、俯视图

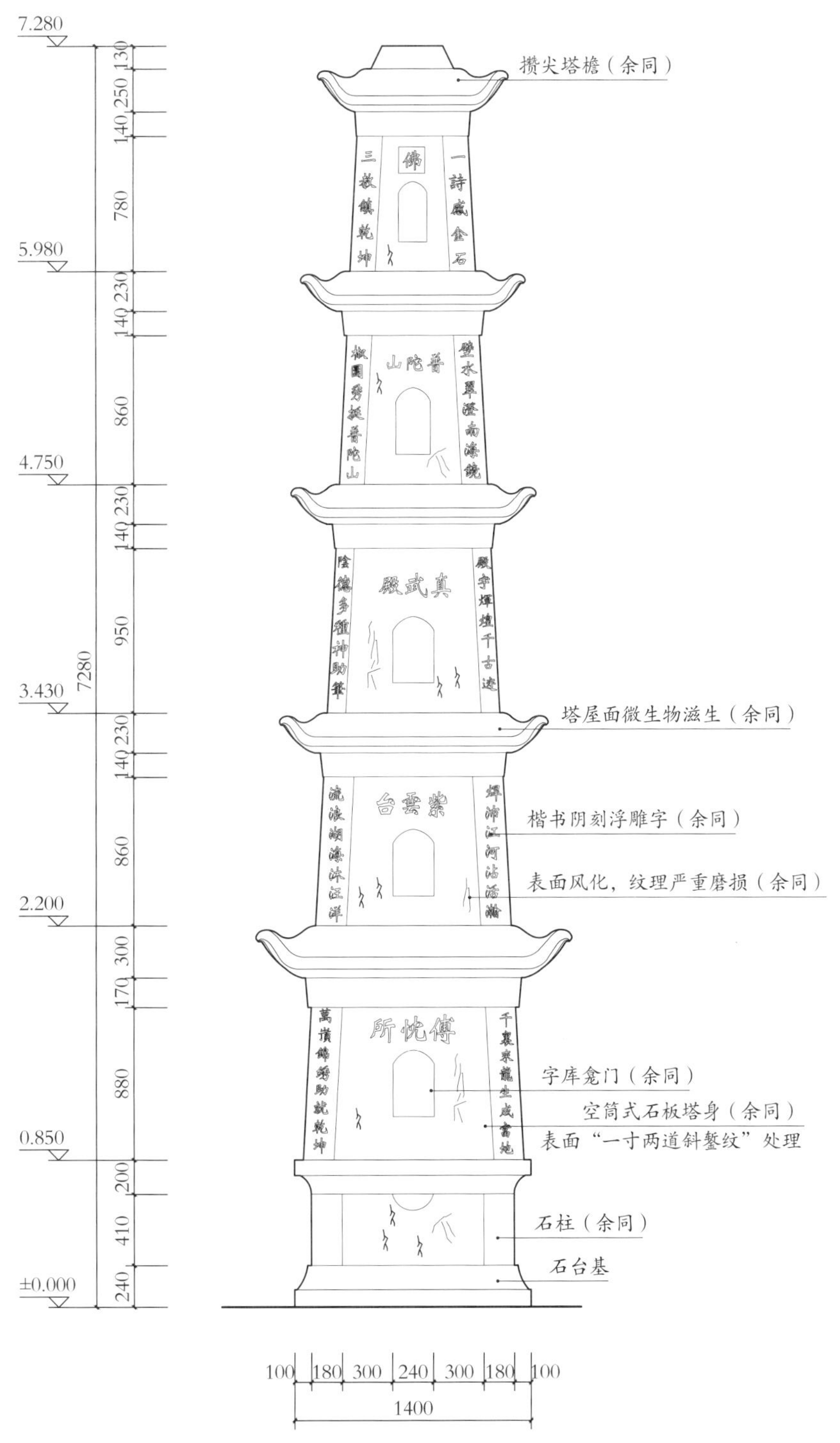

图号 04

绘制时间：2022 年 10 月

绘 制 人：刘洋

比　　例：1∶20

图　　名：石笋岭上惜字塔南立面图

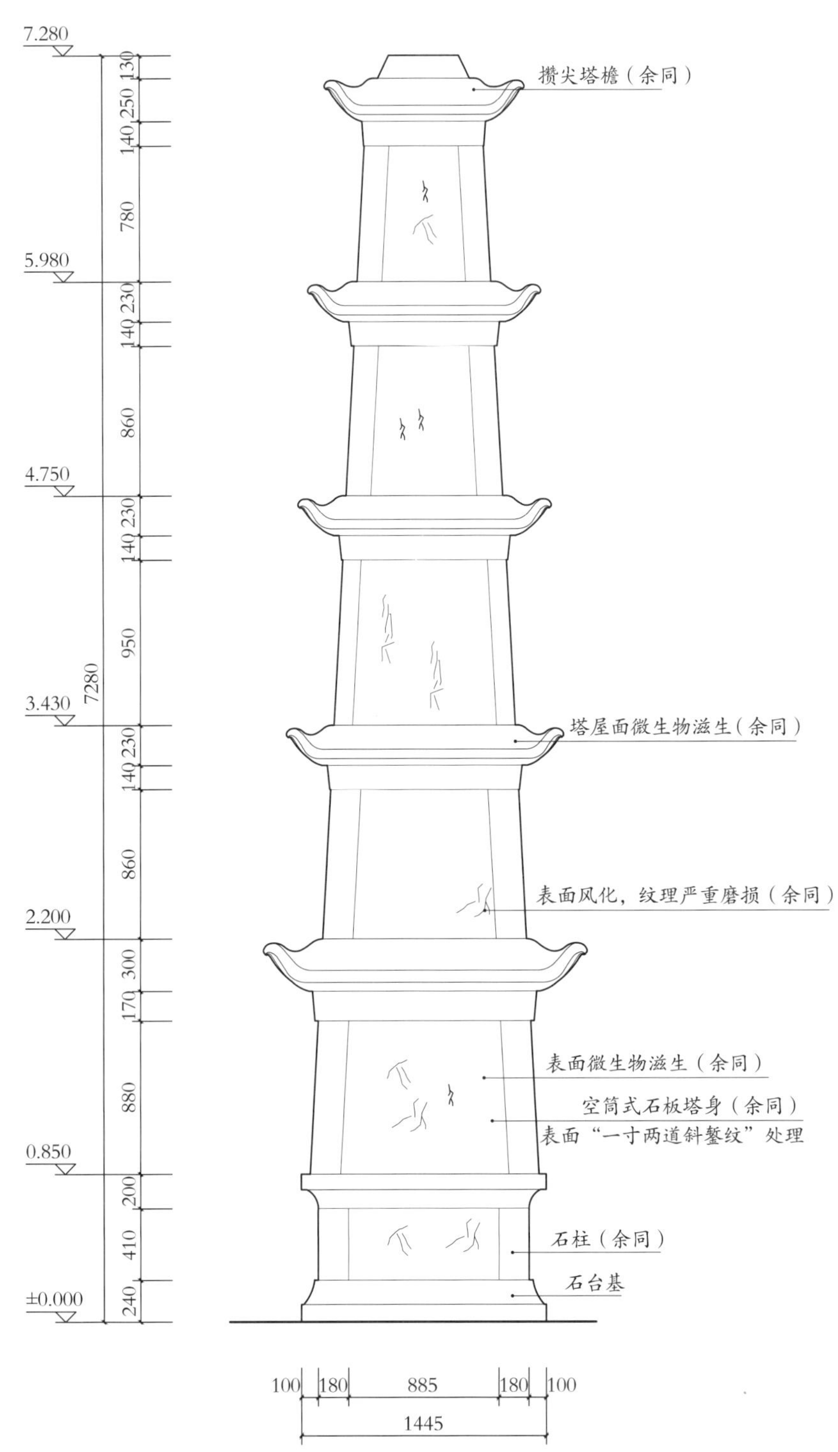

图号 05

绘制时间：2022 年 10 月
绘 制 人：刘洋
比　　例：1∶20
图　　名：石笋岭上惜字塔东立面图

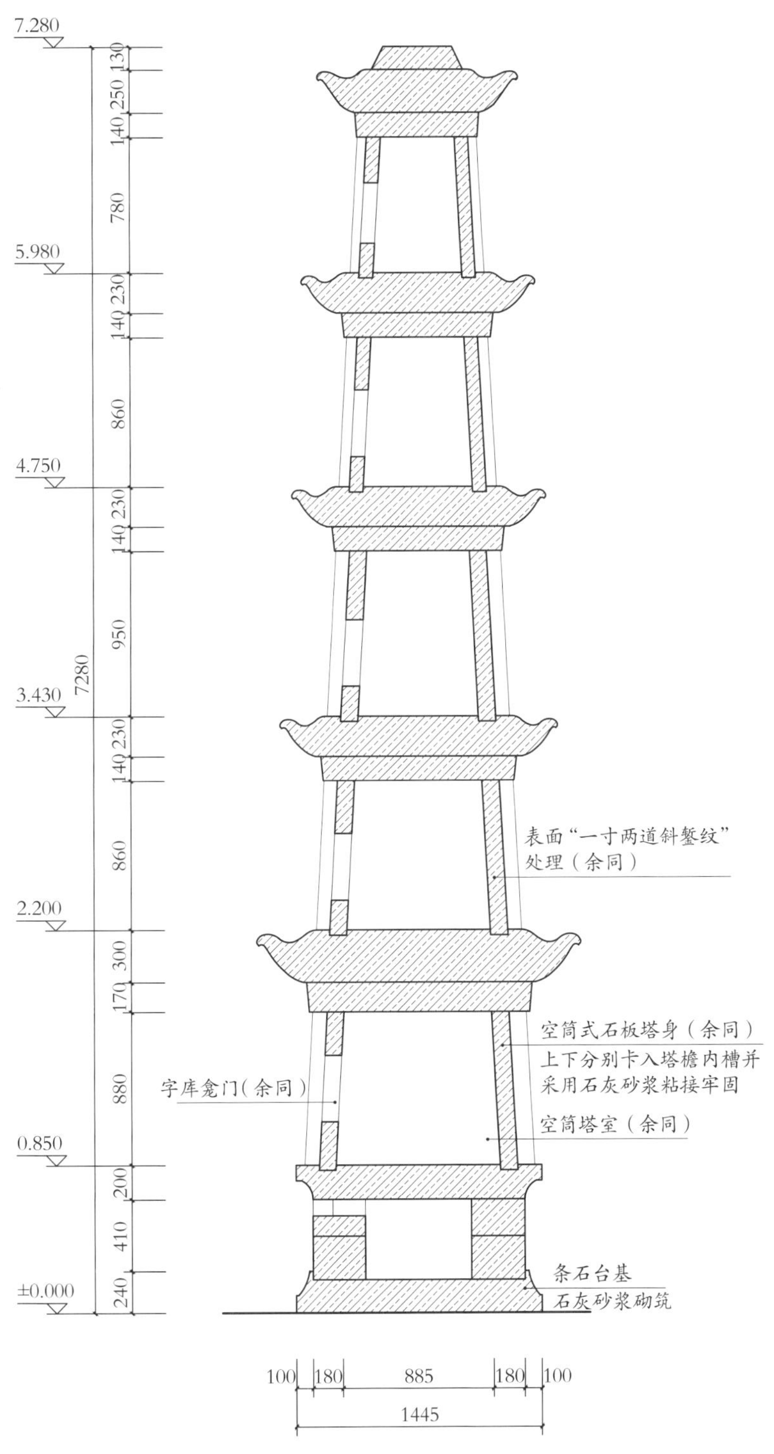

图号 06

绘制时间：2022 年 10 月

绘 制 人：刘洋

比　　例：1∶20

图　　名：石笋岭上惜字塔剖面图

照片 01

拍摄时间：2022 年 10 月
拍 摄 人：刘洋
拍摄方向：由南向北
文物部位：石笋岭上惜字塔铭碑

照片 02

拍摄时间：2022 年 10 月
拍 摄 人：刘洋
拍摄方向：由南向北
文物部位：南立面全景

照片 03

拍摄时间：2022 年 10 月
拍 摄 人：刘洋
拍摄方向：由南向北俯视
文物部位：南立面全景

照片 04

拍摄时间：2022 年 10 月
拍 摄 人：刘洋
拍摄方向：由南向北
文物部位：顶层南立面

照片 05

拍摄时间：2022 年 10 月
拍 摄 人：刘洋
拍摄方向：由东向西仰视
文物部位：东立面全景

照片 06

拍摄时间：2022 年 10 月
拍 摄 人：刘洋
拍摄方向：由东南向西北
文物部位：东南立面全景

照片 07

拍摄时间：2022 年 10 月

拍 摄 人：刘洋

拍摄方向：由东向西俯视

文物部位：石宝顶掉落在塔附近

观音堂惜字塔

观音堂惜字塔调查保护记录表

<table>
<tr><td>名　　称</td><td colspan="4">观音堂惜字塔</td></tr>
<tr><td>年　　代</td><td colspan="2">清</td><td>类　别</td><td>古建筑</td></tr>
<tr><td>所 在 地</td><td colspan="4">四川省泸州市古蔺县马蹄镇环路村</td></tr>
<tr><td>海　　拔</td><td>640.9 米</td><td>经　度</td><td>105°52'37.7"E</td><td>纬　度</td><td>27°45'21.9"N</td></tr>
<tr><td>保护级别</td><td colspan="4">市级文物保护单位</td></tr>
<tr><td>所 有 权</td><td colspan="2">集体所有</td><td>使用人</td><td>环路村</td></tr>
<tr><td>管理机构</td><td colspan="4">古蔺县文旅局、马蹄镇</td></tr>
<tr><td>用　　途</td><td colspan="4">活动场所</td></tr>
<tr><td>简　　介</td><td colspan="4">观音堂惜字塔为四层阁楼式空心石塔，坐南向北，占地面积约 17.6 平方米；台基用条石砌成四边形，边长约 4.2 米，高 1.85 米；塔身呈四边形，逐层上收，正面饰彩绘纹，每层正面均开异形窗，窗下有雕刻精美的圆雕香炉，两塔柱均镌刻有对联；一层高 1.3 米，宽 2.2 米，两端抱鼓饰高浮雕花卉纹饰；二层高 1.3 米，宽 1.9 米，立柱刻联，两端抱鼓为圆雕鱼龙变化；三层高 1 米，宽 1.6 米，北面两塔柱各雕刻有镇塔瑞兽一只；四层高 0.8 米，宽 1.2 米，中间开“垂幕”窗，檐上正中镶嵌有一横匾，上刻“灵感堂”三字；塔顶为四角攒尖顶，饰宝珠塔刹；总高 9.3 米；该塔属清代晚期石塔，具有一定的历史价值和较高的雕刻艺术价值。</td></tr>
<tr><td>文物描述</td><td colspan="4">观音堂惜字塔由台基、塔身、塔檐、塔顶组成，为四边形阁楼式石质空心塔，整座塔用石灰、糯米浆、黄砂石砌筑，榫卯卡槽式连接。
台　基：条石砌筑实心台基，表面做寸三錾纹处理。
塔　身：四边形塔身由角柱与石板榫卯连接，柱脚置于基座卡槽之上，分四层，逐层上收，北面饰彩绘纹；每层北面均开异形窗，窗下有雕刻精美的圆雕香炉；一层左右两侧抱鼓饰高浮雕花卉纹饰；二层北侧角柱刻联，两端抱鼓为圆雕鱼龙变化；三层北侧两角柱各雕刻有镇塔瑞兽一只；四层北侧开“垂幕”窗，檐上正中镶嵌有一横匾，上刻“灵感堂”三字。
塔　檐：四角攒尖塔檐。
塔　顶：四角攒尖顶，整石雕刻宝珠塔刹。
真实性：观音堂惜字塔基本保持了清代建筑形制，文物建筑在形制特征、材料和工艺特点等方面保留了历史原状，具有鲜明的地方特色，仍保留了宗教活动场所的简易功能。
完整性：观音堂惜字塔整体保存状况完整，基本保留了历史原构，留存不同时期的历史活动信息，周边环境能够真实反映惜字塔选址与地形地貌的关系。</td></tr>
</table>

（续表）

	形制	工艺	结构	材料
文物调查	四层四边形阁楼式石塔	柱、板、顶石构糯米浆砌筑，榫卯连接，各部构件整石雕刻，表面做细道和扁光相结合的加工工艺	仿木榫卯结构，内部构造为单腔空筒式	石灰、糯米浆、黄砂石

文物本体历史沿革

根据塔身石刻题记文献记载，该惜字塔建于清代。

至今，该惜字塔未做过较大修缮，基本为原状保存。

保护管理工作沿革

2009 年，对该文物建筑进行普查记录。

2010 年 12 月，泸州市人民政府以泸市府函〔2010〕259 号文公布观音堂惜字塔为泸州市级文物保护单位。

2011 年至今，观音堂惜字塔由马蹄镇和古蔺县文旅局协同管理。

2019 年，对进入惜字塔的道路、院坝进行修扩，在塔一侧新建四角亭方便游人参观休息。

价值评估

观音堂惜字塔由台基、塔身、塔檐和塔顶组成，为四层仿木石质结构，其上饰有瑞兽、花卉和宝剑等主题的深、浅浮雕和圆雕，寓意吉祥如意、繁衍生息及保佑一方水土平安，其雕刻手法娴熟飘逸、精湛细腻，具有较高的艺术价值和历史价值。

该塔建筑营造风格别具一格，结构形式严谨科学，整体庄严大气，整座塔用石灰、糯米浆、黄砂石砌筑，榫卯卡槽式连接，具有较高科学价值。

该塔现在多作为当地村民祈福之用，具有一定社会价值，对研究川南地区宗教和民间民俗文化有着重要作用。

风险评估

观音堂惜字塔主要为石砌仿木结构，受大自然酸雨长期浸渍，有风化侵蚀的风险。

观音堂惜字塔所处地区年雷雨天数较多，文物建筑遭受雷击风险较高。

观音堂惜字塔地处偏僻的山林地区，塔身构件雕刻精美，神韵独特，存在一定的被盗风险。

现状评估

观音堂惜字塔整体形制保存完整，局部受自然灾害影响而破损、残缺、开裂，主要表现为塔顶檐口翘角残损，塔檐残缺位移，石构件表层风化剥落等。

观音堂惜字塔坐落于果林里，旁边有条小溪，距离乡村水泥公路约 80 米，通往此塔的便道为石板小路。

“四有”工作情况

2010 年 12 月，泸州市人民政府以泸市府函〔2010〕259 号文公布观音堂惜字塔保护范围及建控地带。

保护范围：以塔基边缘为基线，东、南、西、北面各外延 5 米，东西长 10 米，南北宽 10 米。

保护标志：观音堂惜字塔南面有保护标志一处。

记录档案：观音堂惜字塔保护档案已建立，现存于古蔺县文旅局。

保护管理机构：观音堂惜字塔现由马蹄镇管理，古蔺县文旅局主要负责对观音堂惜字塔文物保护工作的监督、指导，并协同管理。

（续表）

<table>
<tr><td>安全保卫情况
安　防：暂未安装监控等相关安防预警设施。
消　防：未设置消防设施，火灾发生时无法满足救灾的需求。
防　雷：观音堂惜字塔未安装防雷设施，无法满足防雷要求。</td></tr>
<tr><td>调查、考古、保护、展示工作
保护工作：古蔺县文旅局定期对文物保护单位进行安全巡查。
利用情况：当地宗教信徒开展宗教活动，燃香祈福。</td></tr>
<tr><td>下一阶段保护、管理、使用计划
保护区划：调整、完善保护区划。
本体保护：制订保护计划，编制整体修缮方案，修复塔身破损部位，整体灌浆加固，后期对石质文物表面做防风化保护处理。
加强研究：加强对观音堂惜字塔艺术价值、社会价值、科学价值的研究工作。
安全防护：进一步完善安防、消防、防雷等防护措施。
环境整治：对影响观音堂惜字塔文物安全的非文物建筑进行拆除，对影响历史风貌的非文物建筑进行改造或拆除。
管理工作：完善管理机制，增设管理人员，每年定期对文物进行安全巡查。</td></tr>
</table>

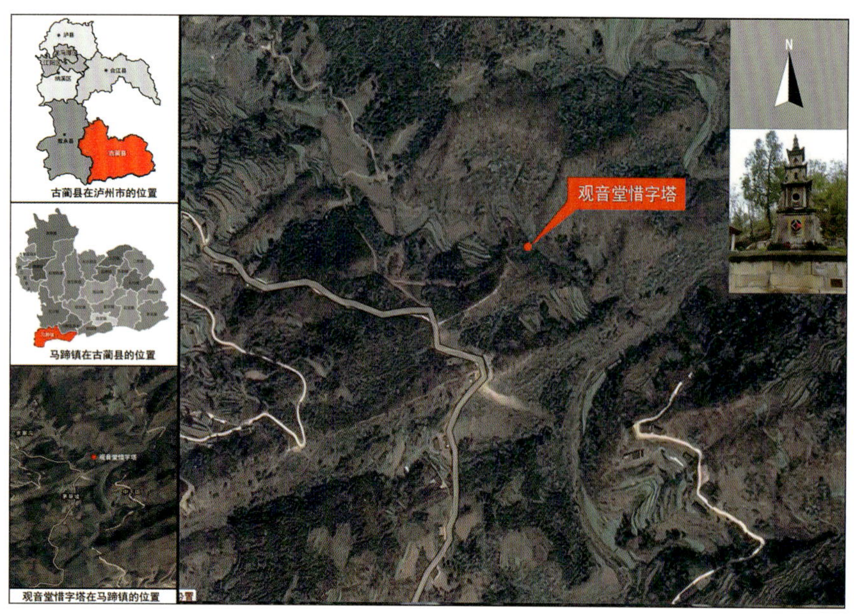

图号 01

绘制时间：2022 年 10 月
绘 制 人：刘洋
图　　名：观音堂惜字塔区位图

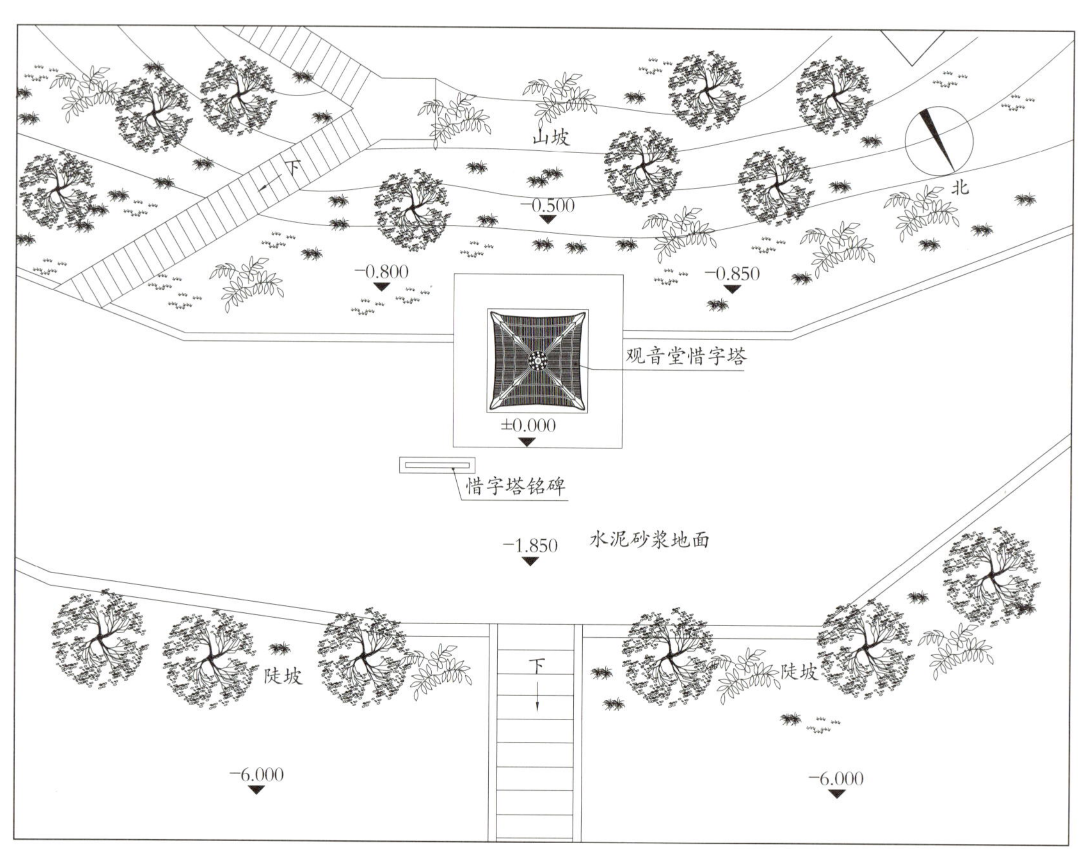

图号 02

绘制时间：2022 年 10 月
绘 制 人：刘洋
比　　例：1:70
图　　名：观音堂惜字塔总平面图

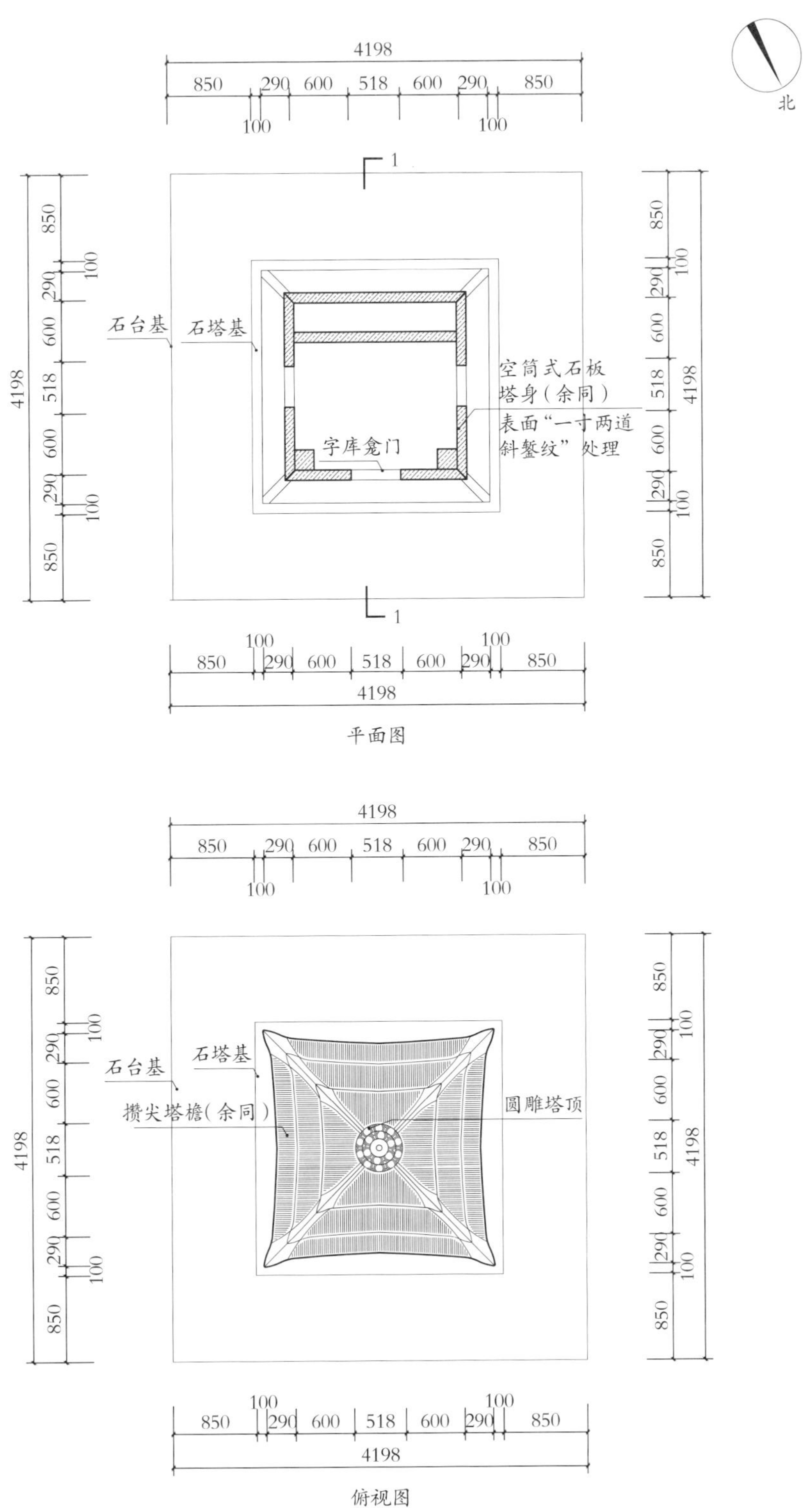

图号 03

绘制时间：2022 年 10 月

绘 制 人：刘洋

比　　例：1∶30

图　　名：观音堂惜字塔平面图、俯视图

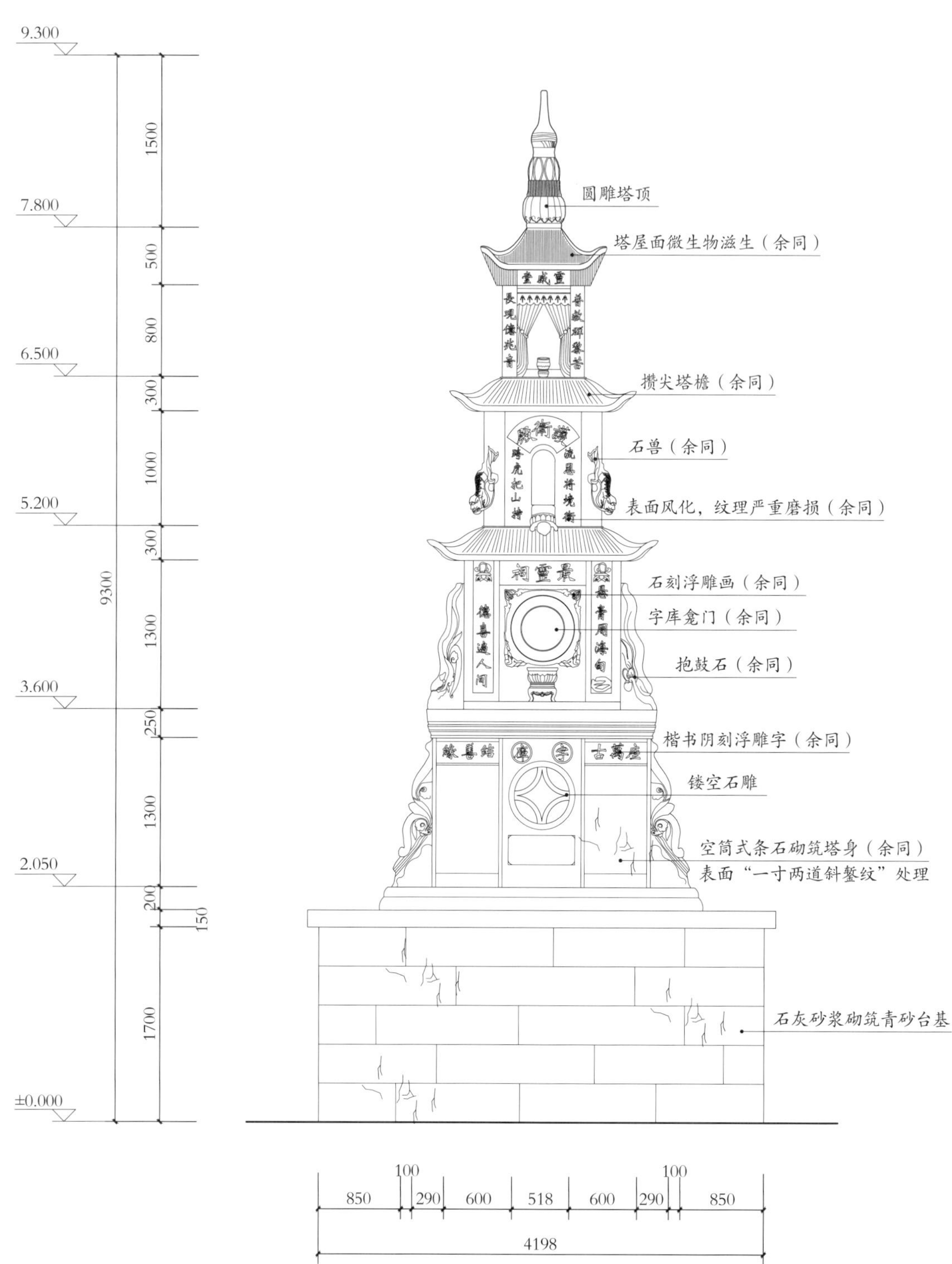

图号 04

绘制时间：2022 年 10 月
绘 制 人：刘洋
比　　例：1 : 35
图　　名：观音堂惜字塔北立面图

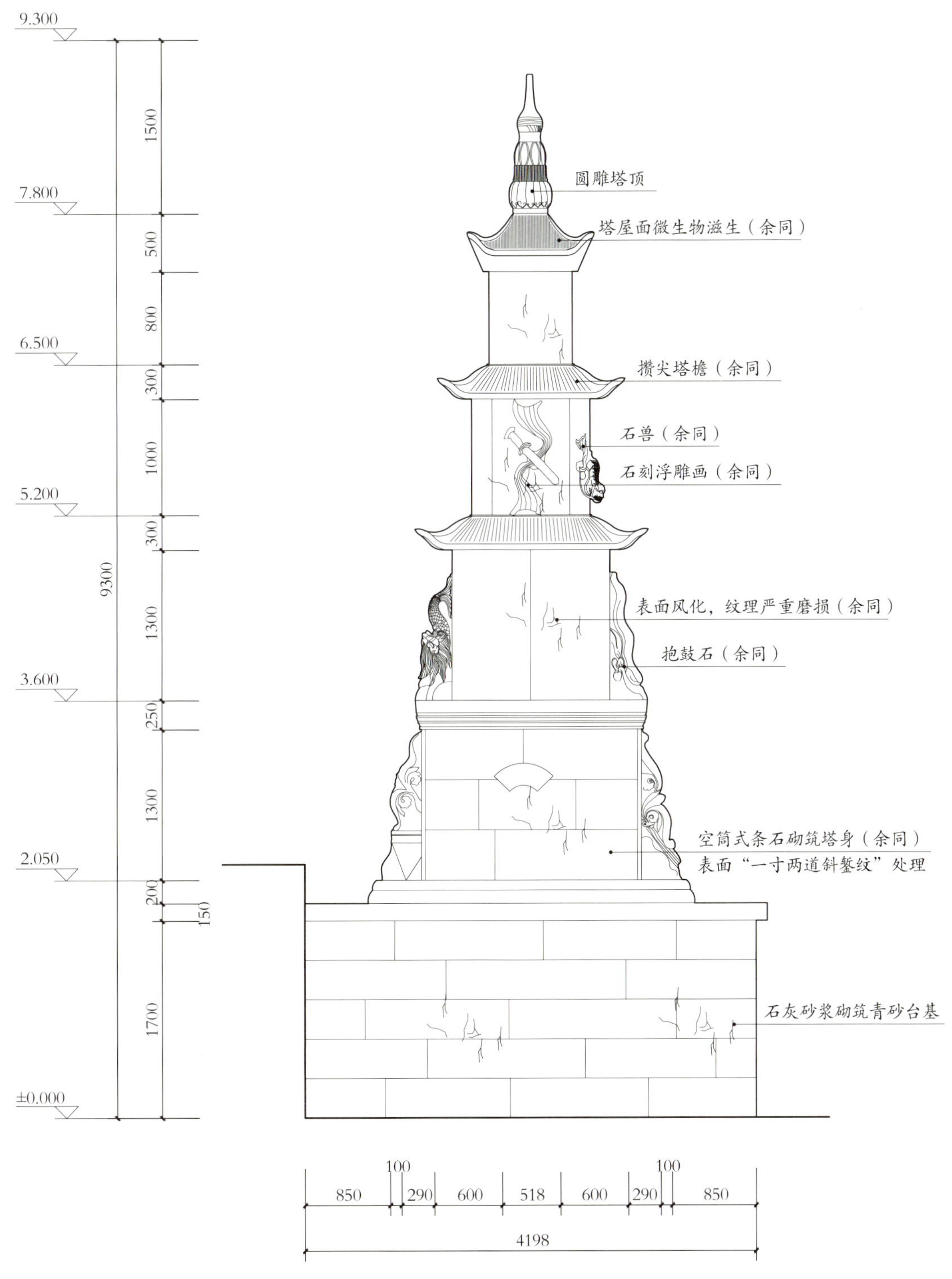

图号 05

绘制时间：2022 年 10 月

绘 制 人：刘洋

比　　例：1∶35

图　　名：观音堂惜字塔东立面图

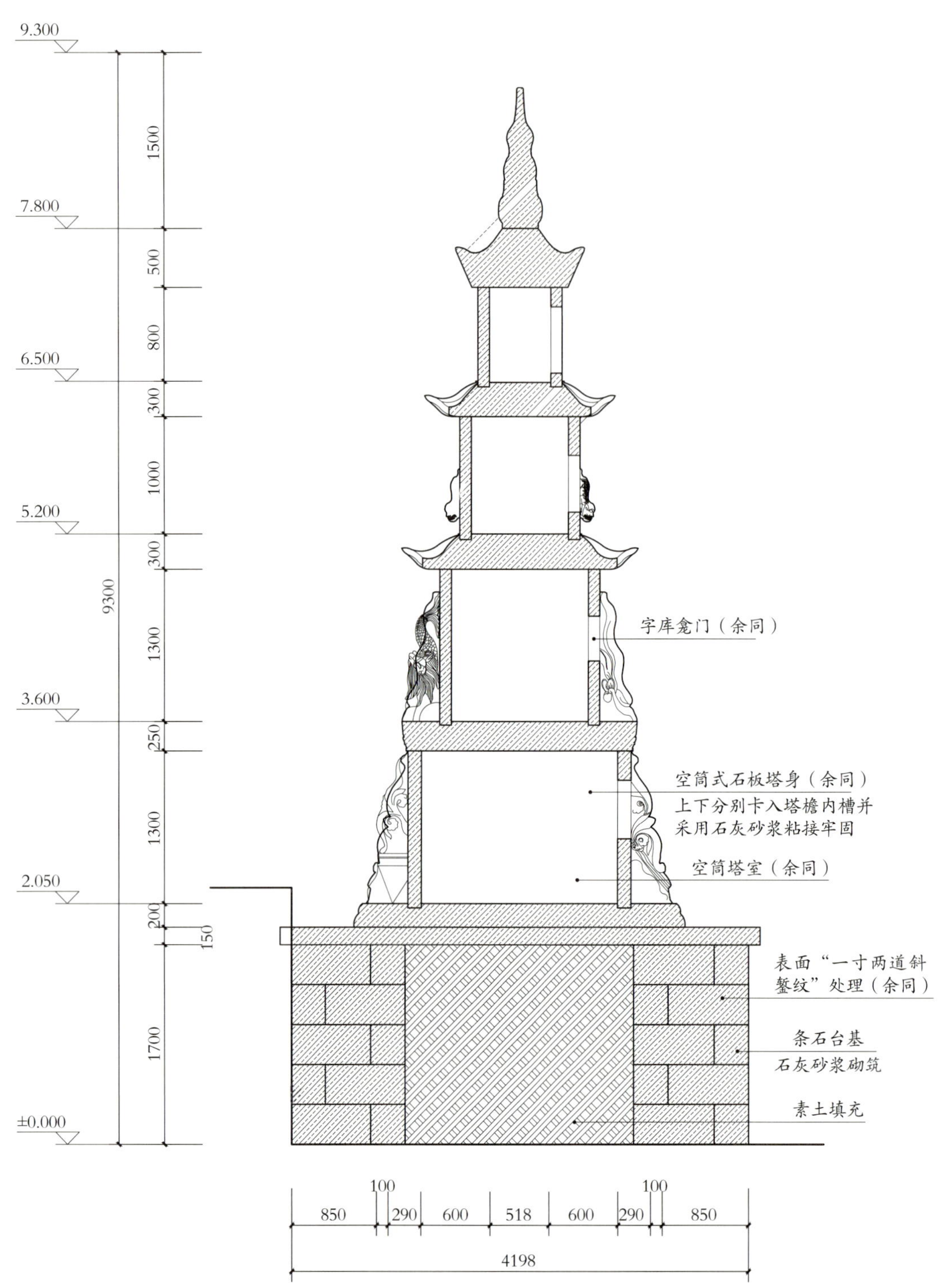

图号 06

绘制时间：2022 年 10 月
绘 制 人：刘洋
比　　例：1∶35
图　　名：观音堂惜字塔剖面图

照片 01

拍摄时间：2022 年 10 月
拍 摄 人：刘洋
拍摄方向：由北向南
文物部位：观音堂惜字塔铭碑及台基

照片 02

拍摄时间：2022 年 10 月
拍 摄 人：刘洋
拍摄方向：由北向南俯视
文物部位：北立面全景

照片 03

拍摄时间：2022 年 10 月
拍 摄 人：刘洋
拍摄方向：由北向南
文物部位：北立面全景

照片 04

拍摄时间：2022 年 10 月
拍 摄 人：刘洋
拍摄方向：由南向北
文物部位：南立面全景

照片 05

拍摄时间：2022 年 10 月
拍 摄 人：刘洋
拍摄方向：由西向东
文物部位：西立面全景

照片 06

拍摄时间：2022 年 10 月

拍 摄 人：刘洋

拍摄方向：由西南向东北

文物部位：西南立面全景

照片 07

拍摄时间：2022 年 10 月
拍 摄 人：刘洋
拍摄方向：由北向南
文物部位：一层北立面

照片 08

拍摄时间：2022 年 10 月
拍 摄 人：刘洋
拍摄方向：由北向南
文物部位：二层北立面

照片 09

拍摄时间：2022 年 10 月

拍 摄 人：刘洋

拍摄方向：由北向南

文物部位：三层北立面

照片 10

拍摄时间：2022 年 10 月

拍 摄 人：刘洋

拍摄方向：由北向南

文物部位：四层北立面

照片 11

拍摄时间：2022 年 10 月

拍 摄 人：刘洋

拍摄方向：由北向南

文物部位：塔顶北立面

照片 12

拍摄时间：2022 年 10 月
拍 摄 人：刘洋
拍摄方向：由东向西
文物部位：一层龛位旁雕刻

南凹田惜字塔

南凹田惜字塔调查保护记录表

<table>
<tr><td>名　　称</td><td colspan="4">南凹田惜字塔</td></tr>
<tr><td>年　　代</td><td colspan="2">清道光二十三年（1843）</td><td>类　别</td><td>古建筑</td></tr>
<tr><td>所 在 地</td><td colspan="4">四川省泸州市古蔺县马蹄镇纳盘村</td></tr>
<tr><td>海　　拔</td><td>952.8 米</td><td>经　度</td><td>105°40'40.8"E</td><td>纬　度</td><td>27°44'23.8"N</td></tr>
<tr><td>保护级别</td><td colspan="4">一般不可移动文物</td></tr>
<tr><td>所 有 权</td><td colspan="2">集体所有</td><td>使用人</td><td>纳盘村</td></tr>
<tr><td>管理机构</td><td colspan="4">古蔺县文旅局、马蹄镇</td></tr>
<tr><td>用　　途</td><td colspan="4">活动场所</td></tr>
<tr><td>简　　介</td><td colspan="4">南凹田惜字塔为四层六边形阁楼式石质空心塔，坐西北向东南，占地面积约 6 平方米；台基用条石砌成四边形；塔身呈六边形，逐层上收，每层正面均开窗；塔顶为六角攒尖宝珠塔刹；塔体高 5.75 米；一层高约 1.2 米，立柱阴刻对联一副；二层高约 1.1 米，窗两侧阴刻对联；三层高 0.7 米，窗两侧阴刻对联；四层横额雕刻“太□”二字；题记年代为道光二十三年；该塔具有一定的历史和建筑价值。</td></tr>
<tr><td>文物描述</td><td colspan="4">南凹田惜字塔由台基、塔身、塔檐、塔顶组成，六边形阁楼式石质空心塔，整座塔用石灰、糯米浆、青石砌筑，榫卯卡槽式连接。
台　基：四边形素面台基，表面采用“一寸三根”的细道处理。
塔　身：六边形塔身由多边形角柱与石板榫卯连接，柱脚置于基座卡槽之上，每层南面开窗，每层样式各异，一层角柱阴刻对联一副，二、三层窗两侧阴刻对联一副，上刻扇形横披，四层无角柱石板，榫卯卡槽式连接，南面窗两侧阴刻对联一副，上部阴刻“太□”二字。
塔　檐：六角攒尖石雕塔檐，石檐翘角如神龟。
塔　顶：整石雕刻宝珠塔顶。
真实性：南凹田惜字塔基本保持了清代建筑形制，文物建筑在形制特征、材料和工艺特点等方面保留了历史原状，具有鲜明的地方特色，碑刻题记记载的历史和物质遗存可以相互印证。
完整性：南凹田惜字塔整体保存状况完整，基本保留了历史原构，留存不同时期的历史活动信息，周边环境能够真实反映惜字塔选址与地形地貌的关系。</td></tr>
<tr><td rowspan="2">文物调查</td><td>形制</td><td>工艺</td><td>结构</td><td>材料</td></tr>
<tr><td>四层六边形阁楼式石塔</td><td>柱、板、顶石构糯米浆砌筑，榫卯连接，各部构件整石雕刻，表面做细道和扁光相结合的加工工艺，龛门雕刻中浮雕图案及题记文字</td><td>仿木榫卯结构，内部构造为单腔空筒式</td><td>石灰、糯米浆、青石</td></tr>
</table>

（续表）

<table>
<tr><td>文物本体历史沿革
根据塔身石刻题记文献记载，该惜字塔建于清道光二十三年。
1843 年至今，该惜字塔未做过较大修缮，基本为原状保存。</td></tr>
<tr><td>保护管理工作沿革
2009 年，对该文物建筑进行普查记录。
至今，南凹田惜字塔由马蹄镇和古蔺县文旅局协同管理。</td></tr>
<tr><td>价值评估
南凹田惜字塔由台基、塔身、塔檐和塔顶组成，为石质四层仿木结构，建筑营造美观大方，结构连接严谨科学，整体庄严肃立。</td></tr>
<tr><td>风险评估
南凹田惜字塔主要为石砌仿木结构，受大自然酸雨长期浸渍，有风化侵蚀的风险。
南凹田惜字塔所处地区年雷雨天数较多，文物建筑遭受雷击风险较高。</td></tr>
<tr><td>现状评估
南凹田惜字塔整体形制保存完整，局部受自然灾害影响而破损、残缺、歪斜，主要表现为塔檐翘角残损，一层立柱歪倒，二、三层塔身歪斜，条石开裂、破损，基座表层风化剥落，石构表面青苔、微生物滋生等。
南凹田惜字塔位于耕地旁小土坡上，有田埂小路通往此塔，距离乡村水泥公路及当地居民住宅约 50 米。</td></tr>
<tr><td>“四有”工作情况
保护范围：暂未划定。
保护标志：无。
记录档案：南凹田惜字塔保护档案已建立，现存于古蔺县文旅局。
保护管理机构：南凹田惜字塔现由马蹄镇管理，古蔺县文旅局主要负责对南凹田惜字塔文物保护工作的监督、指导，并协同管理。</td></tr>
<tr><td>安全保卫情况
安　防：暂未安装监控等相关安防预警设施。
消　防：未设置消防设施，火灾发生时无法满足救灾的需求。
防　雷：南凹田惜字塔未安装防雷设施，无法满足防雷要求。</td></tr>
<tr><td>调查、考古、保护、展示工作
保护工作：古蔺县文旅局定期对文物保护单位进行安全巡查。
利用情况：当地宗教信徒开展宗教活动，燃香祈福。</td></tr>
<tr><td>下一阶段保护、管理、使用计划
保护区划：调整、完善保护区划。
本体保护：制订保护计划，编制修缮方案，消除存在影响惜字塔安全的隐患，根据最小干预的保护原则对惜字塔按原状进行修复。
修缮措施：对各部位构件编号、拍照、记录后整体拆砌，归安和修复残损构件后做铁件加固处理。
加强研究：加强对南凹田惜字塔历史价值的研究工作。
安全防护：进一步完善安防、消防、防雷等防护措施。
环境整治：周边地面适当硬化，修建文物工作巡查道路（采用传统方式，如铺设石板），保护台基，增设周边排水沟等。
管理工作：完善管理机制，增设管理人员，每年定期对文物进行安全巡查。</td></tr>
</table>

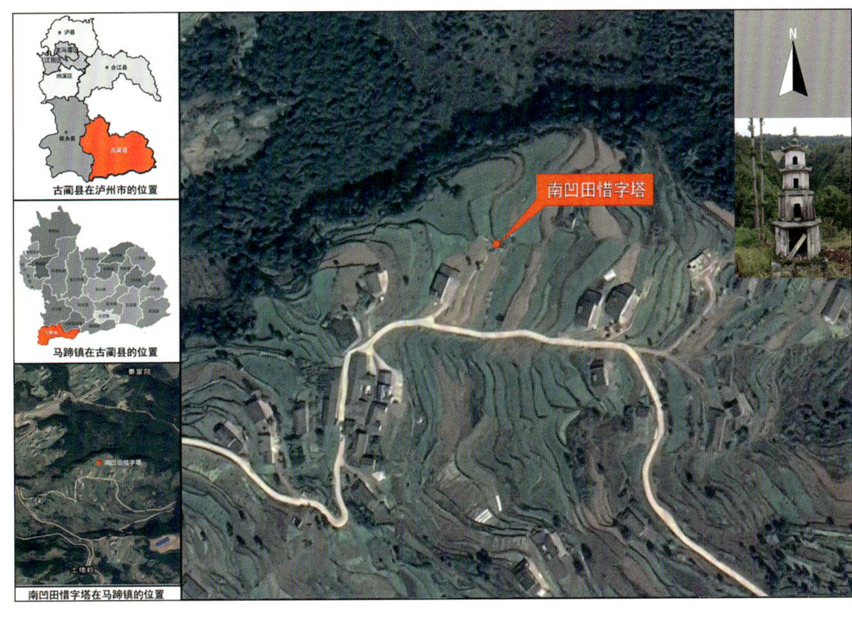

图号 01

绘制时间：2022 年 10 月

绘 制 人：刘洋

图　　名：南凹田惜字塔区位图

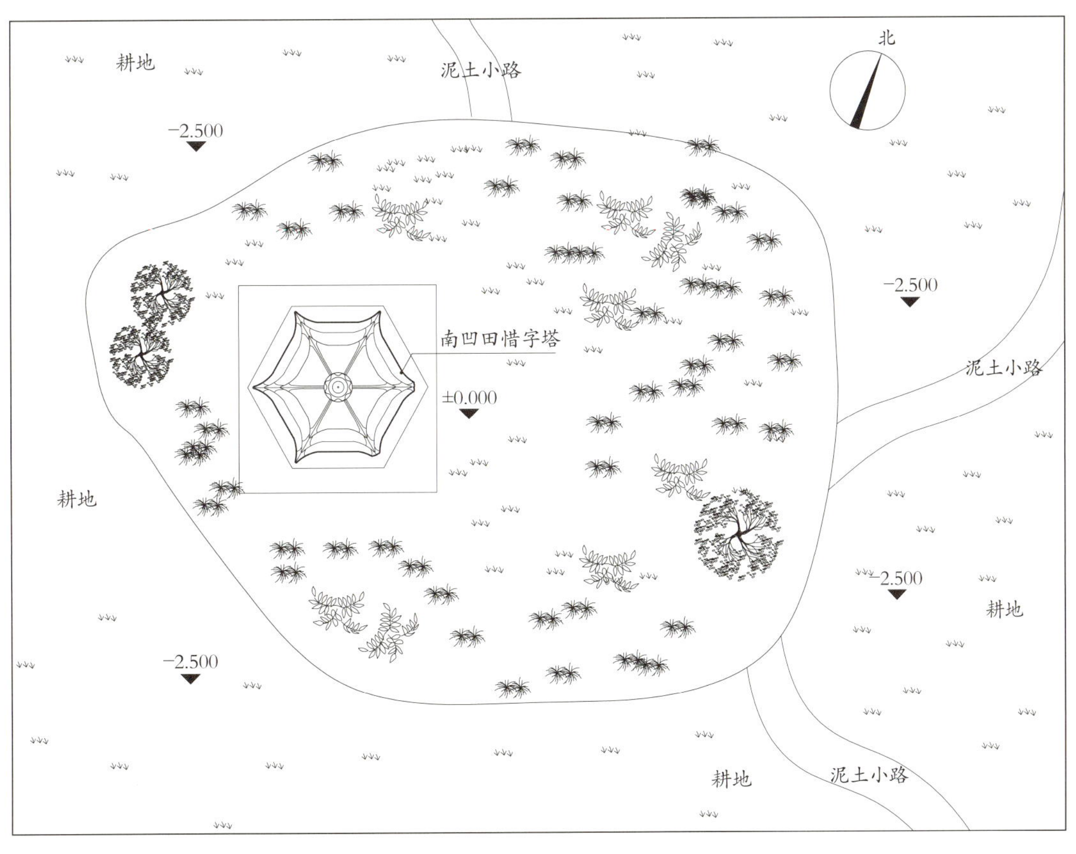

图号 02

绘制时间：2022 年 10 月

绘 制 人：刘洋

比　　例：1∶30

图　　名：南凹田惜字塔总平面图

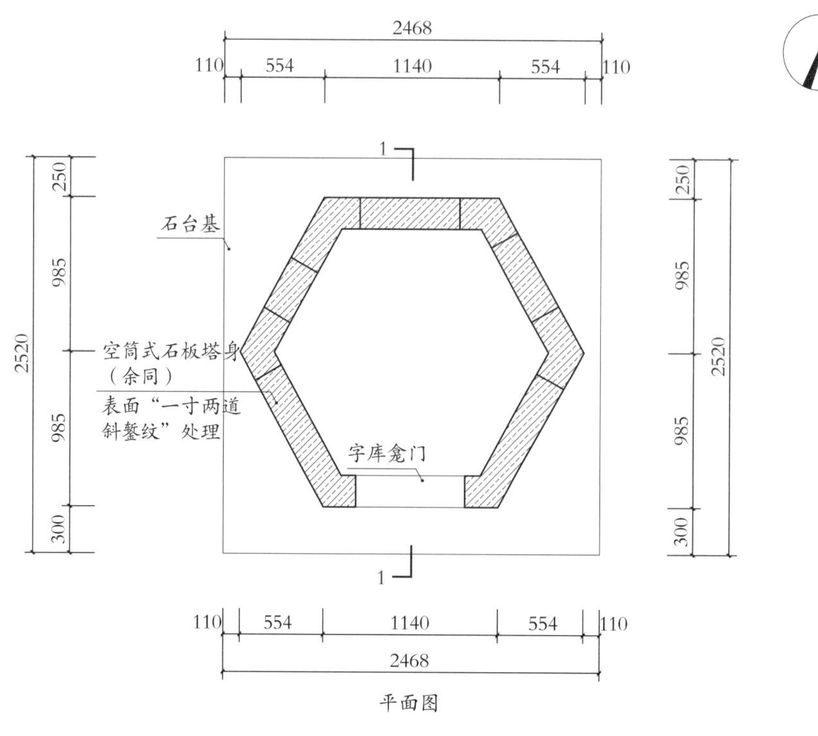

平面图

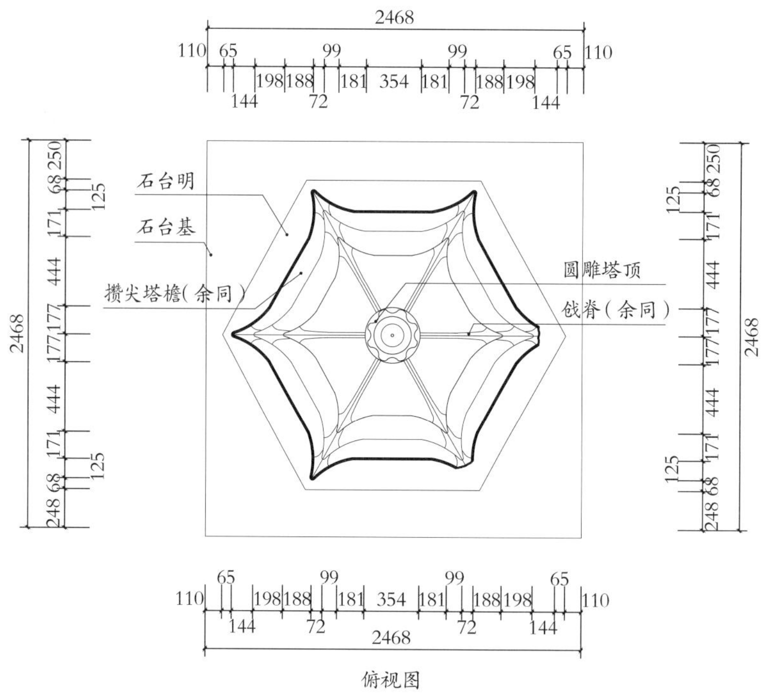

俯视图

图号 03

绘制时间：2022年10月

绘 制 人：刘洋

比　　例：1 : 20

图　　名：南凹田惜字塔平面图、俯视图

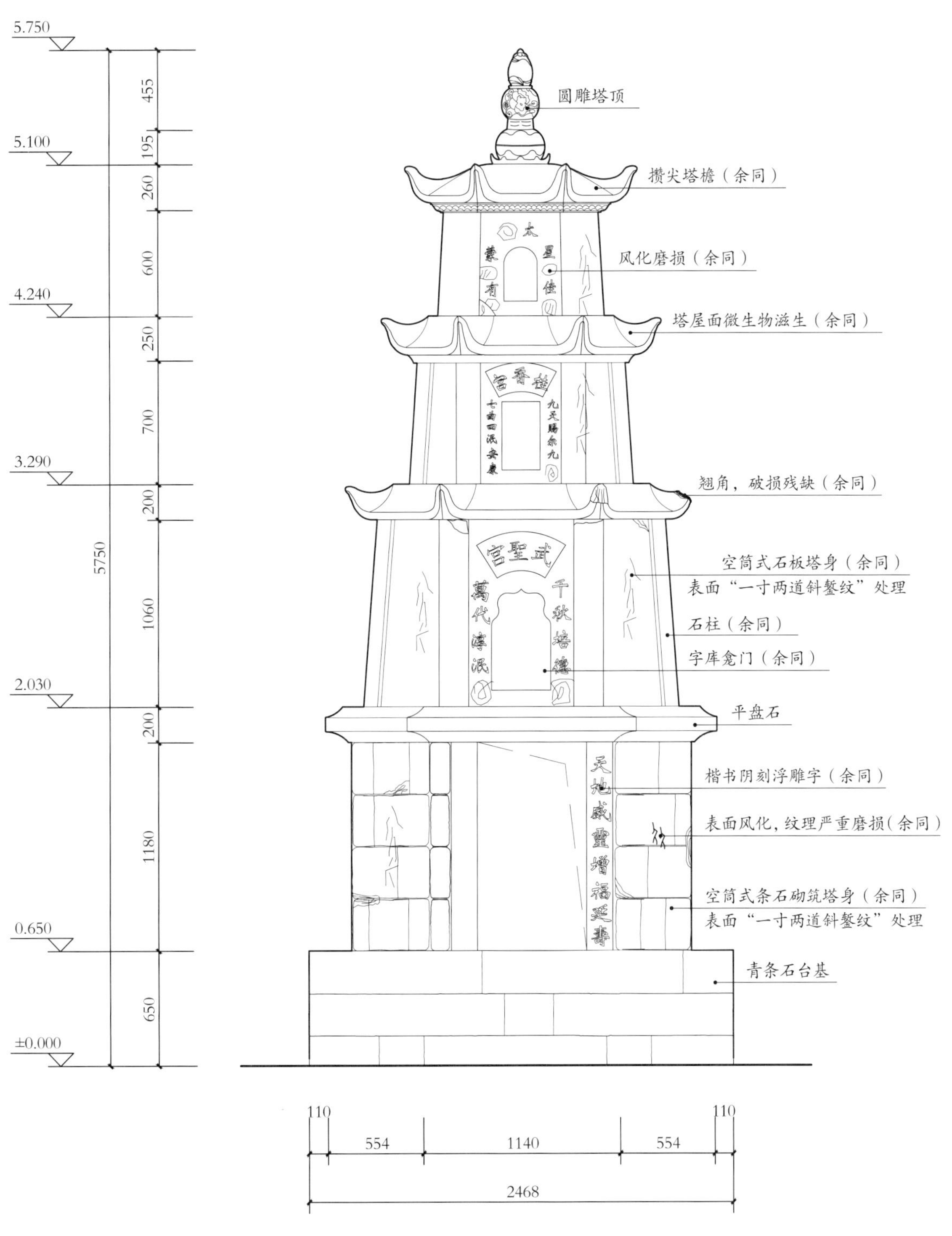

图号 04

绘制时间：2022 年 10 月
绘 制 人：刘洋
比　　例：1∶25
图　　名：南凹田惜字塔东南立面图

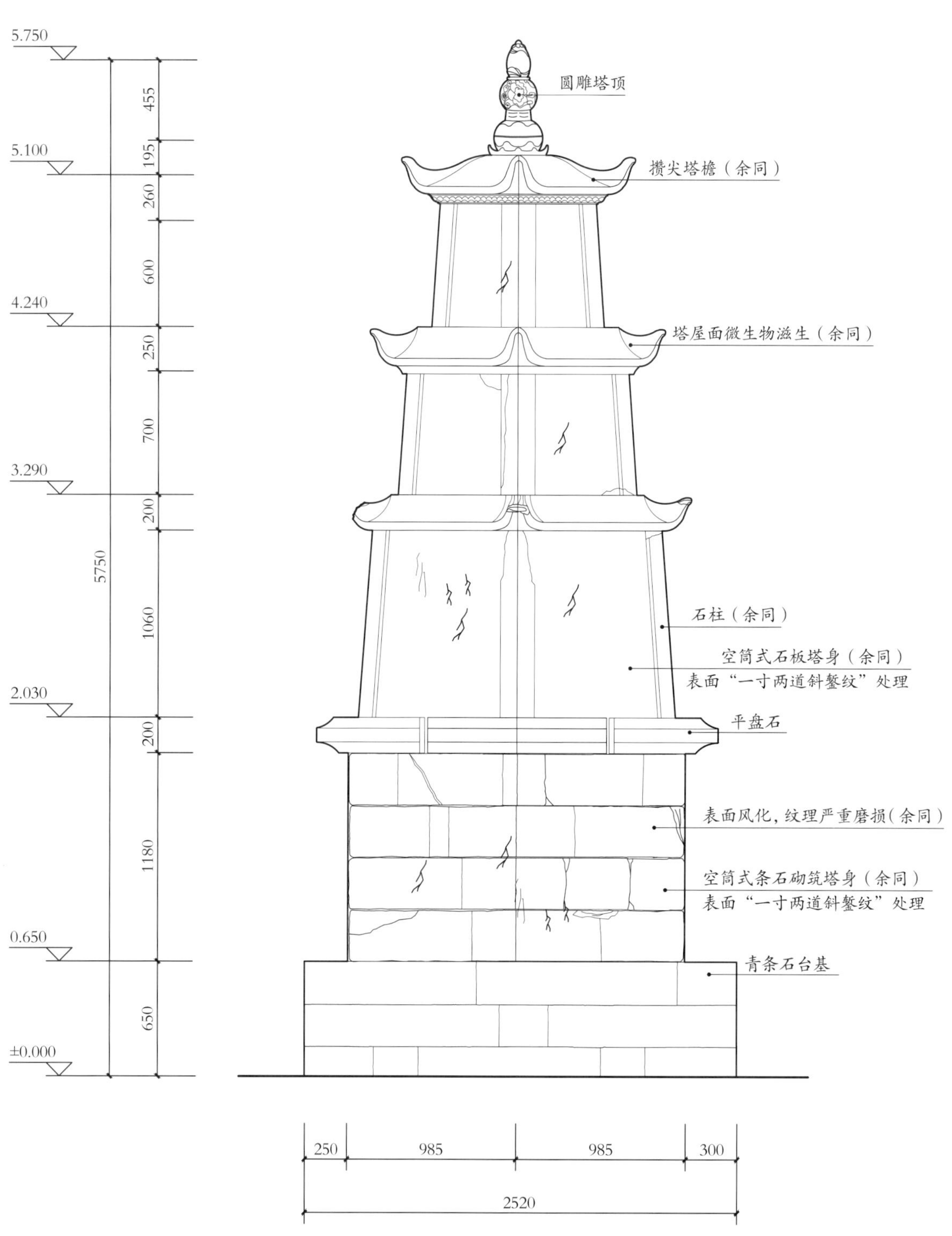

图号 05

绘制时间：2022 年 10 月

绘 制 人：刘洋

比　　例：1∶25

图　　名：南凹田惜字塔东北立面图

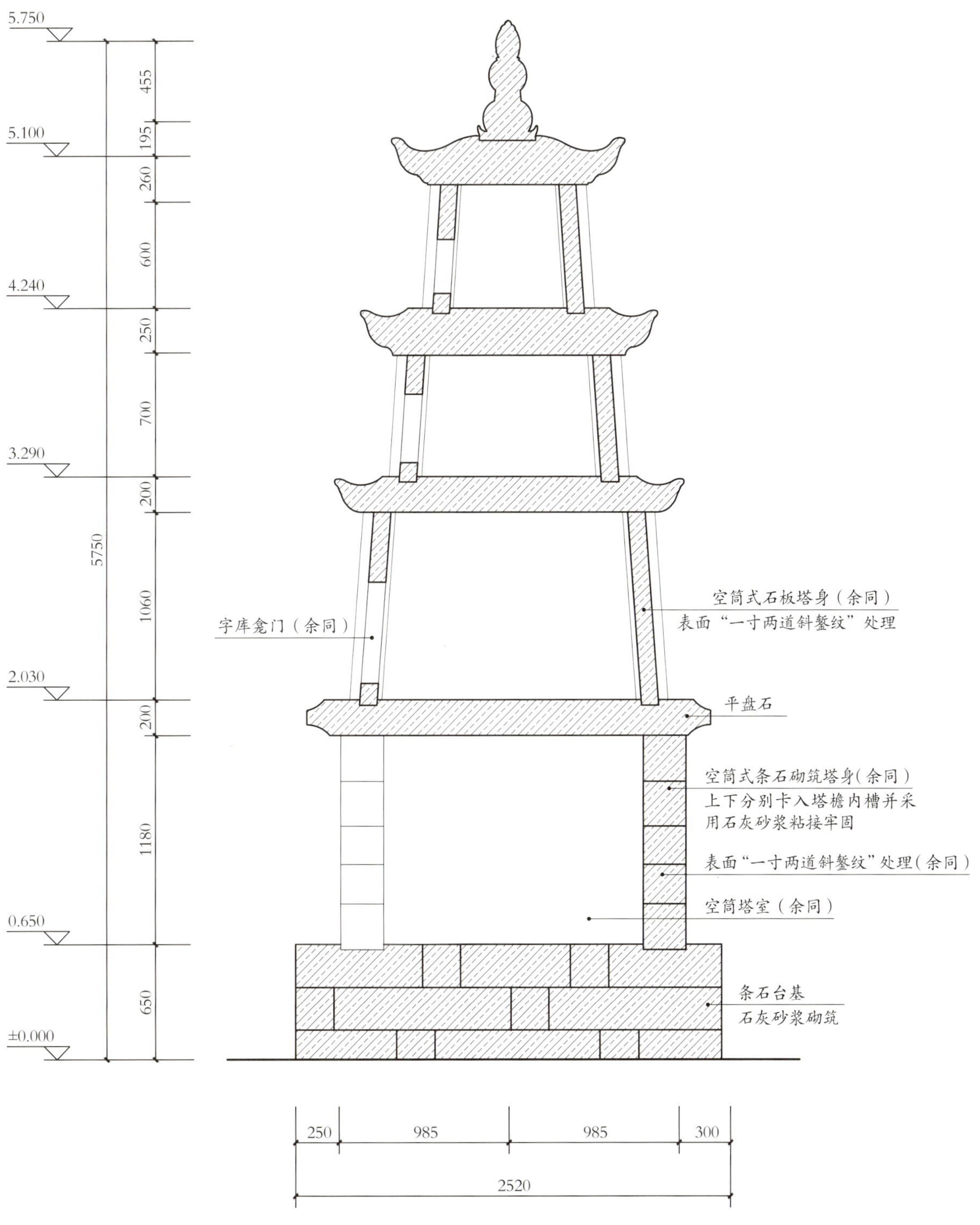

图号 06

绘制时间：2022 年 10 月
绘 制 人：刘洋
比　　例：1∶25
图　　名：南凹田惜字塔剖面图

照片 01

拍摄时间：2022 年 10 月
拍 摄 人：刘洋
拍摄方向：由东南向西北俯视
文物部位：东南立面全景

照片 02

拍摄时间：2022 年 10 月
拍 摄 人：刘洋
拍摄方向：由东南向西北平视
文物部位：东南立面全景

照片 03

拍摄时间：2022 年 10 月
拍 摄 人：刘洋
拍摄方向：由东北向西南
文物部位：东北立面全景

照片 04

拍摄时间：2022 年 10 月
拍 摄 人：刘洋
拍摄方向：由北向南
文物部位：北面台基

照片 05

拍摄时间：2022 年 10 月
拍 摄 人：刘洋
拍摄方向：由东南向西北平视
文物部位：四层及塔顶东南立面

毛家湾惜字塔

毛家湾惜字塔调查保护记录表

<table>
<tr><td>名　　称</td><td colspan="4">毛家湾惜字塔</td></tr>
<tr><td>年　　代</td><td colspan="2">清同治九年（1870）</td><td>类　别</td><td>古建筑</td></tr>
<tr><td>所 在 地</td><td colspan="4">四川省泸州市古蔺县双沙镇星光村</td></tr>
<tr><td>海　　拔</td><td>952.5 米</td><td>经　度</td><td>105°44'21.8"E</td><td>纬　度</td><td>27°50'28.5"N</td></tr>
<tr><td>保护级别</td><td colspan="4">市级文物保护单位</td></tr>
<tr><td>所 有 权</td><td colspan="2">集体所有</td><td>使用人</td><td>星光村</td></tr>
<tr><td>管理机构</td><td colspan="4">古蔺县文旅局、双沙镇</td></tr>
<tr><td>用　　途</td><td colspan="4">活动场所</td></tr>
<tr><td>简　　介</td><td colspan="4">毛家湾惜字塔为三层阁楼式石质空心塔，建于清同治九年，坐西南向东北；塔身为三层，高 5 米；第一层为六边八檐翘，第二层为六边六檐翘，第三层为四边四檐翘；三层门楣上分别镌刻有“二老同龛”“二圣宫”“三皇宫”字样；两柱及塔身两侧和攒尖顶上分别雕刻有人物、花草、纹龙、蝙蝠等深浮雕共 8 幅；塔顶为鳌鱼攒尖顶；塔前 2.6 米处有四方碑一通，高 1.88 米；该塔造型美观，雕刻手法新颖，具有较高的艺术价值和科学价值。</td></tr>
<tr><td>文物描述</td><td colspan="4">毛家湾惜字塔由台基、塔身、塔檐、塔顶组成，为四边形与六边形结合阁楼式石质空心塔，整座塔用石灰、糯米浆、青石砌筑，榫卯卡槽式连接。
台　基：六边形素面台基。
塔　身：塔身由多边形角柱与石板榫卯连接，柱脚置于基座卡槽之上，分上中下三层，每层东北面开异形窗，一、二层为六边形，三层为四边形，三层门楣上分别镌刻有“二老同龛”“二圣宫”“三皇宫”字样；两柱及塔身两侧和攒尖顶上分别雕刻有人物、花草、纹龙、蝙蝠等深浮雕共 8 幅。
塔　檐：第一层为六边八檐翘，第二层为六边六檐翘，第三层为四边四檐翘，均为整石雕刻。
塔　顶：整石雕刻鳌鱼攒尖顶。
真实性：毛家湾惜字塔基本保持了清代建筑形制，文物建筑在形制特征、材料和工艺特点等方面保留了历史原状，具有鲜明的地方特色，碑刻题记记载的历史和物质遗存可以相互印证，同时仍保留了宗教活动场所的简易功能。
完整性：毛家湾惜字塔整体保存状况完整，基本保留了历史原构，留存不同时期的历史活动信息，周边环境能够真实反映惜字塔选址与地形地貌的关系。</td></tr>
<tr><td rowspan="2">文物调查</td><td>形制</td><td>工艺</td><td>结构</td><td>材料</td></tr>
<tr><td>三层六边形与四边形结合阁楼式石塔</td><td>柱、板、顶石构糯米浆砌筑，榫卯连接，各部构件整石雕刻，表面做浮雕纹饰</td><td>仿木榫卯结构，内部构造为单腔空筒式</td><td>石灰、糯米浆、青石</td></tr>
</table>

（续表）

文物本体历史沿革
根据塔身石刻题记文献记载，该惜字塔建于清同治九年。 1870 年至今，该惜字塔未做过较大修缮，基本为原状保存。
保护管理工作沿革
2009 年，对该文物建筑进行普查记录。 2010 年 12 月，泸州市人民政府以泸市府函〔2010〕259 号文公布毛家湾惜字塔为泸州市级文物保护单位。 2011 年至今，毛家湾惜字塔由双沙镇和古蔺县文旅局协同管理。
价值评估
毛家湾惜字塔由台基、塔身、塔檐和塔顶组成，为三层石质仿木结构，整座塔用石灰、糯米浆、青石砌筑，榫卯卡槽式连接；其上饰有瑞兽、花卉和动物等主题的深、浅浮雕及镂空雕，寓意吉祥如意、繁衍生息及保佑一方水土平安，其雕刻手法娴熟飘逸、精湛细腻；建筑营造美观大方，结构连接严谨科学，整体庄严肃立；花卉、动物犹如精灵栩栩如生、活灵活现，具有较高艺术价值和科学价值。
风险评估
毛家湾惜字塔主要为石砌仿木结构，受大自然酸雨长期浸渍，有风化侵蚀的风险。 毛家湾惜字塔所处地区年雷雨天数较多，文物建筑遭受雷击风险较高。 毛家湾惜字塔地处山林地区，塔身构件雕刻精美，神韵独特，存在一定的被盗风险。
现状评估
毛家湾惜字塔整体形制保存完整，局部受自然灾害影响而破损、残缺、开裂，主要表现为塔檐翘角残损严重，塔顶鳌鱼残缺，角柱开裂破损，台基表层风化剥落，檐顶和台基表面青苔滋生等。 毛家湾惜字塔位于道路旁土坡上，坡底旁边有一条细小的山泉瀑布，惜字塔距离水泥公路约 3 米，距村民委员会约 200 米。
“四有”工作情况
2010 年 12 月，泸州市人民政府以泸市府函〔2010〕259 号文公布毛家湾惜字塔保护范围及建控地带。 **保护范围：**以台基边缘为基线，东、南、西面各外延 5 米，北至公路 3 米，东西长 10 米，南北宽 8 米。 **保护标志：**毛家湾惜字塔东侧 2 米有保护标志一处。 **记录档案：**毛家湾惜字塔保护档案已建立，现存于古蔺县文旅局。 **保护管理机构：**毛家湾惜字塔现由双沙镇管理，古蔺县文旅局主要负责对毛家湾惜字塔文物保护工作的监督、指导，并协同管理。
安全保卫情况
安　防：暂未安装监控等相关安防预警设施。 **消　防：**未设置消防设施，火灾发生时无法满足救灾的需求。 **防　雷：**毛家湾惜字塔未安装防雷设施，无法满足防雷要求。
调查、考古、保护、展示工作
保护工作：古蔺县文旅局定期对文物保护单位进行安全巡查。 **利用情况：**当地宗教信徒开展宗教活动，燃香祈福。

（续表）

下一阶段保护、管理、使用计划
保护区划： 调整、完善保护区划。 **本体保护：** 编制修缮方案，消除存在的影响惜字塔安全的隐患，并根据最小干预的保护原则对惜字塔按原状进行修复。 **修缮措施：** 整体加固，局部修复，加强日常维护和监测。 **加强研究：** 加强对毛家湾惜字塔科学价值、艺术价值和历史价值的研究工作。 **安全防护：** 进一步完善安防、消防、防雷等防护措施。 **环境整治：** 周边地面适当硬化，增设周边排水沟及巡查道路（采用传统方式，如铺设石板），保护台基。 **管理工作：** 完善管理机制，增设管理人员。

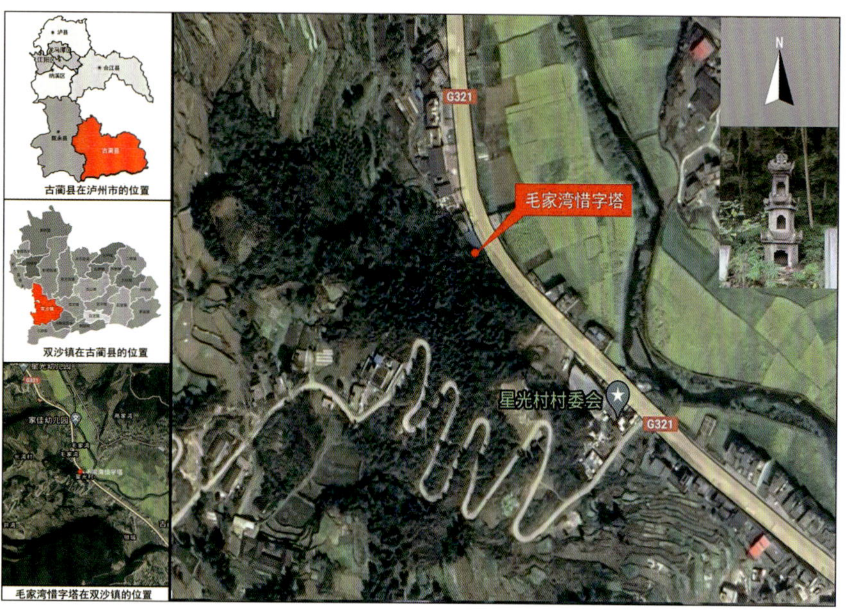

图号 01

绘制时间：2022 年 11 月

绘 制 人：刘洋

图　　名：毛家湾惜字塔区位图

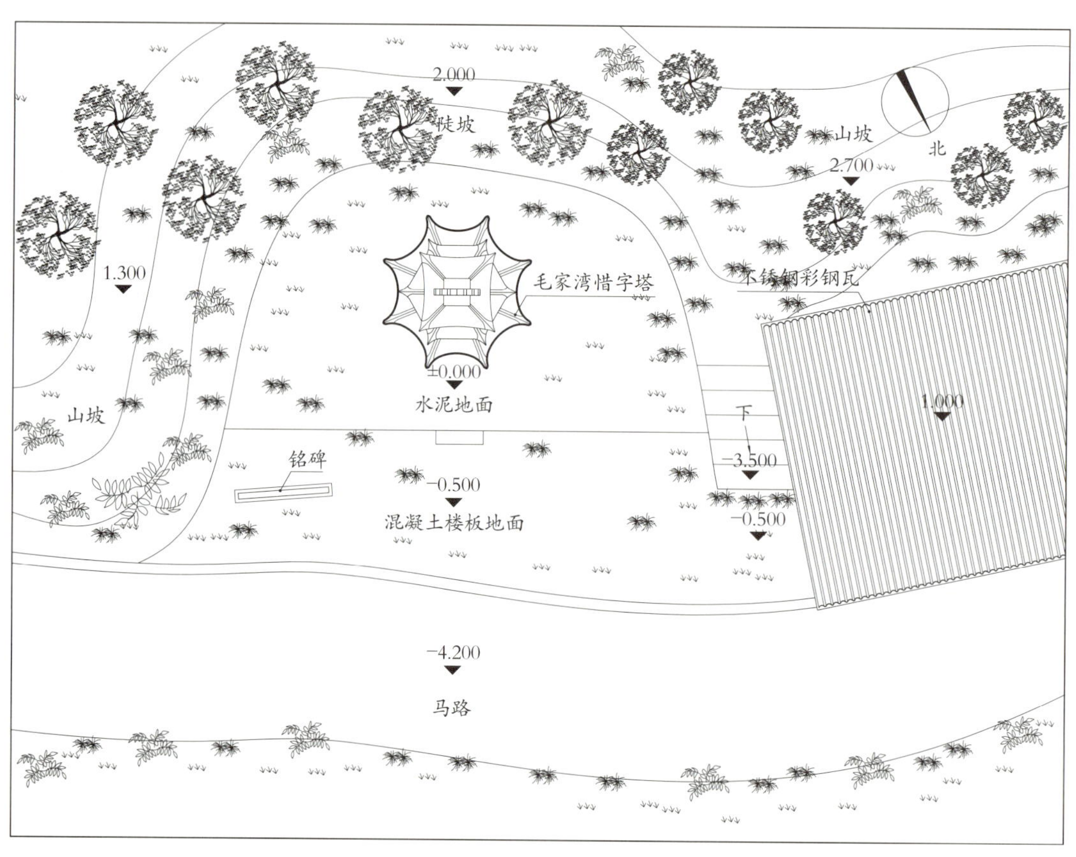

图号 02

绘制时间：2022 年 11 月

绘 制 人：刘洋

比　　例：1∶35

图　　名：毛家湾惜字塔总平面图

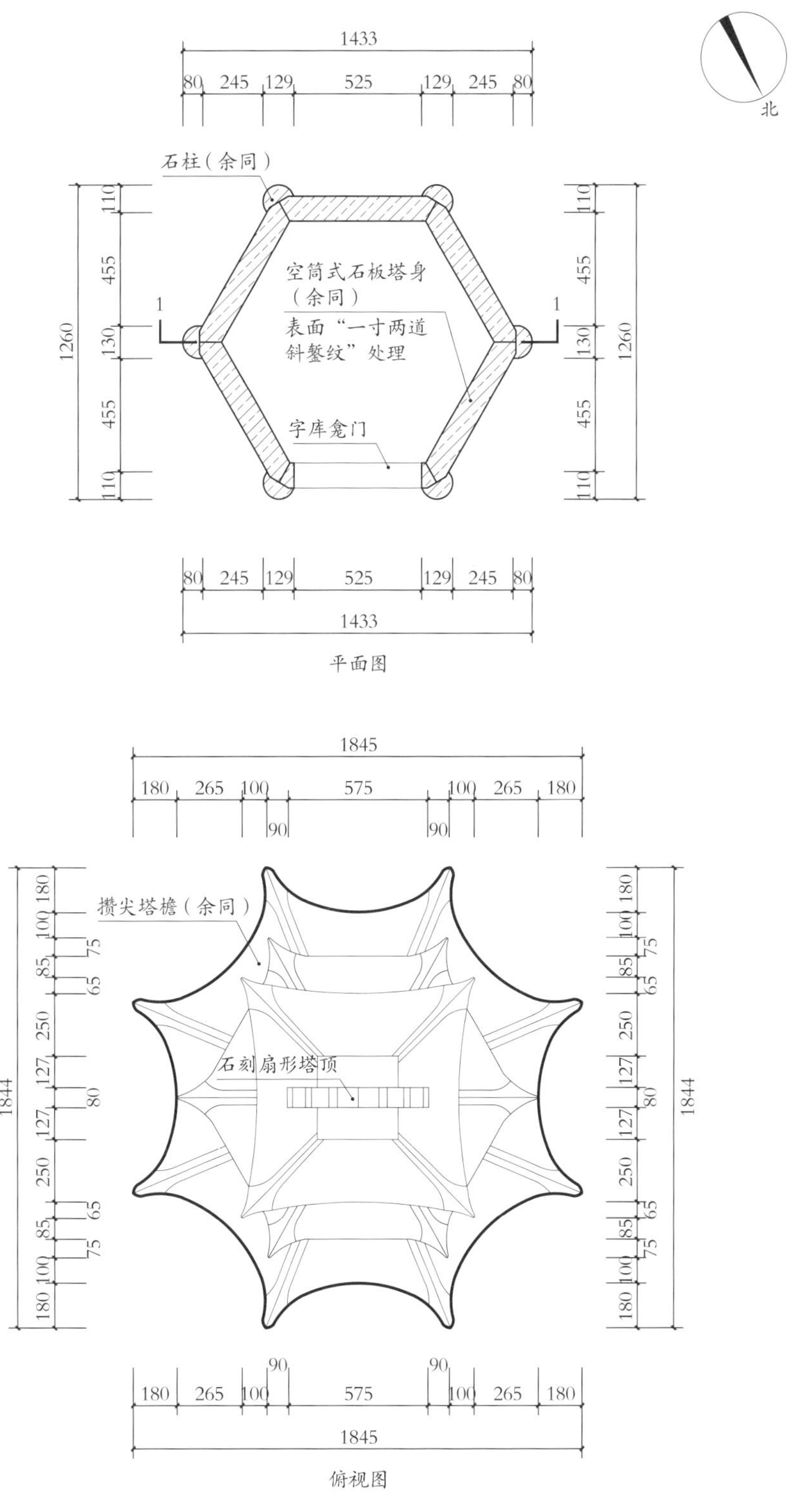

图号 03

绘制时间：2022 年 11 月
绘 制 人：刘洋
比　　例：1∶15
图　　名：毛家湾惜字塔平面图、俯视图

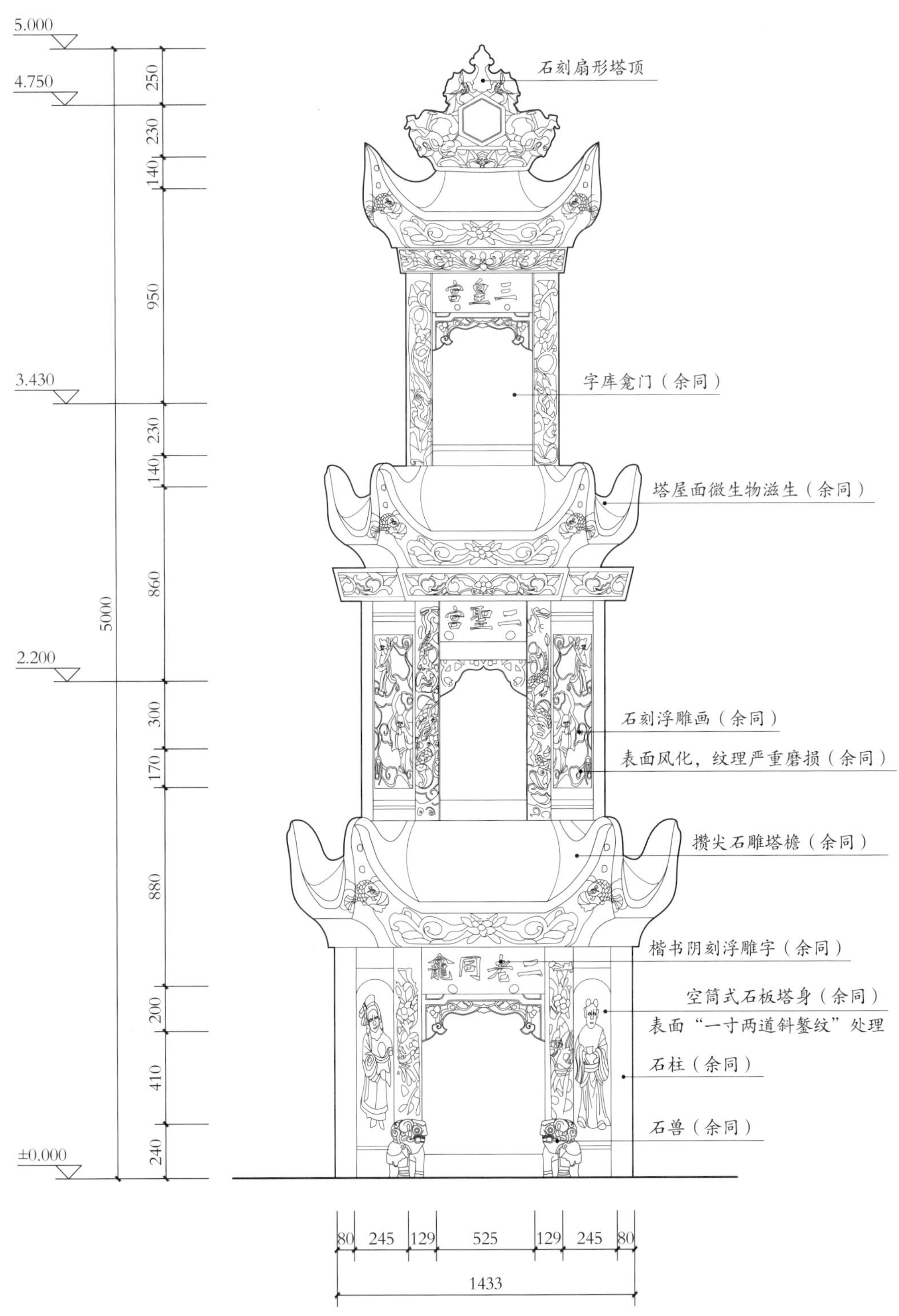

图号 04

绘制时间：2022 年 11 月
绘 制 人：刘洋
比　　例：1∶20
图　　名：毛家湾惜字塔东北立面图

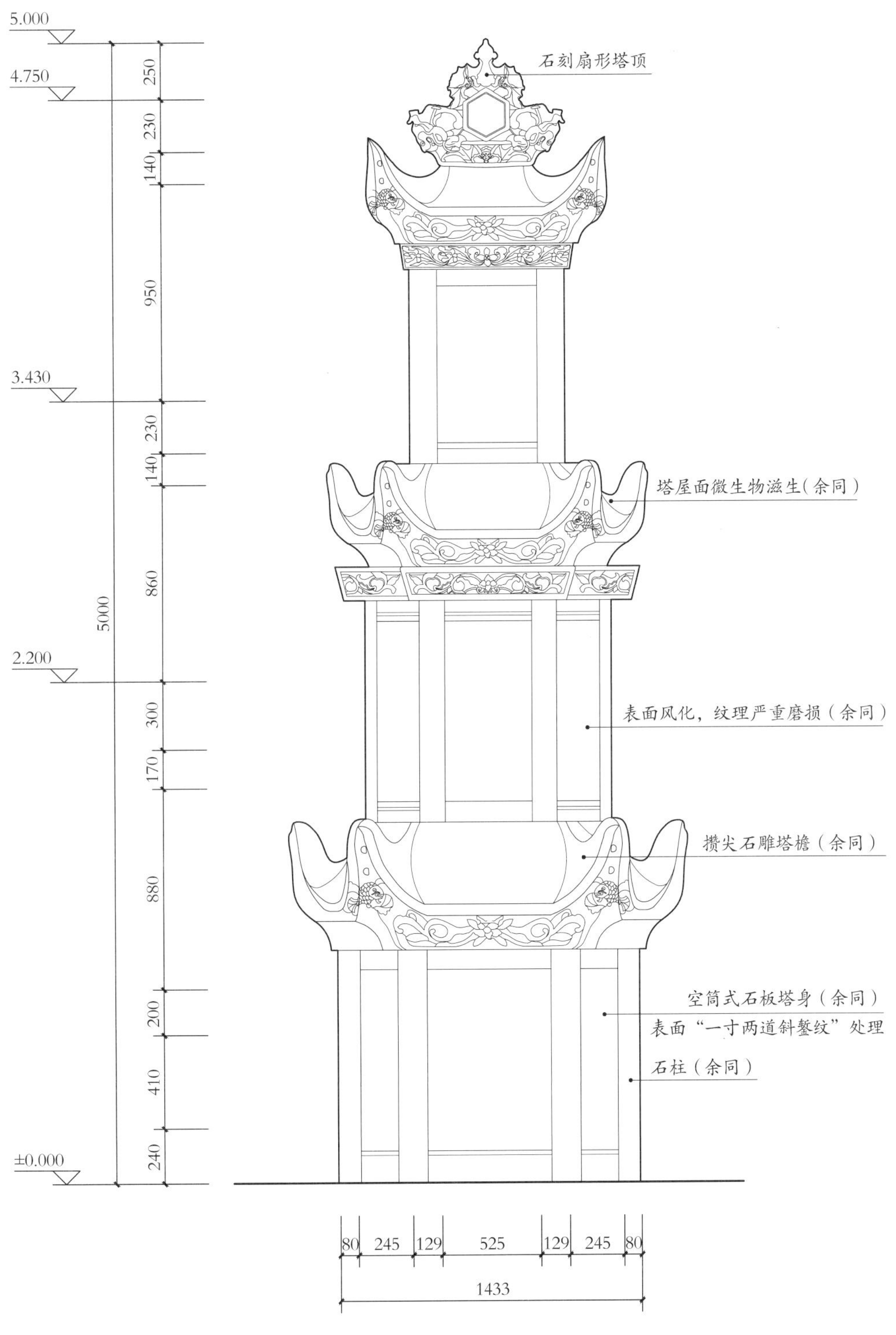

图号 05

绘制时间：2022 年 11 月

绘 制 人：刘洋

比　　例：1∶20

图　　名：毛家湾惜字塔西南立面图

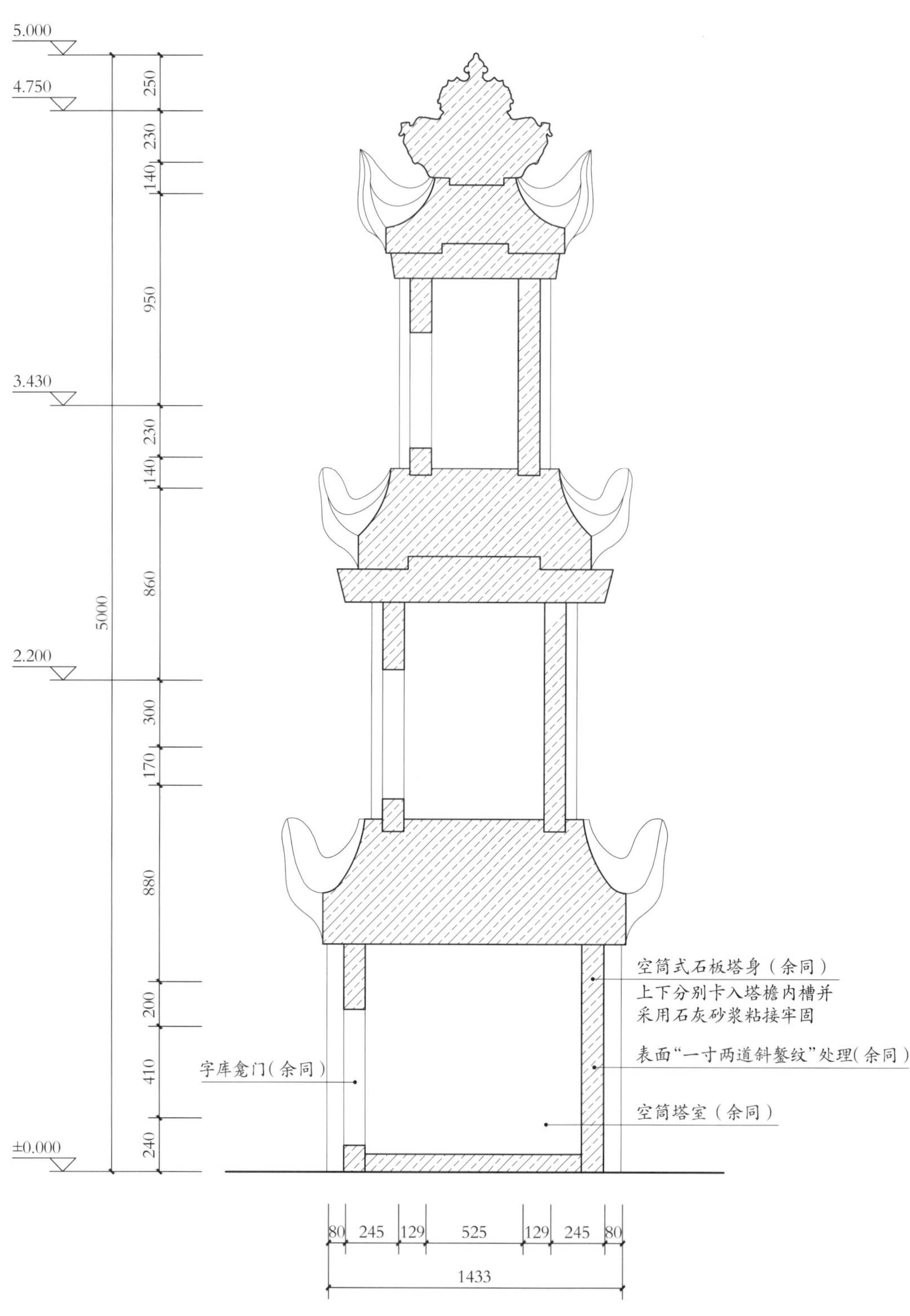

图号 06

绘制时间：2022 年 11 月
绘 制 人：刘洋
比　　例：1∶20
图　　名：毛家湾惜字塔剖面图

照片 01

拍摄时间：2022 年 10 月
拍 摄 人：刘洋
拍摄方向：由东北向西南
文物部位：毛家湾惜字塔铭碑

照片 02

拍摄时间：2022 年 10 月
拍 摄 人：刘洋
拍摄方向：由东北向西南
文物部位：东北立面全景

照片 03

拍摄时间：2022 年 10 月
拍 摄 人：刘洋
拍摄方向：由东北向西南俯视
文物部位：东北立面全景

照片 04

拍摄时间：2022 年 10 月
拍 摄 人：刘洋
拍摄方向：由西向东
文物部位：西立面全景

照片 05

拍摄时间：2022 年 10 月
拍 摄 人：刘洋
拍摄方向：由东北向西南
文物部位：一层东北立面

照片 06

拍摄时间：2022 年 10 月
拍 摄 人：刘洋
拍摄方向：由东北向西南
文物部位：三层东北立面

照片 07

拍摄时间：2022 年 10 月
拍 摄 人：刘洋
拍摄方向：由东北向西南
文物部位：塔顶石构件开裂

照片 08

拍摄时间：2022 年 10 月
拍 摄 人：刘洋
拍摄方向：由西北向东南
文物部位：西北面一层石刻

普天祠惜字塔

普天祠惜字塔调查保护记录表

<table>
<tr><td>名　　称</td><td colspan="4">普天祠惜字塔</td></tr>
<tr><td>年　　代</td><td colspan="2">清道光十年（1830）</td><td>类　别</td><td>古建筑</td></tr>
<tr><td>所 在 地</td><td colspan="4">四川省泸州市古蔺县永乐街道水落村</td></tr>
<tr><td>海　　拔</td><td>500.3 米</td><td>经　度</td><td>105°55'35.3"E</td><td>纬　度</td><td>28°2'54.9"N</td></tr>
<tr><td>保护级别</td><td colspan="4">一般不可移动文物</td></tr>
<tr><td>所 有 权</td><td colspan="2">集体所有</td><td>使用人</td><td>水落村</td></tr>
<tr><td>管理机构</td><td colspan="4">古蔺县文旅局、永乐街道</td></tr>
<tr><td>用　　途</td><td colspan="4">活动场所</td></tr>
<tr><td>简　　介</td><td colspan="4">普天祠惜字塔为三层四边形阁楼式空心石塔，坐西北向东南，占地面积约 2.75 平方米；四边形台基，塔身亦为四边形，逐层上收，正面层层均开异形窗；塔顶为四角攒尖顶，塔总高 6.8 米；每层正面立柱上均雕刻有楷书对联，其中，二层正面雕刻有圆雕石狮子一对，三层顶部有一匾，刻有楷书“普天祠”三字；该塔建于清道光十年，它的发现，为研究古蔺石刻艺术提供了一定的实物依据，丰富了川南石塔建筑艺术内涵，具有一定的历史价值。</td></tr>
<tr><td>文物描述</td><td colspan="4">普天祠惜字塔由台基、塔身、塔檐、塔顶组成，为四边形阁楼式石质空心塔，整座塔用石灰、糯米浆、黄砂石砌筑，榫卯卡槽式连接。
台　基：四边形素面台基。
塔　身：四边形塔身由四边形角柱与石板榫卯连接，柱脚置于基座卡槽之上，分上中下三层，每层东南面开异形窗且角柱雕刻楷书对联，其中二层角柱顶部左右分别刻有圆雕石狮一对，三层顶部有一匾，刻有楷书“普天祠”三字。
塔　檐：四角攒尖石雕塔檐。
塔　顶：雕刻宝珠塔顶。
真实性：普天祠惜字塔基本保持了清代建筑形制，文物建筑在形制特征、材料和工艺特点等方面保留了历史原状，具有鲜明的地方特色，碑刻题记记载的历史和物质遗存可以相互印证，同时仍保留了宗教活动场所的简易功能。
完整性：普天祠惜字塔整体保存状况较完整，基本保留了历史原构，留存不同时期的历史活动信息，周边环境能够真实反映惜字塔选址与地形地貌的关系。</td></tr>
<tr><td rowspan="2">文物调查</td><td>形制</td><td>工艺</td><td>结构</td><td>材料</td></tr>
<tr><td>三层四边形阁楼式石塔</td><td>柱、板、枋、顶石构糯米浆砌筑，榫卯连接，各部构件整石雕刻，表面做细道和扁光相结合的加工工艺，龛门雕刻中浮雕图案及题记文字</td><td>仿木榫卯结构，内部构造为单腔空筒式</td><td>石灰、糯米浆、黄砂石</td></tr>
</table>

（续表）

文物本体历史沿革

根据文献记载，该惜字塔建于清道光十年。

1830 年至今，该惜字塔未做过较大修缮，基本为原状保存。

保护管理工作沿革

2009 年，对该文物建筑进行普查记录。

至今，普天祠惜字塔由永乐街道和古蔺县文旅局协同管理。

价值评估

普天祠惜字塔由台基、塔身、塔檐和塔顶组成，为石质三层仿木结构，其上饰有瑞兽圆雕，整座塔用石灰、糯米浆、黄砂石砌筑，榫卯卡槽式连接，具有一定的科学价值。

风险评估

普天祠惜字塔主要为石砌仿木结构，受大自然酸雨长期浸渍，有风化侵蚀的风险。

普天祠惜字塔所处地区年雷雨天数较多，文物建筑遭受雷击风险较高。

现状评估

普天祠惜字塔整体形制保存完整，局部受自然灾害影响而破损、残缺、开裂，主要表现为塔顶开裂，塔檐位移、开裂，台基表层风化剥落等。

普天祠惜字塔东北距水落大桥约 300 米，坐落于距离公路约 10 米的小土坡上，通往惜字塔的道路为乡间田埂。

“四有”工作情况

保护范围：暂未划定。

保护标志：无。

记录档案：普天祠惜字塔保护档案已建立，现存于古蔺县文旅局。

保护管理机构：普天祠惜字塔现由永乐街道管理，古蔺县文旅局主要负责对普天祠惜字塔文物保护工作的监督、指导，并协同管理。

安全保卫情况

安　防：暂未安装监控等相关安防预警设施。

消　防：未设置消防设施，火灾发生时无法满足救灾的需求。

防　雷：普天祠惜字塔未安装防雷设施，无法满足防雷要求。

调查、考古、保护、展示工作

保护工作：古蔺县文旅局定期对文物保护单位进行安全巡查。

利用情况：当地宗教信徒开展宗教活动，燃香祈福。

下一阶段保护、管理、使用计划

保护区划：调整、完善保护区划。

本体保护：制订保护计划，消除存在的影响惜字塔安全的隐患，根据最小干预的保护原则按原状进行修复。

修缮措施：现状整修，加强日常维护。

加强研究：加强对普天祠惜字塔科学价值、艺术价值和历史价值的研究工作。

安全防护：进一步完善安防、消防、防雷等防护措施。

环境整治：台基周围砌体加固，周边用石板铺地，增设防护石质栏杆及巡查道路（采用传统方式，如铺设石板）。

管理工作：完善管理机制，增设管理人员。

图号 01

绘制时间：2022 年 10 月
绘 制 人：刘洋
图　　名：普天祠惜字塔区位图

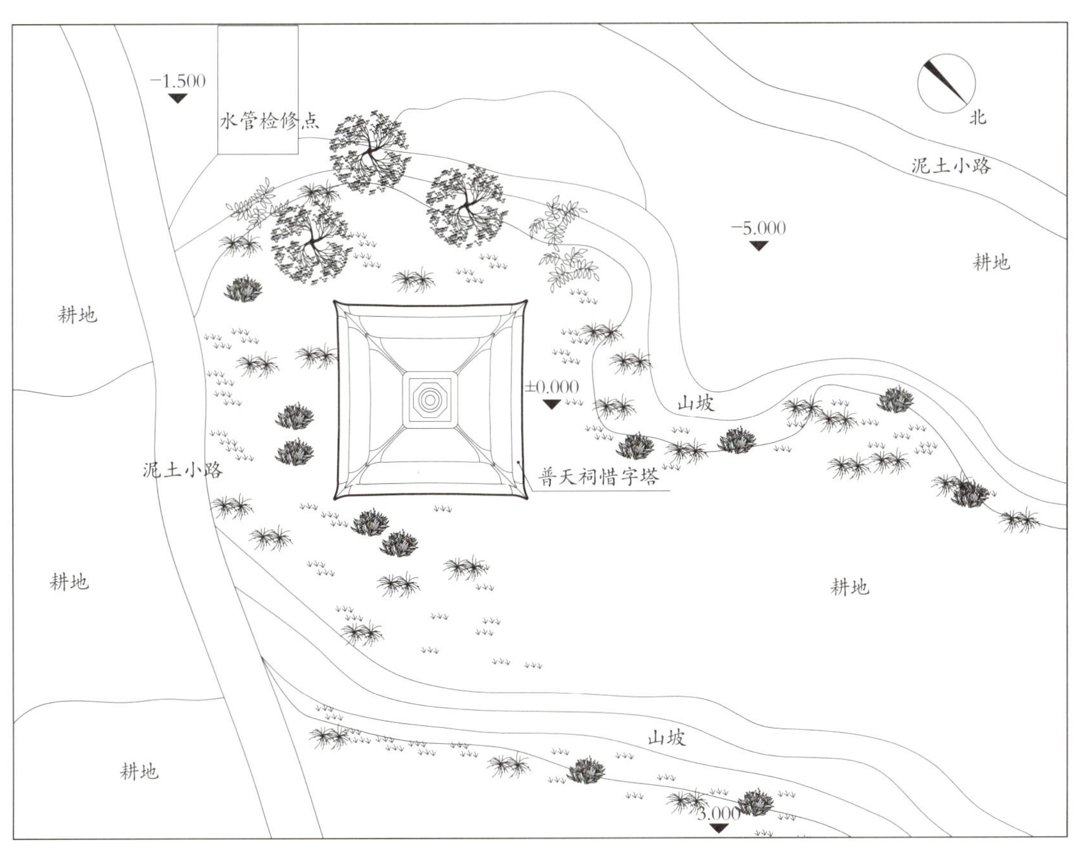

图号 02

绘制时间：2022 年 10 月
绘 制 人：刘洋
比　　例：1:30
图　　名：普天祠惜字塔总平面图

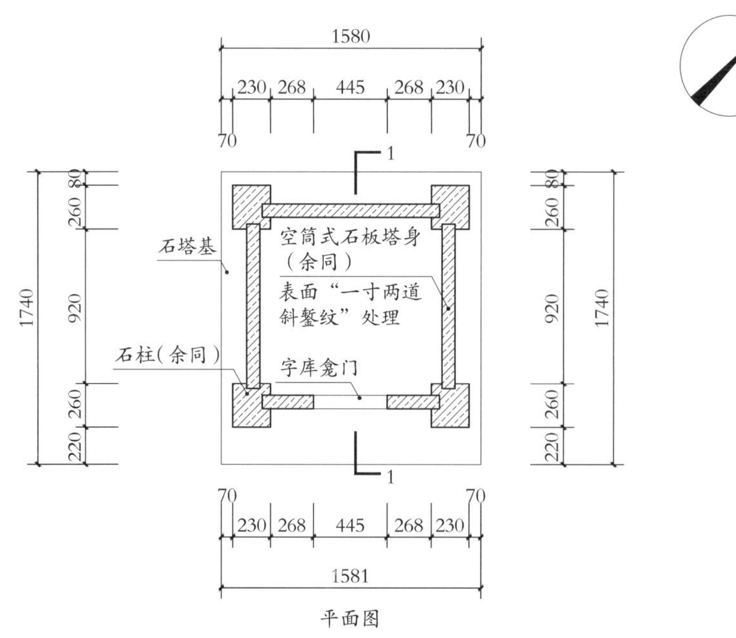

平面图

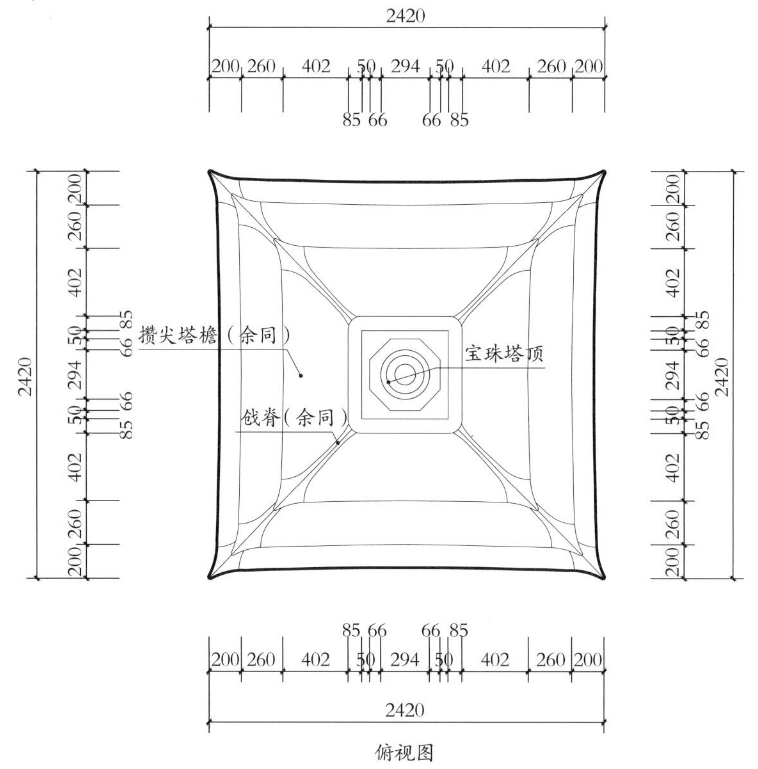

俯视图

图号 03

绘制时间：2022 年 10 月
绘 制 人：刘洋
比　　例：1：25
图　　名：普天祠惜字塔平面图、俯视图

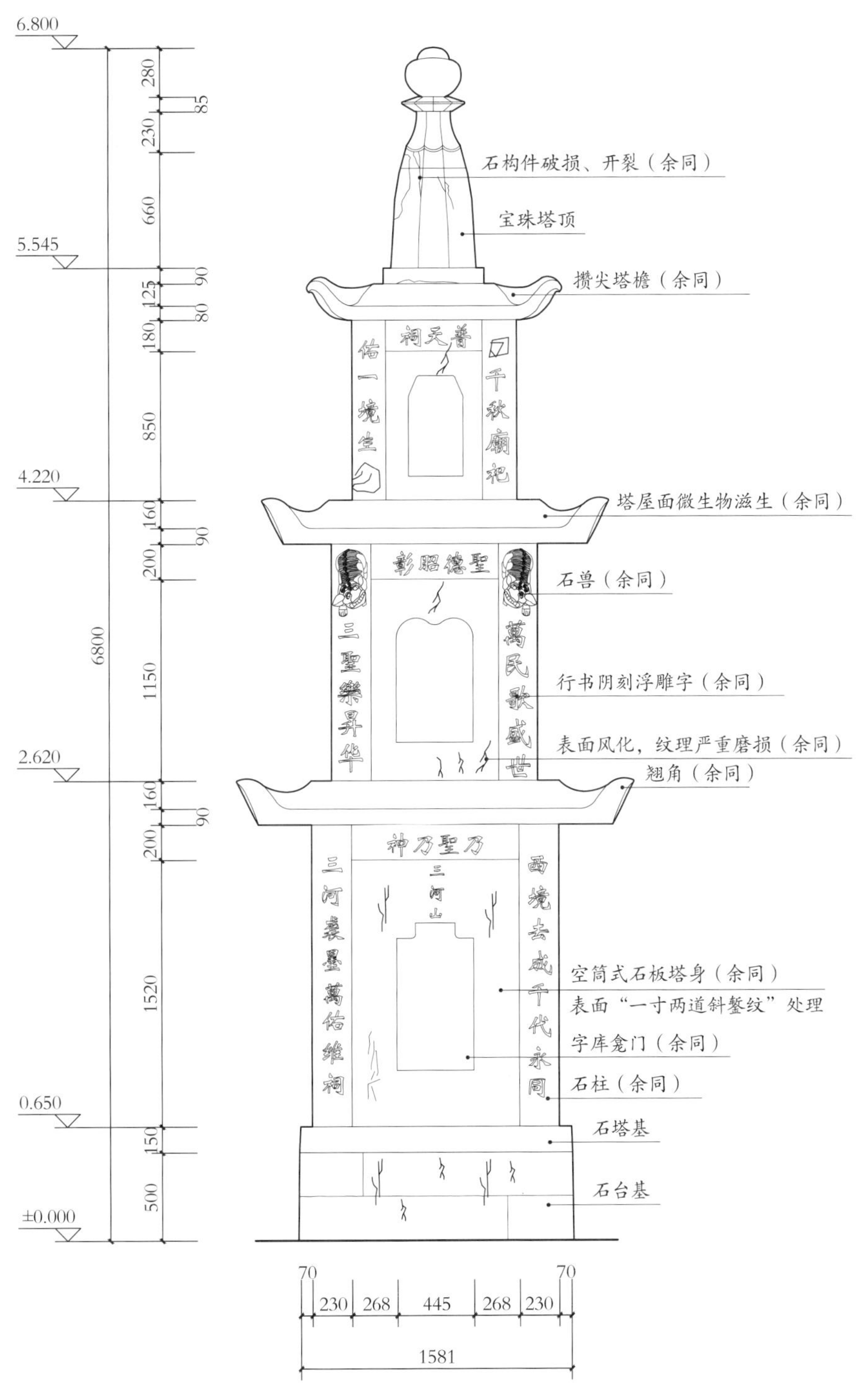

图号 04

绘制时间：2022 年 10 月

绘 制 人：刘洋

比　　例：1∶25

图　　名：普天祠惜字塔东南立面图

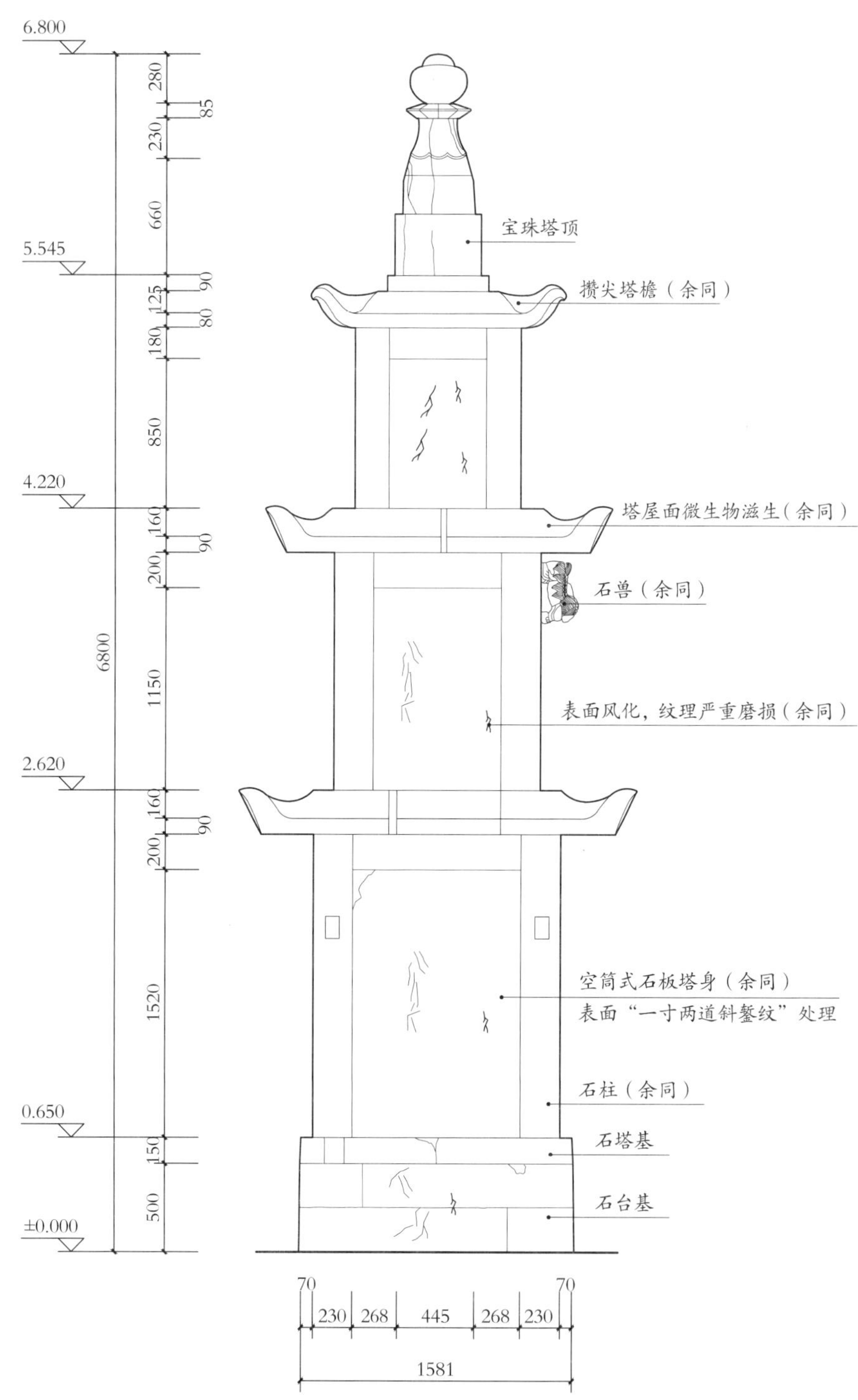

图号 05

绘制时间：2022 年 10 月

绘 制 人：刘洋

比　　例：1∶25

图　　名：普天祠惜字塔西南立面图

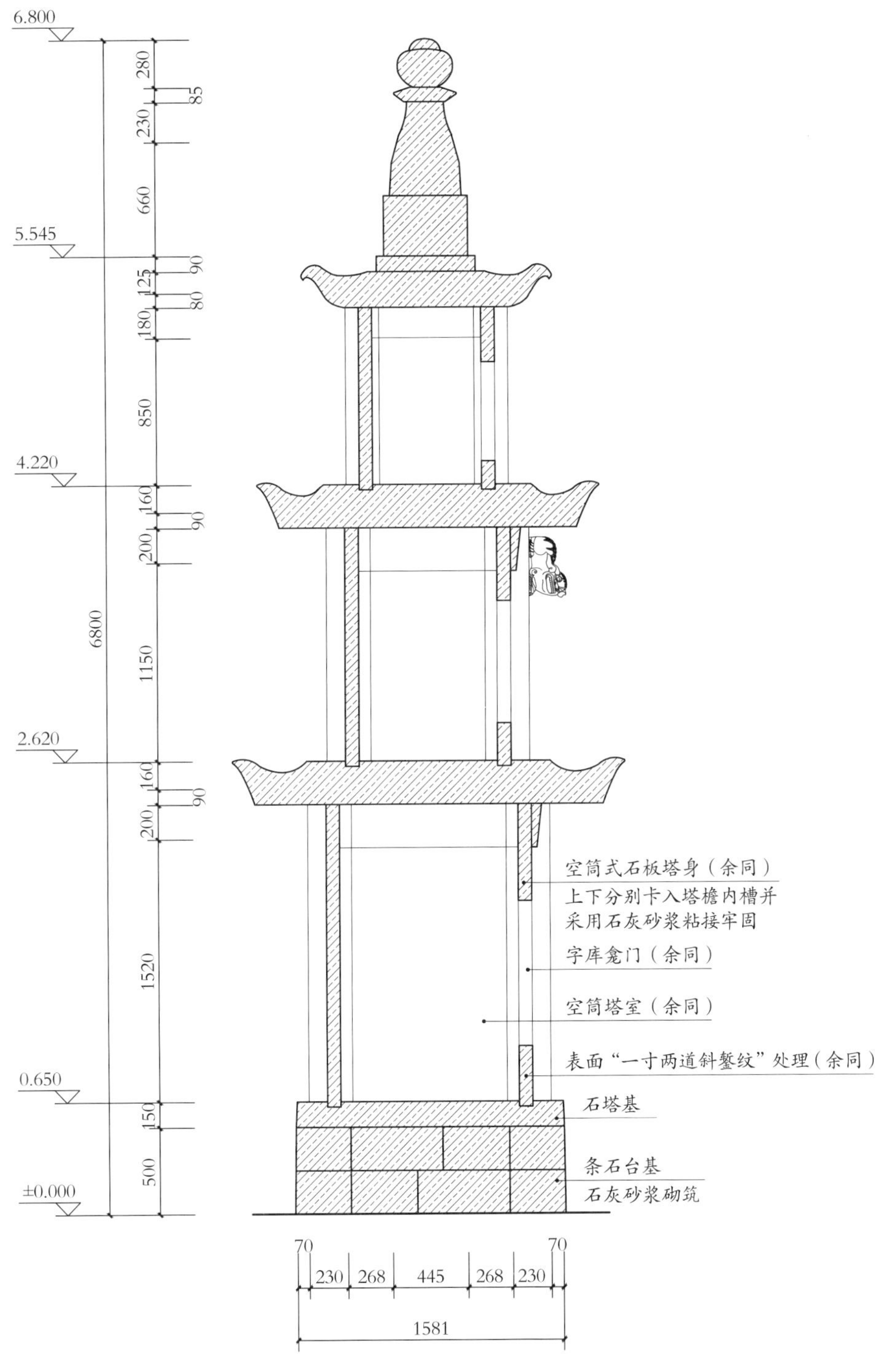

图号 06

绘制时间：2022 年 10 月

绘 制 人：刘洋

比　　例：1∶25

图　　名：普天祠惜字塔剖面图

照片 01

拍摄时间：2022 年 10 月
拍 摄 人：刘洋
拍摄方向：由东南向西北
文物部位：东南立面全景

照片 02

拍摄时间：2022 年 10 月
拍 摄 人：刘洋
拍摄方向：由西北向东南
文物部位：西北立面全景

照片 03

拍摄时间：2022 年 10 月
拍 摄 人：刘洋
拍摄方向：由西南向东北
文物部位：西南面全景

照片 04

拍摄时间：2022 年 10 月
拍 摄 人：刘洋
拍摄方向：由南向北
文物部位：南立面全景

照片 05

拍摄时间：2022 年 10 月
拍 摄 人：刘洋
拍摄方向：由东南向西北
文物部位：东南面一层龛位

照片 06

拍摄时间：2022 年 10 月
拍 摄 人：刘洋
拍摄方向：由东南向西北
文物部位：东南面二层龛位旁雕刻

照片 07

拍摄时间：2022 年 10 月
拍 摄 人：刘洋
拍摄方向：由东南向西北
文物部位：东南面塔顶石构件开裂

锁口寺惜字塔

锁口寺惜字塔调查保护记录表

名　　称	锁口寺惜字塔			
年　　代	清道光二十二年（1842）		类　别	古建筑
所 在 地	四川省泸州市古蔺县永乐街道水落村			
海　　拔	663 米	经　度	105°56'16.9"E	纬　度	28°5'36.3"N
保护级别	市级文物保护单位			
所 有 权	集体所有		使用人	永乐街道
管理机构	古蔺县文旅局、永乐街道			
用　　途	活动场所			
简　　介	锁口寺惜字塔为三层六边形阁楼式石质空心塔，坐西南向东北，占地面积约 6 平方米；两级六边形素面台基，第二级上收，稍短，塔身为六边形，塔顶为六角攒尖顶，逐层上收；塔总高约 7.7 米；该塔正面层层均开窗，每层正面立柱上均雕刻有对联；一、二层侧面雕刻有塔序；二层正面有一龛，刻有“三圣宫”三字，立柱上有圆雕石狮子一对；背面一层开圆形窗，阴刻“字库”二字；背面三层龛上刻有“文光射斗”四字；该塔建于清道光二十二年，是由当时白家山刘氏为了本族人丁兴旺而修建。它的发现，为研究当地的人文历史提供了一定的实物依据，丰富了川南石塔建筑艺术内涵。			
文物描述	锁口寺惜字塔由台基、塔身、塔檐、塔顶组成，为锥形六角阁楼式石质空心塔，整座塔用黄砂石砌筑，榫卯卡槽式连接。 **台　基：**六边形覆盆式素面台基，表面不做磨光处理而采用“一寸五根”的细道处理，此类做法工艺难度高，极为少见。 **塔　身：**六边形塔身由多边形角柱与石板榫卯连接，柱脚置于基座卡槽之上，分上中下三层，每层正面开如意纹式石雕龛门，门上安装扇形和方形横披联楹，两侧角柱正面阴刻浮雕字作左右对联，二层角柱顶部左右分别刻有圆雕石狮一对；背面底层石板面开圆形排烟孔，顶层阴刻浮雕字“文光射斗”四字。 **塔　檐：**六角攒尖石雕塔檐，石檐翘角如神龟。 **塔　顶：**六边形整石雕刻覆莲须弥座宝珠塔顶。 **真实性：**锁口寺惜字塔基本保持了清代建筑形制，文物建筑在形制特征、材料和工艺特点等方面保留了历史原状，具有鲜明的地方特色，碑刻题记记载的历史和物质遗存可以相互印证，同时仍保留了宗教活动场所的简易功能。 **完整性：**锁口寺惜字塔整体保存状况完整，基本保留了历史原构，留存不同时期的历史活动信息，周边环境能够真实反映惜字塔选址与地形地貌的关系。			

（续表）

文物调查	形制	工艺	结构	材料
	三层六边形阁楼式石塔	石构榫卯连接，各部构件整石雕刻，表面做细道和扁光相结合的加工工艺	仿木榫卯石结构，内部构造为单腔空筒式	黄砂石

文物本体历史沿革

根据塔身石刻题记文献记载，该惜字塔建于清道光二十二年，由石匠何荣贵、木匠莫正兴共同完成。

1842 年至今，该惜字塔未做过较大修缮，基本为原状保存，后期佛教信徒添置佛像于龛内作祈福之用。

保护管理工作沿革

2009 年，对该文物建筑进行普查记录。

2010 年 12 月，泸州市人民政府以泸市府函〔2010〕259 号文公布锁口寺惜字塔为泸州市级文物保护单位。

2011 年至今，锁口寺惜字塔由永乐街道和古蔺县文旅局协同管理。

2018 年，在惜字塔东面新建四角亭方便游人参观休息。

价值评估

锁口寺惜字塔由台基、塔身、塔檐和塔顶组成，为石质三层仿木结构，其上饰有瑞兽、花卉等主题的深、浅浮雕和圆雕，寓意吉祥如意、繁衍生息及保佑一方水土平安；其雕刻手法娴熟飘逸、精湛细腻；建筑营造美观大方，结构连接严谨科学，整体庄严肃立；花卉动物犹如精灵栩栩如生、活灵活现，具有较高艺术价值和科学价值。

风险评估

锁口寺惜字塔主要为石砌仿木结构，受大自然酸雨长期浸渍，有风化侵蚀的风险。

锁口寺惜字塔所处地区年雷雨天数较多，文物建筑遭受雷击风险较高。

锁口寺惜字塔地处偏僻的山林地区，塔身构件雕刻精美，神韵独特，存在一定的被盗风险。

现状评估

锁口寺惜字塔整体形制保存完整，局部受自然灾害影响而破损、残缺、开裂，主要表现为塔顶檐口翘角残损，塔檐残缺位移，额枋断裂、残破，角柱开裂破损，台基表层风化剥落等。

锁口寺惜字塔西距水落大桥约 990 米，距离公路约 100 米，位于民居旁，周边道路已做硬化处理。

“四有”工作情况

2010 年 12 月，泸州市人民政府以泸市府函〔2010〕259 号文公布锁口寺惜字塔保护范围及建控地带。

保护范围：以台基边缘为基线，东北、东南、西南、西北面各外延 5 米，东南至西北长 10 米，西南至东北宽 10 米。

保护标志：锁口寺惜字塔西侧 200 米，公路旁立有保护标志一处。

记录档案：锁口寺惜字塔保护档案已建立，现存于古蔺县文旅局。

保护管理机构：锁口寺惜字塔现由永乐街道管理，古蔺县文旅局主要负责对锁口寺惜字塔文物保护工作的监督、指导，并协同管理。

安全保卫情况

安　防：暂未安装监控等相关安防预警设施。

消　防：未设置消防设施，火灾发生时无法满足救灾的需求，仅可从旁边鱼塘取水灭火。

防　雷：锁口寺惜字塔未安装防雷设施，无法满足防雷要求。

（续表）

调查、考古、保护、展示工作
保护工作：古蔺县文旅局定期对文物保护单位进行安全巡查。 **利用情况**：当地宗教信徒开展宗教活动，燃香祈福。
下一阶段保护、管理、使用计划
保护区划：调整、完善保护区划。 **本体保护**：制订保护计划，消除存在的影响惜字塔安全的隐患，根据最小干预的保护原则按原状进行修复。 **修缮措施**：现状整修加固，老化灰缝灌浆勾缝。 **加强研究**：加强对锁口寺惜字塔历史价值、科学价值和艺术价值的研究工作。 **安全防护**：进一步完善安防、消防、防雷等防护措施。 **环境整治**：对影响锁口寺惜字塔文物安全的非文物建筑进行拆除，对影响历史风貌的非文物建筑进行改造或拆除。 **管理工作**：完善管理机制，增设管理人员。

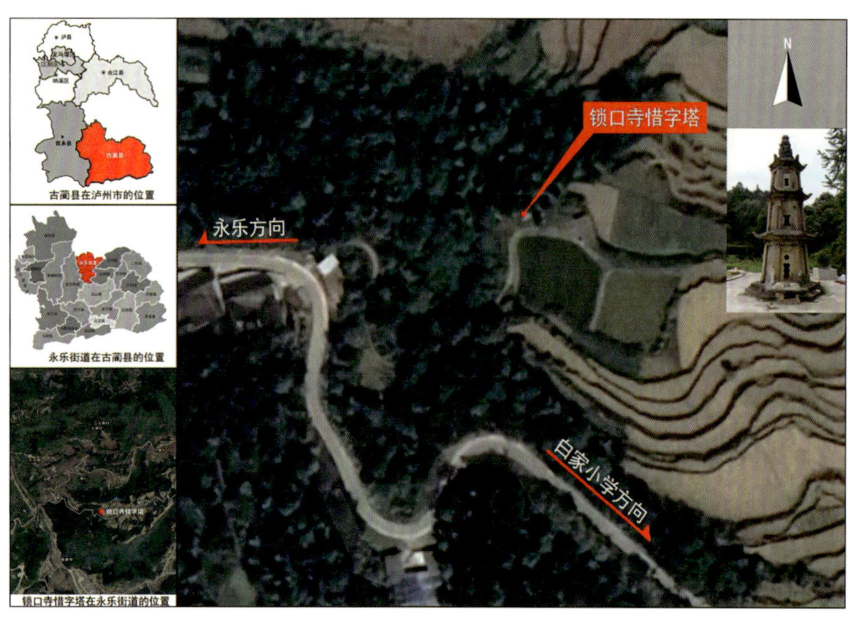

图号 01

绘制时间：2022 年 10 月
绘 制 人：刘洋
图　　名：锁口寺惜字塔区位图

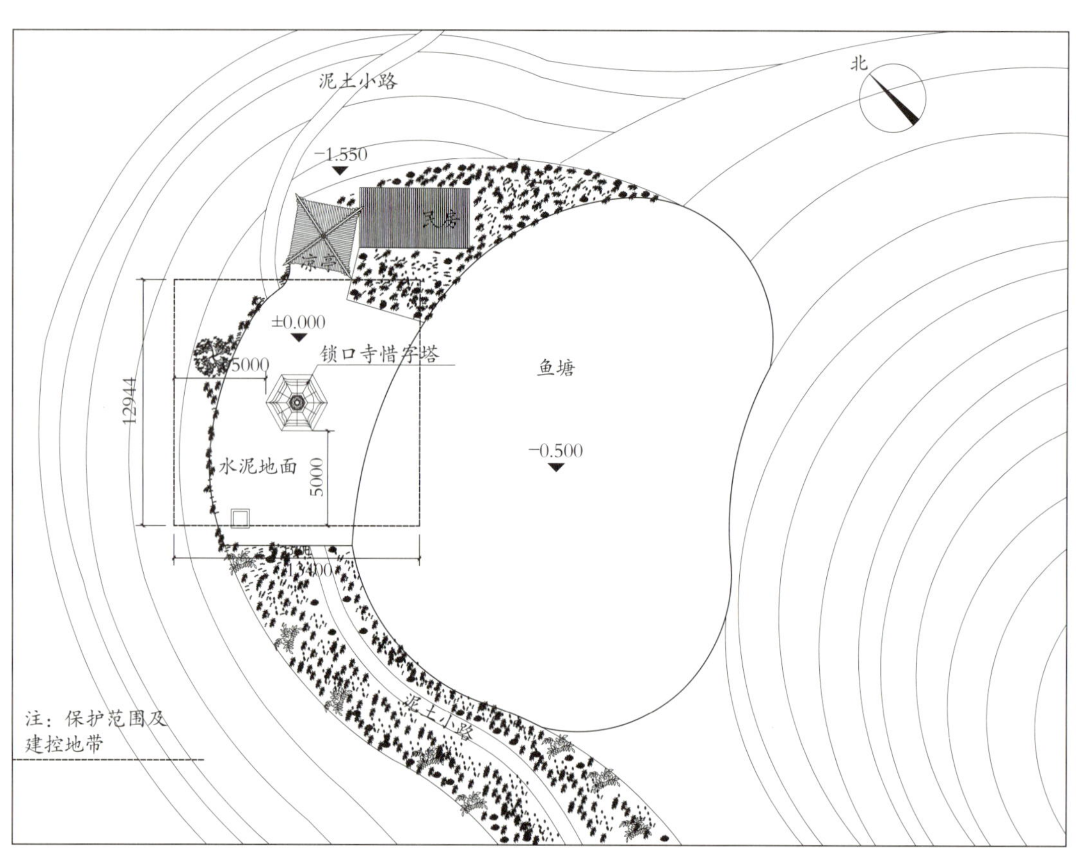

图号 02

绘制时间：2022 年 10 月
绘 制 人：刘洋
比　　例：1∶150
图　　名：锁口寺惜字塔总平面图

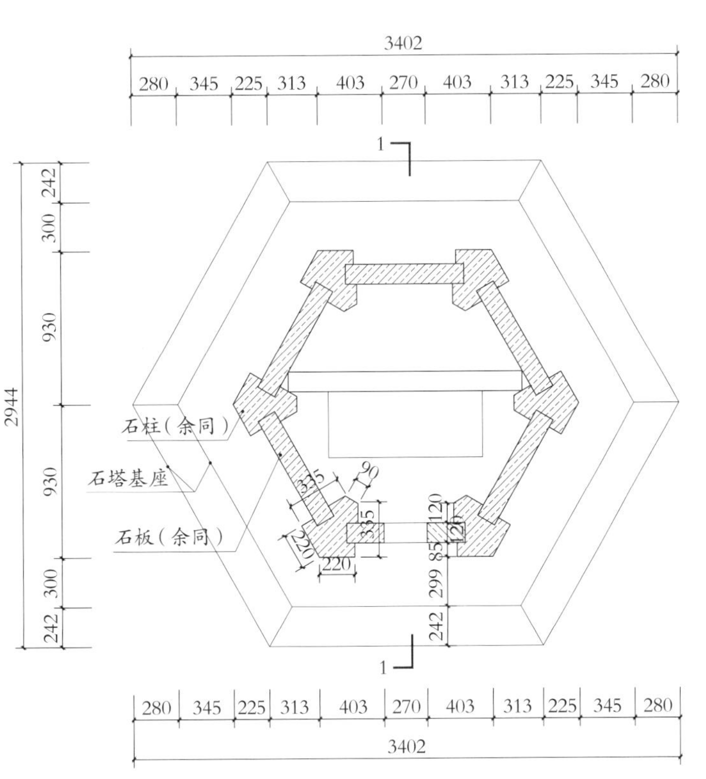

图号 03

绘制时间：2022 年 10 月

绘 制 人：刘洋

比　　例：1∶20

图　　名：锁口寺惜字塔一层平面图

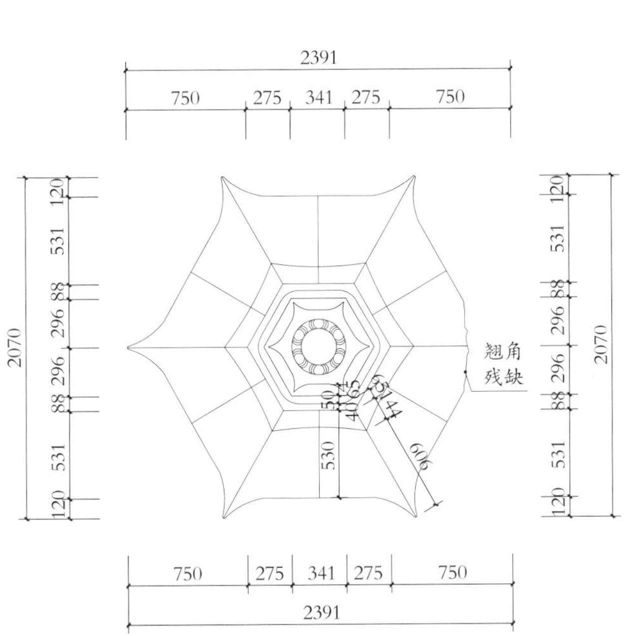

图号 03

绘制时间：2022 年 10 月

绘 制 人：刘洋

比　　例：1∶20

图　　名：锁口寺惜字塔屋顶平面图

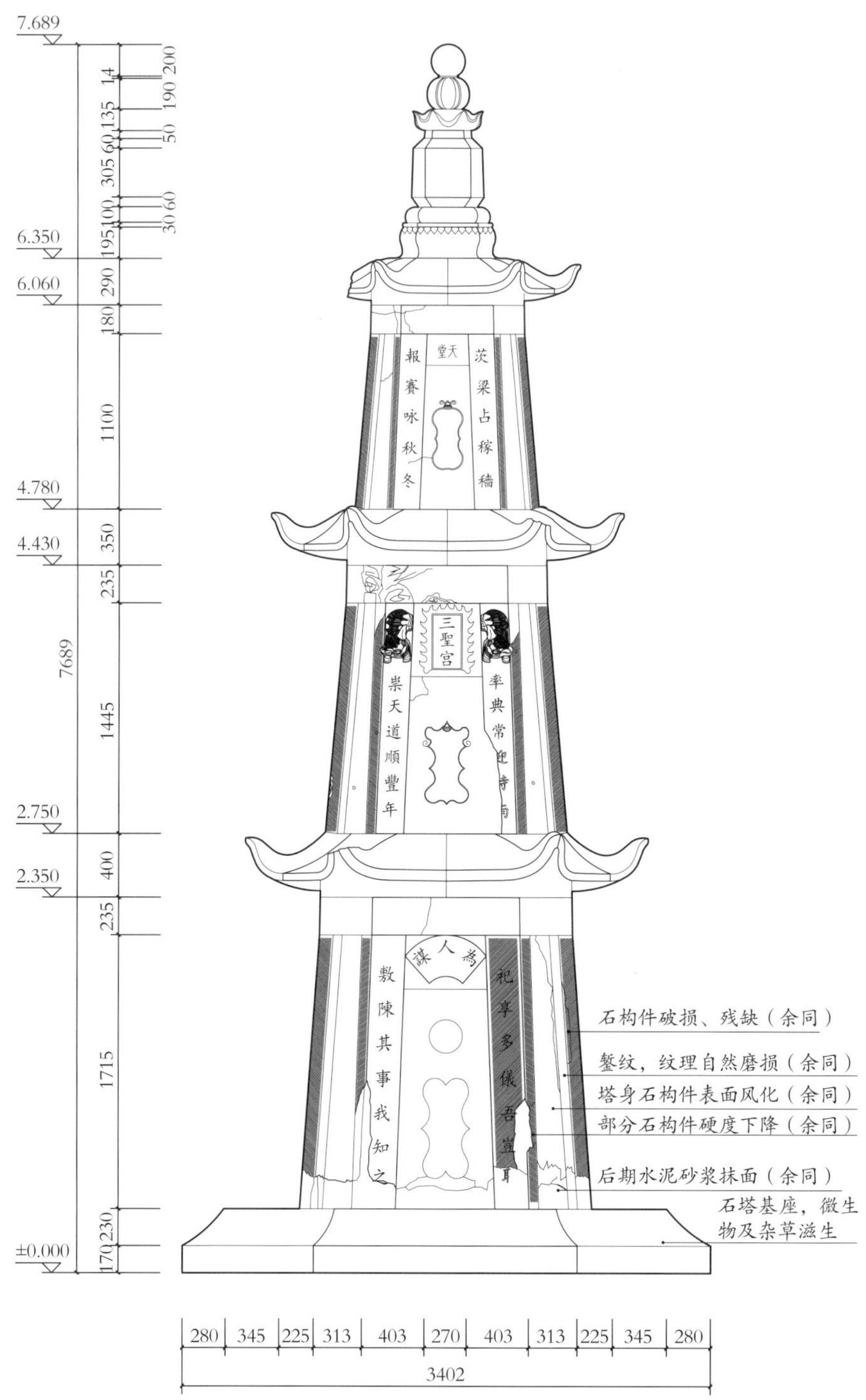

图号 05

绘制时间：2022 年 10 月

绘 制 人：刘洋

比　　例：1∶20

图　　名：锁口寺惜字塔东北立面图

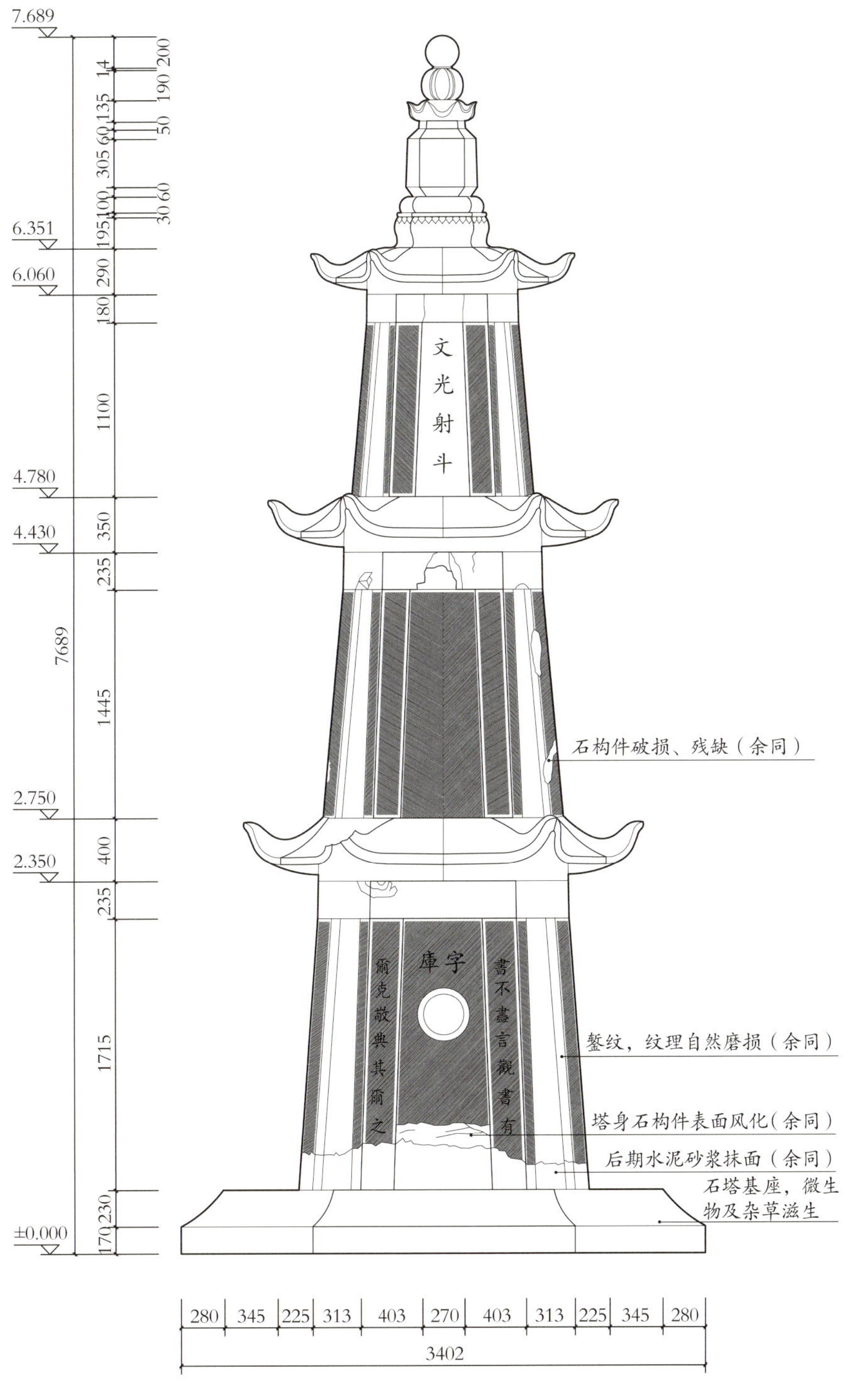

图号 06

绘制时间：2022 年 10 月

绘 制 人：刘洋

比　　例：1：20

图　　名：锁口寺惜字塔西南立面图

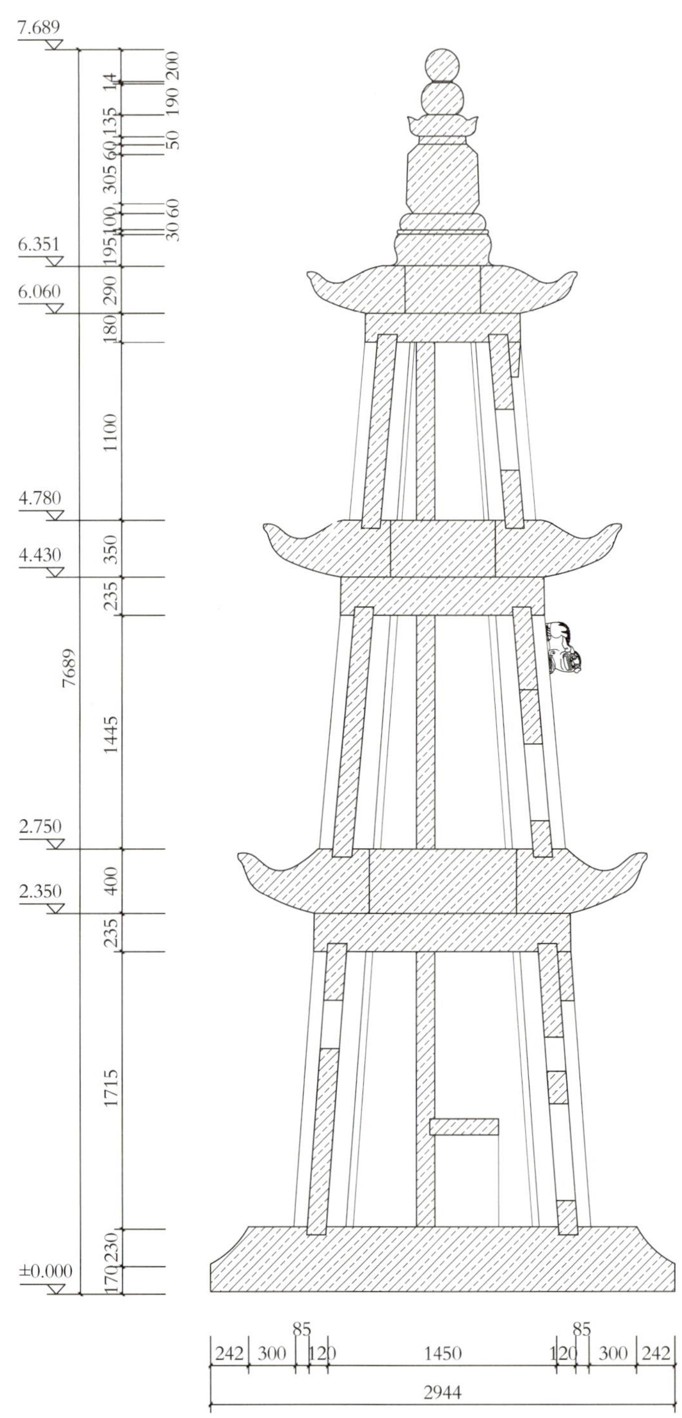

图号 07

绘制时间：2022 年 10 月
绘 制 人：刘洋
比　　例：1∶20
图　　名：锁口寺惜字塔剖面图

照片 01

拍摄时间：2022 年 10 月
拍 摄 人：刘洋
拍摄方向：由西向东
文物部位：锁口寺惜字塔铭碑

照片 02

拍摄时间：2022 年 10 月
拍 摄 人：刘洋
拍摄方向：由东北向西南
文物部位：东北立面全景

照片 03

拍摄时间：2022 年 10 月
拍 摄 人：刘洋
拍摄方向：由南向北
文物部位：南立面全景

照片 04

拍摄时间：2022 年 10 月

拍 摄 人：刘洋

拍摄方向：由东北向西南

文物部位：一层（左）、二层东北立面龛位

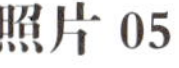

照片 05

拍摄时间：2022 年 10 月

拍 摄 人：刘洋

拍摄方向：由东北向西南

文物部位：三层东北立面（左）、一层东立面募捐碑刻

照片 06

拍摄时间：2022 年 10 月

拍 摄 人：刘洋

拍摄方向：由西南向东北

文物部位：西南立面一层（左）、三层

照片 07

拍摄时间：2022 年 10 月

拍 摄 人：刘洋

拍摄方向：由东向西（左）、由北向南

文物部位：锁口寺惜字塔修建记事碑

照片 08

拍摄时间：2022 年 10 月

拍 摄 人：刘洋

拍摄方向：由东向西

文物部位：二层石狮雕刻

照片 09

拍摄时间：2022 年 10 月

拍 摄 人：刘洋

拍摄方向：由东南向西北

文物部位：屋顶翘角残缺一角

照片 10

拍摄时间：2022 年 10 月

拍 摄 人：刘洋

拍摄方向：由西北向东南仰视

文物部位：屋盖位移开裂、局部残缺

照片 11

拍摄时间：2022 年 10 月
拍 摄 人：刘洋
拍摄方向：由东南向西北
文物部位：二层石柱、石额枋破裂

照片 12

拍摄时间：2022 年 10 月
拍 摄 人：刘洋
拍摄方向：由东向西
文物部位：二层石额枋裂隙较大，残损严重

照片 13

拍摄时间：2022 年 10 月
拍 摄 人：刘洋
拍摄方向：由北向南
文物部位：台基表层脱落，石柱水泥抹面

大腾子惜字塔

大腾子惜字塔调查保护记录表

<table>
<tr><td>名　　称</td><td colspan="5">大腾子惜字塔</td></tr>
<tr><td>年　　代</td><td colspan="2">清</td><td>类　别</td><td colspan="2">古建筑</td></tr>
<tr><td>所 在 地</td><td colspan="5">四川省泸州市古蔺县彰德街道太平街村</td></tr>
<tr><td>海　　拔</td><td>933.6 米</td><td>经　度</td><td>105°48'6.2"E</td><td>纬　度</td><td>28°5'40.6"N</td></tr>
<tr><td>保护级别</td><td colspan="5">一般不可移动文物</td></tr>
<tr><td>所 有 权</td><td colspan="2">集体所有</td><td>使用人</td><td colspan="2">太平街村</td></tr>
<tr><td>管理机构</td><td colspan="5">古蔺县文旅局、彰德街道</td></tr>
<tr><td>用　　途</td><td colspan="5">活动场所</td></tr>
<tr><td>简　　介</td><td colspan="5">大腾子惜字塔为三层六边形阁楼式石质空心塔，坐南向北；台基长约 1 米，宽约 0.9 米，高 0.3 米，无纹饰；塔身正面层层开窗，每层窗额上均为缠枝莲纹饰；一层高约 0.62 米，宽约 0.34 米，二层高约 0.57 米，宽约 0.28 米，三层高约 0.57 米，宽约 0.26 米；塔顶为六角攒尖顶，塔高 2.9 米。该塔保存较好，具有一定的历史和建筑价值。</td></tr>
<tr><td>文物描述</td><td colspan="5">大腾子惜字塔由台基、塔身、塔檐、塔顶组成，为锥形六边形阁楼式石质空心塔，整座塔用石灰、糯米浆、红砂石砌筑，榫卯卡槽式连接。
台　基：四边形素面台基。
塔　身：六边形塔身整石雕刻，榫卯连接，置于基座卡槽之上，分上中下三层，每层北面开窗，每层窗额上均为缠枝莲纹饰，二、三层窗旁有阴浮雕对联。
塔　檐：六角攒尖石雕塔檐。
塔　顶：宝珠塔刹缺失。
真实性：大腾子惜字塔基本保持了清代建筑形制，文物建筑在形制特征、材料和工艺特点等方面保留了历史原状，具有鲜明的地方特色，仍保持了宗教活动场所的简易功能。
完整性：大腾子惜字塔整体保存状况较完整，基本保留了历史原构，留存不同时期的历史活动信息，周边环境能够真实反映惜字塔选址与地形地貌的关系。</td></tr>
<tr><td rowspan="2">文物调查</td><td>形制</td><td colspan="2">工艺</td><td>结构</td><td>材料</td></tr>
<tr><td>三层六边形阁楼式石塔</td><td colspan="2">柱身石构，红砂石、糯米浆砌筑，榫卯连接，各部构件整石雕刻，表面做细道和扁光相结合的加工工艺，龛门雕刻中浮雕图案及题记文字</td><td>仿木榫卯结构，内部构造为单腔空筒式</td><td>石灰、糯米浆、红砂石</td></tr>
<tr><td colspan="6">文物本体历史沿革
根据塔身文献记载，该惜字塔建于清代。
至今，该惜字塔未做过较大修缮，基本为原状保存。</td></tr>
</table>

（续表）

<table>
<tr><td>保护管理工作沿革
2009 年，对该文物建筑进行普查记录。
至今，大腾子惜字塔由彰德街道和古蔺县文旅局协同管理。
2013 年，在惜字塔顶部搭设彩钢棚。</td></tr>
<tr><td>价值评估
大腾子惜字塔由台基、塔身、塔檐组成，为石质三层仿木结构，有浮雕图案和题记文字。惜字塔见证着中华民族“惜字”的文化传统，反映着中国古人尊重文化、传承文化的初衷，成为中国传统文化一个凝固的符号。</td></tr>
<tr><td>风险评估
大腾子惜字塔主要为石砌仿木结构，受大自然酸雨长期浸渍，有风化侵蚀的风险。
大腾子惜字塔地处偏僻的山林地区，塔身构件雕刻精美，神韵独特，存在一定的被盗隐患。</td></tr>
<tr><td>现状评估
大腾子惜字塔整体形制保存完整，局部受自然灾害影响而破损、残缺、开裂，主要表现为塔身石构开裂，塔檐翘角残损，台基表面使用水泥修补，石构件表面风化，滋生微生物等。
大腾子惜字塔位于山野丛林的陡坡上，距太平街村委会约 1500 米，距离公路约 1500 米，通往惜字塔道路宽约 1 米，已硬化。</td></tr>
<tr><td>“四有”工作情况
保护范围：暂未划定。
保护标志：无。
记录档案：大腾子惜字塔保护档案已建立，现存于古蔺县文旅局。
保护管理机构：大腾子惜字塔现由彰德街道管理，古蔺县文旅局主要负责对大腾子惜字塔文物保护工作的监督、指导，并协同管理。</td></tr>
<tr><td>安全保卫情况
安　防：暂未安装监控等相关安防预警设施。
消　防：未设置消防设施，火灾发生时无法满足救灾的需求。
防　雷：大腾子惜字塔未安装防雷设施，无法满足防雷要求。</td></tr>
<tr><td>调查、考古、保护、展示工作
保护工作：古蔺县文旅局定期对文物保护单位进行安全巡查。
利用情况：当地宗教信徒开展宗教活动，燃香祈福。</td></tr>
<tr><td>下一阶段保护、管理、使用计划
保护区划：调整、完善保护区划。
本体保护：制订保护计划，消除存在的影响惜字塔安全的隐患，根据最小干预的保护原则按原状进行修复。
修缮措施：保存现状，加强日常维护。
加强研究：加强对大腾子惜字塔历史价值的研究工作。
安全防护：进一步完善安防、消防、防雷等防护措施。
环境整治：对影响大腾子惜字塔文物安全的非文物建筑进行拆除，对影响历史风貌的非文物建筑进行改造或拆除。
管理工作：完善管理机制，增设管理人员。</td></tr>
</table>

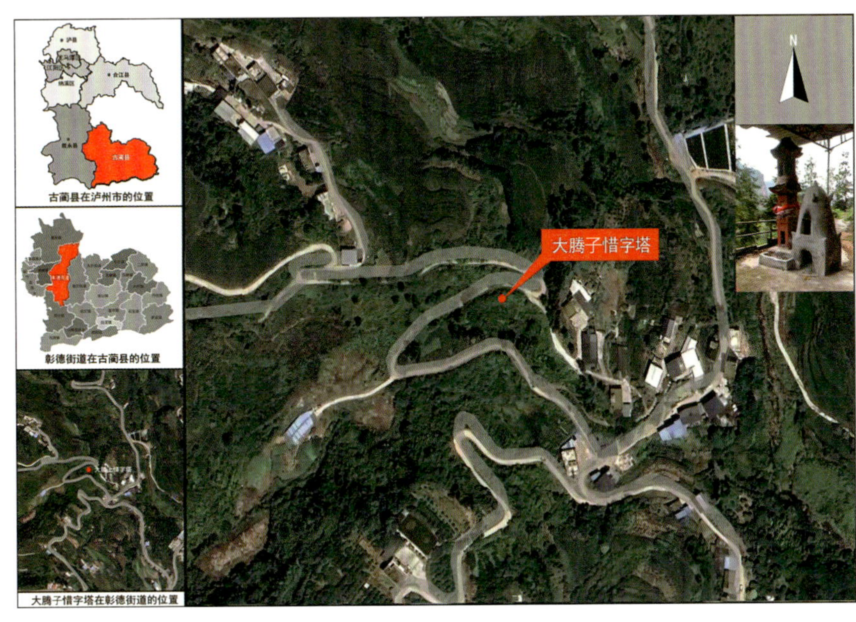

图号 01

绘制时间：2022 年 10 月
绘 制 人：刘洋
图　　名：大腾子惜字塔区位图

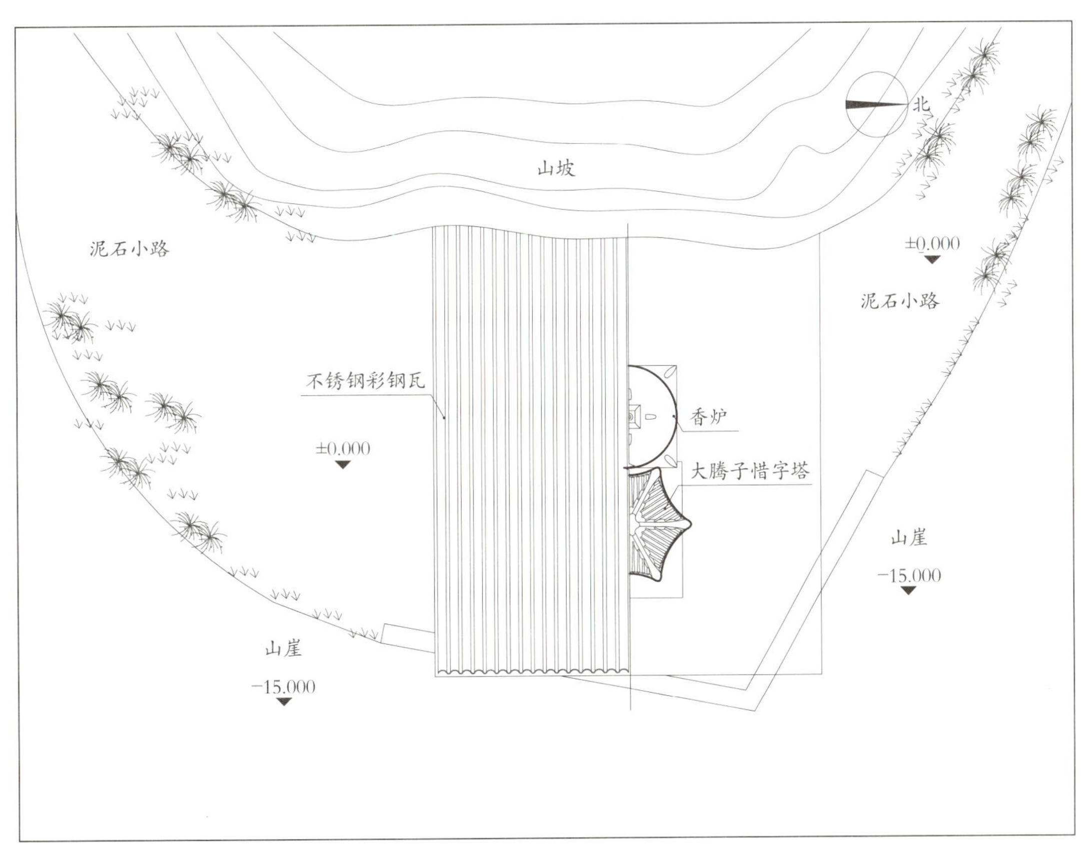

图号 02

绘制时间：2022 年 10 月
绘 制 人：刘洋
比　　例：1:20
图　　名：大腾子惜字塔总平面图

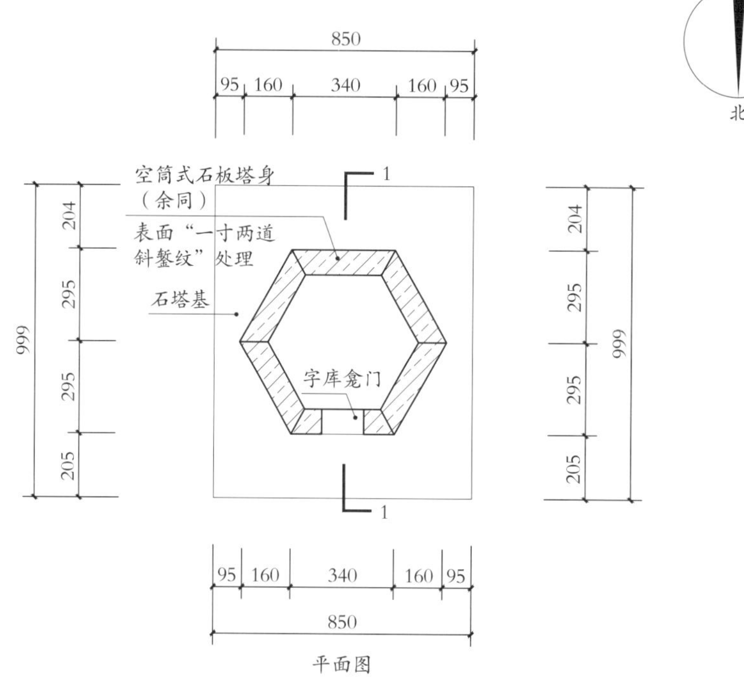

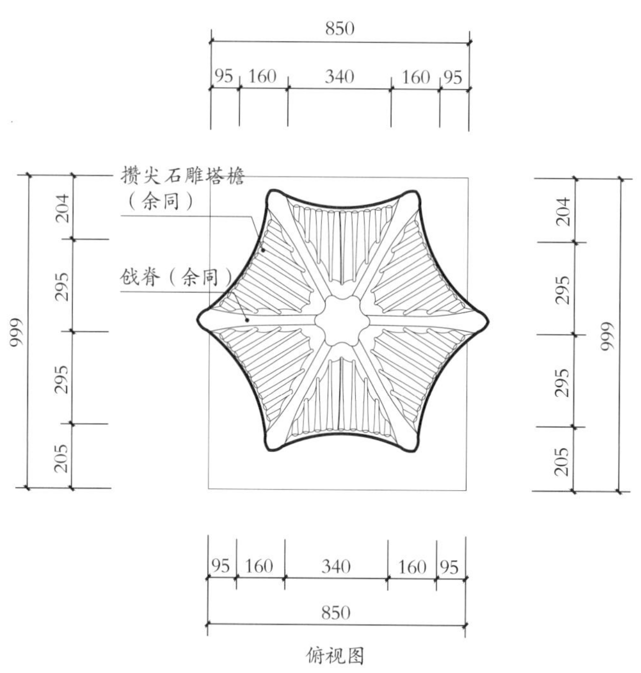

图号 03

绘制时间：2022 年 10 月

绘 制 人：刘洋

比　　例：1∶15

图　　名：大腾子惜字塔平面图、俯视图

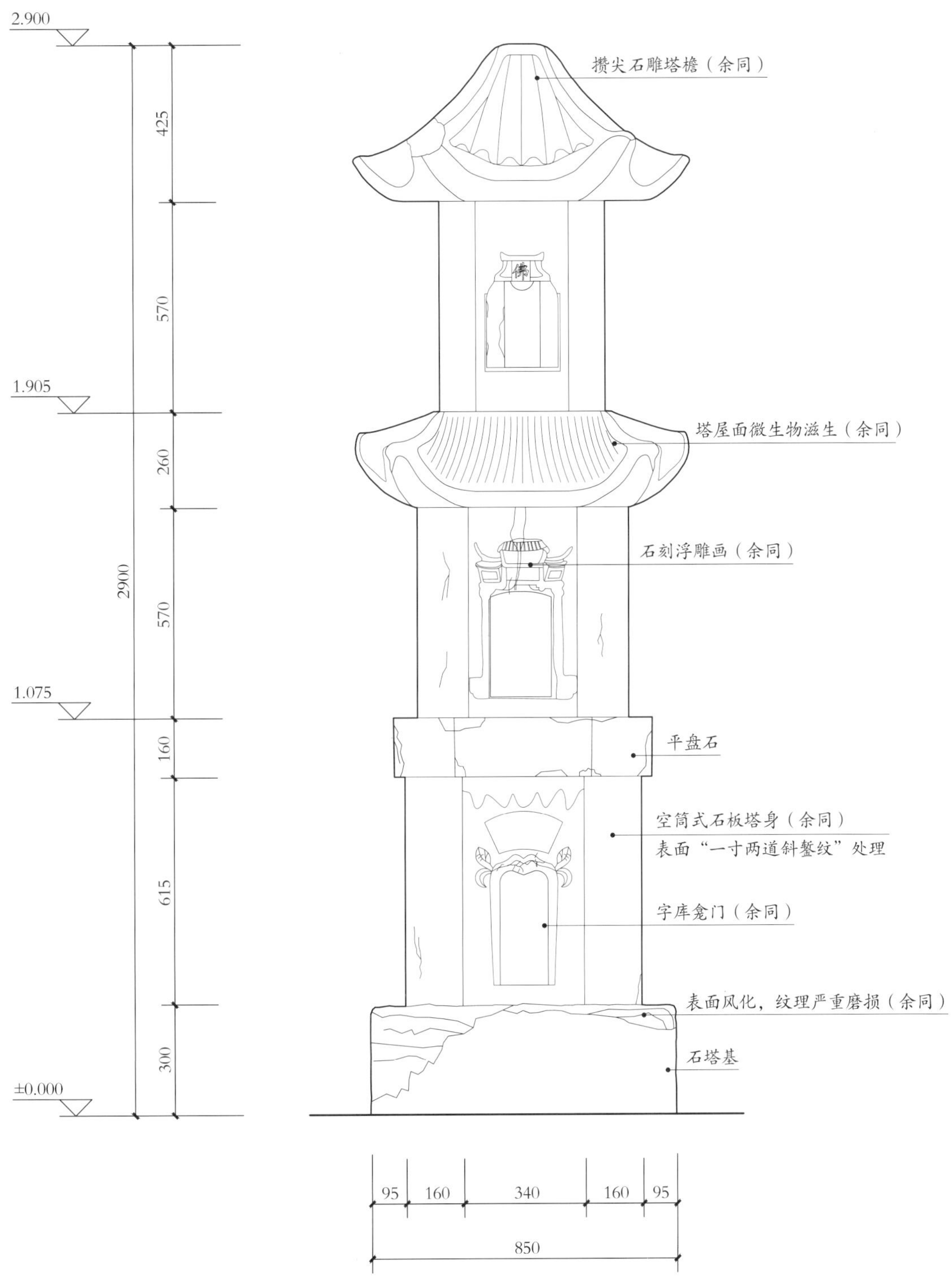

图号 04

绘制时间：2022 年 10 月
绘 制 人：刘洋
比　　例：1∶15
图　　名：大腾子惜字塔北立面图

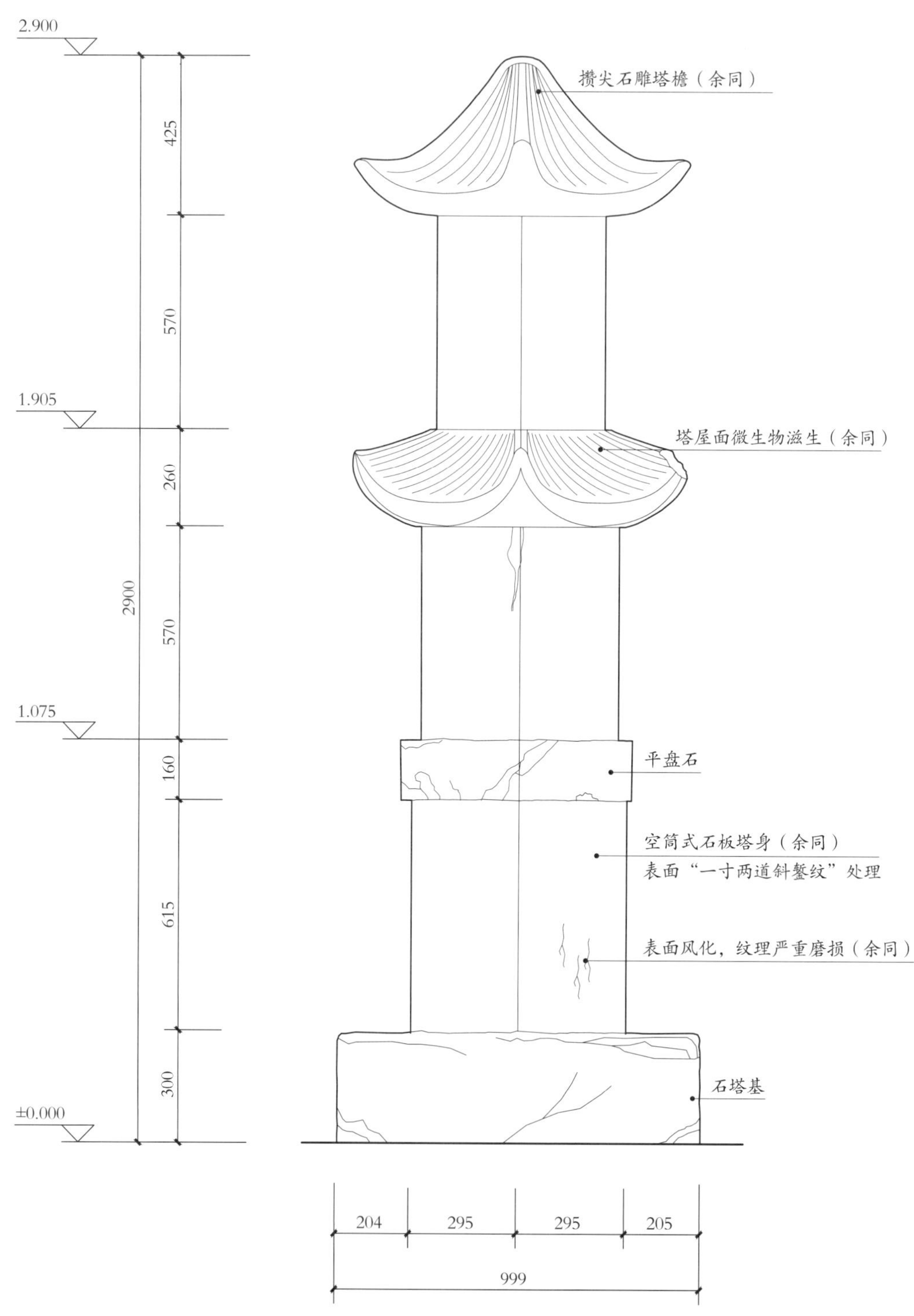

图号 05

绘制时间：2022 年 10 月

绘 制 人：刘洋

比　　例：1∶15

图　　名：大腾子惜字塔东立面图

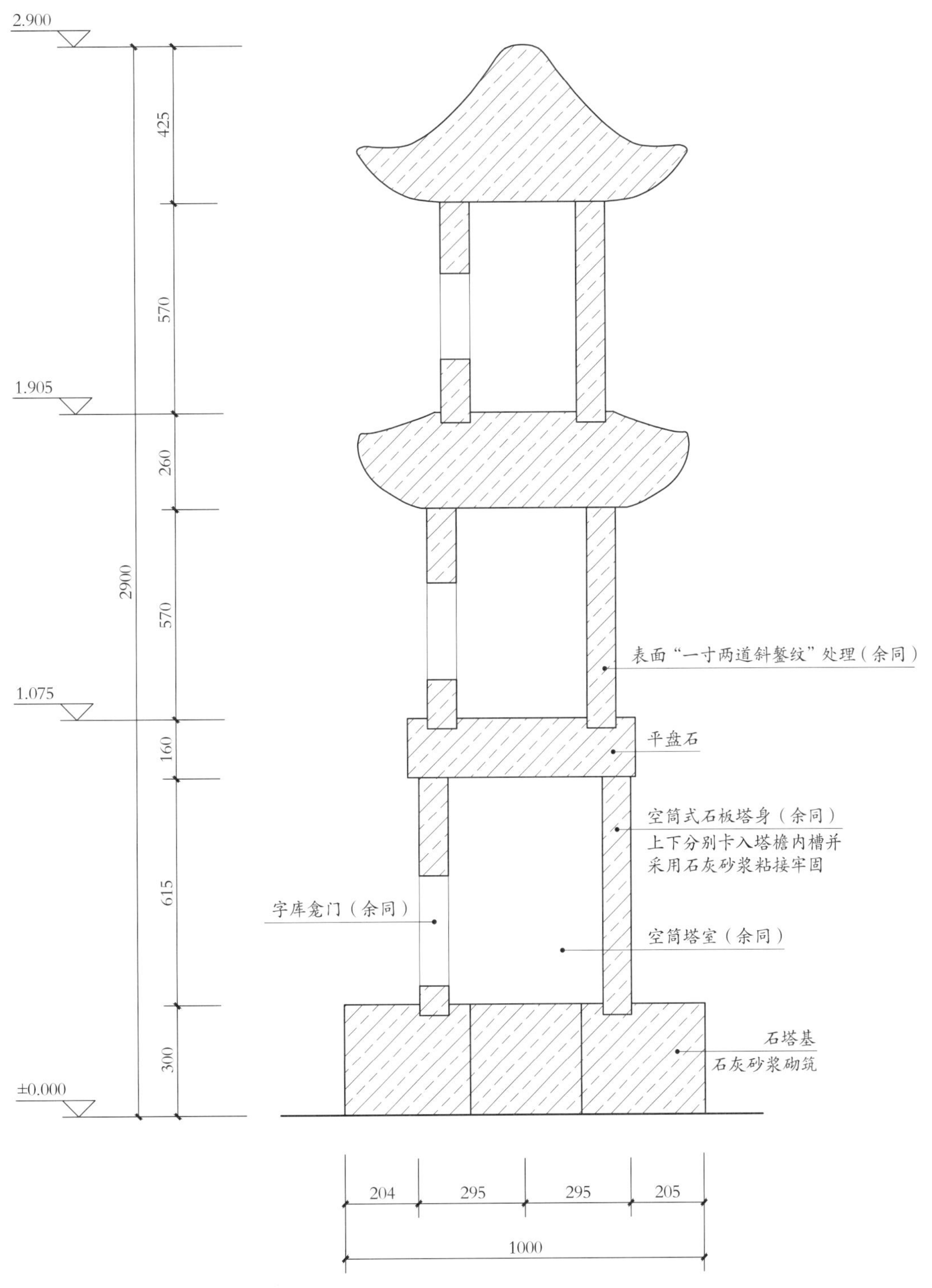

图号 06

绘制时间：2022 年 10 月

绘 制 人：刘洋

比　　例：1 : 15

图　　名：大腾子惜字塔剖面图

照片 01

拍摄时间：2022 年 10 月
拍 摄 人：刘洋
拍摄方向：由南向北
文物部位：南立面全景

照片 02

拍摄时间：2022 年 10 月
拍 摄 人：刘洋
拍摄方向：由西北向东南
文物部位：西北立面全景

照片 03

拍摄时间：2022 年 10 月

拍 摄 人：刘洋

拍摄方向：由北向南

文物部位：一层北立面

照片 04

拍摄时间：2022 年 10 月
拍 摄 人：刘洋
拍摄方向：由东北向西南
文物部位：三层及塔顶东北立面

照片 05

拍摄时间：2022 年 10 月
拍 摄 人：刘洋
拍摄方向：由东南向西北
文物部位：一层东南立面

屯口惜字塔

屯口惜字塔调查保护记录表

<table>
<tr><td>名　　称</td><td colspan="5">屯口惜字塔</td></tr>
<tr><td>年　　代</td><td colspan="2">清道光四年（1824）</td><td>类　别</td><td colspan="2">古建筑</td></tr>
<tr><td>所 在 地</td><td colspan="5">四川省泸州市古蔺县彰德街道太平街村 4 组</td></tr>
<tr><td>海　　拔</td><td>972.9 米</td><td>经　度</td><td>105°48'23.7"E</td><td>纬　度</td><td>28°5'33.4"N</td></tr>
<tr><td>保护级别</td><td colspan="5">一般不可移动文物</td></tr>
<tr><td>所 有 权</td><td colspan="2">集体所有</td><td>使用人</td><td colspan="2">彰德街道</td></tr>
<tr><td>管理机构</td><td colspan="5">古蔺县文旅局、彰德街道</td></tr>
<tr><td>用　　途</td><td colspan="5">活动场所</td></tr>
<tr><td>简　　介</td><td colspan="5">屯口惜字塔为三层八边形阁楼式石质空心塔，坐北向南；正方形台基长 1.4 米，高 0.1 米；八边形塔身逐层上收，均开窗，一层高 0.7 米，窗内供奉木雕菩萨二尊，横额阴刻“傅忧所”三字；二层高 0.75 米，镌楷书对联“启斯文之运，堂耀武之风”，上刻有“允文允武”四字；三层高 0.93 米，镌楷书对联“西湖三月景，南海一枝春”，上刻“白花山”三字；塔顶为宝刹顶，高 0.16 米；塔体高 3.6 米；题记年代为清道光四年。该塔历经两百年风霜雪雨的侵蚀依然保存完整，具有较高的历史价值。</td></tr>
<tr><td>文物描述</td><td colspan="5">屯口惜字塔由台基、塔身、塔檐、塔顶组成，为八边形阁楼式石质空心塔，逐层上收。整座塔用石灰、糯米浆、红砂石砌筑，榫卯卡槽式连接。
台　基：四边形素面台基。
塔　身：八边形塔身整石雕刻，榫卯连接，置于基座卡槽之上，分上中下三层，每层南面开拱形龛门；一层窗内供奉木雕菩萨二尊，横额阴刻“傅忧所”三字；二层拱形龛门左右镌楷书对联“启斯文之运，堂耀武之风”，上刻有“允文允武”四字；三层镌楷书对联“西湖三月景，南海一枝春”，上部横批刻“白花山”三字。
塔　檐：八角攒尖石雕塔檐。
塔　顶：整石雕刻宝珠。
真实性：屯口惜字塔基本保持了清代建筑形制，文物建筑在形制特征、材料和工艺特点等方面保留了历史原状，具有鲜明的地方特色，碑刻题记记载的历史和物质遗存可以相互印证，同时仍保留了宗教活动场所的简易功能。
完整性：屯口惜字塔整体保存状况较完整，基本保留了历史原构，留存不同时期的历史活动信息，周边环境能够真实反映惜字塔选址与地形地貌的关系。</td></tr>
<tr><td rowspan="2">文物调查</td><td>形制</td><td colspan="2">工艺</td><td>结构</td><td>材料</td></tr>
<tr><td>三层八边形阁楼式石塔</td><td colspan="2">柱身石构，红砂石、糯米浆砌筑，榫卯连接，各部构件整石雕刻，表面做细道和扁光相结合的加工工艺，龛门雕刻题记文字</td><td>石砌体榫卯连接，内部构造为单腔空筒式</td><td>石灰、糯米浆、红砂石</td></tr>
</table>

（续表）

文物本体历史沿革 根据塔身石刻题记文献记载，该惜字塔建于清道光四年。 1824年至今，该惜字塔未做过较大修缮，基本为原状保存。
保护管理工作沿革 2009年，对该文物建筑进行普查记录。 屯口惜字塔由彰德街道和古蔺县文旅局协同管理。
价值评估 屯口惜字塔由台基、塔身、塔檐和塔顶组成，为石质三层结构，建筑营造美观大方，结构连接严谨科学，整体庄严肃立，具有一定的历史价值。
风险评估 屯口惜字塔主要为石砌仿木结构，受大自然酸雨长期浸渍，有风化侵蚀的风险。 屯口惜字塔所处地区年雷雨天数较多，文物建筑遭受雷击风险较高。
现状评估 屯口惜字塔整体形制保存完整，局部受自然灾害影响而破损、位移，主要表现为三层塔身往东侧位移，塔檐翘角残损，拱形龛门破损，塔顶及塔身表层风化剥落，青苔、微生物滋生等。 屯口惜字塔位于山坡密林之中，周边杂草滋生，西南距太平村村委会约500米，距离公路约2公里，无便道。
“四有”工作情况 **保护范围：**暂未划定。 **保护标志：**无。 **记录档案：**屯口惜字塔保护档案已建立，现存于古蔺县文旅局。 **保护管理机构：**屯口惜字塔现由彰德街道管理，古蔺县文旅局主要负责对屯口惜字塔文物保护工作的监督、指导，并协同管理。
安全保卫情况 **安　防：**暂未安装监控等相关安防预警设施。 **消　防：**未设置消防设施，火灾发生时无法满足救灾的需求。 **防　雷：**屯口惜字塔未安装防雷设施，无法满足防雷要求。
调查、考古、保护、展示工作 **保护工作：**古蔺县文旅局定期对文物保护单位进行安全巡查。 **利用情况：**当地宗教信徒开展宗教活动，燃香祈福。
下一阶段保护、管理、使用计划 **保护区划：**调整、完善保护区划。 **本体保护：**制订保护计划，对惜字塔存在影响其安全的病害，根据最小干预的保护原则按原状进行修复。 **修缮措施：**加强日常维护，现状保存。 **加强研究：**加强对屯口惜字塔历史价值的研究工作。 **安全防护：**进一步完善安防、消防、防雷等防护措施。 **环境整治：**周边地面适当硬化（采用传统方式，如铺设石板），保护台基，增设周边排水沟，修建文物工作巡查道路，靠近山坡处增设石质挡土墙。 **管理工作：**完善管理机制，增设管理人员，每年定期对文物进行安全巡查。

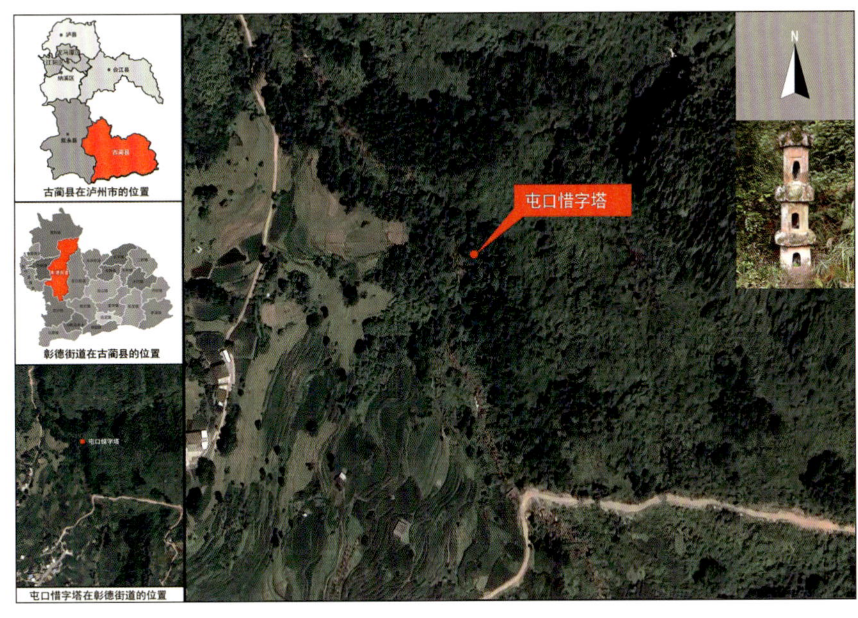

图号 01

绘制时间：2022 年 10 月
绘 制 人：刘洋
图　　名：屯口惜字塔区位图

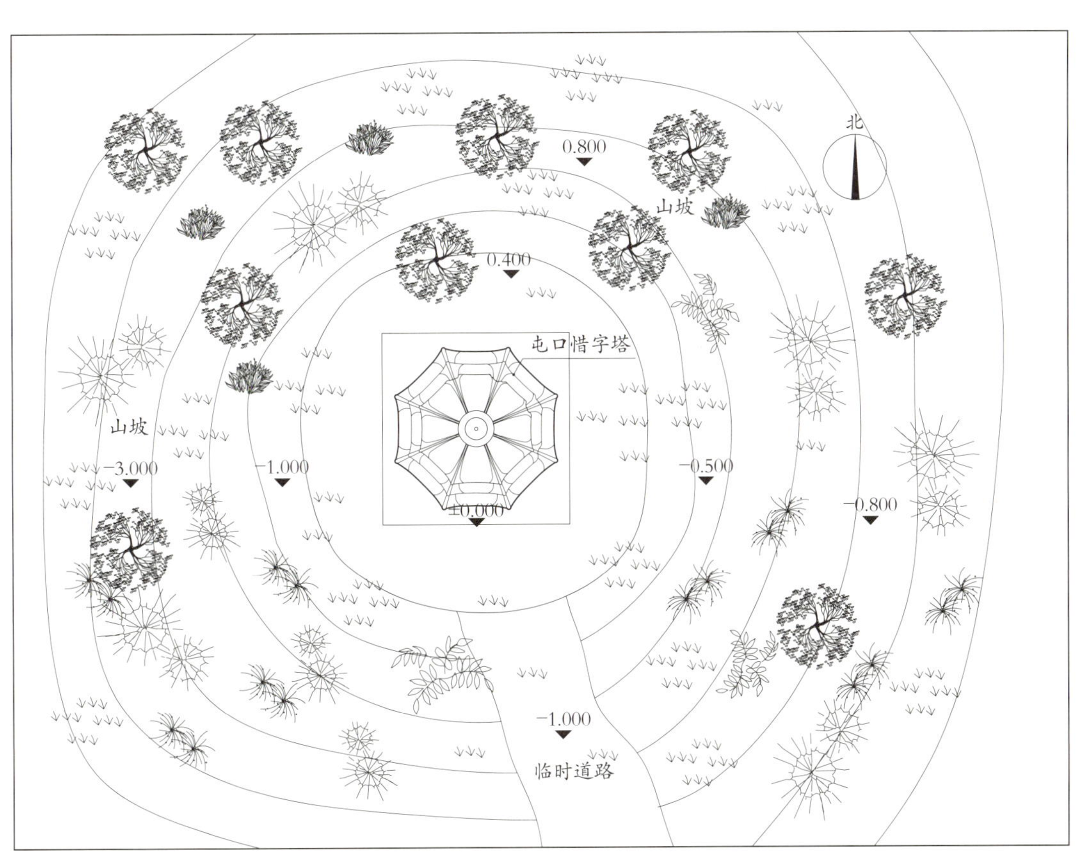

图号 02

绘制时间：2022 年 10 月
绘 制 人：刘洋
比　　例：1:20
图　　名：屯口惜字塔总平面图

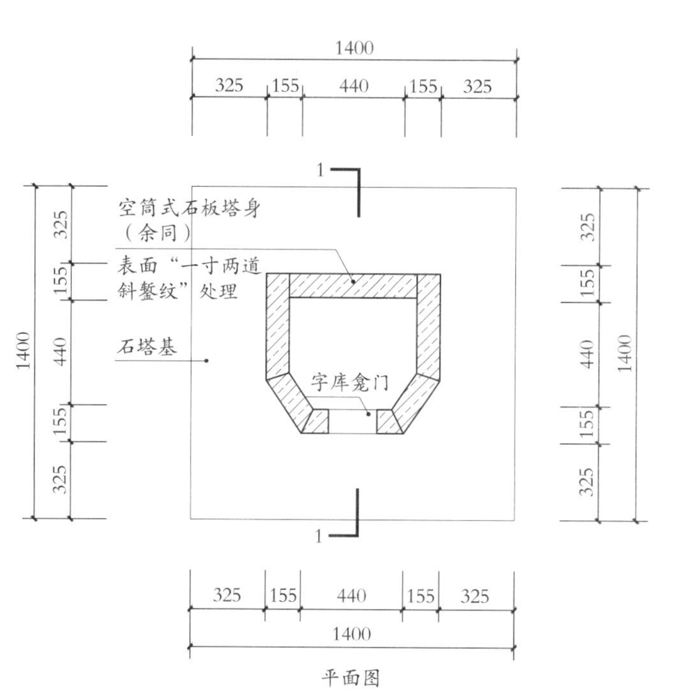

平面图

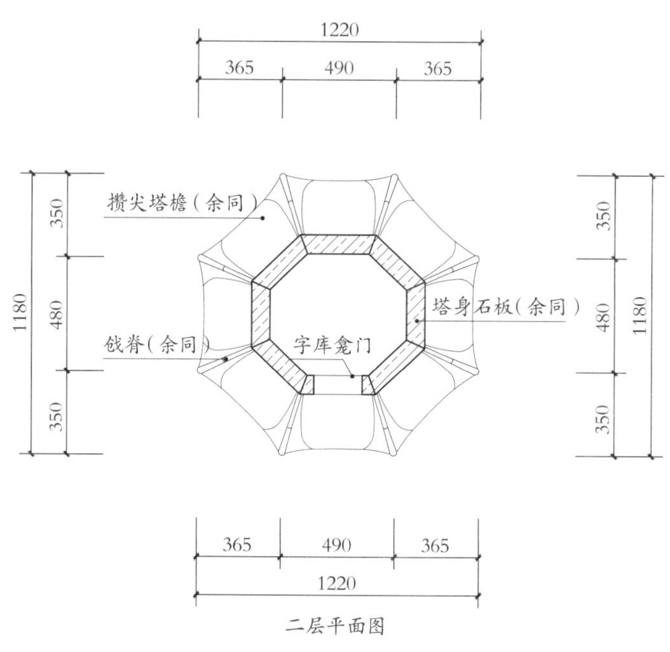

二层平面图

图号 03

绘制时间：2022 年 10 月

绘 制 人：刘洋

比　　例：1∶20

图　　名：屯口惜字塔平面图、二层平面图

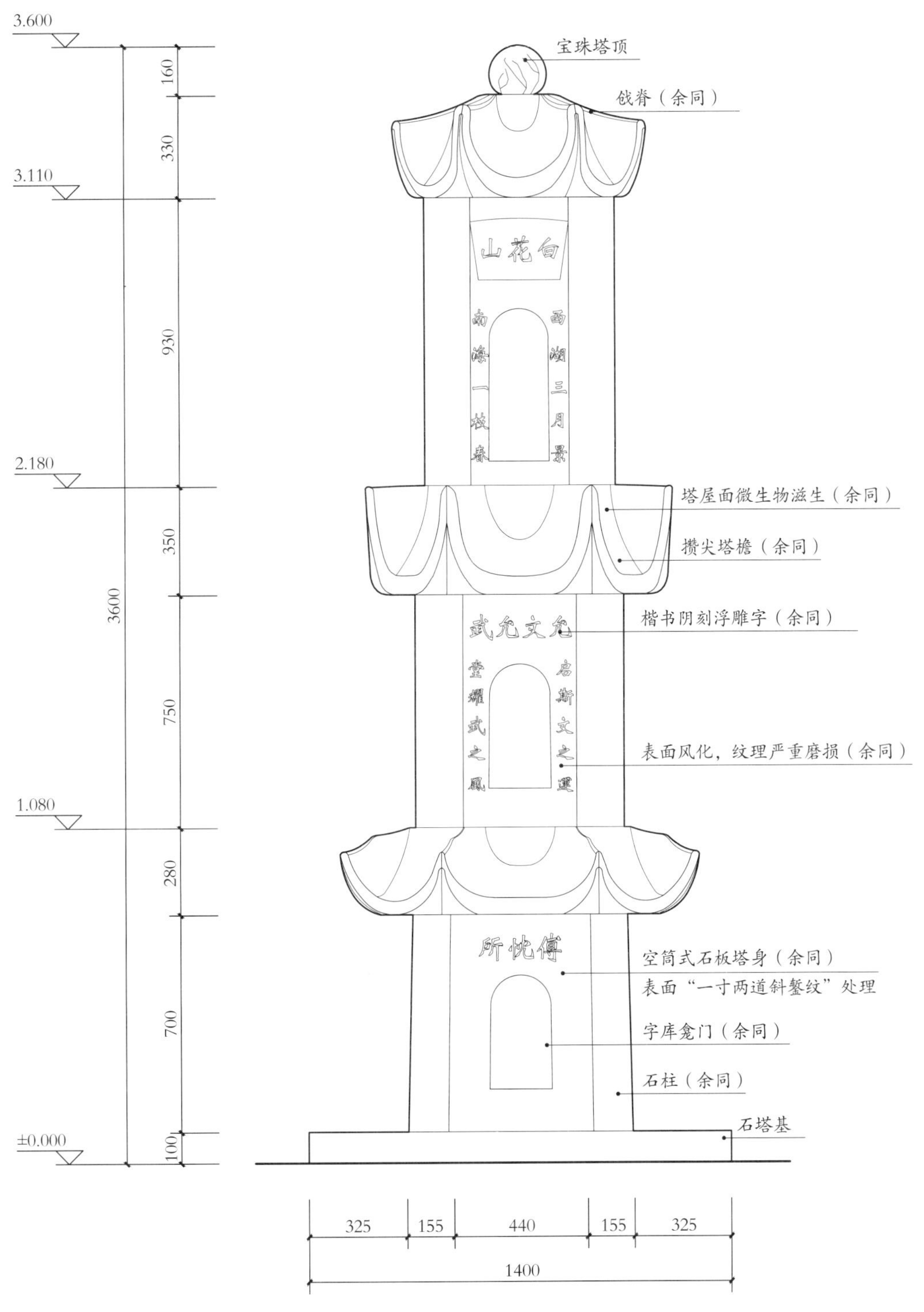

图号 04

绘制时间：2022 年 10 月

绘 制 人：刘洋

比　　例：1:15

图　　名：屯口惜字塔南立面图

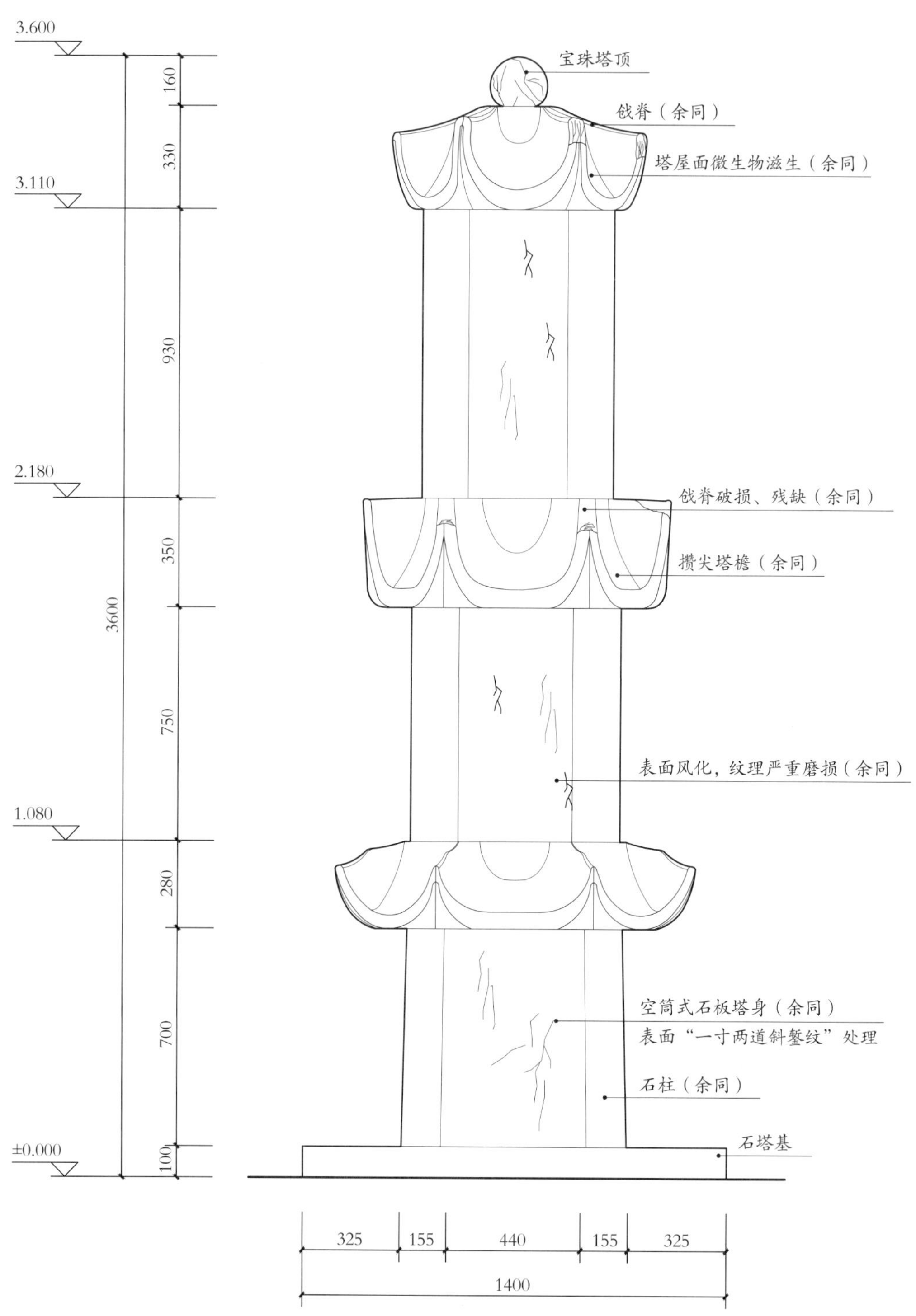

图号 05

绘制时间：2022 年 10 月
绘 制 人：刘洋
比　　例：1∶15
图　　名：屯口惜字塔东立面图

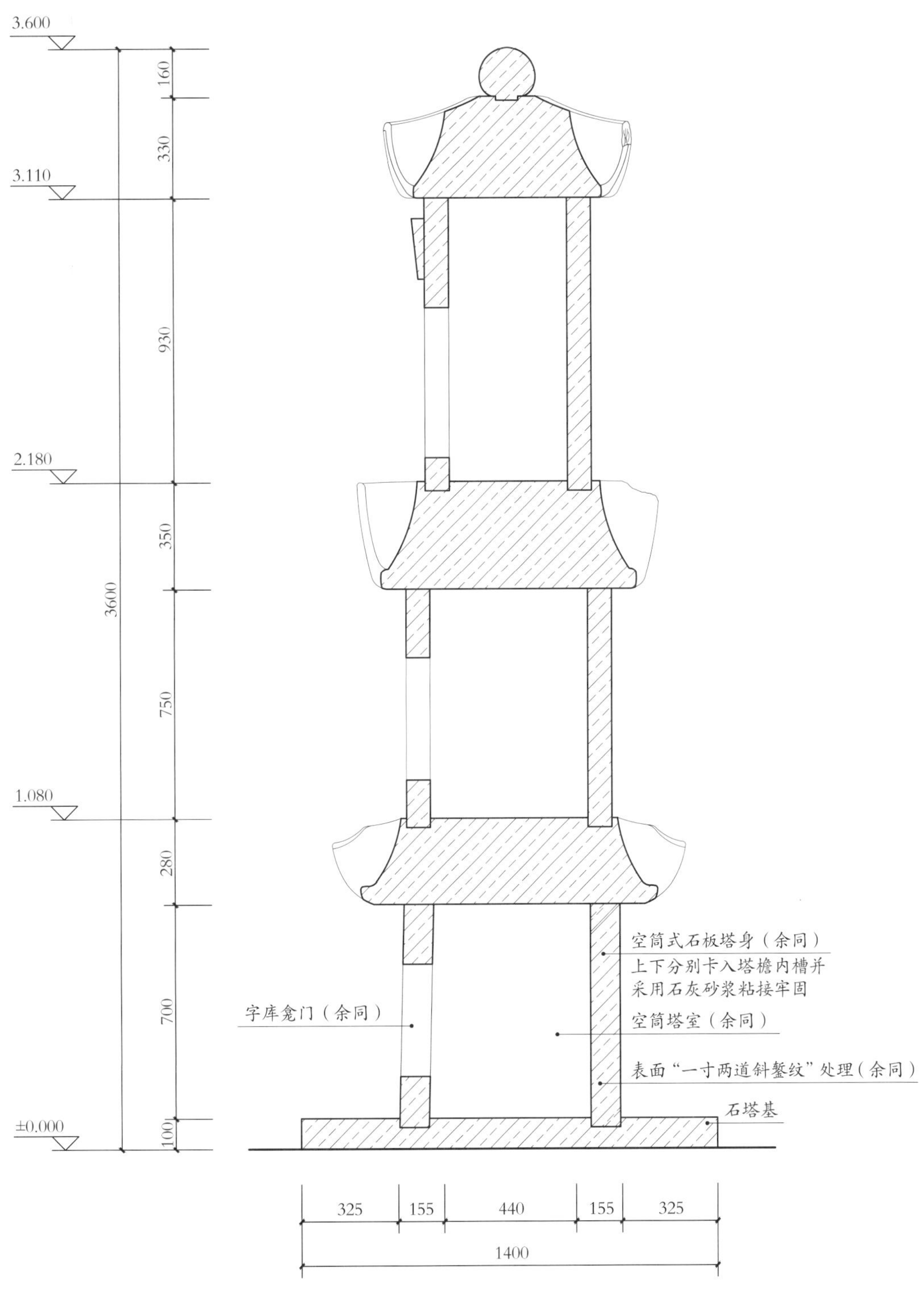

图号 06

绘制时间：2022 年 10 月

绘 制 人：刘洋

比　　例：1∶15

图　　名：屯口惜字塔剖面图

照片 01

拍摄时间：2022 年 10 月
拍 摄 人：刘洋
拍摄方向：由南向北俯视
文物部位：南立面全景

照片 02

拍摄时间：2022 年 10 月
拍 摄 人：刘洋
拍摄方向：由南向北平视
文物部位：南立面全景

照片 03

拍摄时间：2022 年 10 月
拍 摄 人：刘洋
拍摄方向：由北向南仰视
文物部位：北立面

照片 04

拍摄时间：2022 年 10 月
拍 摄 人：刘洋
拍摄方向：由北向南
文物部位：一层北立面

照片 05

拍摄时间：2022 年 10 月
拍 摄 人：刘洋
拍摄方向：由北向南
文物部位：一层石构件残缺

照片 06

拍摄时间：2022 年 10 月
拍 摄 人：刘洋
拍摄方向：由南向北
文物部位：塔顶南立面

石笋场惜字塔

石笋场惜字塔调查保护记录表

<table>
<tr><td>名　　称</td><td colspan="5">石笋场惜字塔</td></tr>
<tr><td>年　　代</td><td colspan="2">清道光十一年（1831）</td><td>类　别</td><td colspan="2">古建筑</td></tr>
<tr><td>所 在 地</td><td colspan="5">四川省泸州市古蔺县龙山镇仁和村 2 社</td></tr>
<tr><td>海　　拔</td><td>978 米</td><td>经　度</td><td>106°2'57.1"E</td><td>纬　度</td><td>28°0'24.8"N</td></tr>
<tr><td>保护级别</td><td colspan="5">一般不可移动文物</td></tr>
<tr><td>所 有 权</td><td colspan="2">集体所有</td><td>使用人</td><td colspan="2">仁和村</td></tr>
<tr><td>管理机构</td><td colspan="5">古蔺县文旅局、龙山镇</td></tr>
<tr><td>用　　途</td><td colspan="5">活动场所</td></tr>
<tr><td>简　　介</td><td colspan="5">石笋场惜字塔为三层多边形镂空式空心石塔，坐西北向东南；四边形素面台基，长约 2.1 米，宽 2 米，高 0.15 米，塔身正面层层开窗，每层均饰有花草纹饰。第一层立柱上刻有龙云深浅浮雕，空心塔窗内有一尊佛像，横额上刻“三圣宫”三字；二层横额上刻有“文昌殿”三字，题记年代为清道光十一年；塔顶为四角攒尖顶，惜字塔总高约 6.6 米。该塔所饰的深、浅浮雕和圆雕、镂空雕雕刻手法细腻、技法高超，极大丰富了古蔺石刻艺术的内涵。</td></tr>
<tr><td>文物描述</td><td colspan="5">石笋场惜字塔由台基、塔身、塔檐、塔顶组成，为多边形阁楼式石质空心塔，整座塔用石灰、糯米浆、青石砌筑，榫卯卡槽式连接。
台　基：四边形素面台基，表面做磨光处理。
塔　身：塔身石板和角柱榫卯连接，置于基座卡槽之上，分上中下三层，逐层上收。一层为八边形，第一层角柱上阴刻对联一副，东南面开长方形窗，塔窗内有一尊佛像，横额上刻“三圣宫”三字；二层为六边形，东南面开长方形窗，横额上刻有“文昌殿”三字，两侧角柱上阴刻对联一副，角柱上部有一对圆雕石狮，题记年代为清道光十一年；第三层为四边形，东南面开拱形窗，上部刻“观音堂”三字，两侧角柱阴刻对联一副。
塔　檐：一层为八角攒尖石雕塔檐，二层为六角攒尖石雕塔檐，三层为四角攒尖石雕塔檐。
塔　顶：四边形整石雕刻宝珠塔顶。
真实性：石笋场惜字塔基本保持了清代建筑形制，文物建筑在形制特征、材料和工艺特点等方面保留了历史原状，具有鲜明的地方特色，碑刻题记记载的历史和物质遗存可以相互印证，同时仍保留了宗教活动场所的简易功能。
完整性：石笋场惜字塔整体保存状况较完整，基本保留了历史原构，留存不同时期的历史活动信息，周边环境能够真实反映惜字塔选址与地形地貌的关系。</td></tr>
<tr><td rowspan="2">文物调查</td><td>形制</td><td colspan="2">工艺</td><td>结构</td><td>材料</td></tr>
<tr><td>三层多边形阁楼式石塔</td><td colspan="2">柱、板、枋、顶石构糯米浆、青石砌筑，榫卯连接，各部构件整石雕刻，铁件连接，表面做扁光处理，龛门表面刻饰浮雕图案及阴刻题记文字</td><td>仿木榫卯结构，内部构造为单腔空筒式</td><td>石灰、糯米浆、青石</td></tr>
</table>

（续表）

文物本体历史沿革 根据塔身石刻题记文献记载，该惜字塔建于清道光十一年。 至今，该惜字塔未做过较大修缮，基本为原状保存，后期佛教信徒添置佛像于龛内作祈福之用。
保护管理工作沿革 2009 年，对该文物建筑进行普查记录。 至今，石笋场惜字塔由龙山镇和古蔺县文旅局协同管理。
价值评估 石笋场惜字塔由台基、塔身、塔檐和塔顶组成，为石质三层仿木结构，其上饰有瑞兽等主题的圆雕，建筑营造美观大方，结构连接严谨科学，整体庄严肃立，具有一定科学价值。
风险评估 石笋场惜字塔主要为石砌仿木结构，受大自然酸雨长期浸渍，有风化侵蚀的风险。 石笋场惜字塔所处地区年雷雨天数较多，文物建筑遭受雷击风险较高。 石笋场惜字塔地处偏僻的山林地区，塔身构件雕刻精美，神韵独特，存在一定的被盗隐患。
现状评估 石笋场惜字塔整体形制保存完整，石构件表面多风化，塔檐开裂、位移，塔檐顶部青苔滋生。 石笋场惜字塔西南距迎风小学约 300 米，位于公路旁，交通便利。
“四有”工作情况 **保护范围**：暂未划定。 **保护标志**：无。 **记录档案**：石笋场惜字塔保护档案已建立，现存于古蔺县文旅局。 **保护管理机构**：石笋场惜字塔现由龙山镇管理，古蔺县文旅局主要负责对石笋场惜字塔文物保护工作的监督、指导，并协同管理。
安全保卫情况 **安　防**：暂未安装监控等相关安防预警设施。 **消　防**：无消防设施。 **防　雷**：石笋场惜字塔未安装防雷设施，无法满足防雷要求。
调查、考古、保护、展示工作 **保护工作**：古蔺县文旅局定期对文物保护单位进行安全巡查。 **利用情况**：当地宗教信徒开展宗教活动，燃香祈福。
下一阶段保护、管理、使用计划 **保护区划**：调整、完善保护区划。 **本体保护**：制订保护计划，消除存在的影响惜字塔安全的隐患，根据最小干预的保护原则按原状进行修复。 **保护措施**：现状整修加固，加强日常维护。 **加强研究**：加强对石笋场惜字塔历史价值、科学价值的研究工作。 **安全防护**：进一步完善安防、消防、防雷等防护措施。 **环境整治**：惜字塔周边增设石质防护栏杆，对影响历史风貌的非文物建（构）筑物进行改造或拆除。 **管理工作**：完善管理机制，增设管理人员。

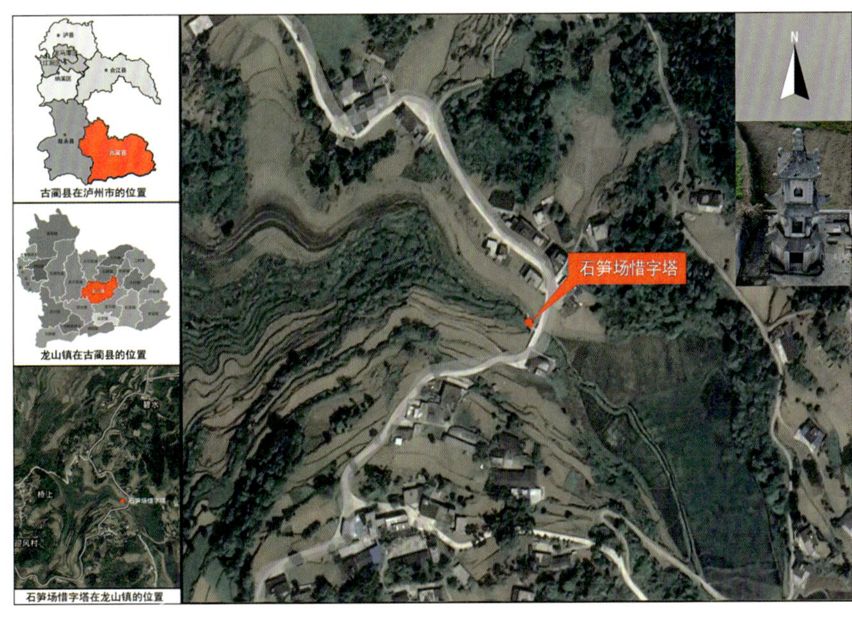

图号 01

绘制时间：2022 年 10 月

绘 制 人：刘洋

图　　名：石笋场惜字塔区位图

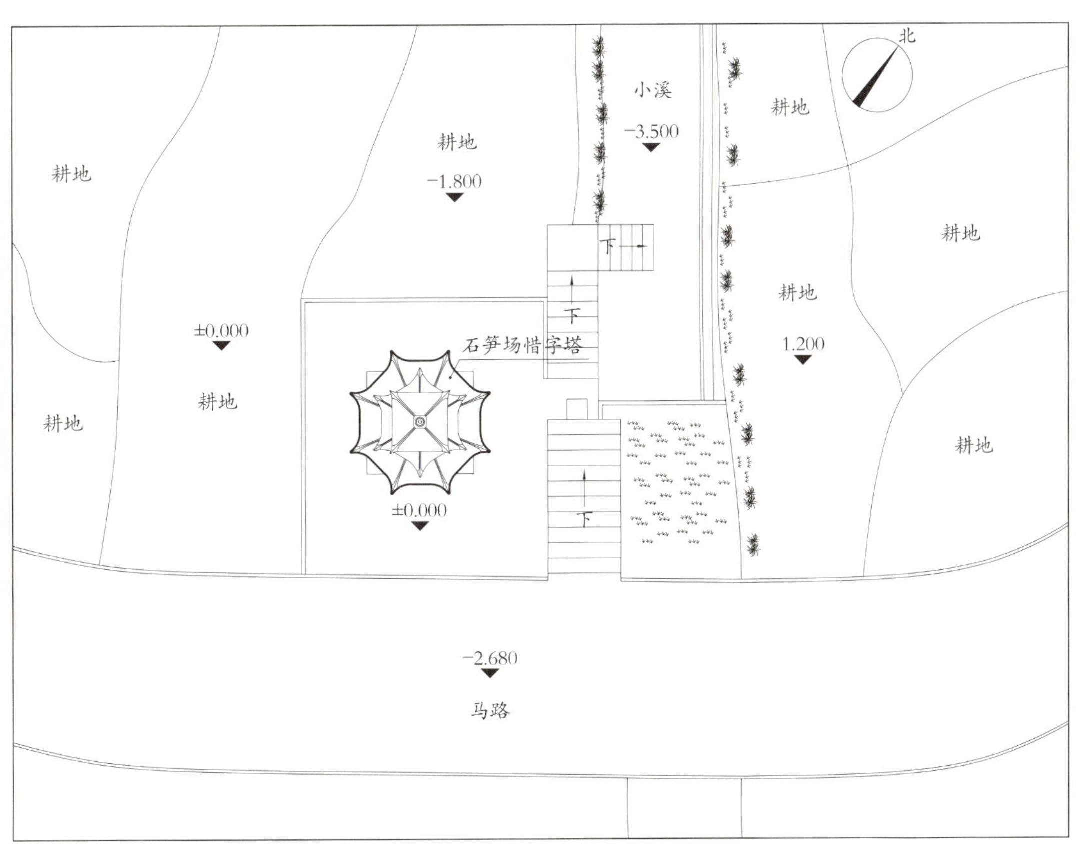

图号 02

绘制时间：2022 年 10 月

绘 制 人：刘洋

比　　例：1∶60

图　　名：石笋场惜字塔总平面图

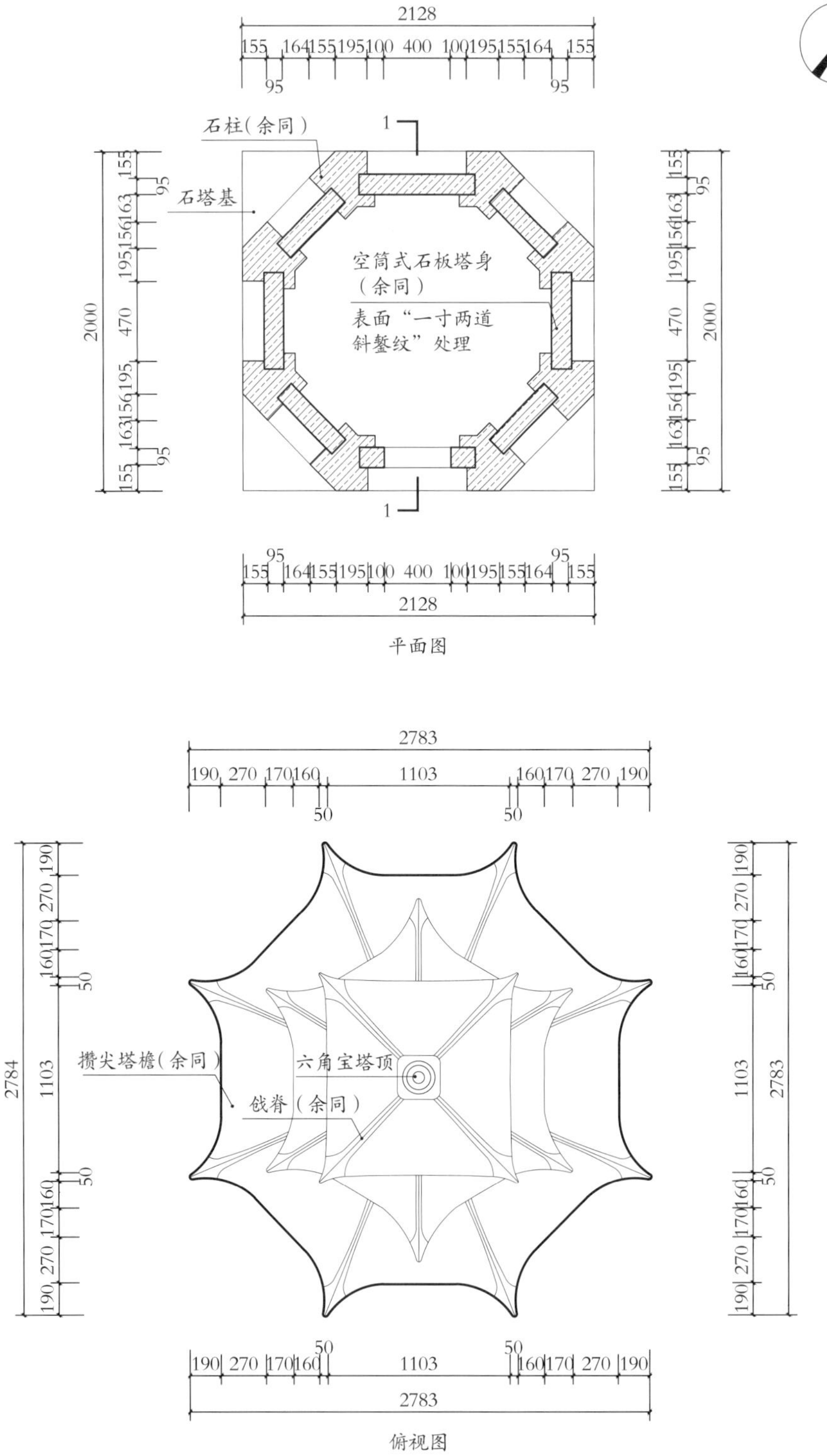

平面图

俯视图

图号 03

绘制时间：2022 年 10 月

绘 制 人：刘洋

比　　例：1:20

图　　名：石笋场惜字塔平面图、俯视图

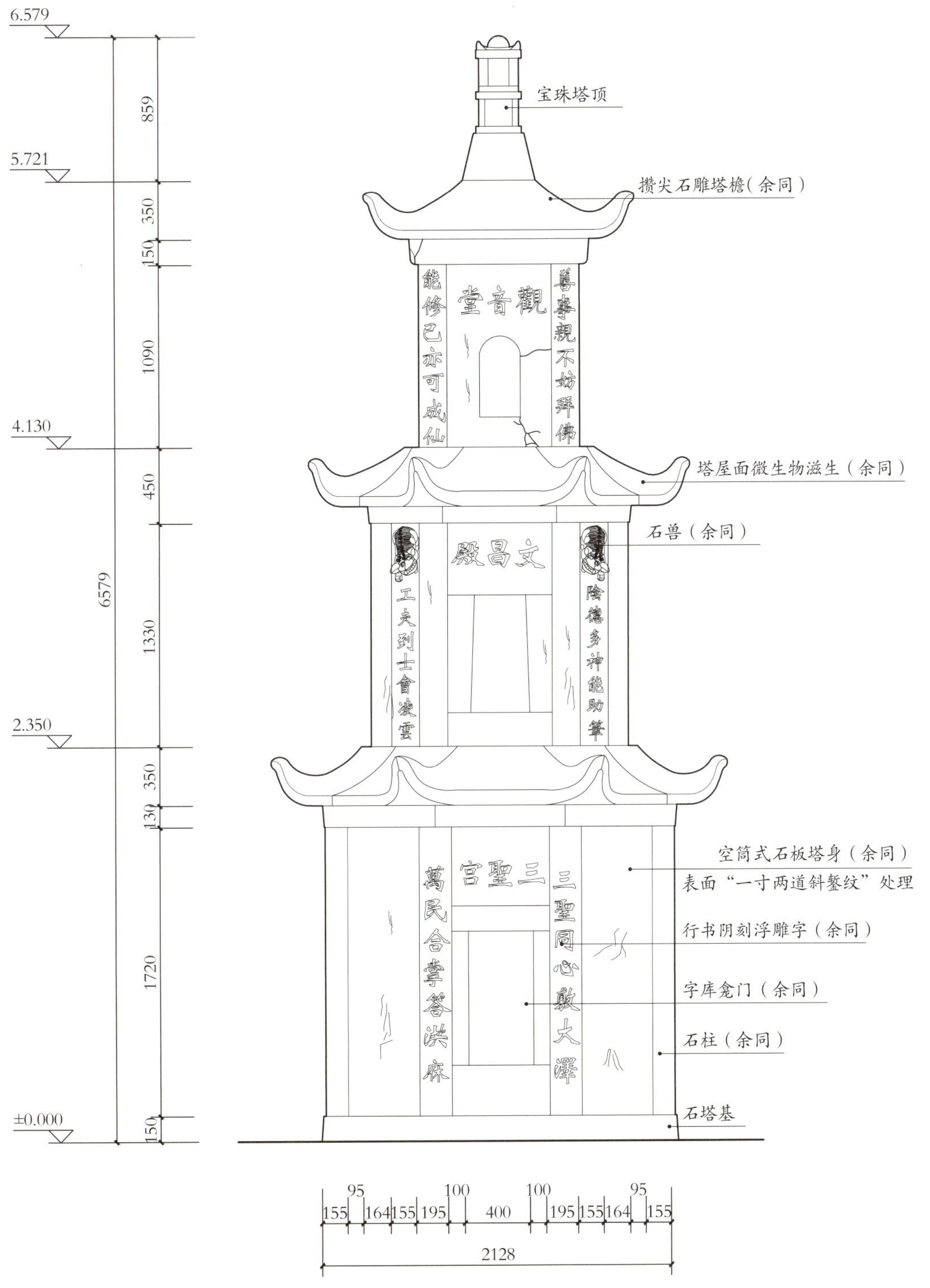

图号 04

绘制时间：2022 年 10 月

绘 制 人：刘洋

比　　例：1:25

图　　名：石笋场惜字塔东南立面图

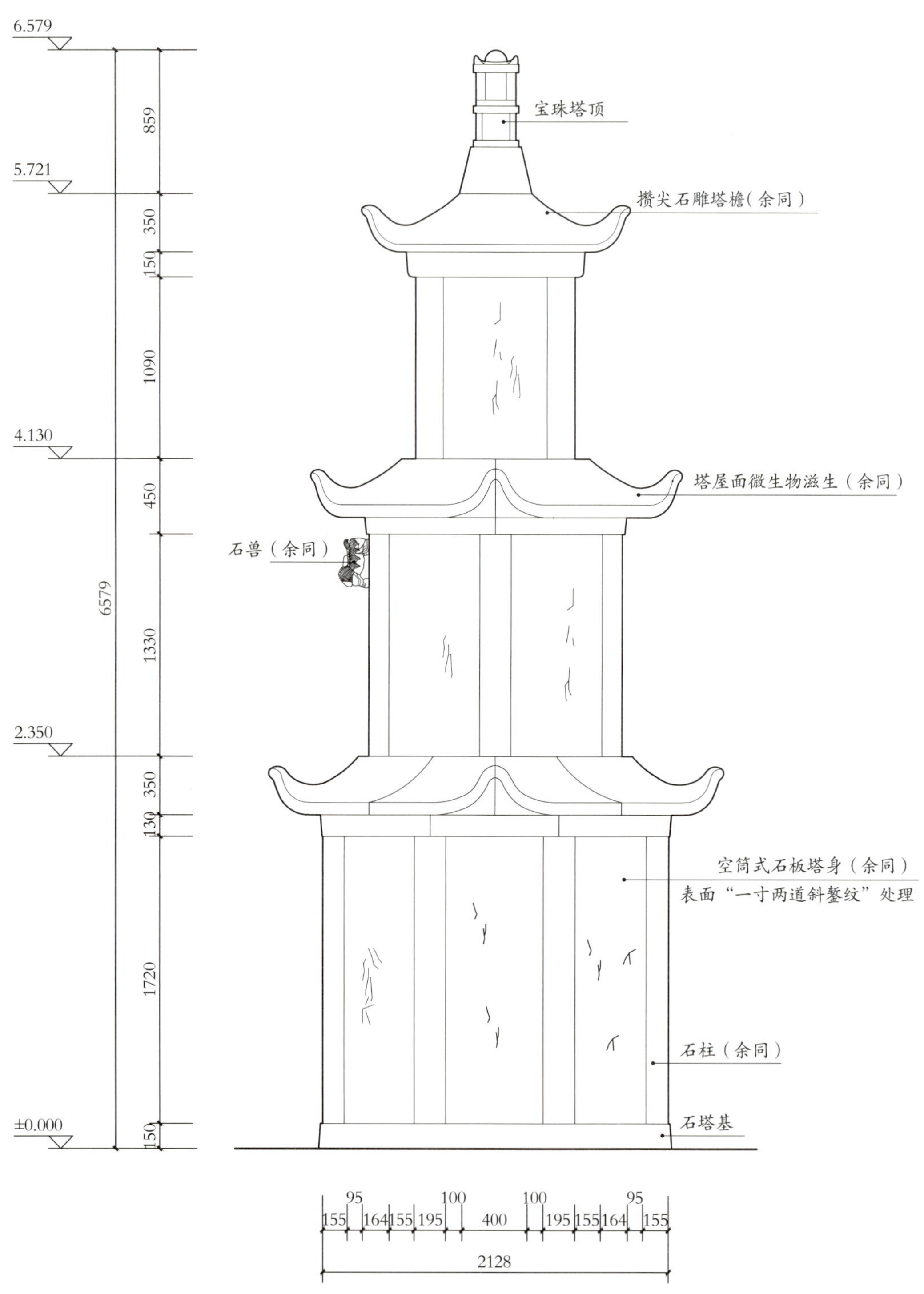

图号 05

绘制时间：2022 年 10 月

绘 制 人：刘洋

比　　例：1∶25

图　　名：石笋场惜字塔东北立面图

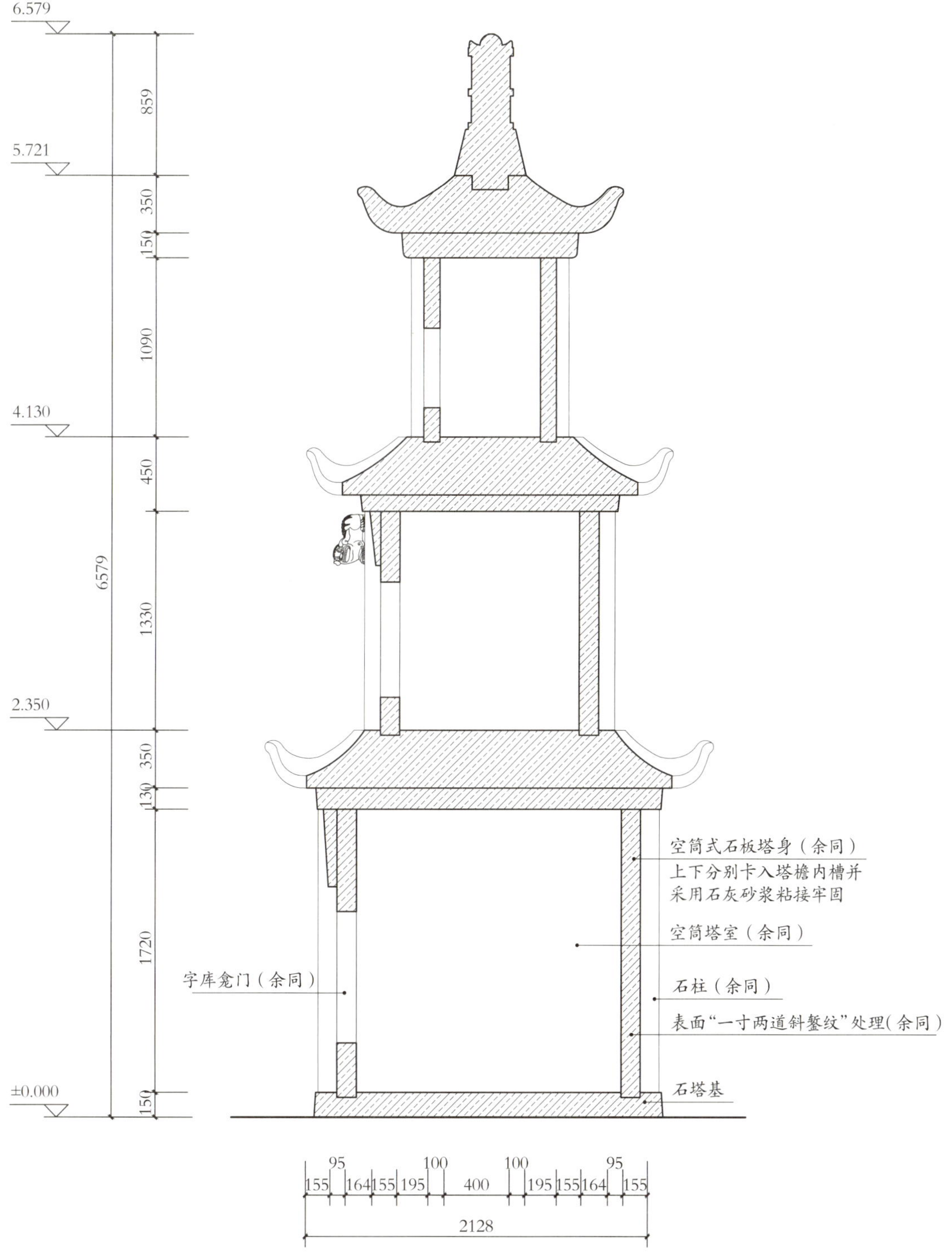

图号 06

绘制时间：2022 年 10 月

绘 制 人：刘洋

比　　例：1∶25

图　　名：石笋场惜字塔剖面图

照片 01

拍摄时间：2022 年 10 月

拍 摄 人：刘洋

拍摄方向：由东南向西北俯视

文物部位：东南立面全景

照片 02

拍摄时间：2022 年 10 月

拍 摄 人：刘洋

拍摄方向：由西南向东北

文物部位：西南立面全景

照片 03

拍摄时间：2022 年 10 月
拍 摄 人：刘洋
拍摄方向：由东北向西南
文物部位：东北立面全景

照片 04

拍摄时间：2022 年 10 月
拍 摄 人：刘洋
拍摄方向：由西北向东南
文物部位：西北立面全景

照片 05

拍摄时间：2022 年 10 月
拍 摄 人：刘洋
拍摄方向：由东南向西北
文物部位：一层东南立面

照片 06

拍摄时间：2022 年 10 月
拍 摄 人：刘洋
拍摄方向：由东南向西北
文物部位：二层东南立面

照片 07

拍摄时间：2022 年 10 月
拍 摄 人：刘洋
拍摄方向：由东南向西北
文物部位：二层东南立面石狮

生福寿惜字塔

生福寿惜字塔调查保护记录表

<table>
<tr><td>名　称</td><td colspan="5">生福寿惜字塔</td></tr>
<tr><td>年　代</td><td colspan="2">清</td><td>类　别</td><td colspan="2">古建筑</td></tr>
<tr><td>所在地</td><td colspan="5">四川省泸州市古蔺县龙山镇老马村</td></tr>
<tr><td>海　拔</td><td>1190.1 米</td><td>经　度</td><td>106°7'37.7"E</td><td>纬　度</td><td>27°59'7.3"N</td></tr>
<tr><td>保护级别</td><td colspan="5">市级文物保护单位</td></tr>
<tr><td>所有权</td><td colspan="2">集体所有</td><td>使用人</td><td colspan="2">老马村</td></tr>
<tr><td>管理机构</td><td colspan="5">古蔺县文旅局、龙山镇</td></tr>
<tr><td>用　途</td><td colspan="5">活动场所</td></tr>
<tr><td>简　介</td><td colspan="5">生福寿惜字塔为四层四边形阁楼式空心石塔，坐西北向东南。长方形台基乃用条石垒砌，高近 1 米，有破损。塔身正面层层开窗，一层边长 1.25 米，高 1.44 米；二层边长 1 米，高 1.2 米；三层边长 0.75 米，高 1.1 米；四层边长 0.5 米，高 1 米；攒尖顶高 0.35 米。正面每层有花草纹饰，第一层立柱上刻有龙云深浅浮雕，空心塔窗内有一尊佛像；二层横额上刻有“二圣宫”，立柱上刻有“文武二夫子，忠孝两圣人”；三层横额上刻“神农殿”；四层横额上刻“南海岸”，立柱刻对联“莲台□瑞、宝婺呈祥”；距塔 7 米处立有四方碑一通，上刻有“生福寿”三字；二、三、四层立柱上刻有栩栩如生的人物、动物、圆雕 3 幅，第二层为异形开窗，其余为“门”字拱形窗，顶为宝珠顶；其深浅浮雕、圆雕、镂空雕手法细腻，极大丰富了古蔺石刻艺术的内涵。</td></tr>
<tr><td>文物描述</td><td colspan="5">生福寿惜字塔由台基、塔身、塔檐、塔顶组成，为四边形阁楼式石质空心塔，整座塔用石灰、糯米浆、青石砌筑，榫卯卡槽式连接。
台　基：四边形素面台基，表面不做磨光处理而采用錾纹处理。
塔　身：四边形塔身石板和角柱、额枋、顶檐榫卯连接，置于基座卡槽之上；共四层，逐层上收，正面每层有花草纹饰。第一层角柱上刻有龙云深浅浮雕，空心塔窗内有一尊佛像；二层横额上刻有“二圣宫”，立柱上刻有“文武二夫子，忠孝两圣人”；三层横额上刻“神农殿”；四层横额上刻“南海岸”，角柱刻对联“莲台□瑞、宝婺呈祥”，角柱上部有圆雕石狮；四层角柱上部有圆雕人物。第二层为正面异形开窗，其余为“门”字拱形窗。
塔　檐：四角攒尖石雕塔檐。
塔　顶：四边形整石雕刻宝珠塔顶。
真实性：生福寿惜字塔基本保持了清代建筑形制，文物建筑在形制特征、材料和工艺特点等方面保留了历史原状，具有鲜明的地方特色，碑刻题记记载的历史和物质遗存可以相互印证，同时仍保留了宗教活动场所的简易功能。
完整性：生福寿惜字塔整体保存状况较完整，基本保留了历史原构，留存不同时期的历史活动信息，周边环境能够真实反映惜字塔选址与地形地貌的关系。</td></tr>
</table>

（续表）

文物调查	形制	工艺	结构	材料
	四层四边形阁楼式石塔	柱、板、枋、顶石构糯米浆、青石砌筑，榫卯连接，各部构件整石雕刻，表面做细道和扁光相结合的加工工艺，龛门表面浮雕纹饰及阴刻题记文字	仿木榫卯结构，内部构造为单腔空筒式	石灰、糯米浆、青石

文物本体历史沿革

根据塔身石刻题记文献记载，该惜字塔建于清代。

至今，该惜字塔未做过较大修缮，基本为原状保存。

保护管理工作沿革

2009 年，对该文物建筑进行普查记录。

2010 年 12 月，泸州市人民政府以泸市府函〔2010〕259 号文公布生福寿惜字塔为泸州市级文物保护单位。

至今，生福寿惜字塔由龙山镇和古蔺县文旅局协同管理。

价值评估

生福寿惜字塔由台基、塔身、塔檐和塔顶组成，为石质四层仿木结构，整座塔用石灰、糯米浆、青石砌筑，榫卯卡槽式连接。其上饰有瑞兽、人物、花草等主题的深、浅浮雕和圆雕，寓意吉祥如意、繁衍生息及保佑一方水土平安，其雕刻手法娴熟飘逸、精湛细腻；建筑营造美观大方，结构连接严谨科学，整体庄严肃立；雕刻栩栩如生、活灵活现，具有一定的科学价值和艺术价值。

风险评估

生福寿惜字塔主要为石砌仿木结构，受大自然酸雨长期浸渍，有风化侵蚀的风险。

生福寿惜字塔所处地区年雷雨天数较多，文物建筑遭受雷击风险较高。

生福寿惜字塔地处偏僻的山林地区，塔身构件雕刻精美，神韵独特，存在一定的被盗隐患。

现状评估

生福寿惜字塔整体形制保存完整，局部受自然灾害影响而破损、残缺、开裂，主要表现为塔檐翘角局部残损，塔檐位移、开裂，青苔滋生。

生福寿惜字塔西北距龙平小学约 2500 米，距离乡村水泥公路及当地居民住宅约 200 米，通往此塔的道路为两段，其中一段为泥土道路，长约 120 米，此塔坐落于猕猴桃生态基地里，塔周围有很多小的石山。

“四有”工作情况

保护范围：以台基边缘为基线，东、南、西、北面各外延 5 米，东西长 10 米，南北宽 10 米。

保护标志：生福寿惜字塔南侧有保护标志一处。

记录档案：生福寿惜字塔保护档案已建立，现存于古蔺县文旅局。

保护管理机构：生福寿惜字塔现由龙山镇管理，古蔺县文旅局主要负责对生福寿惜字塔文物保护工作的监督、指导，并协同管理。

安全保卫情况

安　防：暂未安装监控等相关安防预警设施。

消　防：无消防设施。

防　雷：生福寿惜字塔未安装防雷设施，无法满足防雷要求。

（续表）

调查、考古、保护、展示工作 保护工作：古蔺县文旅局定期对文物保护单位进行安全巡查。 利用情况：当地宗教信徒开展宗教活动，燃香祈福。
下一阶段保护、管理、使用计划 保护区划：调整、完善保护区划。 本体保护：制订保护计划，消除存在的影响惜字塔安全的隐患，根据最小干预的保护原则按原状进行修复。 保护措施：现状整修加固。 加强研究：加强对生福寿惜字塔科学价值和艺术价值的研究工作。 安全防护：进一步完善安防、消防、防雷等防护措施。 环境整治：加强日常维护，清理周边杂草及塔身青苔。 管理工作：完善管理机制，增设管理人员。

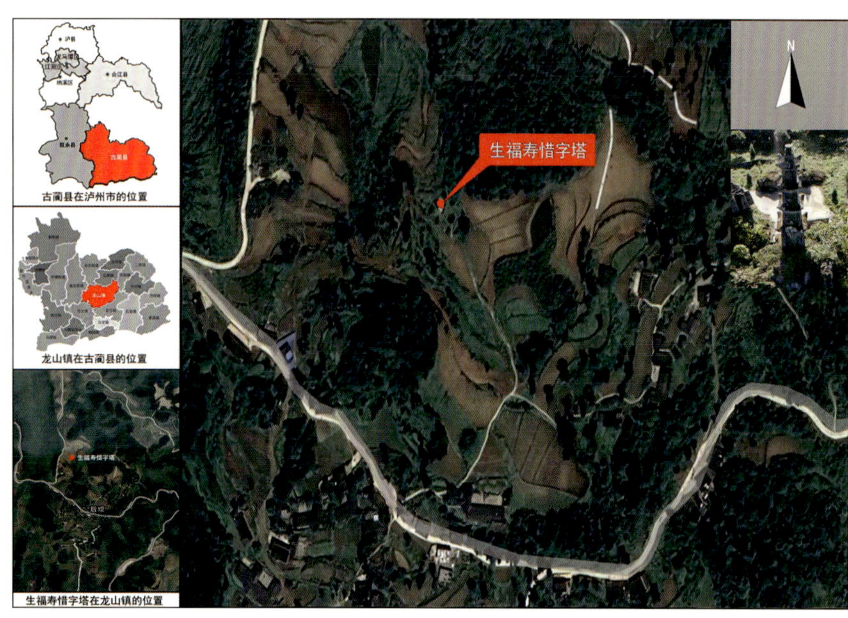

图号 01

绘制时间：2022 年 10 月

绘 制 人：刘洋

图　　名：生福寿惜字塔区位图

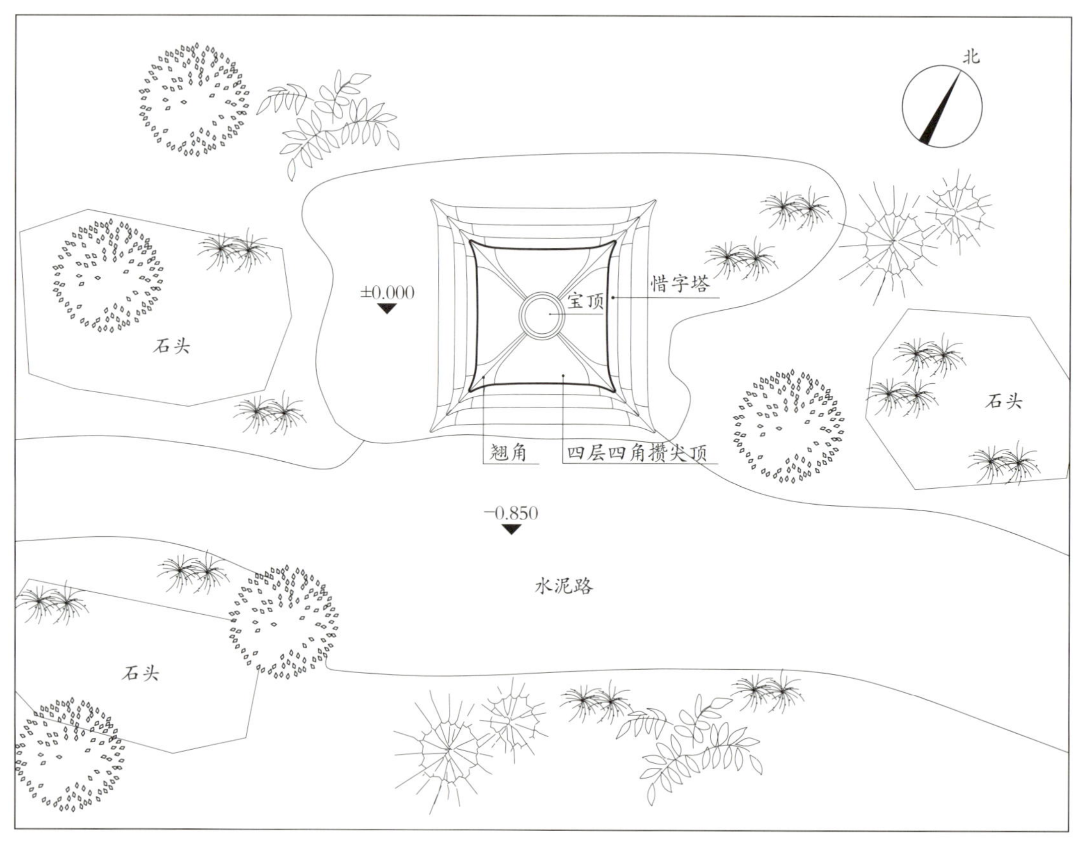

图号 02

绘制时间：2022 年 10 月

绘 制 人：刘洋

比　　例：1∶25

图　　名：生福寿惜字塔总平面图

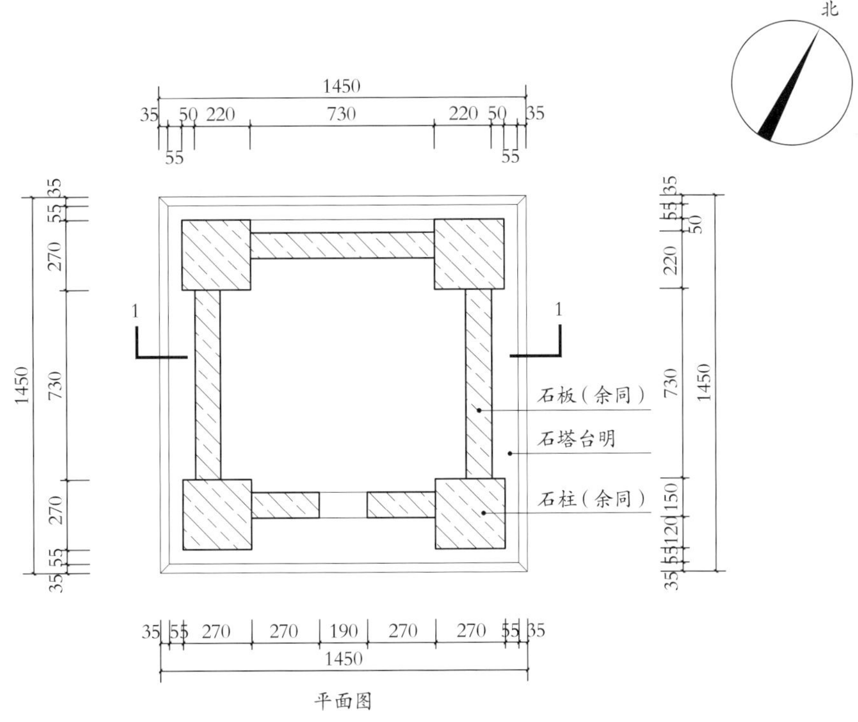

平面图

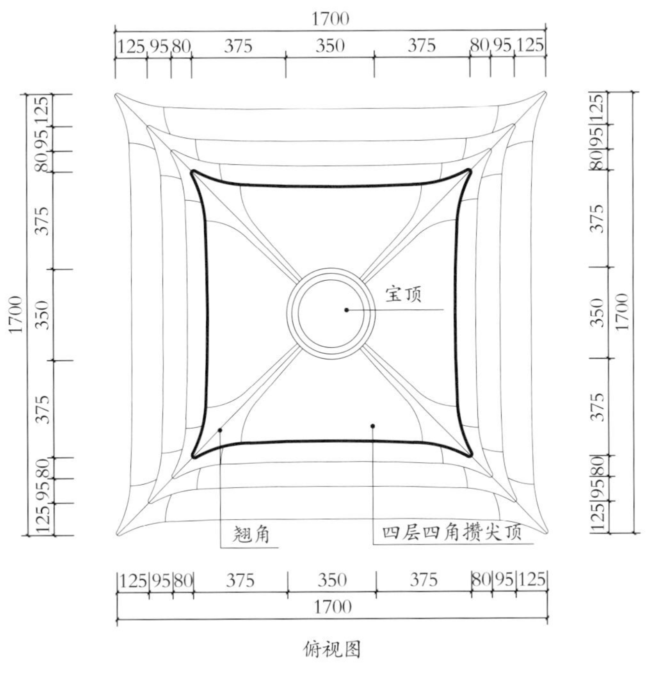

俯视图

图号 03

绘制时间：2022 年 10 月

绘 制 人：刘洋

比　　例：1∶10

图　　名：生福寿惜字塔平面图、俯视图

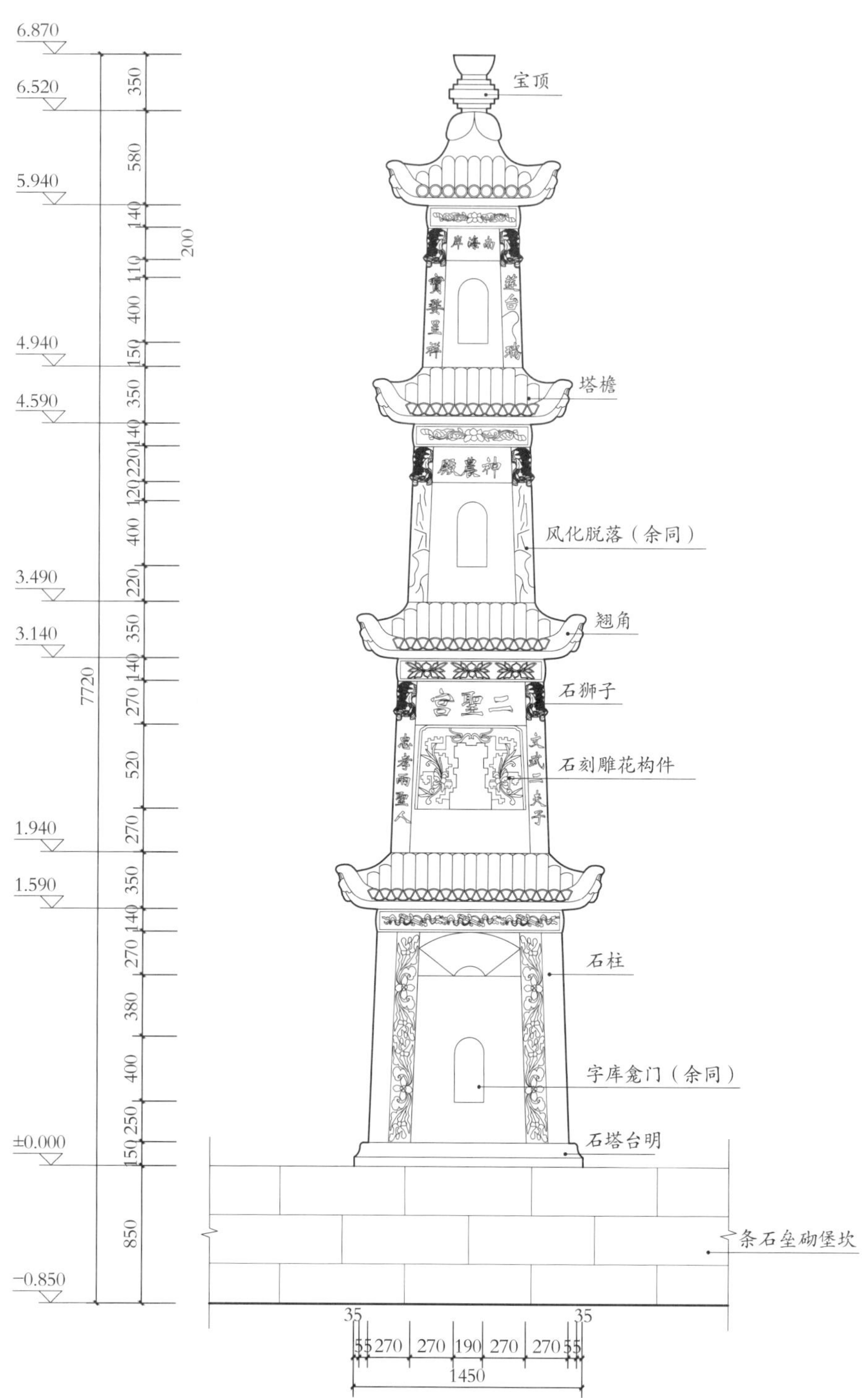

图号 04

绘制时间：2022 年 10 月

绘 制 人：刘洋

比　　例：1:25

图　　名：生福寿惜字塔东南立面图

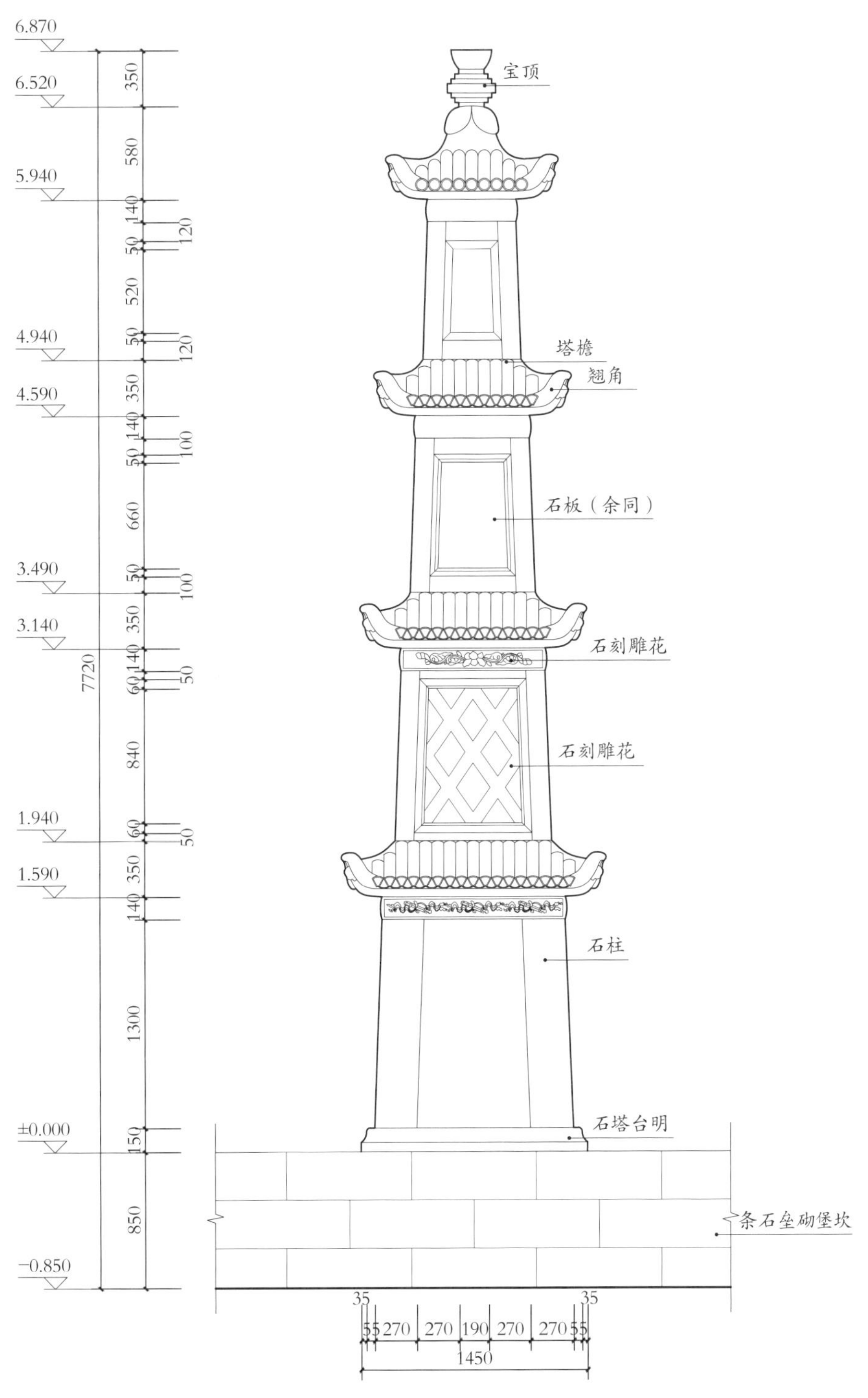

图号 05

绘制时间：2022 年 10 月

绘 制 人：刘洋

比　　例：1∶25

图　　名：生福寿惜字塔东北立面图

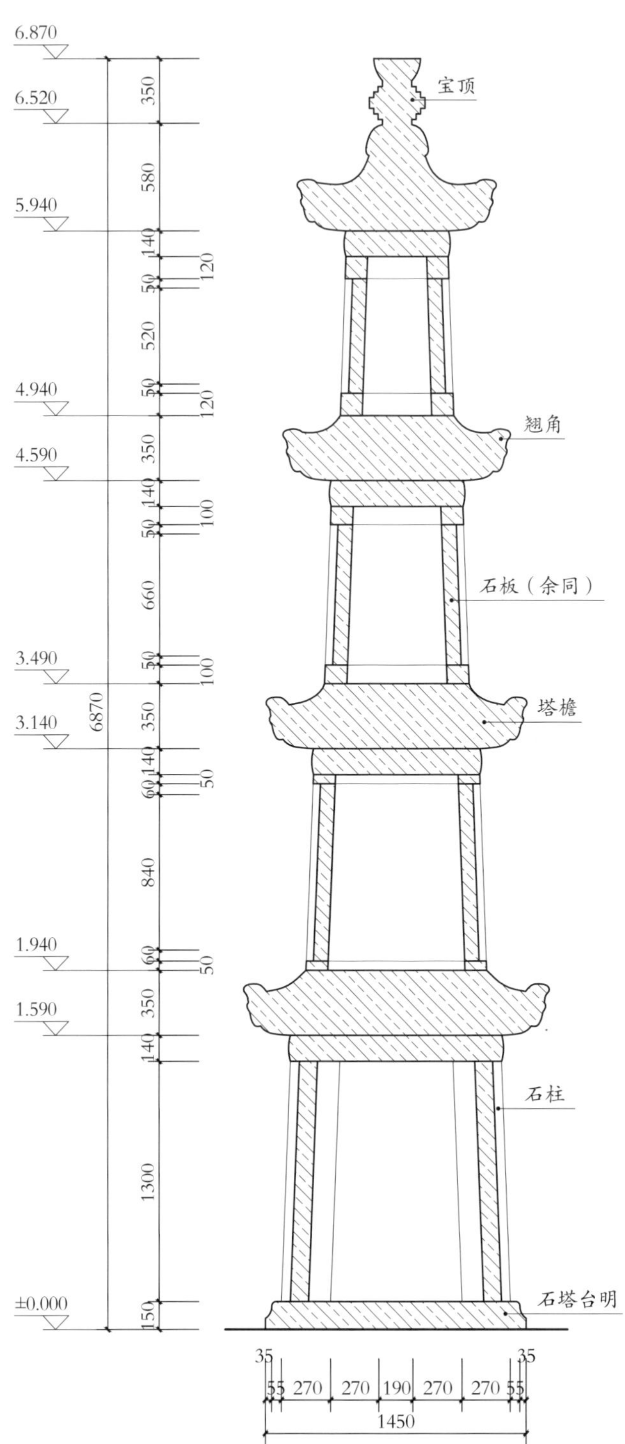

图号 06

绘制时间：2022 年 10 月

绘 制 人：刘洋

比　　例：1∶25

图　　名：生福寿惜字塔剖面图

照片 01

拍摄时间：2022 年 10 月

拍 摄 人：刘洋

拍摄方向：由东南向西北

文物部位：东南立面全景

照片 02

拍摄时间：2022 年 10 月

拍 摄 人：刘洋

拍摄方向：由东北向西南

文物部位：东北立面全景

照片 03

拍摄时间：2022 年 10 月

拍 摄 人：刘洋

拍摄方向：由西北向东南俯视

文物部位：西北立面全景

照片 04

拍摄时间：2022 年 10 月

拍 摄 人：刘洋

拍摄方向：由南向北

文物部位：南立面全景

照片 05

拍摄时间：2022 年 10 月
拍 摄 人：刘洋
拍摄方向：由东南向西北
文物部位：一层东南立面

照片 06

拍摄时间：2022 年 10 月
拍 摄 人：刘洋
拍摄方向：由东南向西北
文物部位：二层东南立面

照片 07

拍摄时间：2022 年 10 月
拍 摄 人：刘洋
拍摄方向：由东南向西北
文物部位：三层东南立面

照片 08

拍摄时间：2022 年 10 月
拍 摄 人：刘洋
拍摄方向：由东南向西北
文物部位：四层东南立面

照片 09

拍摄时间：2022 年 10 月
拍 摄 人：刘洋
拍摄方向：由东南向西北
文物部位：塔顶

照片 10

拍摄时间：2022 年 10 月
拍 摄 人：刘洋
拍摄方向：由东南向西北
文物部位：二层东南立面圆雕神兽

大土惜字塔

大土惜字塔调查保护记录表

<table>
<tr><td>名　　称</td><td colspan="4">大土惜字塔</td></tr>
<tr><td>年　　代</td><td colspan="2">清</td><td>类　别</td><td>古建筑</td></tr>
<tr><td>所 在 地</td><td colspan="4">四川省泸州市古蔺县龙山镇顺河村</td></tr>
<tr><td>海　　拔</td><td>981.1 米</td><td>经　度</td><td>105°57′41.3″E</td><td>纬　度</td><td>27°57′29.5″N</td></tr>
<tr><td>保护级别</td><td colspan="4">一般不可移动文物</td></tr>
<tr><td>所 有 权</td><td colspan="2">集体所有</td><td>使用人</td><td>顺河村</td></tr>
<tr><td>管理机构</td><td colspan="4">古蔺县文旅局、龙山镇</td></tr>
<tr><td>用　　途</td><td colspan="4">活动场所</td></tr>
<tr><td>简　　介</td><td colspan="4">大土惜字塔为三层四边形阁楼式石质空心塔，坐西北向东南，建筑面积 8 平方米，为清代中晚期石塔；该塔素面塔基，多有破损；一层高约 1 米，宽 0.83 米，拱形窗上方刻有“三圣宫”三字，两侧刻有对联，顶部各有圆雕石狮一对，柱两端安装八字形抱鼓石，鼓上饰有浅浮雕花卉纹饰；二层高约 0.9 米，宽 0.8 米，阴刻对联“慧眼超三界，灵威极四方”，正中刻“观音堂”三字；三层高 0.8 米，宽 0.7 米；塔顶为四角攒尖，元宝、鳌鱼装饰塔尖，顶高 0.55 米，塔体总高 4.15 米。该塔造型别致，它的发现为研究川南民间石刻艺术提供了一个不可多得的实物依据。</td></tr>
<tr><td>文物描述</td><td colspan="4">大土惜字塔由台基、塔身、塔檐、塔顶组成，为四边形阁楼式石质空心塔，整座塔用石灰、糯米浆、本地青石砌筑，榫卯卡槽式连接。
台　基：四边形素面台基，表面不做磨光处理而采用寸三錾纹处理。
塔　身：四边形塔身石板榫卯连接，置于基座卡槽之上，分上中下三层，每层东南面开拱形窗。一层拱形窗上方刻有“三圣宫”三字，两侧刻联，顶部各有圆雕石狮一对，两边有抱鼓石，鼓上饰有浅浮雕花卉纹饰；二层阴刻对联“慧眼超三界，灵威极四方”，正中刻“观音堂”三字。
塔　檐：四角攒尖石雕塔檐。
塔　顶：整石雕刻元宝、鳌鱼塔顶。
真实性：大土惜字塔基本保持了清代建筑形制，文物建筑在形制特征、材料和工艺特点等方面保留了历史原状，具有鲜明的地方特色，碑刻题记记载的历史和物质遗存可以相互印证，同时仍保留了宗教活动场所的简易功能。
完整性：大土惜字塔整体保存状况较完整，基本保留了历史原构，留存不同时期的历史活动信息，周边环境能够真实反映惜字塔选址与地形地貌的关系。</td></tr>
<tr><td rowspan="2">文物调查</td><td>形制</td><td>工艺</td><td>结构</td><td>材料</td></tr>
<tr><td>三层四边形阁楼式石塔</td><td>柱、板、顶石构糯米浆砌筑，榫卯连接，各部构件整石雕刻，表面做细道和扁光相结合的加工工艺，龛门表面做浮雕纹饰及阴刻题记文字</td><td>仿木榫卯结构，内部构造为单腔空筒式</td><td>石灰、糯米浆、青石</td></tr>
</table>

（续表）

文物本体历史沿革
根据塔身石刻题记文献记载，该惜字塔建于清代中晚期。 至今，该惜字塔未做过较大修缮，基本为原状保存，后期佛教信徒添置佛像于龛内作祈福之用。
保护管理工作沿革
2009年，对该文物建筑进行普查记录。 至今，大土惜字塔由龙山镇和古蔺县文旅局协同管理。
价值评估
大土惜字塔现在多作为当地村民祈福之用，用以寄托心灵愿望，具有一定社会价值，对研究川南地区宗教和民间民俗文化有着重要作用。
风险评估
大土惜字塔主要为石砌仿木结构，受大自然酸雨长期浸渍，有风化侵蚀的风险。 大土惜字塔所处地区年雷雨天数较多，文物建筑遭受雷击风险较高。 大土惜字塔地处偏僻的山林地区，塔身构件雕刻精美，神韵独特，存在一定的被盗隐患。
现状评估
大土惜字塔整体形制保存完整，石构件表面多风化，塔檐开裂，塔檐顶部及抱鼓石青苔滋生。 大土惜字塔西距村民住宅约30米，距离乡村水泥公路约3米，位于公路旁小山坡上。
“四有”工作情况
保护范围：暂未划定。 **保护标志：**无。 **记录档案：**大土惜字塔保护档案已建立，现存于古蔺县文旅局。 **保护管理机构：**大土惜字塔现由龙山镇管理，古蔺县文旅局主要负责对大土惜字塔文物保护工作的监督、指导，并协同管理。
安全保卫情况
安　防：暂未安装监控等相关安防预警设施。 **消　防：**除塔北侧5米处有一蓄水池外，无其他消防设施。 **防　雷：**大土惜字塔未安装防雷设施，无法满足防雷要求。
调查、考古、保护、展示工作
保护工作：古蔺县文旅局定期对文物保护单位进行安全巡查。 **利用情况：**当地宗教信徒开展宗教活动，燃香祈福。
下一阶段保护、管理、使用计划
保护区划：调整、完善保护区划。 **本体保护：**制订保护计划，对惜字塔存在的影响其安全的病害，根据最小干预的保护原则按原状进行修复。 **修缮措施：**现状整修加固，加强日常维护和管理。 **加强研究：**加强对大土惜字塔历史价值和社会价值的研究工作。 **安全防护：**进一步完善安防、消防、防雷等防护措施。 **环境整治：**周边地面适当硬化（采用传统方式，如铺设石板），保护台基，铺设巡查步道。 **管理工作：**完善管理机制，增设管理人员。

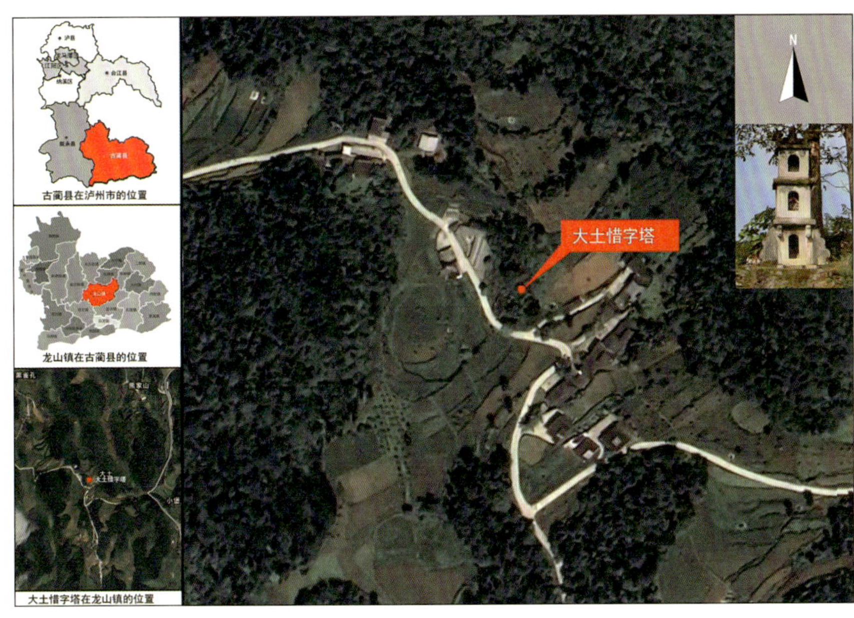

图号 01

绘制时间：2022 年 10 月

绘 制 人：刘洋

图　　名：大土惜字塔区位图

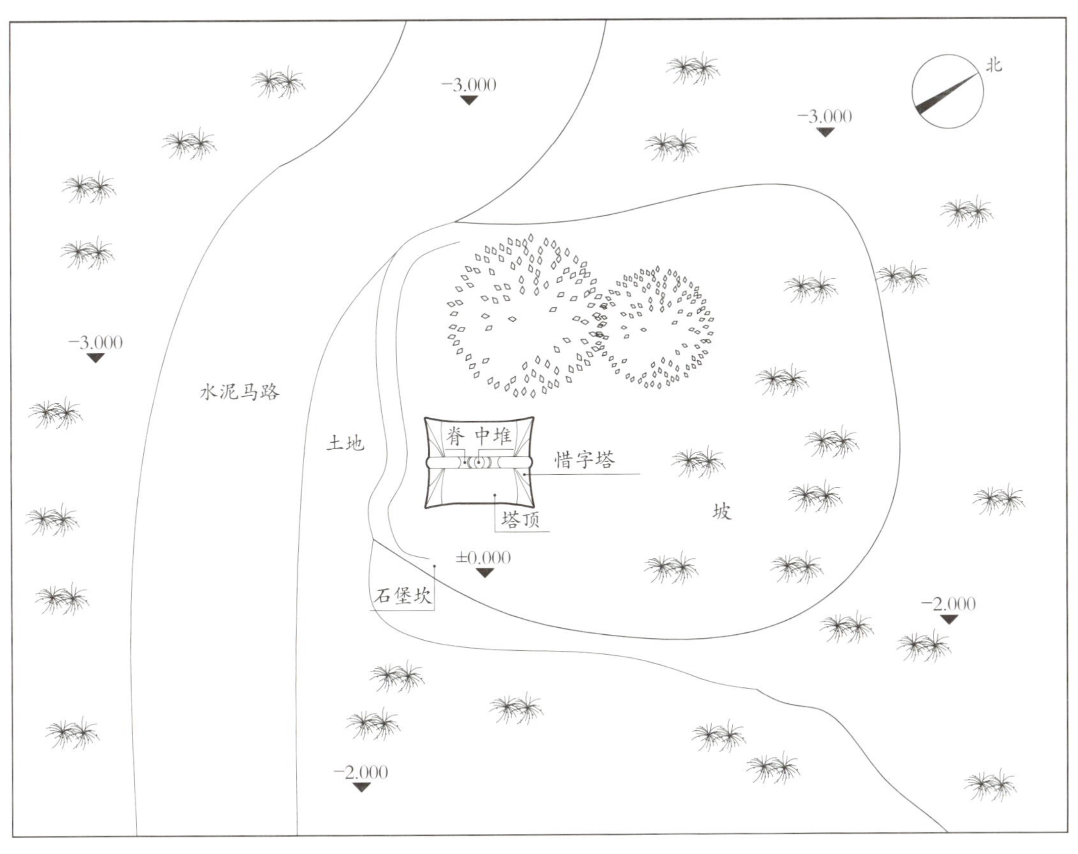

图号 02

绘制时间：2022 年 10 月

绘 制 人：刘洋

比　　例：1∶20

图　　名：大土惜字塔总平面图

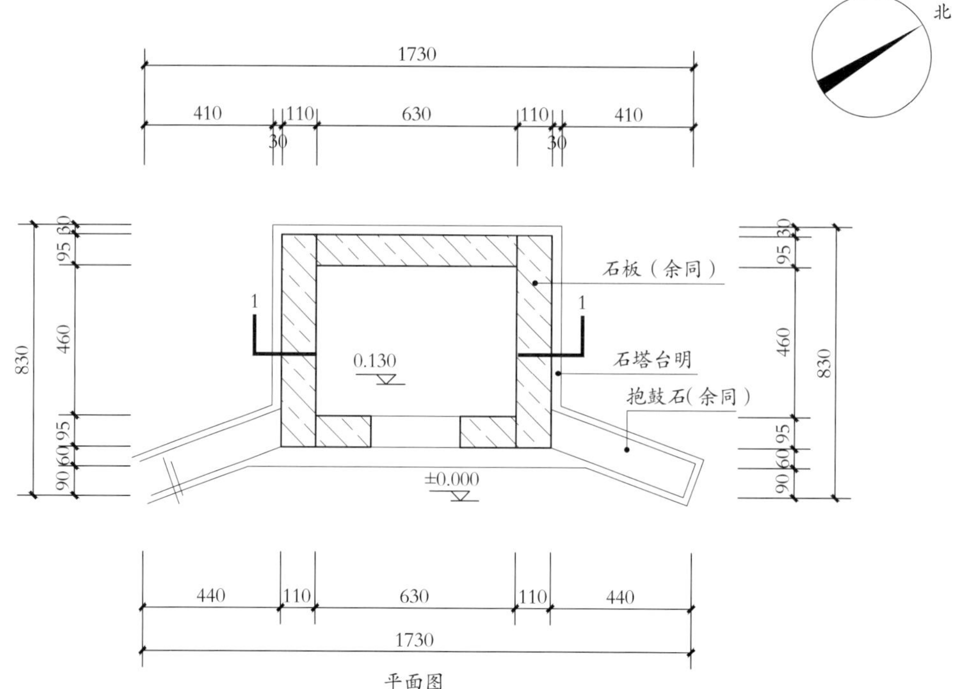

平面图

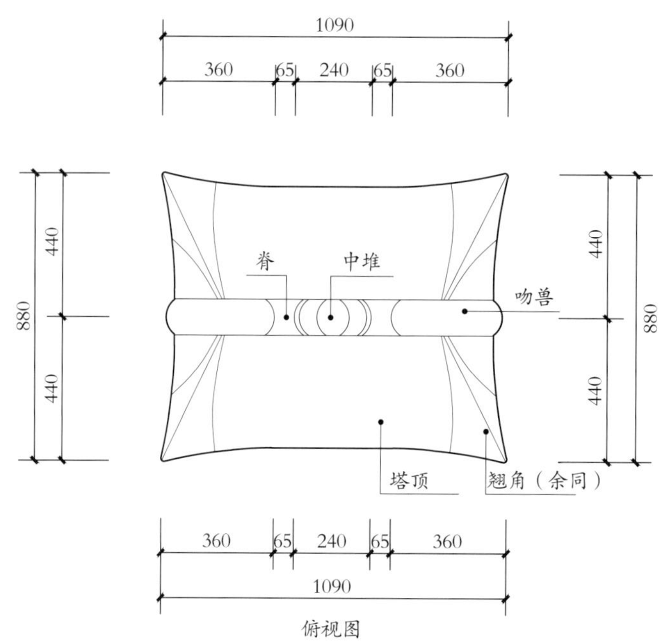

俯视图

图号 03

绘制时间：2022 年 10 月

绘 制 人：刘洋

比　　例：1∶10

图　　名：大土惜字塔平面图、俯视图

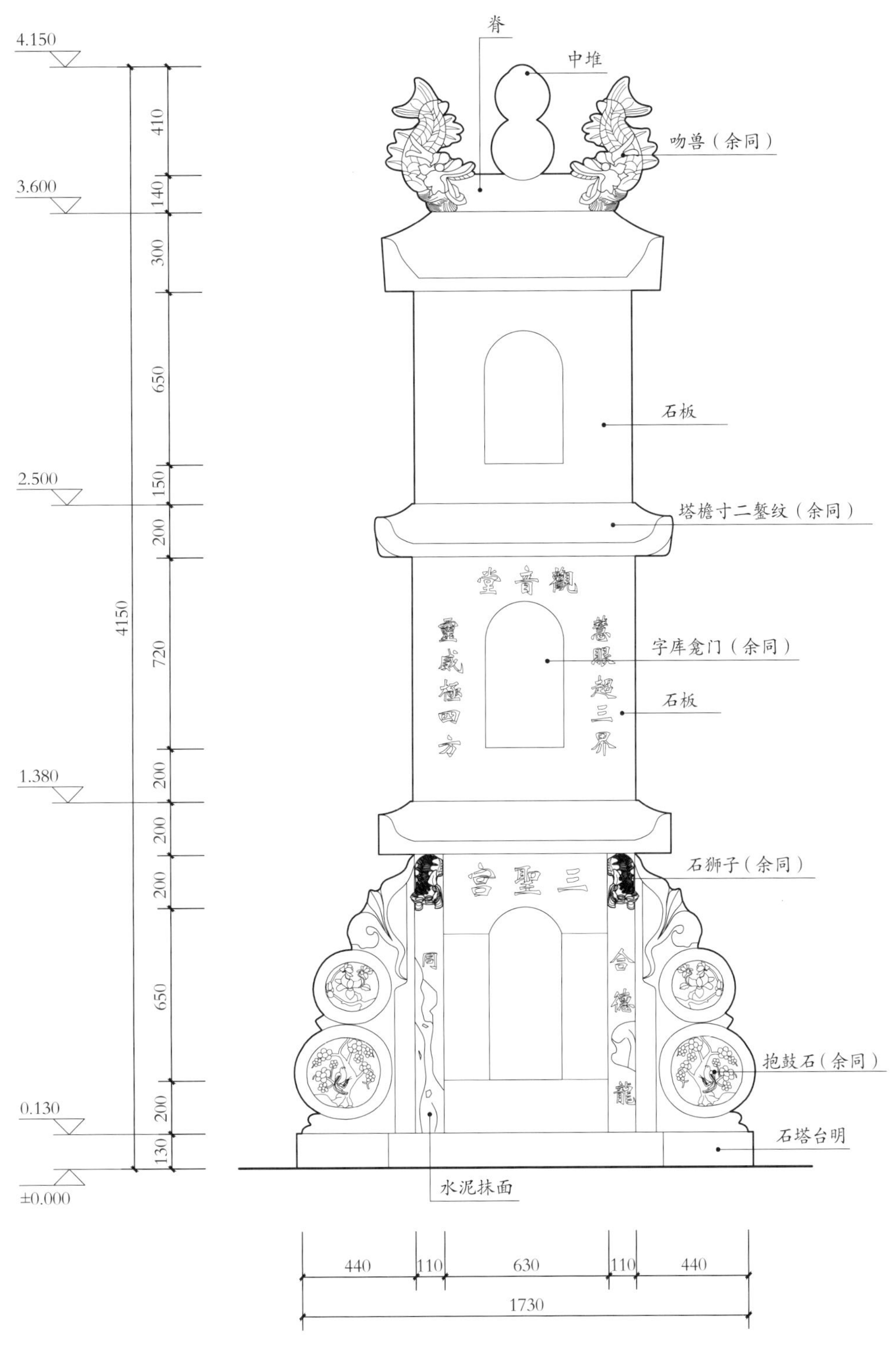

图号 04

绘制时间：2022 年 10 月

绘 制 人：刘洋

比　　例：1∶20

图　　名：大土惜字塔东南立面图

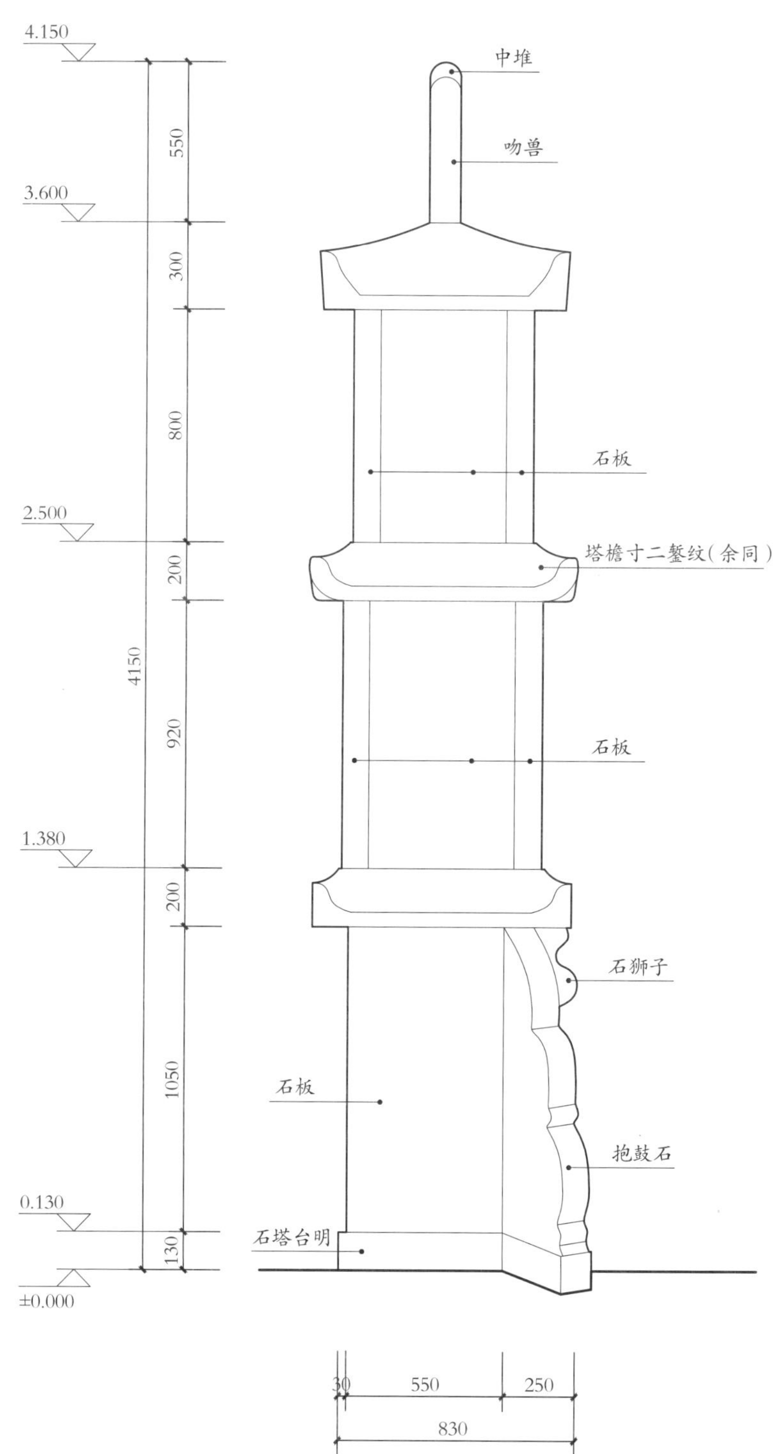

图号 05

绘制时间：2022 年 10 月

绘 制 人：刘洋

比　　例：1∶20

图　　名：大土惜字塔西南立面图

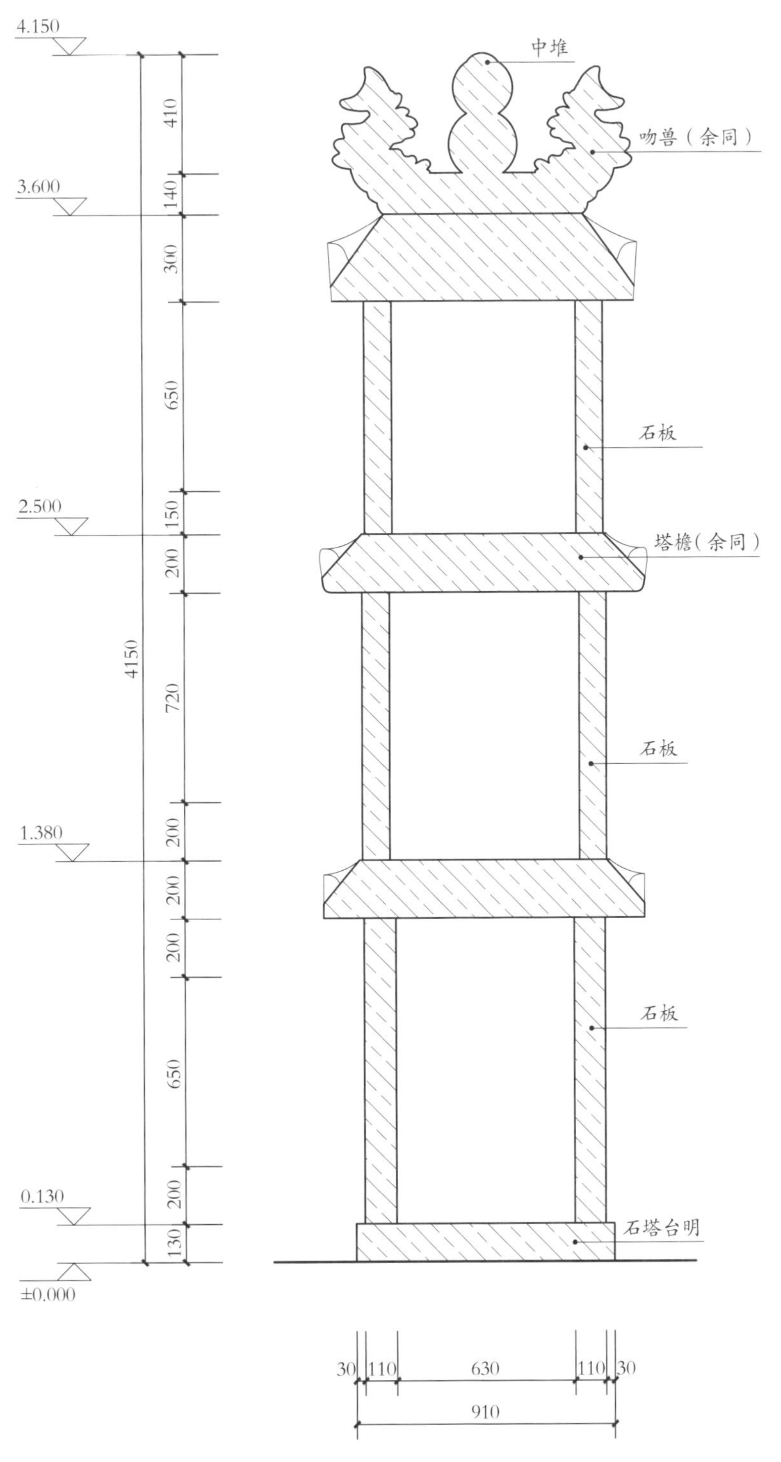

图号 06

绘制时间：2022 年 10 月

绘 制 人：刘洋

比　　例：1∶20

图　　名：大土惜字塔剖面图

照片 01

拍摄时间：2022 年 10 月
拍 摄 人：刘洋
拍摄方向：由东南向西北俯视
文物部位：东南立面全景

照片 02

拍摄时间：2022 年 10 月
拍 摄 人：刘洋
拍摄方向：由东南向西北平视
文物部位：东南立面全景

照片 03

拍摄时间：2022 年 10 月
拍 摄 人：刘洋
拍摄方向：由西南向东北
文物部位：西南立面全景

照片 04

拍摄时间：2022 年 10 月
拍 摄 人：刘洋
拍摄方向：由东北向西南
文物部位：东北立面全景

照片 05

拍摄时间：2022 年 10 月
拍 摄 人：刘洋
拍摄方向：由南向北
文物部位：南立面全景

照片 06

拍摄时间：2022 年 10 月
拍 摄 人：刘洋
拍摄方向：由东南向西北
文物部位：一层东南立面

照片 07

拍摄时间：2022 年 10 月
拍 摄 人：刘洋
拍摄方向：由东南向西北
文物部位：一层东南立面石刻

泸县

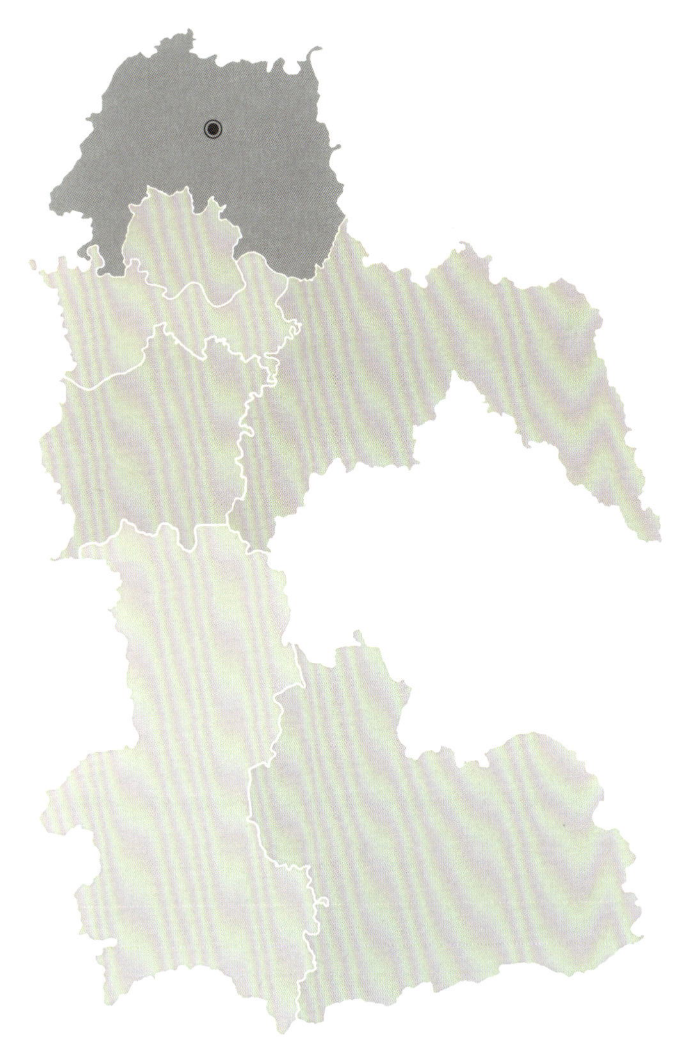

祠堂屋基惜字亭

祠堂屋基惜字亭调查保护记录表

<table>
<tr><td>名　　称</td><td colspan="4">祠堂屋基惜字亭</td></tr>
<tr><td>年　　代</td><td colspan="2">清</td><td>类　别</td><td>古建筑</td></tr>
<tr><td>所 在 地</td><td colspan="4">四川省泸州市泸县得胜镇陡山村</td></tr>
<tr><td>海　　拔</td><td>295.2 米</td><td>经　度</td><td>105°27'1"E</td><td>纬　度</td><td>29°10'35"N</td></tr>
<tr><td>保护级别</td><td colspan="4">一般不可移动文物</td></tr>
<tr><td>所 有 权</td><td colspan="2">集体所有</td><td>使用人</td><td>陡山村</td></tr>
<tr><td>管理机构</td><td colspan="4">泸县文物保护中心、得胜镇</td></tr>
<tr><td>用　　途</td><td colspan="4">活动场所</td></tr>
<tr><td>简　　介</td><td colspan="4">祠堂屋基惜字亭为三层六边形阁楼式石质空心塔，坐北向南；圆形素面台基，直径约 1.5 米，高约 0.3 米；塔身为六边形，逐层上收；一层高约 0.5 米，宽约 0.9 米，黄砂石条石砌筑；二层高 0.47 米，宽约 0.8 米，南侧开拱形窗洞，上部阴刻“字库”二字，两侧阴刻对联一副；三层高约 0.4 米，宽约 0.7 米，正立面三面分别刻“惜字亭”三字；六边形攒尖塔檐，覆莲须弥座宝珠屋顶。</td></tr>
<tr><td>文物描述</td><td colspan="4">祠堂屋基惜字亭由台基、塔身、塔檐、塔顶组成，为六边形阁楼式石质空心塔，整座塔用石灰、糯米浆、黄砂石砌筑，榫卯卡槽式连接。
台　基：圆形素面台基，表面做磨光处理。
塔　身：塔身为整石雕刻，榫卯连接，置于基座卡槽之上，分上中下三层，逐层上收，一层用黄砂石条石砌筑，二层南侧开拱形窗洞，上部阴刻“字库”二字，两侧阴刻对联一副，三层南面三面分别刻“惜字亭”三字。
塔　檐：六角攒尖石雕塔檐。
塔　顶：整石雕刻覆莲须弥座宝珠塔顶。
真实性：祠堂屋基惜字亭基本保持了清代建筑形制，文物建筑在形制特征、材料和工艺特点等方面保留了历史原状，具有鲜明的地方特色，碑刻题记记载的历史和物质遗存可以相互印证，同时仍保留了宗教活动场所的简易功能。
完整性：祠堂屋基惜字亭整体保存状况较完整，基本保留了历史原构，留存不同时期的历史活动信息，周边环境能够真实反映惜字亭选址与地形地貌的关系。</td></tr>
<tr><td rowspan="2">文物调查</td><td>形制</td><td>工艺</td><td>结构</td><td>材料</td></tr>
<tr><td>三层六边形阁楼式石塔</td><td>石构榫卯连接，各部构件整石雕刻，表面做磨扁光处理，塔身及龛门表面有阴刻题记文字</td><td>石砌结构，内部构造为单腔空筒式</td><td>石灰、糯米浆、黄砂石</td></tr>
<tr><td colspan="6">文物本体历史沿革
根据塔身石刻题记文献记载，该惜字亭建于清代。
至今，该惜字亭未做过较大修缮，基本为原状保存。</td></tr>
</table>

（续表）

保护管理工作沿革 2009 年，对该文物建筑进行普查记录。 至今，祠堂屋基惜字亭由得胜镇和泸县文物保护中心协同管理。
价值评估 祠堂屋基惜字亭由台基、塔身、塔檐和塔顶组成，为石质三层仿木结构，建筑营造美观大方，结构连接严谨科学，整体庄严肃立，极具区域代表性，对研究川南地区宗教和民间民俗文化有着重要作用。
风险评估 祠堂屋基惜字亭主要为石砌榫卯结构，受大自然酸雨长期浸渍，有风化侵蚀的风险。 祠堂屋基惜字亭所处地区年雷雨天数较多，文物建筑遭受雷击风险较高。
现状评估 祠堂屋基惜字亭整体形制保存完整，石构件表面多风化，部分刻字模糊不清，塔身、塔檐部分开裂，塔檐青苔和微生物滋生。 祠堂屋基惜字亭位于民居旁院坝中，石塔周围被当地居民围起来圈养牲畜，该塔距离公路约 80 米，有土质乡村道路通往此塔。
“四有”工作情况 **保护范围**：暂未划定。 **保护标志**：无。 **记录档案**：祠堂屋基惜字亭保护档案已建立，现存于泸县文物保护中心。 **保护管理机构**：祠堂屋基惜字亭现由得胜镇管理，泸县文物保护中心主要负责对祠堂屋基惜字亭文物保护工作的监督、指导，并协同管理。
安全保卫情况 **安　　防**：暂未安装监控等相关安防预警设施。 **消　　防**：无消防设施。 **防　　雷**：祠堂屋基惜字亭未安装防雷设施，无法满足防雷要求。
调查、考古、保护、展示工作 **保护工作**：泸县文物保护中心定期对文物保护单位进行安全巡查。 **利用情况**：当地宗教信徒开展宗教活动，燃香祈福。
下一阶段保护、管理、使用计划 **保护区划**：调整、完善保护区划。 **本体保护**：制订保护计划，消除存在的影响惜字塔安全的病害，根据最小干预的保护原则按原状进行修复。 **保护措施**：现状保存，加强日常监管。 **加强研究**：加强对祠堂屋基惜字亭历史价值的研究工作。 **安全防护**：进一步完善安防、消防、防雷等防护措施。 **环境整治**：对影响历史风貌的非文物建筑进行改造或拆除。 **管理工作**：完善管理机制，增设管理人员。

图号 01

绘制时间：2022 年 10 月
绘 制 人：刘洋
图　　名：祠堂屋基惜字亭区位图

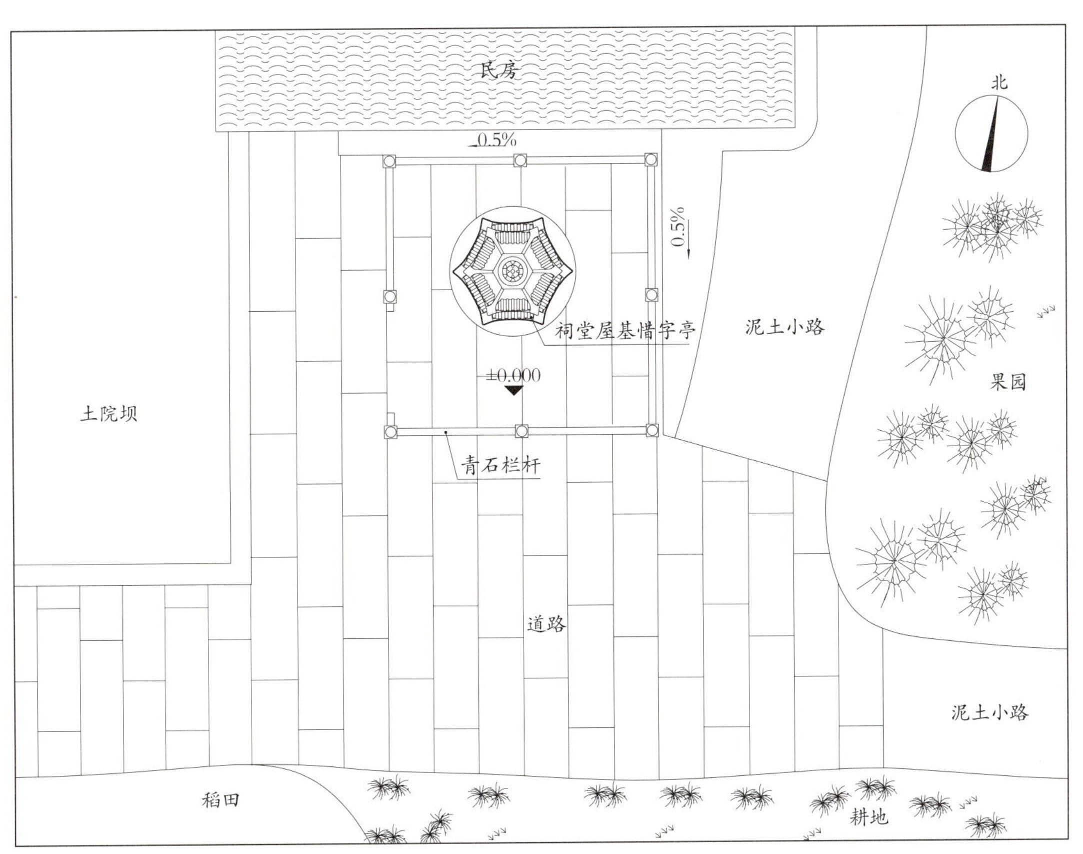

图号 02

绘制时间：2022 年 10 月
绘 制 人：刘洋
比　　例：1:35
图　　名：祠堂屋基惜字亭总平面图

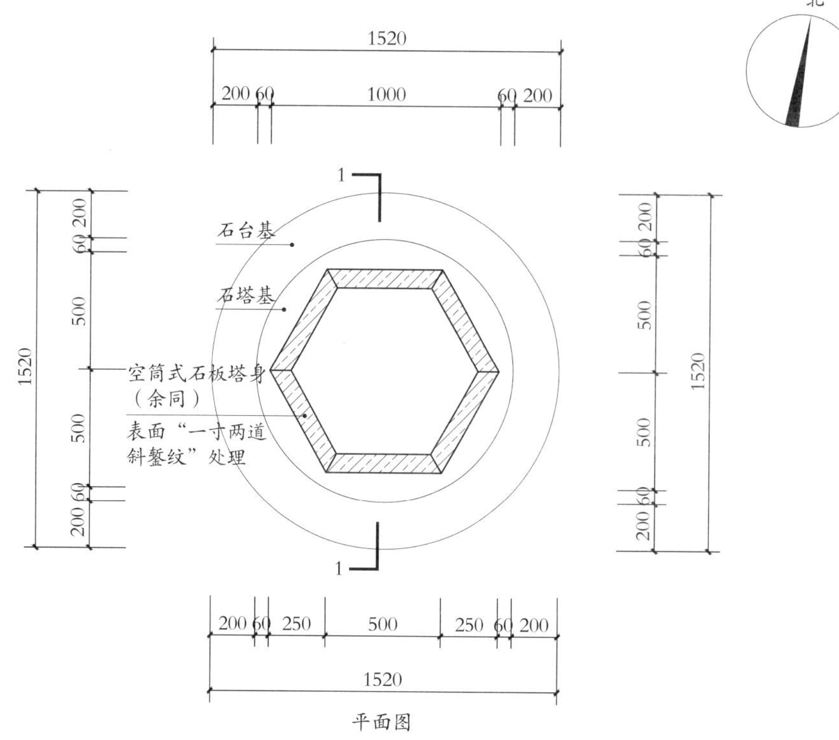

平面图

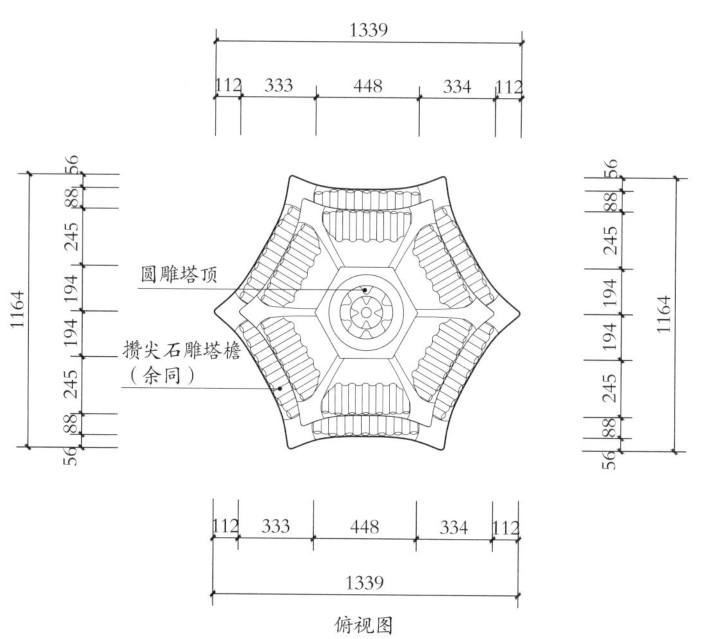

俯视图

图号 03

绘制时间：2022 年 10 月

绘 制 人：刘洋

比　　例：1∶20

图　　名：祠堂屋基惜字亭平面图、俯视图

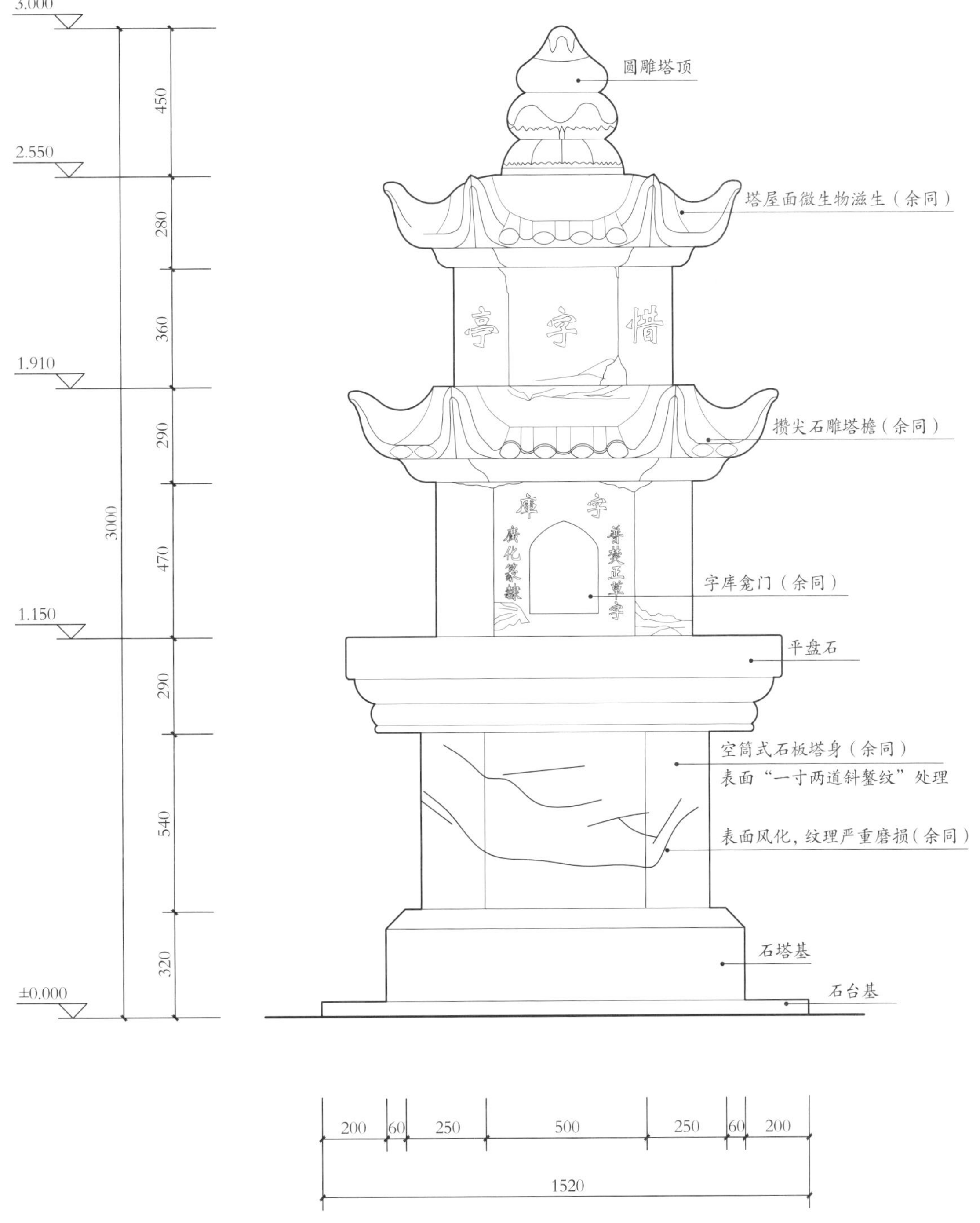

图号 04

绘制时间：2022 年 10 月

绘 制 人：刘洋

比　　例：1:15

图　　名：祠堂屋基惜字亭南立面图

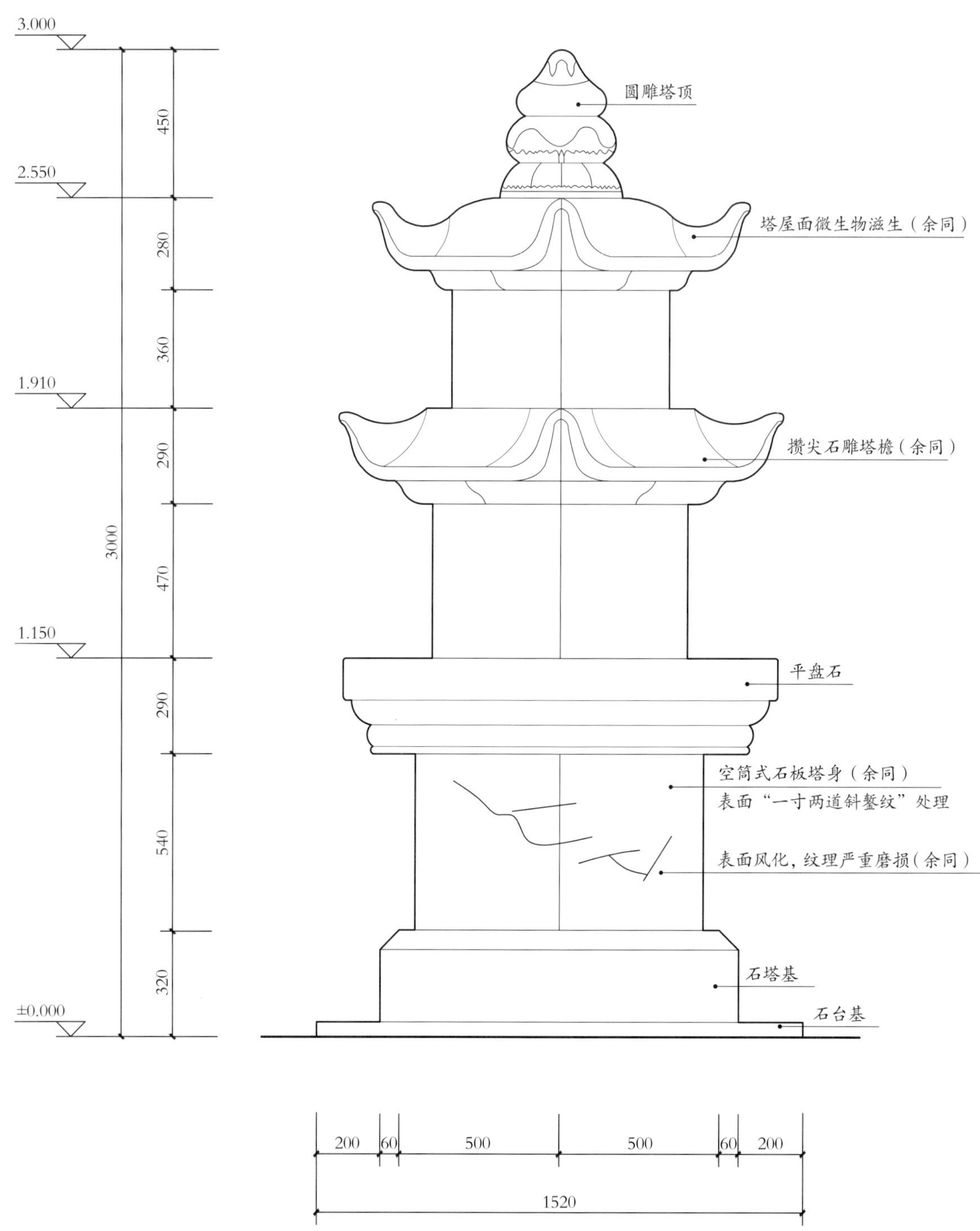

图号 05

绘制时间：2022 年 10 月

绘 制 人：刘洋

比　　例：1∶15

图　　名：祠堂屋基惜字亭东立面图

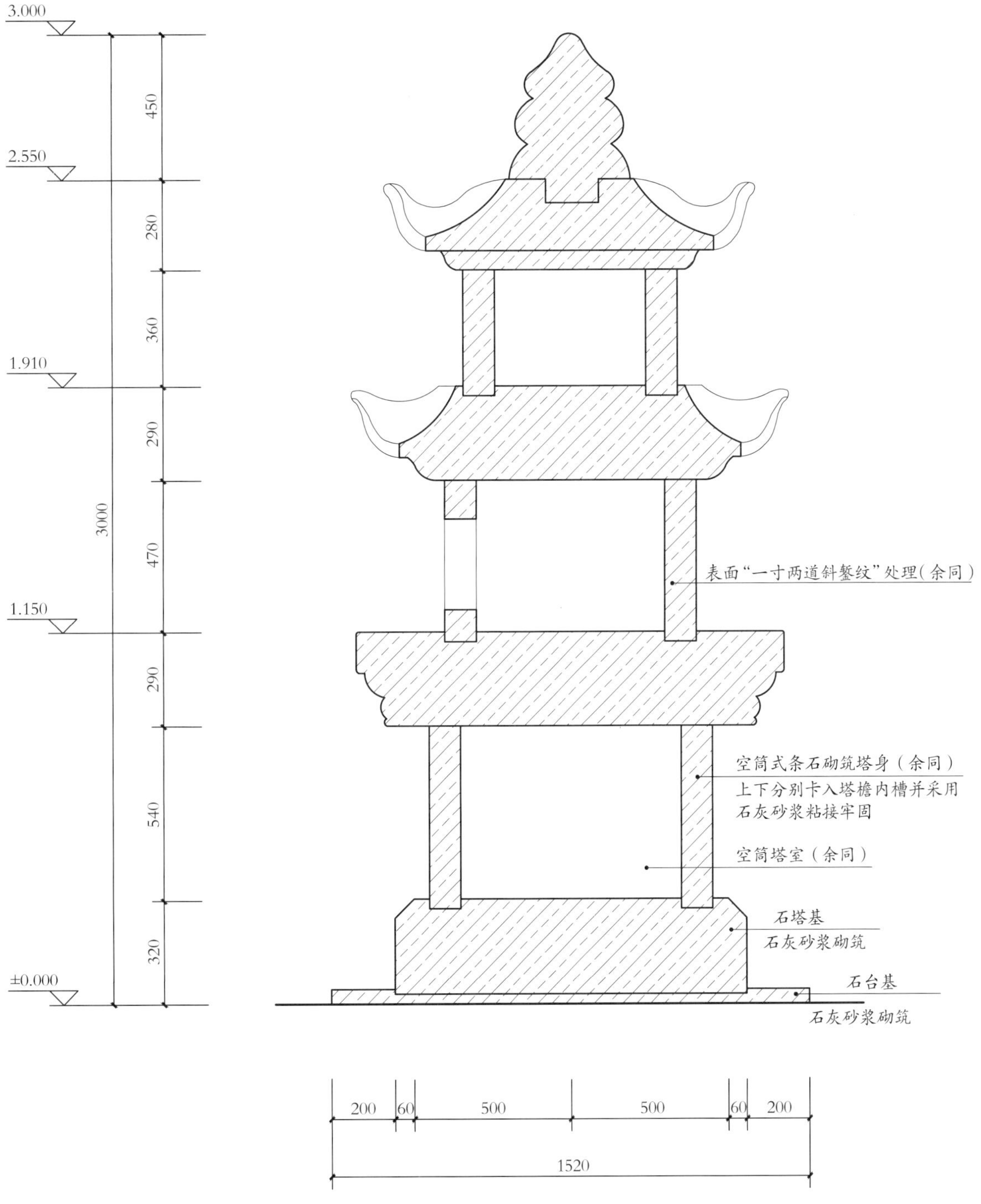

图号 06

绘制时间：2022 年 10 月
绘 制 人：刘洋
比　　例：1:15
图　　名：祠堂屋基惜字亭剖面图

照片 01

拍摄时间：2022 年 10 月
拍 摄 人：刘洋
拍摄方向：由南向北俯视
文物部位：南立面全景

照片 02

拍摄时间：2022 年 10 月
拍 摄 人：刘洋
拍摄方向：由南向北平视
文物部位：南立面

照片 03

拍摄时间：2022 年 10 月
拍 摄 人：刘洋
拍摄方向：由南向北
文物部位：南立面全景

照片 04

拍摄时间：2022 年 10 月
拍 摄 人：刘洋
拍摄方向：由北向南
文物部位：北立面全景

照片 05

拍摄时间：2022 年 10 月
拍 摄 人：刘洋
拍摄方向：由西向东
文物部位：二、三层西立面

照片 06

拍摄时间：2022 年 10 月
拍 摄 人：刘洋
拍摄方向：由南向北
文物部位：塔顶南立面

东林观惜字亭

东林观惜字亭调查保护记录表

<table>
<tr><td>名　　称</td><td colspan="5">东林观惜字亭</td></tr>
<tr><td>年　　代</td><td colspan="2">清道光十三年（1833）</td><td>类　别</td><td colspan="2">古建筑</td></tr>
<tr><td>所 在 地</td><td colspan="5">四川省泸州市泸县百和镇东林观村</td></tr>
<tr><td>海　　拔</td><td>370 米</td><td>经　度</td><td>105°41'23.1"E</td><td>纬　度</td><td>29°1'13.1"N</td></tr>
<tr><td>保护级别</td><td colspan="5">省级文物保护单位</td></tr>
<tr><td>所 有 权</td><td colspan="2">集体所有</td><td>使用人</td><td colspan="2">东林观村</td></tr>
<tr><td>管理机构</td><td colspan="5">泸县文物保护中心、百和镇</td></tr>
<tr><td>用　　途</td><td colspan="5">宗教活动场所</td></tr>
<tr><td>简　　介</td><td colspan="5">东林观惜字亭建于清道光十三年，为五层六边形仿木结构空心石塔，坐东南向西北；青石砌筑双层基座，底层为方形，二层为六边形，表面浮雕道家八宝图案；一层往上逐层缩小，第一层设焚字炉，刻有造塔记，第二层刻捐建人名，第三至五层均有各种人物、花草浮雕图案，其中第四层正面竖匾刻有“惜字亭”三字。</td></tr>
<tr><td>文物描述</td><td colspan="5">东林观惜字亭由台基、塔身、塔檐、塔顶组成，为六边形阁楼式石质空心塔，整座塔用石灰、糯米浆、青砂石砌筑，榫卯卡槽式连接。
台　基：四边形素面台基，表面不做磨光处理而采用寸三錾纹处理。
塔　身：六边形塔身石板由榫卯连接，置于基座卡槽之上，逐层上收；第一层设焚字炉，刻有造塔记，第二层刻捐建人名，第三至五层均有各种人物、花草浮雕图案，其中第四层正面竖匾刻有“惜字亭”三字。
塔　檐：六角攒尖石雕塔檐。
塔　顶：整石雕刻望天石兽。
真实性：东林观惜字亭基本保持了清代建筑形制，文物建筑在形制特征、材料和工艺特点等方面保留了历史原状，具有鲜明的地方特色，碑刻题记记载的历史和物质遗存可以相互印证，同时仍保留了宗教活动场所的简易功能。
完整性：东林观惜字亭整体保存状况较完整，基本保留了历史原构，留存不同时期的历史活动信息，周边环境能够真实反映惜字亭选址与地形地貌的关系。</td></tr>
<tr><td rowspan="2">文物调查</td><td>形制</td><td colspan="2">工艺</td><td>结构</td><td>材料</td></tr>
<tr><td>五层六边形阁楼式石塔</td><td colspan="2">石构榫卯连接，各部构件整石雕刻，表面做细道和扁光相结合的加工工艺，塔身由中浮雕图案饰面</td><td>仿木榫卯结构，内部构造为单腔空筒式</td><td>石灰、糯米浆、青砂石</td></tr>
<tr><td colspan="6">文物本体历史沿革
根据塔身石刻题记文献记载，该惜字亭建于清道光十三年。
至今，该惜字亭未做过较大修缮，基本为原状保存。</td></tr>
</table>

（续表）

保护管理工作沿革 2006 年，泸县人民政府公布东林观惜字亭为县级文物保护单位。 2012 年，四川省人民政府公布东林观山寨遗址为省级文物保护单位。
价值评估 东林观惜字亭由台基、塔身、塔檐和塔顶组成，为石质五层仿木结构，其上饰有与道教文化相关的深、浅浮雕，其雕刻手法娴熟飘逸、精湛细腻，该惜字亭顶采用圆雕望天石兽，在泸州市内惜字亭中仅此一例；东林观惜字亭营造美观大方，结构连接严谨科学，整体庄严肃立；花卉人物犹如精灵栩栩如生、活灵活现，极具区域代表性，对研究川南地区宗教和民间民俗文化有着重要作用。
风险评估 东林观惜字亭主要为石砌榫卯结构，受大自然酸雨长期浸渍，有风化侵蚀的风险。 东林观惜字亭所处地区年雷雨天数较多，文物建筑遭受雷击风险较高。 东林观惜字亭地处偏僻的山林地区，塔身构件雕刻精美，神韵独特，存在一定的被盗隐患。
现状评估 东林观惜字亭整体形制保存完整，石构件表面局部风化，台基、塔檐、塔身青苔及微生物滋生。 东林观惜字亭西北距村民宅居约 50 米，距离公路约 50 米。
“四有”工作情况 **保护范围：** 东林观山寨遗址城墙边沿四周，建控地带外延 50 米。 **保护标志：** 无独立保护铭碑。 **记录档案：** 东林观惜字亭保护档案已建立，现存泸县文物保护中心。 **保护管理机构：** 东林观惜字亭现由百和镇管理，泸县文物保护中心主要负责对东林观惜字亭文物保护工作的监督、指导，并协同管理。
安全保卫情况 **安　防：** 暂未安装监控等相关安防预警设施。 **消　防：** 除塔侧有条河沟可用，无其他消防设施。 **防　雷：** 东林观惜字亭未安装防雷设施，无法满足防雷要求。
调查、考古、保护、展示工作 **保护工作：** 泸县文物保护中心定期对文物保护单位进行安全巡查。 **利用情况：** 当地宗教信徒开展宗教活动，燃香祈福。
下一阶段保护、管理、使用计划 **保护区划：** 调整、完善保护区划。 **本体保护：** 制订保护计划，对惜字亭存在的影响其安全的病害，根据最小干预的保护原则按原状进行修复。 **保护措施：** 现状保存，加强日常维护。 **加强研究：** 加强对东林观惜字亭艺术价值、历史价值、科学价值的研究工作。 **安全防护：** 进一步完善安防、消防、防雷等防护措施。 **环境整治：** 周边地面适当硬化，修建文物工作巡查道路。 **管理工作：** 完善管理机制，增设管理人员，每年定期对文物进行安全巡查。

图号 01

绘制时间：2022 年 10 月

绘 制 人：刘洋

图名：东林观惜字亭区位图

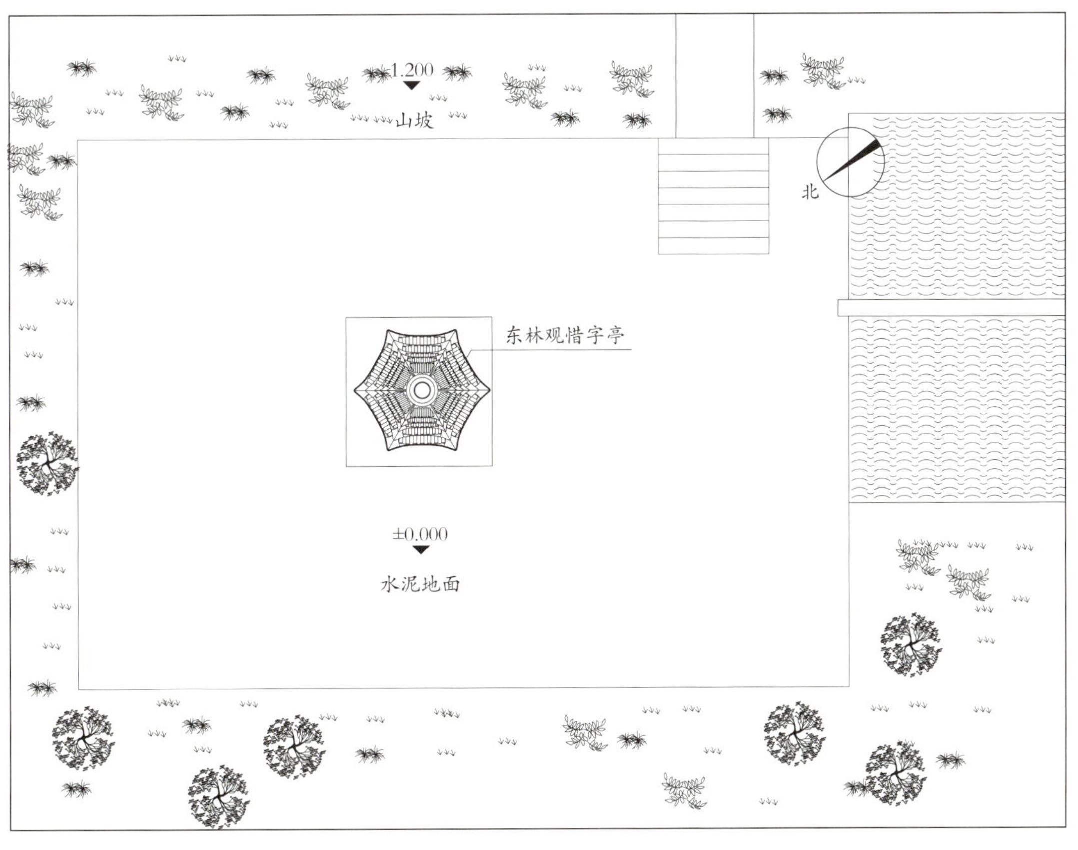

图号 02

绘制时间：2022 年 10 月

绘 制 人：刘洋

比　　例：1∶35

图　　名：东林观惜字亭总平面图

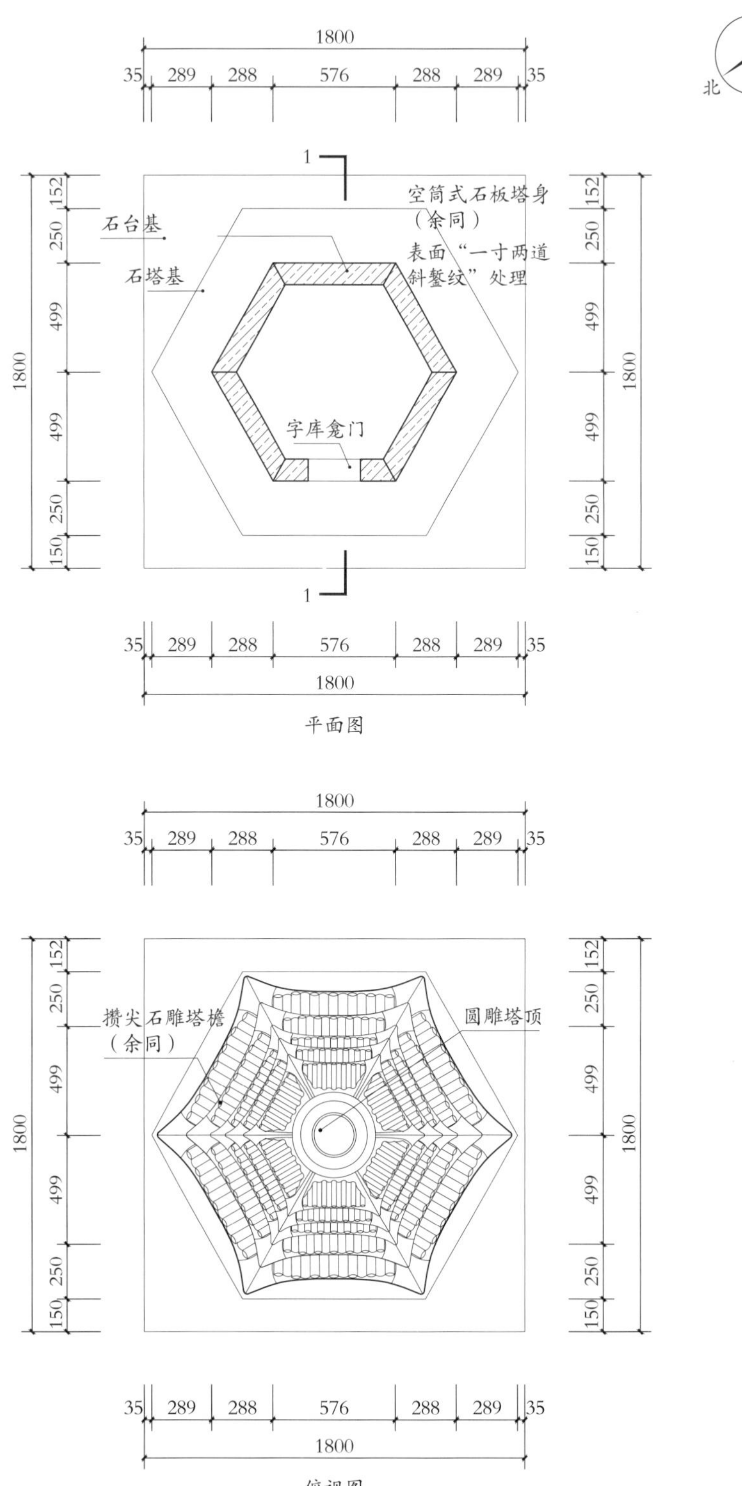

图号 03

绘制时间：2022 年 10 月
绘 制 人：刘洋
比　　例：1∶15
图　　名：东林观惜字亭平面图、俯视图

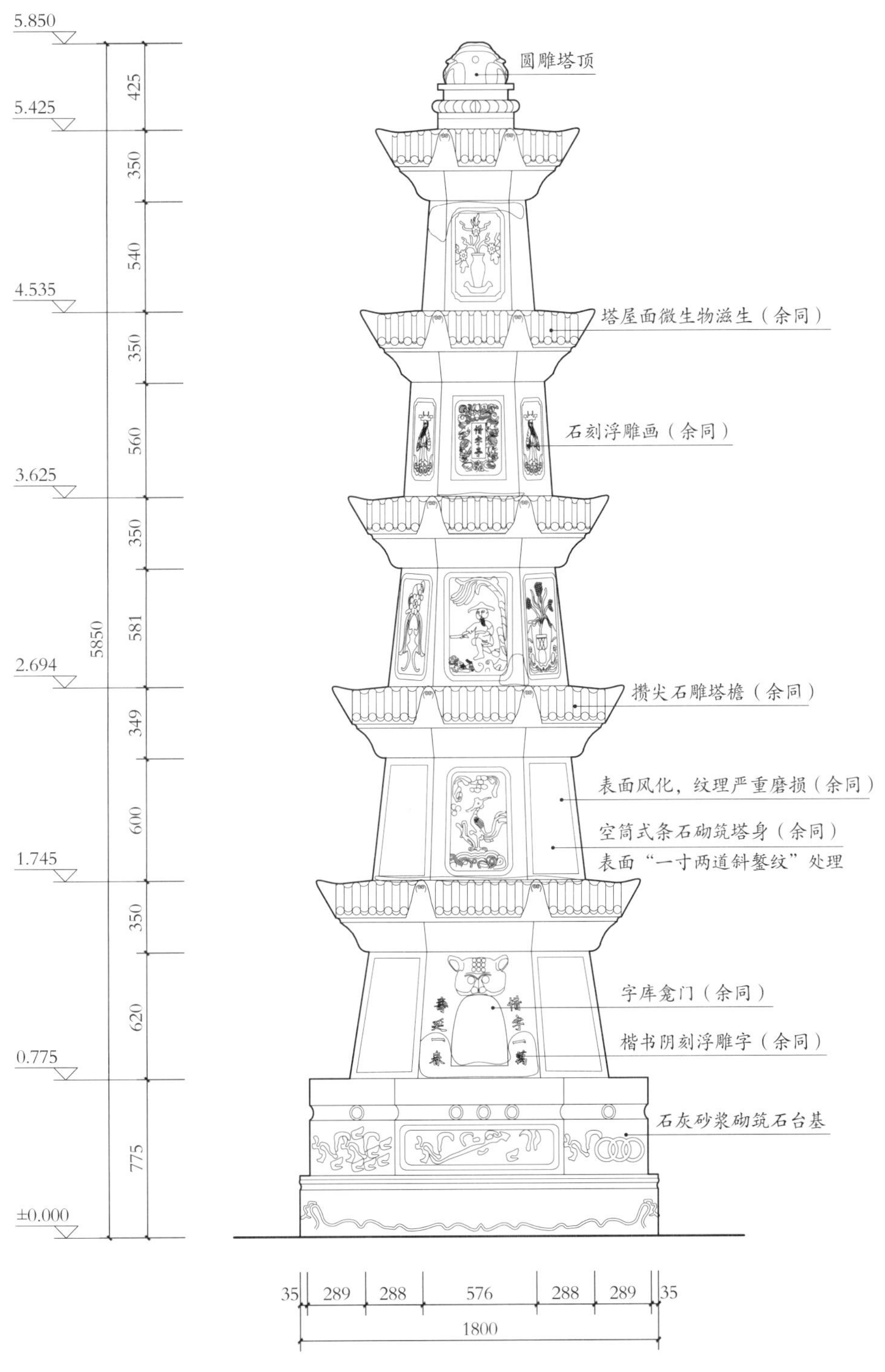

图号 04

绘制时间：2022 年 10 月

绘 制 人：刘洋

比　　例：1∶20

图　　名：东林观惜字亭西北立面图

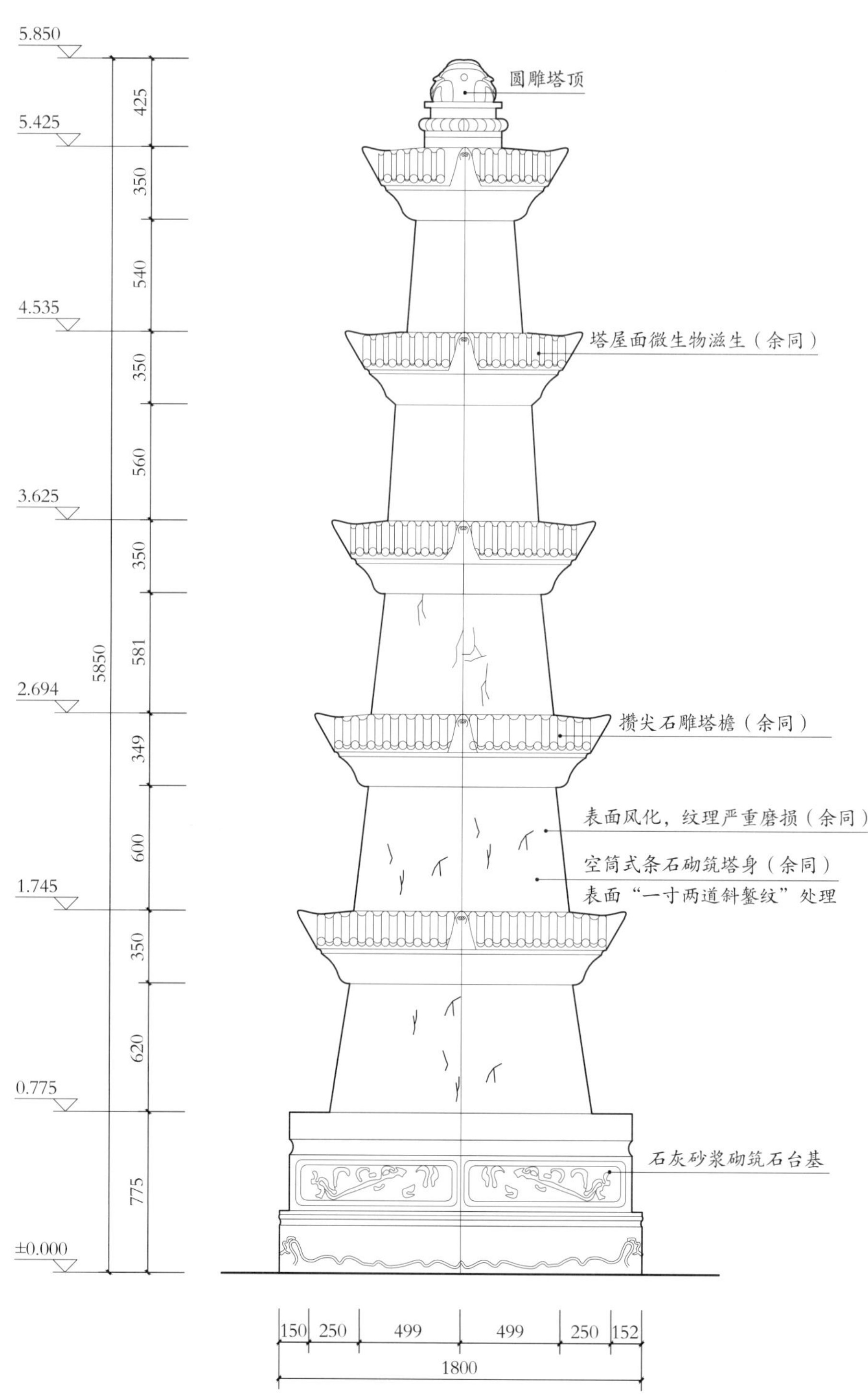

图号 05

绘制时间：2022 年 10 月

绘 制 人：刘洋

比　　例：1∶20

图　　名：东林观惜字亭东立面图

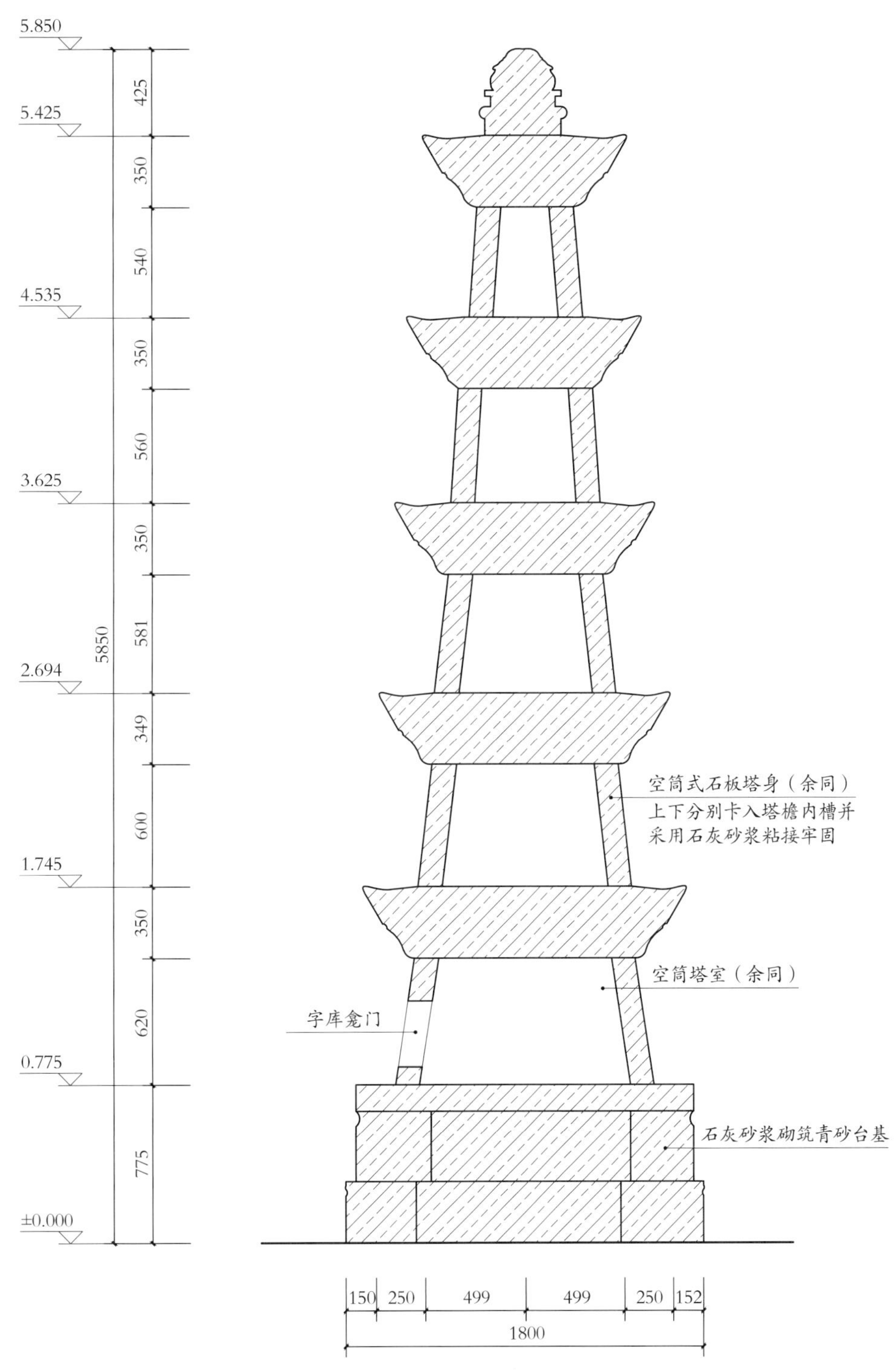

图号 06

绘制时间：2022 年 10 月

绘 制 人：刘洋

比　　例：1∶20

图　　名：东林观惜字亭剖面图

照片 01

拍摄时间：2022 年 10 月

拍 摄 人：刘洋

拍摄方向：由西北向东南

文物部位：西北立面全景

照片 02

拍摄时间：2022 年 10 月

拍 摄 人：刘洋

拍摄方向：由西北向东南

文物部位：基座及一层立面

照片 03

拍摄时间：2022 年 10 月

拍 摄 人：刘洋

拍摄方向：由东向西

文物部位：基座石雕立面

照片 04

拍摄时间：2022 年 10 月
拍 摄 人：刘洋
拍摄方向：由西向东
文物部位：二、三层立面

照片 05

拍摄时间：2022 年 10 月
拍 摄 人：刘洋
拍摄方向：由西北向东南
文物部位：二层塔身浮雕图案

龙马潭区

杨庙子山惜字亭

杨庙子山惜字亭调查保护记录表

<table>
<tr><td>名　称</td><td colspan="5">杨庙子山惜字亭</td></tr>
<tr><td>年　代</td><td colspan="2">清</td><td>类　别</td><td colspan="2">古建筑</td></tr>
<tr><td>所在地</td><td colspan="5">四川省泸州市龙马潭区石洞镇花博园村</td></tr>
<tr><td>海　拔</td><td>323.8 米</td><td>经　度</td><td>105°26'20.7"E</td><td>纬　度</td><td>29°0'44.2"N</td></tr>
<tr><td>保护级别</td><td colspan="5">一般不可移动文物</td></tr>
<tr><td>所有权</td><td colspan="2">集体所有</td><td>使用人</td><td colspan="2">花博园村</td></tr>
<tr><td>管理机构</td><td colspan="5">龙马潭区文化广播电视和旅游局（下称文旅局）、石洞镇</td></tr>
<tr><td>用　途</td><td colspan="5">活动场所</td></tr>
<tr><td>简　介</td><td colspan="5">杨庙子山惜字亭位于龙马潭区石洞镇花博园村 35 组杨庙子山，坐南向北；石砌榫卯结构，三层六边形阁楼式石塔；基座六边形，边长约 0.8 米，高约 0.5 米；塔身三级，逐层上收；塔顶为宝珠形，通高约 3.6 米；在亭的中部有一小窗，窗额上刻有“惜字亭”三字，左侧刻有如意图案，右侧刻有宝剑，有一出烟洞；整体设计独特、用材考究，有一定的历史、科学、艺术价值。</td></tr>
<tr><td>文物描述</td><td colspan="5">杨庙子山惜字亭由台基、塔身、塔檐、塔顶组成，为六边形阁楼式石质空心塔，整座塔用石灰、糯米浆、青砂石砌筑，榫卯卡槽式连接。
台　基：六边形素面台基，表面做磨光处理。
塔　身：六边形整石塔身由榫卯连接，置于基座卡槽之上，分上中下三层，逐层上收，北面二层开拱形窗，拱形窗上方横额阴刻有“惜字亭”三字；左侧刻有如意图案，右侧刻有宝剑，有一出烟洞。
塔　檐：六角攒尖石雕塔檐。
塔　顶：整石雕刻宝珠塔顶。
真实性：杨庙子山惜字亭基本保持了清代建筑形制，文物建筑在形制特征、材料和工艺特点等方面保留了历史原状，具有鲜明的地方特色。
完整性：杨庙子山惜字亭整体保存状况较完整，基本保留了历史原构，留存不同时期的历史活动信息，周边环境能够真实反映惜字亭选址与地形地貌的关系。</td></tr>
<tr><td rowspan="2">文物调查</td><td>形制</td><td colspan="2">工艺</td><td>结构</td><td>材料</td></tr>
<tr><td>三层六边形阁楼式石塔</td><td colspan="2">石构榫卯连接，各部构件整石雕刻，表面做磨光处理，龛门及塔身做浮雕纹饰，有阴刻题记文字</td><td>石砌榫卯结构，内部构造为单腔空筒式</td><td>石灰、糯米浆、青砂石</td></tr>
<tr><td colspan="6">文物本体历史沿革
根据塔身石刻题记文献记载，该惜字亭建于清代。
至今，该惜字亭未做过较大修缮，基本为原状保存。</td></tr>
</table>

（续表）

<table>
<tr><td>保护管理工作沿革
2009 年，对该文物建筑进行普查记录。
至今，杨庙子山惜字亭由石洞镇和龙马潭区文旅局协同管理。</td></tr>
<tr><td>价值评估
杨庙子山惜字亭由台基、塔身、塔檐和塔顶组成，为石质三层仿木结构，其上饰道家法器的浮雕纹饰，雕刻细腻，栩栩如生，具有一定的艺术、文化价值。</td></tr>
<tr><td>风险评估
杨庙子山惜字亭主要为石砌仿木结构，受大自然酸雨长期浸渍，有风化侵蚀的风险。
杨庙子山惜字亭所处地区年雷雨天数较多，文物建筑遭受雷击风险较高。
杨庙子山惜字亭地处偏僻的山林地区，塔身构件雕刻精美，神韵独特，存在一定的被盗隐患。</td></tr>
<tr><td>现状评估
杨庙子山惜字亭整体形制保存较完整，石构件表面风化较多，塔檐、塔身、塔顶均开裂、破损。
杨庙子山惜字亭位于小山坡上的果树苗林中，距离塔 5 米的位置有一高压电线塔。东距石洞镇群丰村约 1 公里，距离乡村水泥公路及当地居民住宅约 60 米，有田埂小路通往此塔。</td></tr>
<tr><td>“四有”工作情况
保护范围：暂未划定。
保护标志：无。
记录档案：杨庙子山惜字亭保护档案已建立，现存于龙马潭区文旅局。
保护管理机构：杨庙子山惜字亭现由石洞镇管理，龙马潭区文旅局主要负责对杨庙子山惜字亭文物保护工作的监督、指导，并协同管理。</td></tr>
<tr><td>安全保卫情况
安　防：暂未安装监控等相关安防预警设施。
消　防：无消防设施。
防　雷：杨庙子山惜字亭未安装防雷设施，无法满足防雷要求。</td></tr>
<tr><td>调查、考古、保护、展示工作
保护工作：龙马潭区文旅局定期对文物保护单位进行安全巡查。
利用情况：当地宗教信徒开展宗教活动，燃香祈福。</td></tr>
<tr><td>下一阶段保护、管理、使用计划
保护区划：调整、完善保护区划。
本体保护：制订保护计划，消除惜字亭存在的安全隐患，根据最小干预的保护原则按原状进行修复。
保护措施：石质文物表面防风化及加固处理。
加强研究：加强对杨庙子山惜字亭历史价值、艺术价值、文化价值的研究工作。
安全防护：进一步完善安防、消防、防雷等防护措施。
环境整治：对周边地面适当硬化（采用传统方式，如铺设石板），增设防护石栏杆，修建文物工作巡查道路。
管理工作：完善管理机制，增设管理人员，每年定期对文物进行安全巡查。</td></tr>
</table>

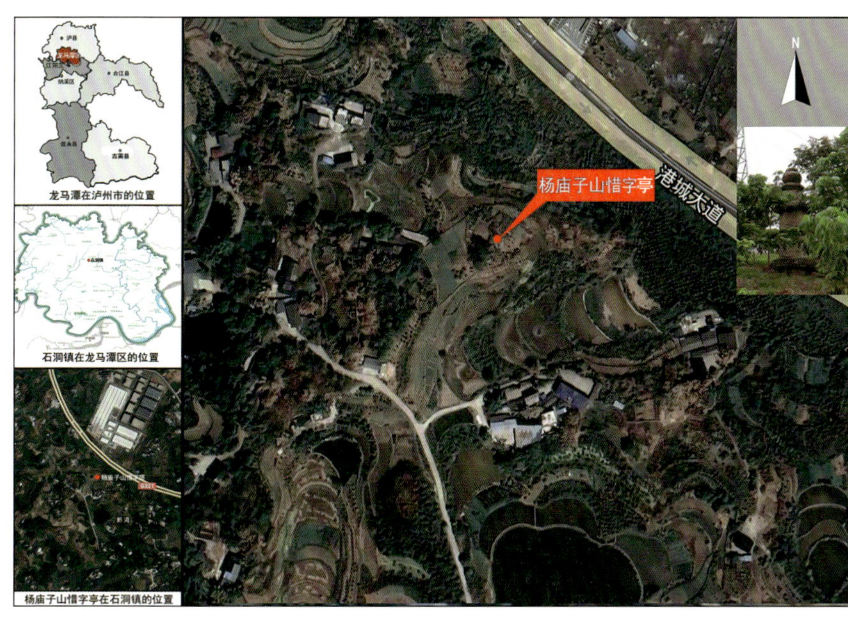

图号 01

绘制时间：2022 年 10 月

绘 制 人：刘洋

图名：杨庙子山惜字亭区位图

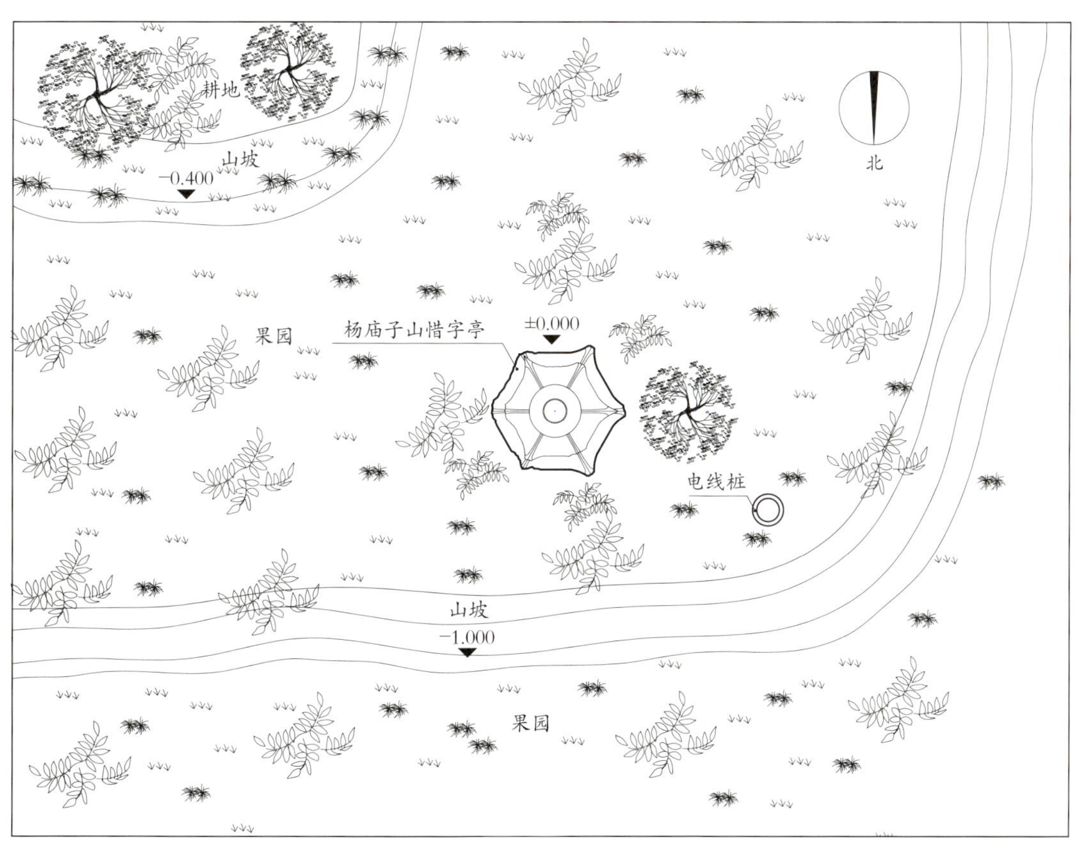

图号 02

绘制时间：2022 年 10 月

绘 制 人：刘洋

比　　例：1∶30

图　　名：杨庙子山惜字亭总平面图

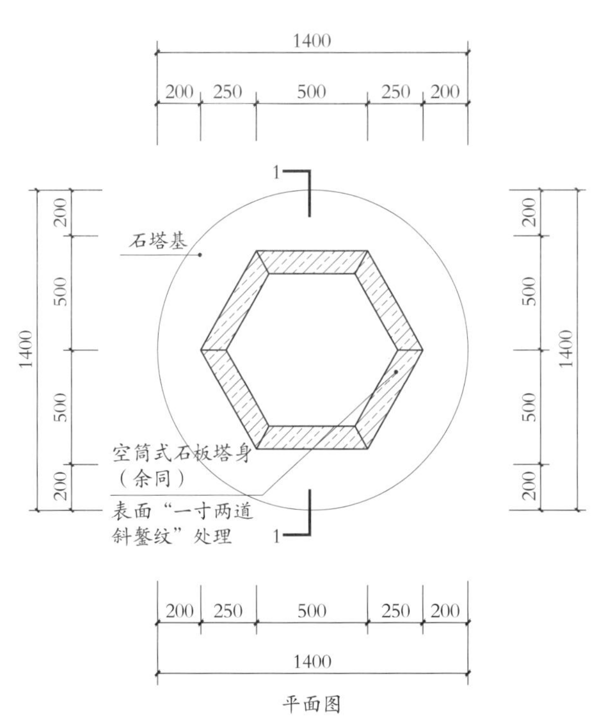

平面图

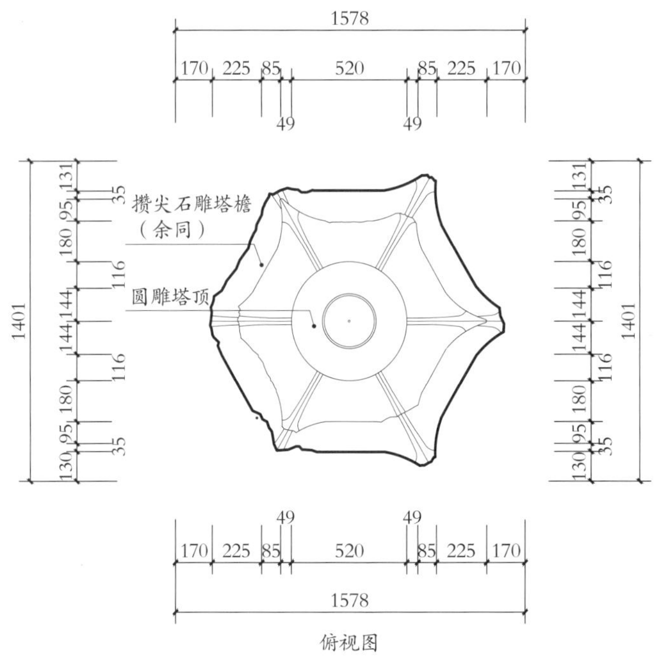

俯视图

图号 03

绘制时间：2022 年 10 月

绘 制 人：刘洋

比　　例：1∶20

图　　名：杨庙子山惜字亭平面图、俯视图

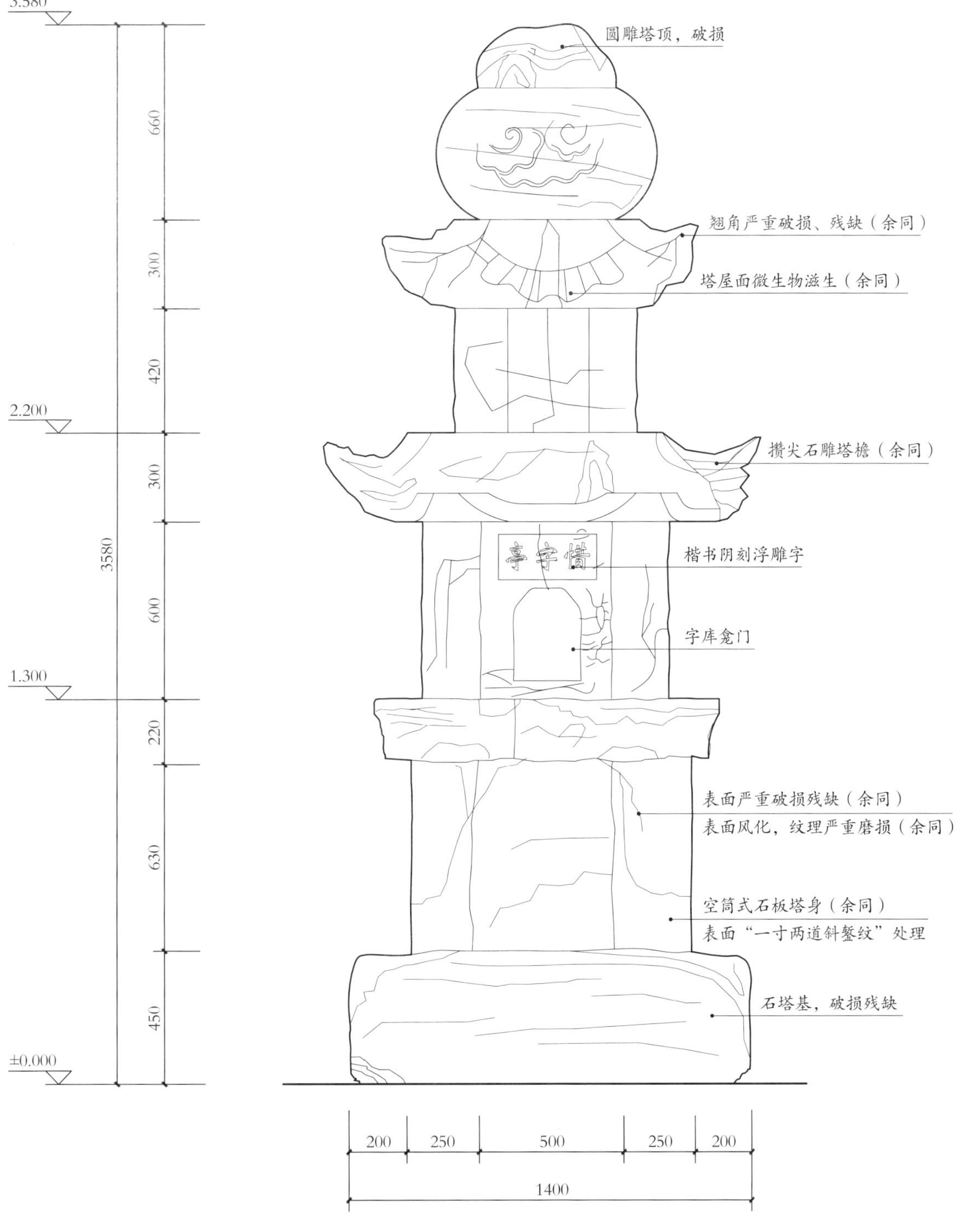

图号 04

绘制时间：2022 年 10 月

绘 制 人：刘洋

比　　例：1：15

图　　名：杨庙子山惜字亭北立面图

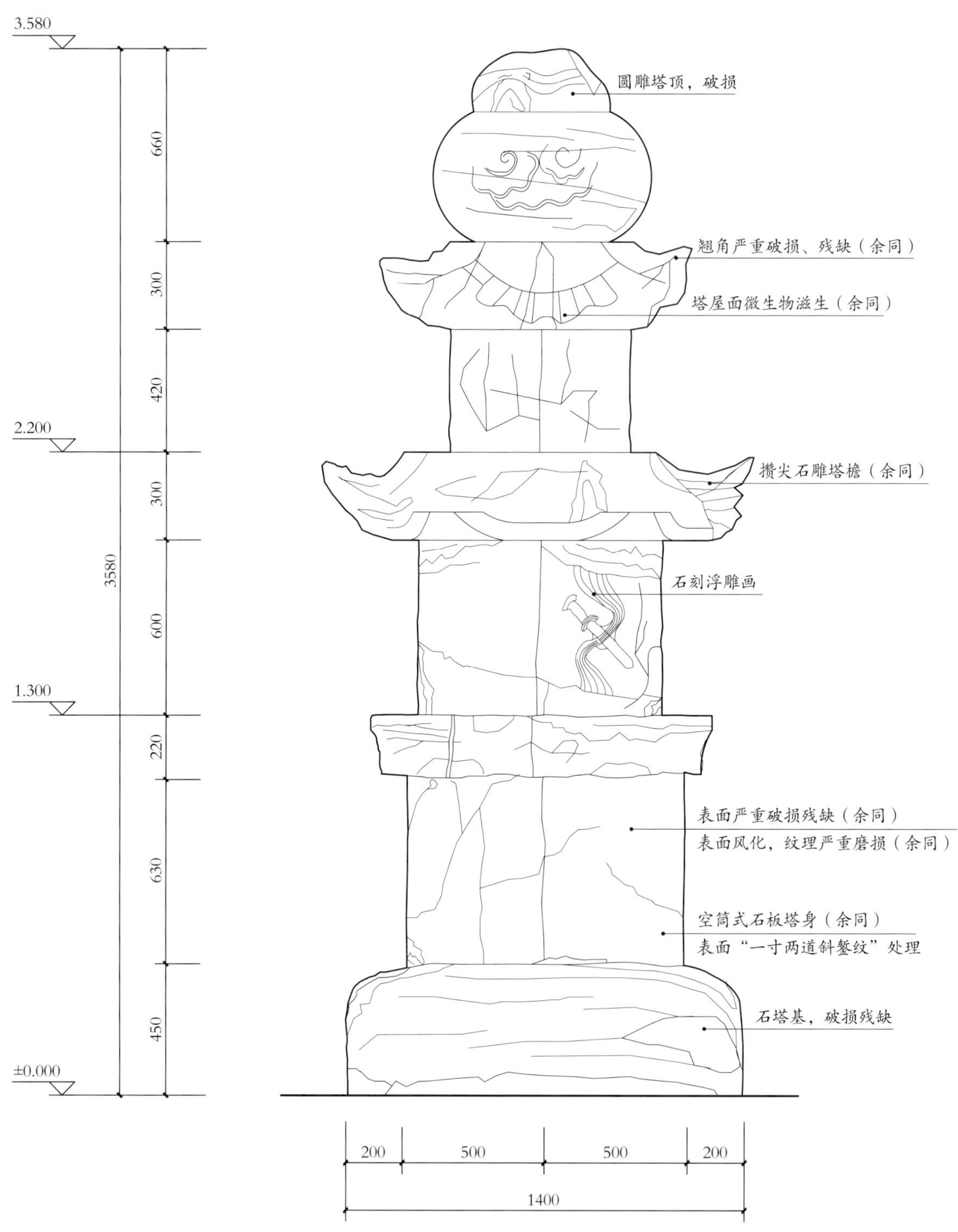

图号 05

绘制时间：2022 年 10 月

绘 制 人：刘洋

比　　例：1∶15

图　　名：杨庙子山惜字亭西立面图

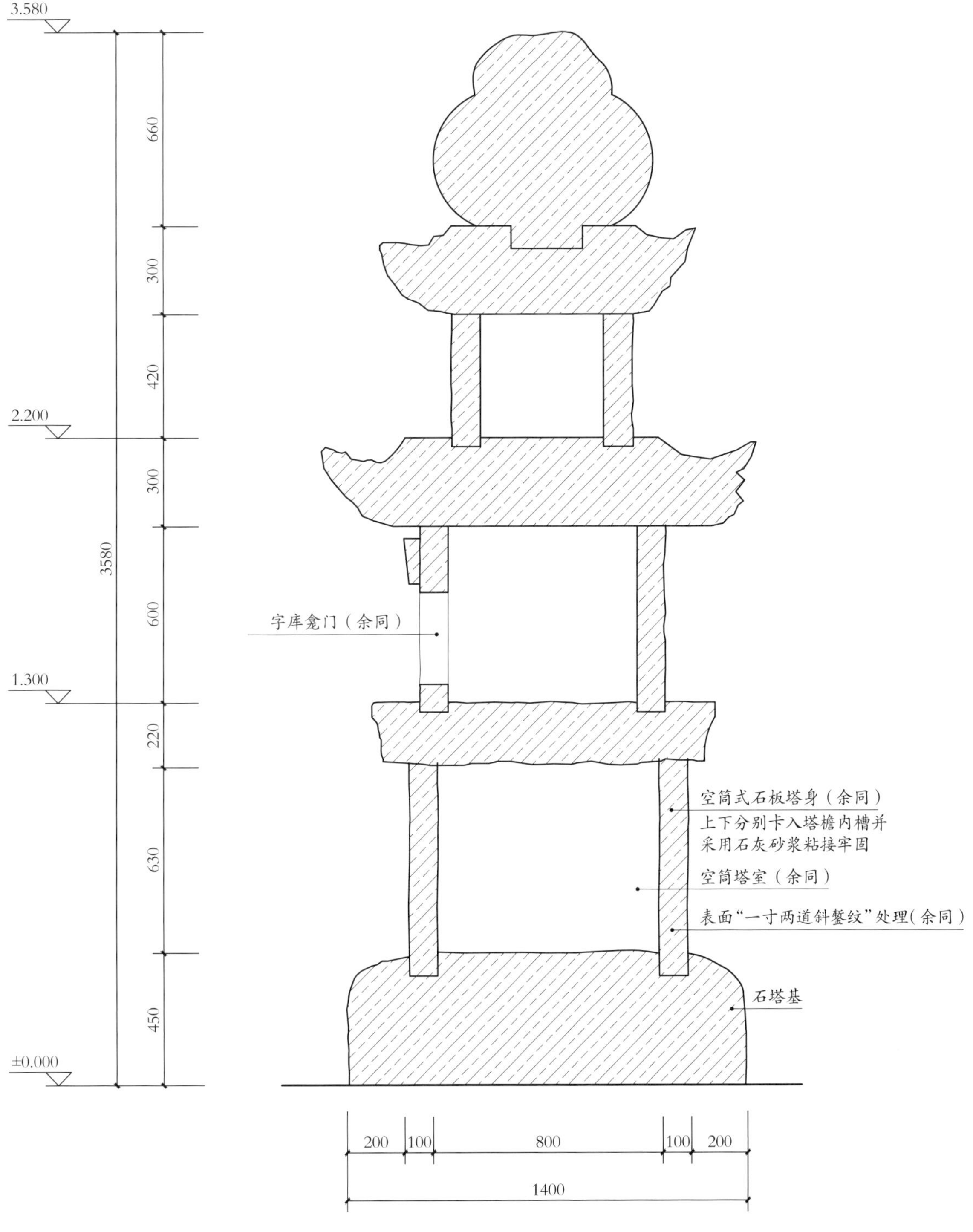

图号 06

绘制时间：2022 年 10 月

绘 制 人：刘洋

比　　例：1∶15

图　　名：杨庙子山惜字亭剖面图

照片 01

拍摄时间：2022 年 10 月

拍 摄 人：刘洋

拍摄方向：由北向南

文物部位：北立面

照片 02

拍摄时间：2022 年 10 月
拍 摄 人：刘洋
拍摄方向：由东向西
文物部位：一、二层东立面

照片 03
拍摄时间：2022 年 10 月
拍 摄 人：刘洋
拍摄方向：由南向北
文物部位：南立面

照片 04

拍摄时间：2022 年 10 月
拍 摄 人：刘洋
拍摄方向：由西向东
文物部位：二层西立面塔檐

照片 05

拍摄时间：2022 年 10 月
拍 摄 人：刘洋
拍摄方向：由东向西
文物部位：二层东立面

照片 06

拍摄时间：2022 年 10 月
拍 摄 人：刘洋
拍摄方向：由东向西
文物部位：塔顶东立面

纳溪区

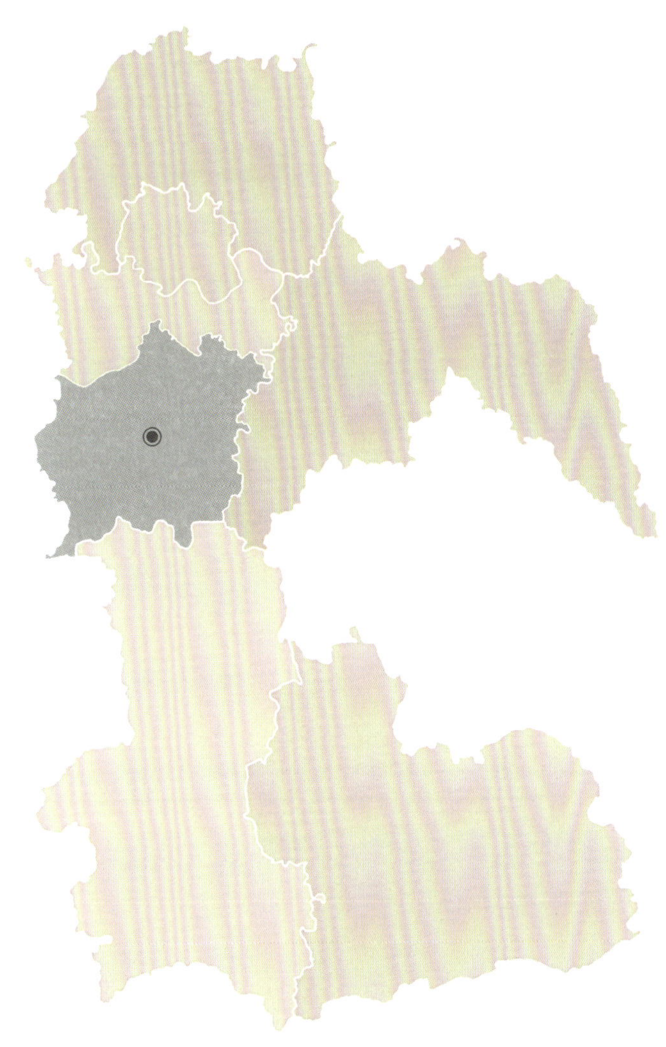

云台寺村惜字库

云台寺村惜字库调查保护记录表

<table>
<tr><td>名　　称</td><td colspan="4">云台寺村惜字库</td></tr>
<tr><td>年　　代</td><td colspan="2">清宣统三年（1911）</td><td>类　别</td><td>古建筑</td></tr>
<tr><td>所 在 地</td><td colspan="4">四川省泸州市纳溪区上马镇云台寺村</td></tr>
<tr><td>海　　拔</td><td>670 米</td><td>经　度</td><td>105°16'17.9"E</td><td>纬　度</td><td>28°31'36.1"N</td></tr>
<tr><td>保护级别</td><td colspan="4">一般不可移动文物</td></tr>
<tr><td>所 有 权</td><td colspan="2">集体所有</td><td>使用人</td><td>云台寺村</td></tr>
<tr><td>管理机构</td><td colspan="4">纳溪区文化广播电视和旅游局（下称文旅局）、上马镇</td></tr>
<tr><td>用　　途</td><td colspan="4">活动场所</td></tr>
<tr><td>简　　介</td><td colspan="4">云台寺村惜字库，为四层多边形阁楼式石塔，坐西南向东北，由红砂石板砌成；塔高约 5 米，下两层为四面，上两层为六面；第一层塔面上无字迹；第二层东北方塔面中部有一拱形门洞，门洞上方阴刻“惜字库”，两侧刻“尊崇□□”“敬礼苍□”，因塔面下部风化，部分字迹已脱落，西北侧塔面阴刻捐赠人名，并刻有“宣统三年辛亥四月吉旦”字样；第三层塔面为六面，西北侧塔面为人物浮雕；第四层塔面为六面，西北侧塔面上方有一铜钱样雕刻，下方为一浮雕方形框，其余面均为浮雕方形框，字迹已不可见；四层塔顶为六角单檐，上有多个圆柱构成的塔顶，中部圆柱较大，上有花纹浮雕。</td></tr>
<tr><td>文物描述</td><td colspan="4">云台寺村惜字库由台基、塔身、塔檐、塔顶组成，为四层多边形阁楼式石质空心塔，整座塔用石灰、糯米浆、红砂石砌筑，榫卯卡槽式连接。
台　基：四边形素面须弥座式台基，表面做磨光处理。
塔　身：塔身共四层，下两层为四边形，上两层为六边形，塔身整石雕凿，榫卯连接，置于基座、屋顶卡槽之上，逐层上收；二层东北面开拱形门洞，门洞上方阴刻“惜字库”，两侧刻“尊崇□□”“敬礼苍□”，因塔面下部风化，部分字迹已脱落，西北侧塔面阴刻捐赠人名，并刻有“宣统三年辛亥四月吉旦”字样；第三层塔面为六面，西北侧塔面为人物浮雕；第四层塔面为六面，西北侧塔面上方有一铜钱样雕刻，下方为一浮雕方形框，其余面均为浮雕方形框，字迹已不可见。
塔　檐：二层为四角攒尖石雕塔檐，三、四层为六角攒尖石雕塔檐。
塔　顶：整石雕刻宝珠塔顶。
真实性：云台寺村惜字库基本保持了清代建筑形制，文物建筑在形制特征、材料和工艺特点等方面保留了历史原状，具有鲜明的地方特色，碑刻题记记载的历史和物质遗存可以相互印证，同时仍保留了宗教活动场所的简易功能。
完整性：云台寺村惜字库整体保存状况较完整，基本保留了历史原构，留存不同时期的历史活动信息，周边环境能够真实反映惜字库选址与地形地貌的关系。</td></tr>
</table>

（续表）

	形制	工艺	结构	材料
文物调查	四层多边形阁楼式石塔	石构榫卯连接，各部构件整石雕凿，表面做细道和扁光相结合的加工工艺	石砌榫卯结构，内部构造为单腔空筒式	石灰、糯米浆、红砂石

文物本体历史沿革

根据塔身石刻题记文献记载，该惜字库建于清宣统三年。

至今，该惜字库未做过较大修缮，基本为原状保存。

保护管理工作沿革

2009 年，对该文物建筑进行普查记录。

至今，云台寺村惜字库由上马镇和纳溪区文旅局协同管理。

价值评估

云台寺村惜字库由台基、塔身、塔檐和塔顶组成，为四层石砌榫卯结构，整座塔用石灰、糯米浆、红砂石砌筑，榫卯卡槽式连接，由两种不同形状塔身和塔檐组成，建筑营造美观大方，结构连接严谨科学，形制规整中又具有自身特色。其上饰有深、浅浮雕人物，寓意吉祥如意、繁衍生息及保佑一方水土平安，其雕刻手法娴熟飘逸、精湛细腻，对研究川南地区宗教和民间民俗文化有着重要作用。

风险评估

云台寺村惜字库主要为石砌仿木结构，受大自然酸雨长期浸渍，有风化侵蚀的风险。

云台寺村惜字库所处地区年雷雨天数较多，文物建筑遭受雷击风险较高。

云台寺村惜字库地处偏僻的山林地区，塔身构件雕刻精美，神韵独特，存在一定的被盗隐患。

现状评估

云台寺村惜字库整体形制保存完整，石构件表面多风化，塔檐开裂，塔身石构破损，塔檐顶部青苔、微生物滋生。

云台寺村惜字库位于民居院坝旁，距当地居民住宅约 7 米，石塔周围被当地居民围起来圈养牲畜。其向东距离乡村水泥公路约 1 公里，有乡村泥土道路通往此塔。

“四有”工作情况

保护范围：暂未划定。

保护标志：无。

记录档案：云台寺村惜字库保护档案已建立，现存于纳溪区文旅局。

保护管理机构：云台寺村惜字库现由上马镇管理，纳溪区文旅局主要负责对云台寺村惜字库文物保护工作的监督、指导，并协同管理。

安全保卫情况

安　防：暂未安装监控等相关安防预警设施。

消　防：无消防设施。

防　雷：云台寺村惜字库未安装防雷设施，无法满足防雷要求。

（续表）

调查、考古、保护、展示工作 保护工作：纳溪区文旅局定期对文物保护单位进行安全巡查。 利用情况：当地宗教信徒开展宗教活动，燃香祈福。
下一阶段保护、管理、使用计划 保护区划：调整、完善保护区划。 本体保护：制订保护计划，消除存在的影响惜字库安全的隐患，根据最小干预的保护原则按原状进行修复。 保护措施：石质文物表面做防风化和加固处理。 加强研究：加强对云台寺村惜字库历史价值、艺术价值、科学价值的研究工作。 安全防护：进一步完善安防、消防、防雷等防护措施。 环境整治：周边地面适当硬化（采用传统方式，如铺设石板），保护塔基，惜字库周围增设防护石栏杆。 管理工作：完善管理机制，增设管理人员，每年定期对文物安全进行巡查。

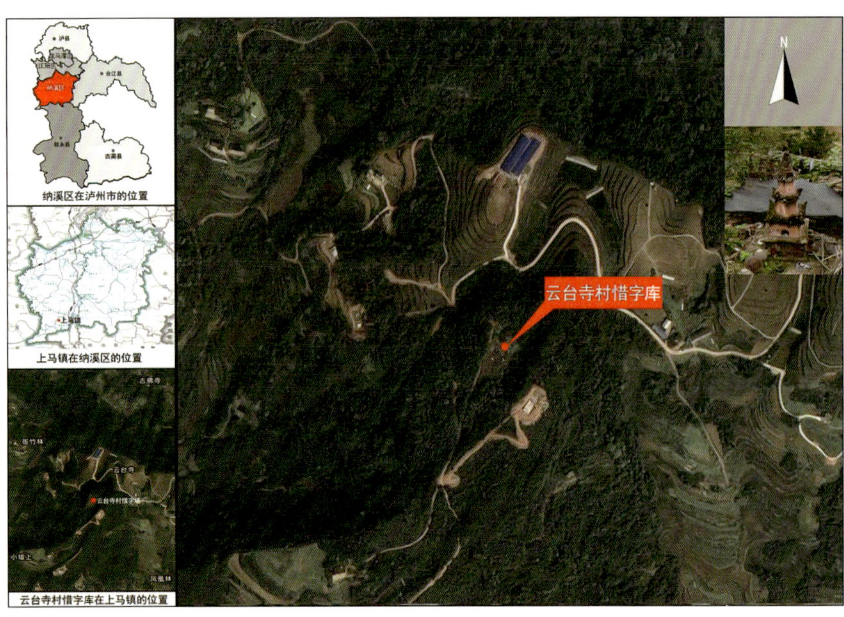

图号 01

绘制时间：2022 年 10 月
绘 制 人：刘洋
图　　名：云台寺村惜字库区位图

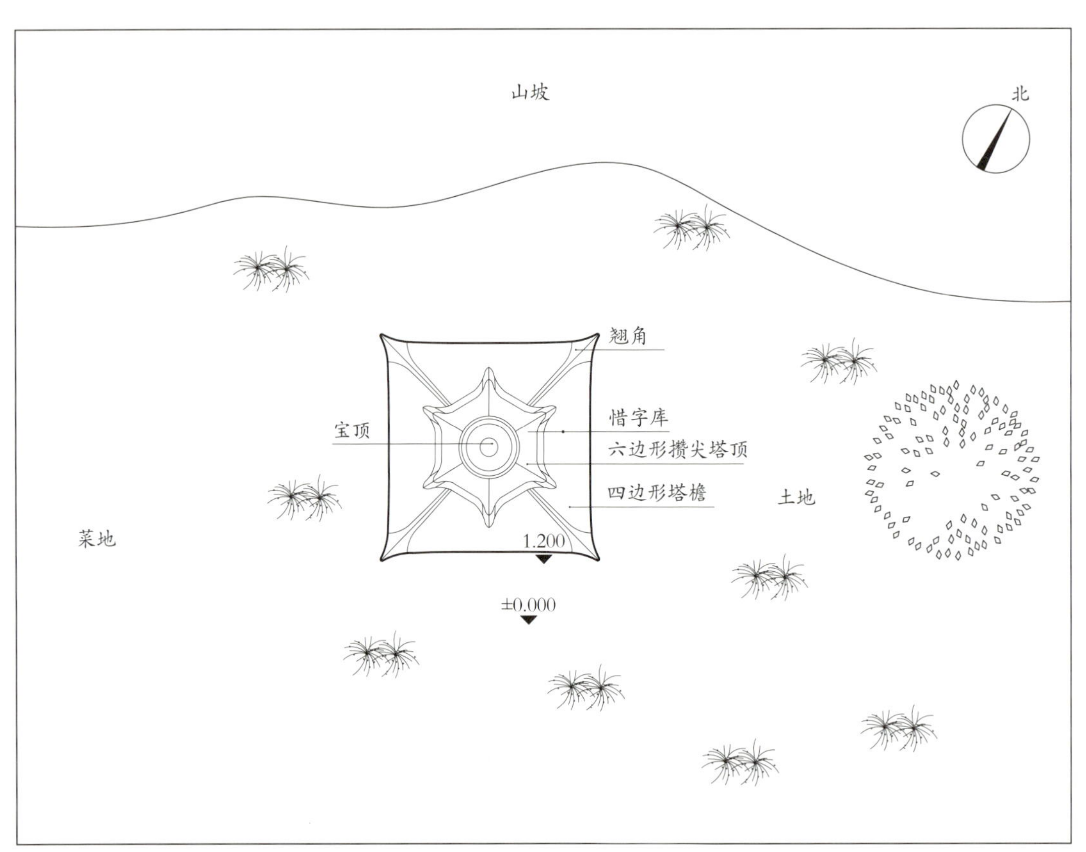

图号 02

绘制时间：2022 年 10 月
绘 制 人：刘洋
比　　例：1∶20
图　　名：云台寺村惜字库总平面图

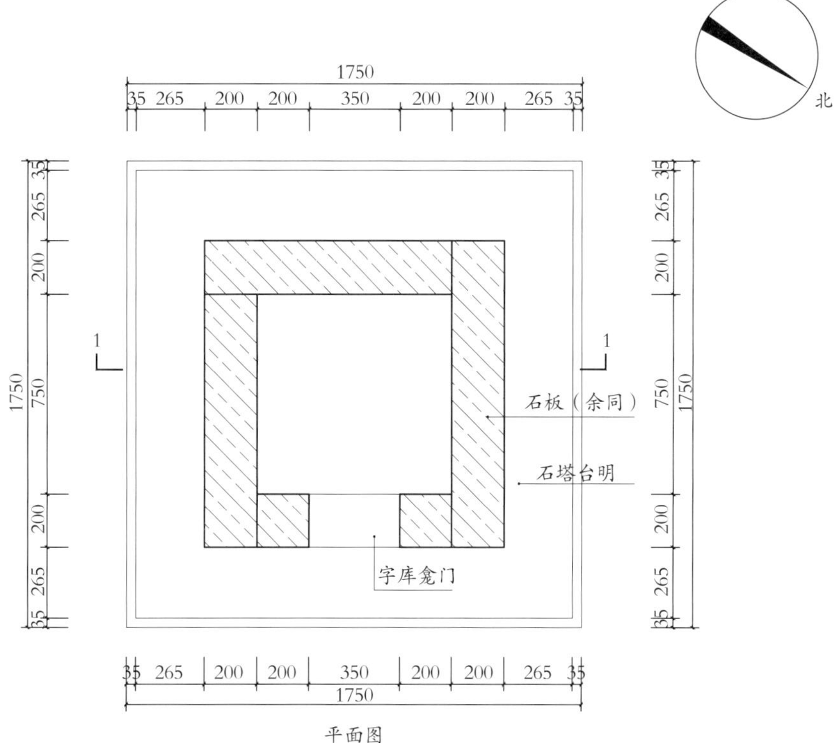

平面图

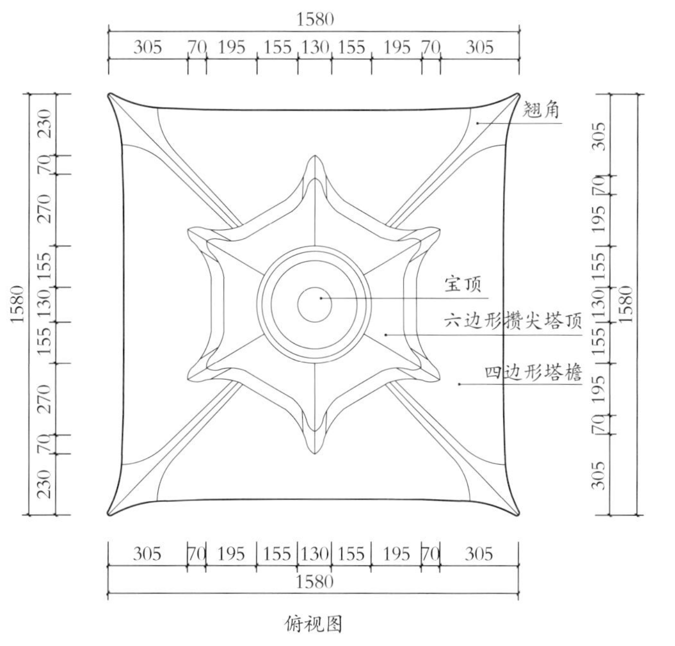

俯视图

图号 03

绘制时间：2022 年 10 月
绘 制 人：刘洋
比　　例：1∶10
图　　名：云台寺村惜字库平面图、俯视图

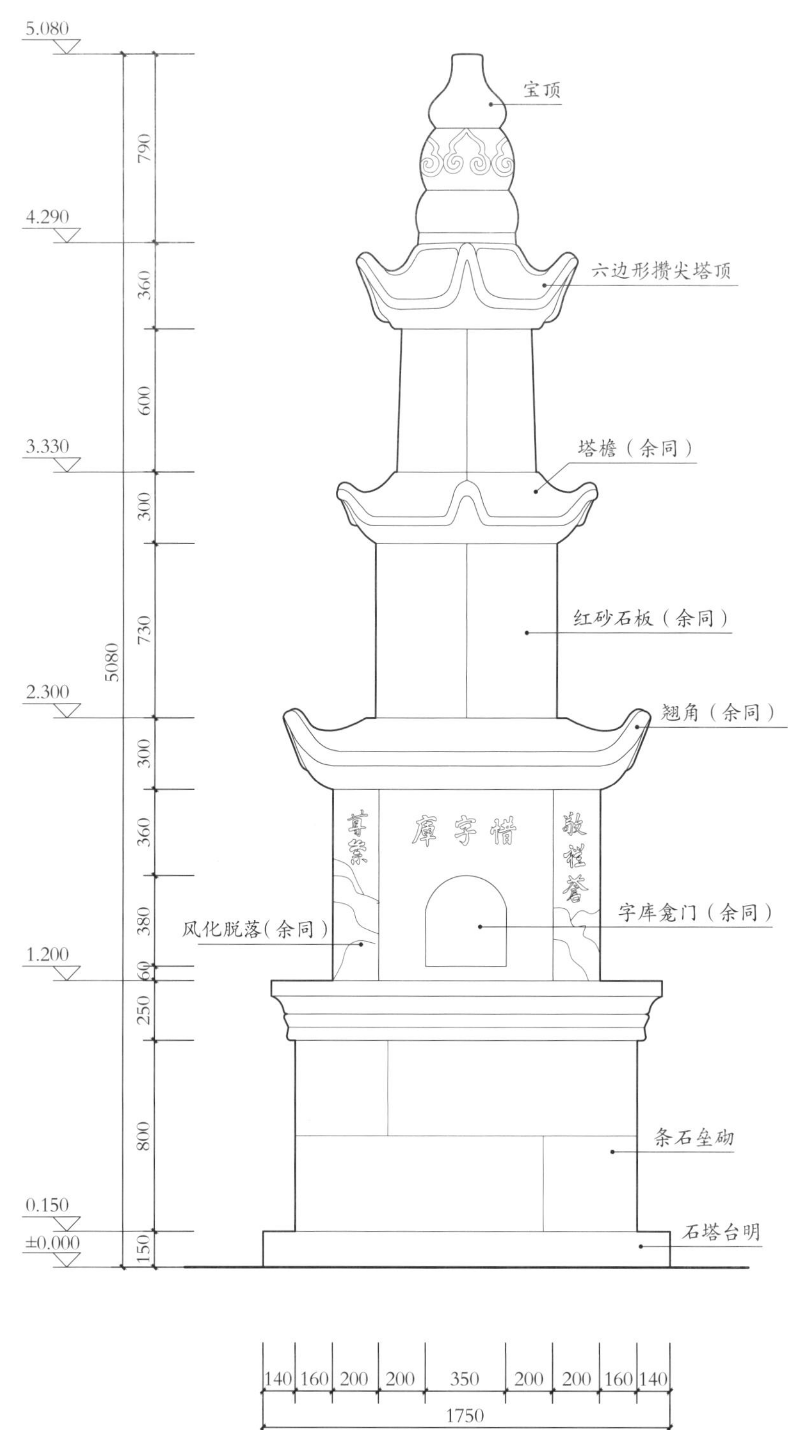

图号 04

绘制时间：2022 年 10 月

绘 制 人：刘洋

比　　例：1∶20

图　　名：云台寺村惜字库东北立面图

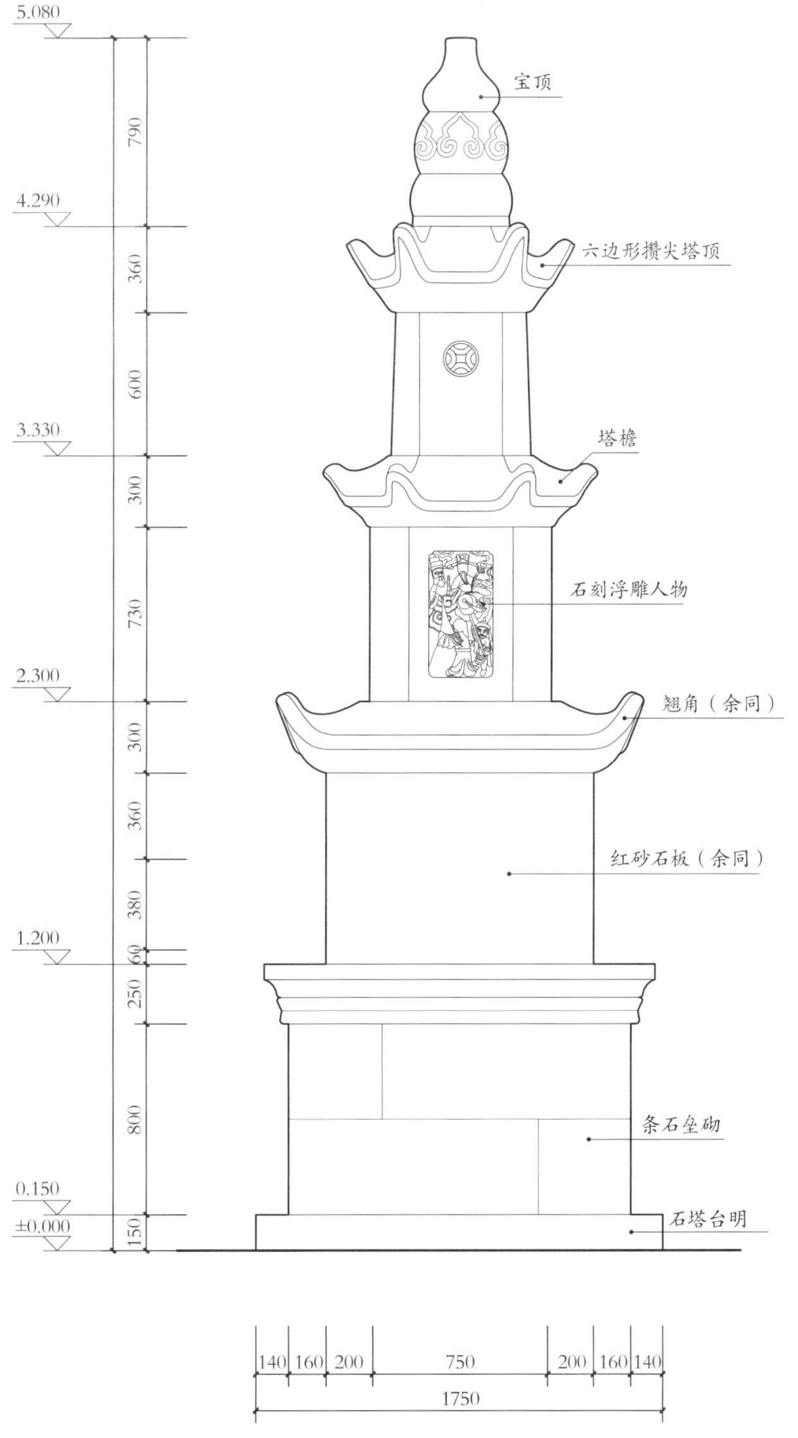

图号 05

绘制时间：2022 年 10 月

绘 制 人：刘洋

比　　例：1∶20

图　　名：云台寺村惜字库西北立面图

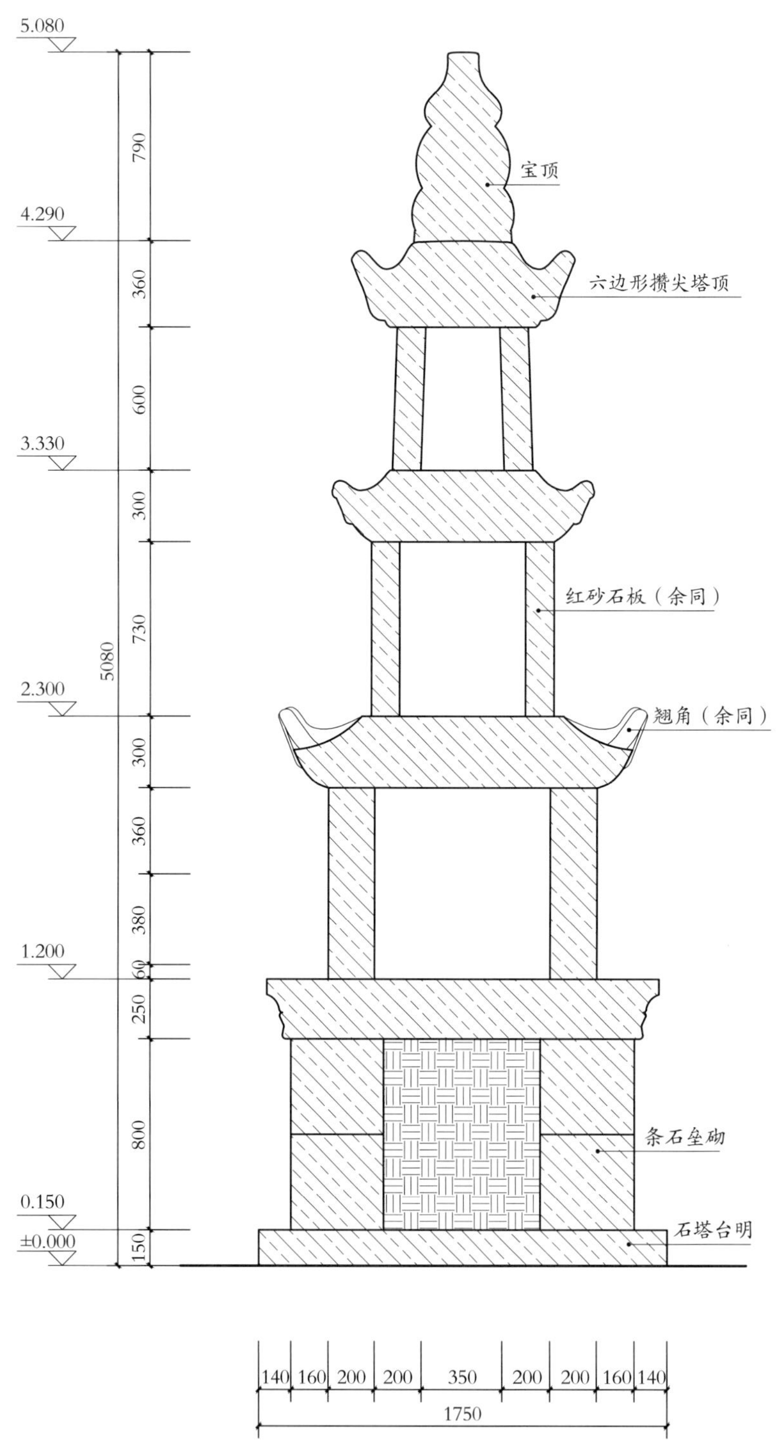

图号 06

绘制时间：2022 年 10 月
绘 制 人：刘洋
比　　例：1∶20
图　　名：云台寺村惜字库剖面图

照片 01

拍摄时间：2022 年 10 月
拍 摄 人：刘洋
拍摄方向：由东北向西南俯视
文物部位：东北立面全景

照片 02

拍摄时间：2022 年 10 月
拍 摄 人：刘洋
拍摄方向：由东北向西南平视
文物部位：东北立面全景

照片 03

拍摄时间：2022 年 10 月
拍 摄 人：刘洋
拍摄方向：由西南向东北俯视
文物部位：西南立面

照片 04

拍摄时间：2022 年 10 月
拍 摄 人：刘洋
拍摄方向：由东南向西北
文物部位：东南立面

照片 05

拍摄时间：2022 年 10 月
拍 摄 人：刘洋
拍摄方向：由西北向东南
文物部位：西北立面

照片 06

拍摄时间：2022 年 10 月
拍 摄 人：刘洋
拍摄方向：由东北向西南
文物部位：二层东北立面

照片 07

拍摄时间：2022 年 10 月
拍 摄 人：刘洋
拍摄方向：由西北向东南
文物部位：三层西北立面雕刻

照片 08

拍摄时间：2022 年 10 月
拍 摄 人：刘洋
拍摄方向：由西北向东南
文物部位：塔顶西北立面

沙岭埂惜字库

沙岭埂惜字库调查保护记录表

名　　称	沙岭埂惜字库				
年　　代	清道光二十八年（1848）		类　别	古建筑	
所 在 地	四川省泸州市纳溪区合面镇大石村				
海　　拔	384 米	经　度	105°17'59.5"E	纬　度	28°36'31.3"N
保护级别	一般不可移动文物				
所 有 权	集体所有		使用人	大石村	
管理机构	纳溪区文旅局、合面镇				
用　　途	活动场所				
简　　介	沙岭埂惜字库位于纳溪区合面镇大石村 1 社沙岑埂，为三层四边形阁楼式石塔，坐东向西，四角尖顶，塔高约 4.3 米；底层基座呈正方形，边长约 1.3 米；第一层边长约 0.9 米，正面开焚烧孔，檐下阴刻行书“惜字库”，边框刻花纹，有一对联“远近残编得所，圣贤奥义无遗”，北面刻有题记文字，其中有“道光二十八年”字样；第二层南面、东面、北面均刻有文字，文字内容均为人名和捐钱数量；第三层浮雕刀、剑、花等。				
文物描述	沙岭埂惜字库由台基、塔身、塔檐、塔顶组成，为四边形阁楼式石质空心塔，整座塔用石灰、糯米浆、红砂石砌筑，榫卯卡槽式连接。 **台　基：**四边形素面台基，表面做磨光处理。 **塔　身：**四边形塔身石板和角柱由榫卯连接，置于基座卡槽之上；分上中下三层，一层西面开异形窗，窗上方横额阴刻“惜字库”三字，两侧角柱阴刻对联“远近残编得所，圣贤奥义无遗”，北面刻有题记文字，其中有“道光二十八年”字样；第二层南面、东面、北面均刻有文字，文字内容均为人名和捐钱数量；第三层浮雕刀、剑、花朵等纹饰。 **塔　檐：**四角攒尖石雕塔檐。 **塔　顶：**整石雕刻宝珠塔顶。 **真实性：**沙岭埂惜字库基本保持了清代建筑形制，文物建筑在形制特征、材料和工艺特点等方面保留了历史原状，具有鲜明的地方特色，碑刻题记记载的历史和物质遗存可以相互印证。 **完整性：**沙岭埂惜字库整体保存状况较完整，基本保留了历史原构，留存不同时期的历史活动信息，周边环境能够真实反映惜字库选址与地形地貌的关系。				
文物调查	形制	工艺		结构	材料
	三层四边形阁楼式石塔	柱、板、顶石构糯米浆砌筑，榫卯连接，各部构件整石雕刻，表面做扁光处理；龛门表面做浮雕纹饰，有阴刻题记文字		仿木榫卯结构，内部构造为单腔空筒式	石灰、糯米浆、红砂石

（续表）

文物本体历史沿革 根据塔身石刻题记文献记载，该惜字库建于清道光二十八年。 至今，该惜字库未做过较大修缮，基本为原状保存。
保护管理工作沿革 2009 年，对该文物建筑进行普查记录。 至今，沙岭埂惜字库由合面镇和纳溪区文旅局协同管理。
价值评估 沙岭埂惜字库由台基、塔身、塔檐和塔顶组成，为石质三层仿木结构，其上饰有花卉、刀、剑等深、浅浮雕，雕刻手法娴熟飘逸、精湛细腻、活灵活现，具有一定的艺术价值。
风险评估 沙岭埂惜字库主要为石砌仿木结构，受大自然酸雨长期浸渍，有风化侵蚀的风险。 沙岭埂惜字库所处地区年雷雨天数较多，文物建筑遭受雷击风险较高。 沙岭埂惜字库地处偏僻的山林地区，塔身构件雕刻精美，神韵独特，存在一定的被盗隐患。
现状评估 沙岭埂惜字库整体形制保存较完整，台基表面后期使用水泥抹面，角柱和塔顶宝珠开裂、破损，塔身表面部分风化，塔檐青苔和微生物滋生。 沙岭埂惜字库坐落于竹林边上，距离乡村水泥公路及当地居民住宅约 80 米，有泥土小道通往此塔。
“四有”工作情况 **保护范围：**暂未划定。 **保护标志：**无。 **记录档案：**沙岭埂惜字库保护档案已建立，现存于纳溪区文旅局。 **保护管理机构：**沙岭埂惜字库现由合面镇管理，纳溪区文旅局主要负责对沙岭埂惜字库文物保护工作的监督、指导，并协同管理。
安全保卫情况 **安　防：**暂未安装监控等相关安防预警设施。 **消　防：**无消防设施。 **防　雷：**沙岭埂惜字库未安装防雷设施，无法满足防雷要求。
调查、考古、保护、展示工作 **保护工作：**纳溪区文旅局定期对文物保护单位进行安全巡查。 **利用情况：**当地宗教信徒开展宗教活动，燃香祈福。
下一阶段保护、管理、使用计划 **保护区划：**调整、完善保护区划。 **本体保护：**制订保护计划，对存在的影响惜字库安全的隐患，根据最小干预的保护原则按原状进行修复。 **保护措施：**现状整修，局部修复加固。 **加强研究：**加强对沙岭埂惜字库历史价值和艺术价值的研究工作。 **安全防护：**进一步完善安防、消防、防雷等防护措施。 **环境整治：**周边地面适当硬化，修建文物工作巡查道路（采用传统方式，如铺设石板）。 **管理工作：**完善管理机制，增设管理人员，每年定期对文物安全进行巡查。

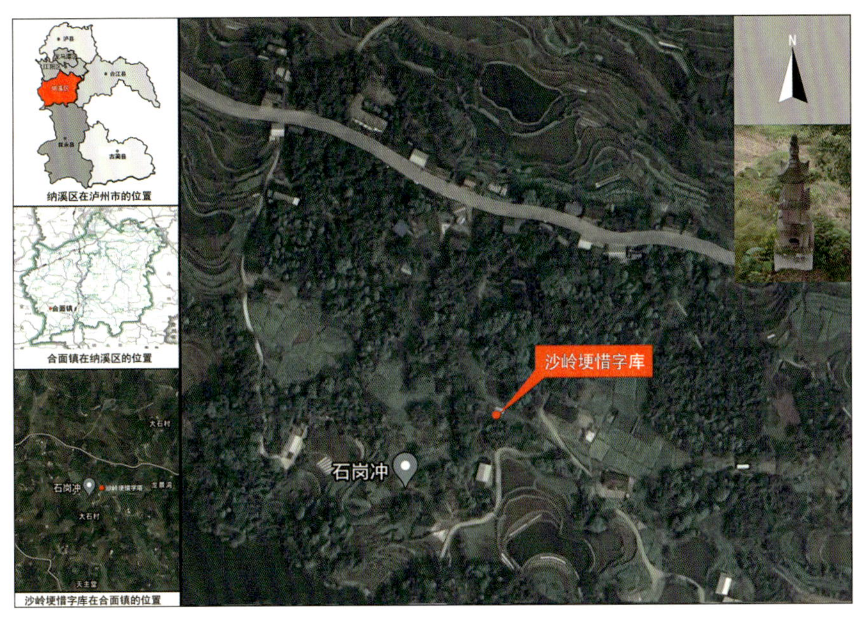

图号 01

绘制时间：2022 年 10 月
绘 制 人：刘洋
图　　名：沙岭埂惜字库区位图

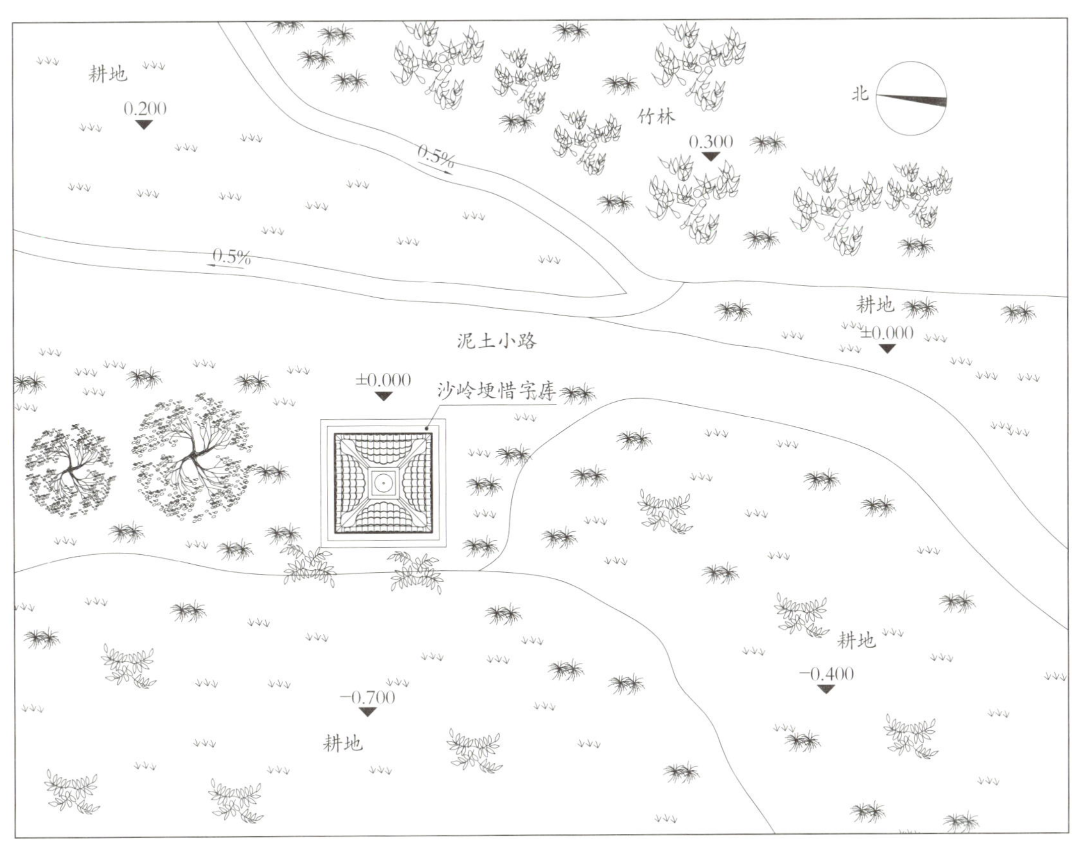

图号 02

绘制时间：2022 年 10 月
绘 制 人：刘洋
比　　例：1∶30
图　　名：沙岭埂惜字库总平面图

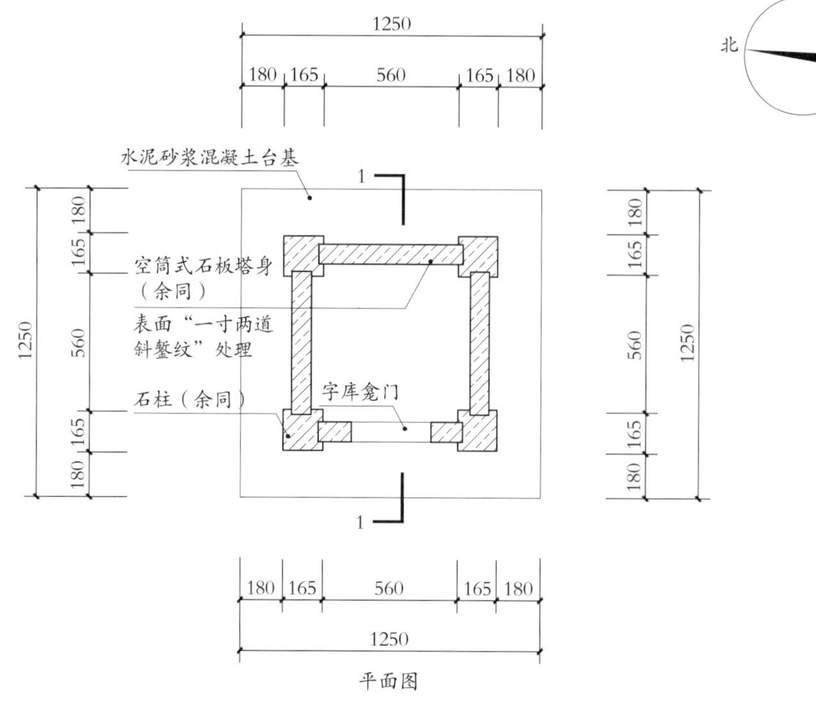

平面图

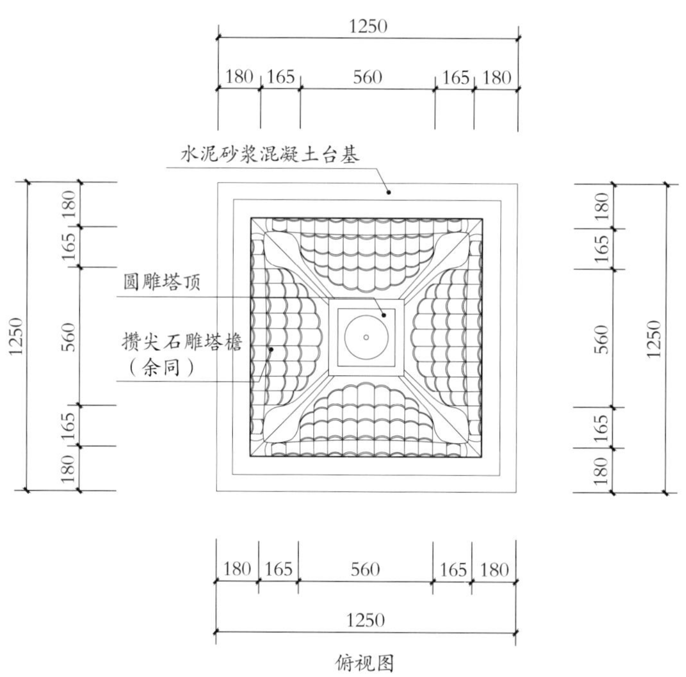

俯视图

图号 03

绘制时间：2022 年 10 月

绘 制 人：刘洋

比　　例：1∶20

图　　名：沙岭埂惜字库平面图、俯视图

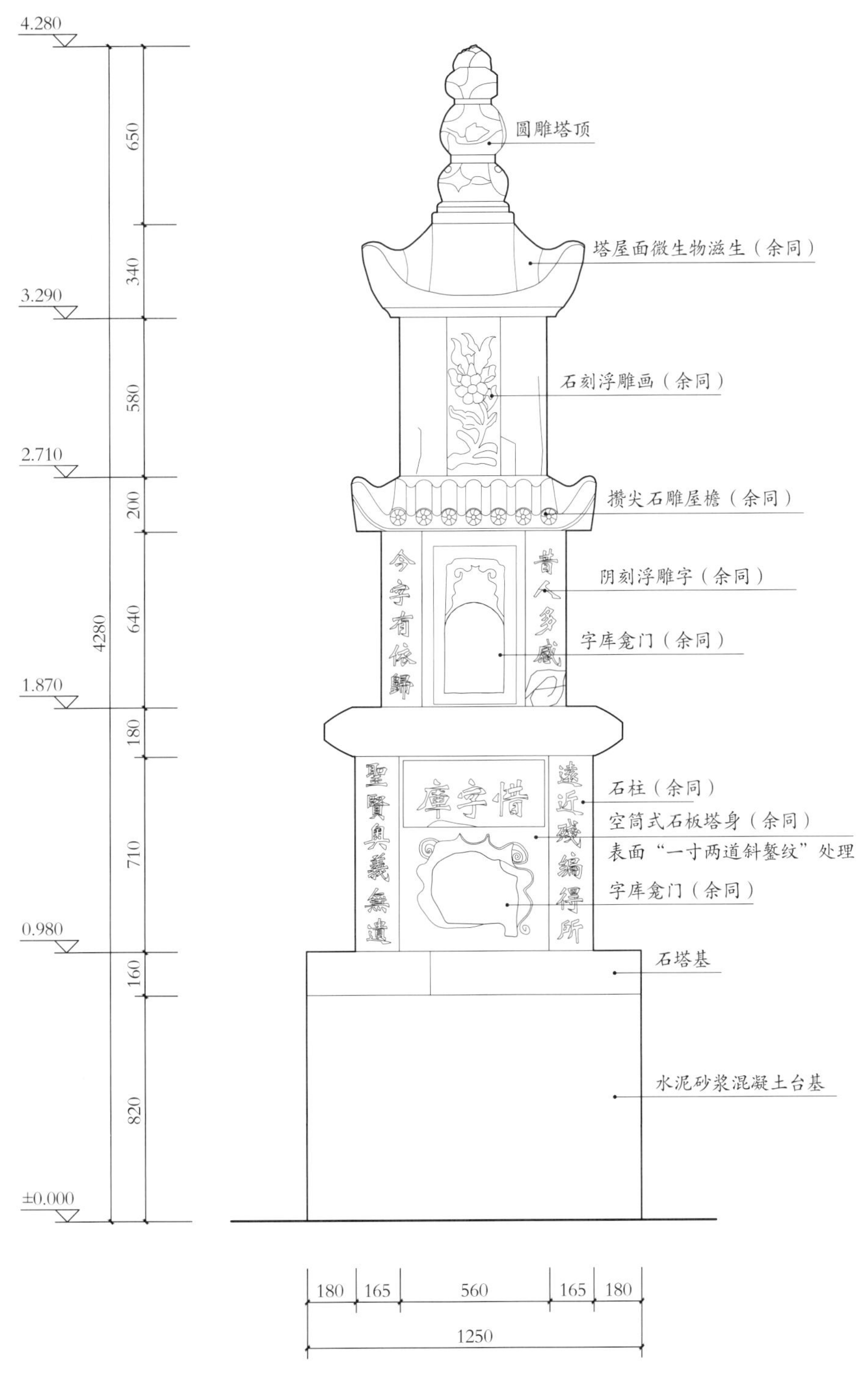

图号 04

绘制时间：2022 年 10 月

绘 制 人：刘洋

比　　例：1∶15

图　　名：沙岭埂惜字库西立面图

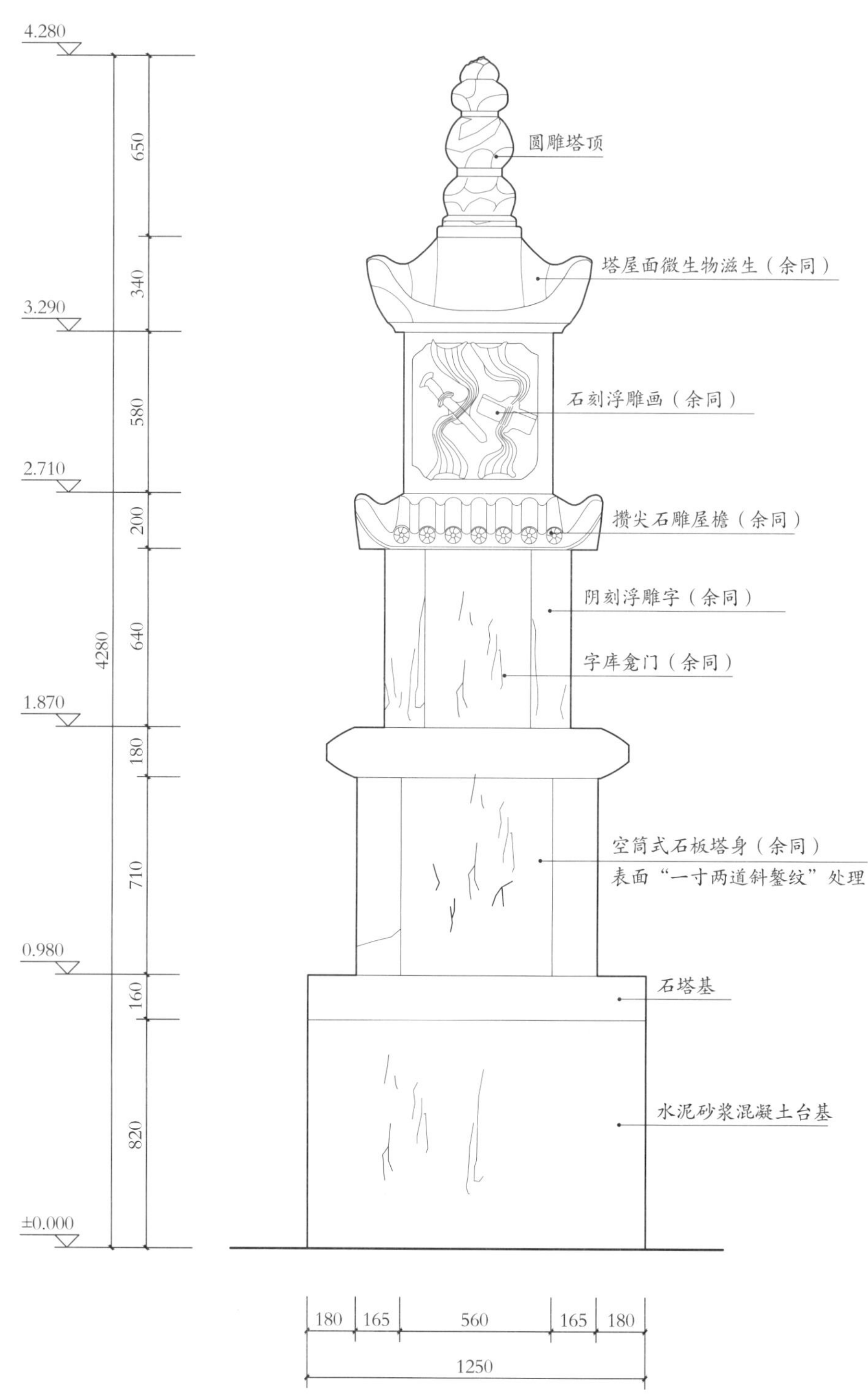

图号 05

绘制时间：2022 年 10 月

绘 制 人：刘洋

比　　例：1∶15

图　　名：沙岭埂惜字库南立面图

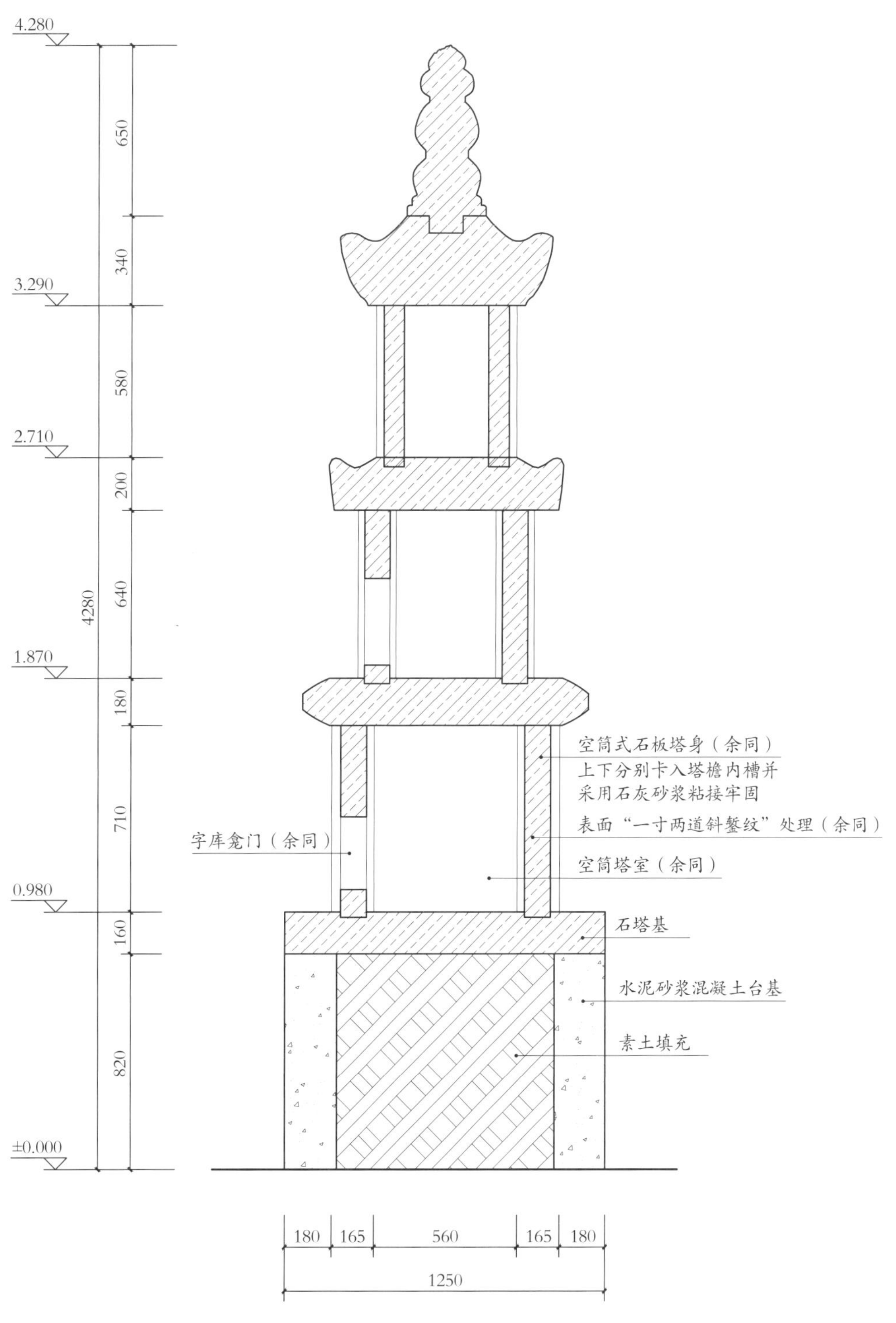

图号 06

绘制时间：2022 年 10 月

绘 制 人：刘洋

比　　例：1∶15

图　　名：沙岭埂惜字库剖面图

照片 01

拍摄时间：2022 年 10 月
拍 摄 人：刘洋
拍摄方向：由西向东俯视
文物部位：西立面全景

照片 02

拍摄时间：2022 年 10 月
拍 摄 人：刘洋
拍摄方向：由西向东平视
文物部位：西立面

照片 03

拍摄时间：2022 年 10 月
拍 摄 人：刘洋
拍摄方向：由东向西
文物部位：东立面

照片 04

拍摄时间：2022 年 10 月
拍 摄 人：刘洋
拍摄方向：由南向北
文物部位：南立面

照片 05

拍摄时间：2022 年 10 月
拍 摄 人：刘洋
拍摄方向：由西向东
文物部位：一层西立面

照片 06

拍摄时间：2022 年 10 月
拍 摄 人：刘洋
拍摄方向：由西向东
文物部位：二层西立面

照片 07

拍摄时间：2022 年 10 月
拍 摄 人：刘洋
拍摄方向：由北向南
文物部位：三层北立面

照片 08

拍摄时间：2022 年 10 月
拍 摄 人：刘洋
拍摄方向：由南向北
文物部位：塔顶南立面

叙永县

观音岩摩崖惜字库

观音岩摩崖惜字库调查保护记录表

名　称	观音岩摩崖惜字库			
年　代	清道光十五年（1835）		类　别	古建筑
所在地	四川省泸州市叙永县向林镇棉竹村			
海　拔	664.6 米	经　度	105°27'56.6"E	纬　度	28°25'25.6"N
保护级别	一般不可移动文物			
所有权	集体所有		使用人	棉竹村
管理机构	叙永县文化广播电视和旅游局（下称文旅局）、向林镇			
用　途	活动场所			
简　介	该摩崖惜字库坐西向东；刻于观音岩一崖壁上，距地面约 1.6 米，凿壁不足 1 米，高约 1 米。字库额上刻“惜字库”，两侧刻“存圣贤精血，植子孙功名”，又左侧刻“监生王□□□心敬修，道光十五年九月吉日谷旦”，右侧刻“洁净”二字，至今仍清晰可见，具有一定的时代特征。			
文物描述	观音岩摩崖惜字库雕刻于崖壁之上，凿壁不足 1 米。字库额上刻“惜字库”，两侧刻“存圣贤精血，植子孙功名”，又左侧刻“监生王□□□心敬修，道光十五年九月吉日谷旦”，右侧刻“洁净”二字。 **真实性：**观音岩摩崖惜字库在形制特征、材料和工艺特点等方面保留了历史原状，具有鲜明的地方特色。 **完整性：**观音岩摩崖惜字库整体保存状况较完整，基本保留了历史原构，留存不同时期的历史活动信息，周边环境能够真实反映惜字库选址与地形地貌的关系。			
文物调查	形制	工艺	结构	材料
	摩崖石刻字库	崖壁整体凿刻字库及题记	崖刻，内部构造为单腔式	红砂石

文物本体历史沿革

根据库身石刻题记文献记载，该惜字库建于清道光十五年。

至今，该惜字库未做过较大修缮，基本为原状保存。

保护管理工作沿革

2009 年，对该文物建筑进行普查记录。

至今，观音岩摩崖惜字库由向林镇和叙永县文旅局协同管理。

（续表）

价值评估 　　观音岩摩崖惜字库凿于岩壁之上，同类案例在泸州相对较少，极具区域代表性，对研究川南地区宗教和民间民俗文化有着重要作用，具有一定的历史价值。
风险评估 　　观音岩摩崖惜字库为崖壁雕刻，受大自然酸雨长期浸渍，有风化侵蚀的风险。
现状评估 　　观音岩摩崖惜字库整体形制保存完整，石刻表面保存一般，青苔、霉菌等对石刻本体造成的损害相对可控。 　　观音岩摩崖惜字库位于石质小路旁的崖壁上，东距村级公路约 300 米，距离乡村水泥公路及当地居民住宅约 500 米，通往其的道路分为两段，其中一段为山坡石板路，另外一段为泥土小路。
“四有”工作情况 　　**保护范围：**暂未划定。 　　**保护标志：**无。 　　**记录档案：**观音岩摩崖惜字库保护档案已建立，现存于叙永县文旅局。 　　**保护管理机构：**观音岩摩崖惜字库现由向林镇管理，叙永县文旅局主要负责对观音岩摩崖惜字库文物保护工作的监督、指导，并协同管理。
安全保卫情况 　　**安　防：**暂未安装监控等相关安防预警设施。 　　**消　防：**无消防设施。 　　**防　雷：**因刻于崖壁上的字库受雷击概率极小，暂无防雷设施。
调查、考古、保护、展示工作 　　**保护工作：**叙永县文旅局定期对文物保护单位进行安全巡查。 　　**利用情况：**当地宗教信徒开展宗教活动，燃香祈福。
下一阶段保护、管理、使用计划 　　**保护区划：**调整、完善保护区划。 　　**本体保护：**制订保护计划，根据病害类型编制合理的日常维护方案，加强管理。 　　**加强研究：**加强对观音岩摩崖惜字库历史价值的研究工作。 　　**安全防护：**进一步完善安防措施。 　　**环境整治：**字库顶端 2 米以外合适位置开凿排水槽，防止山水渗入对摩崖字库造成渍蚀危害。 　　**管理工作：**完善管理机制，增设管理人员。

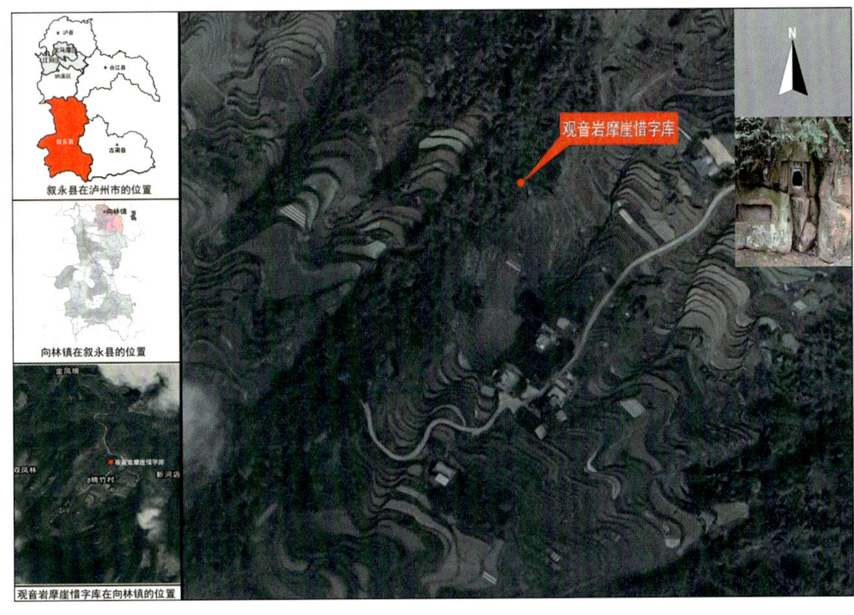

图号 01

绘制时间：2022 年 10 月
绘 制 人：刘洋
图　　名：观音岩摩崖惜字库区位图

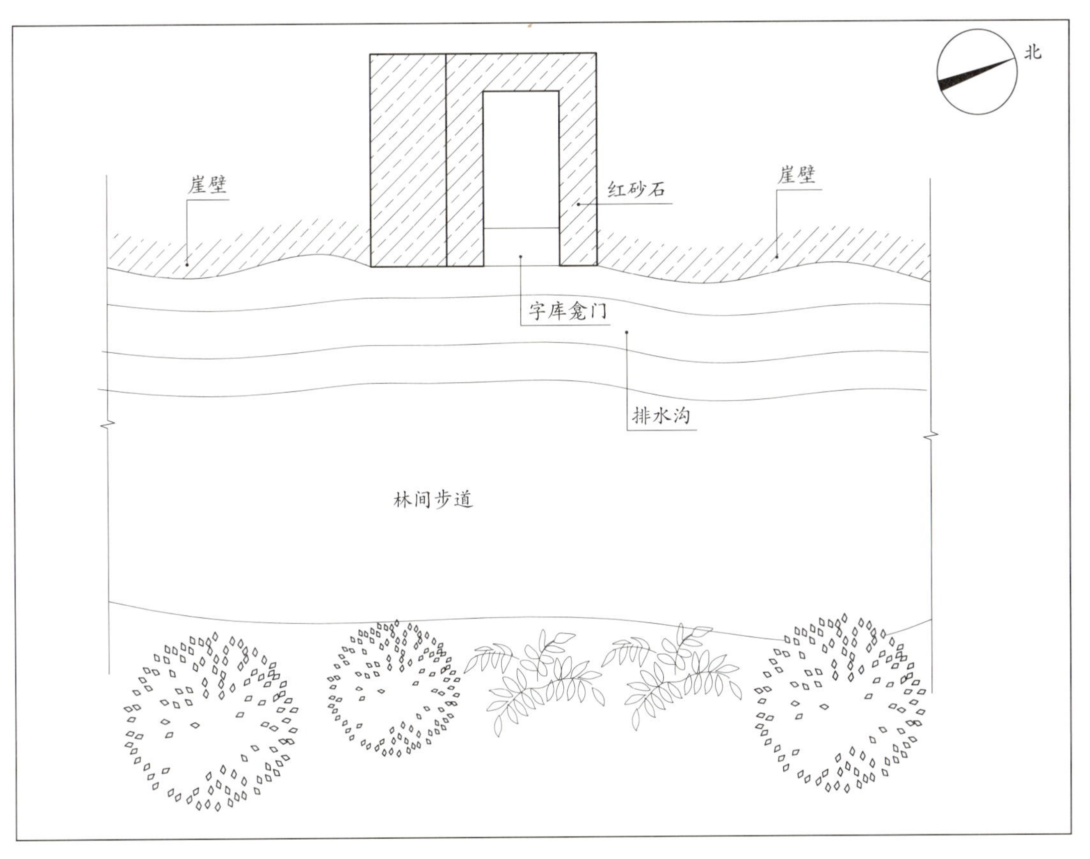

图号 02

绘制时间：2022 年 10 月
绘 制 人：刘洋
比　　例：1∶15
图　　名：观音岩摩崖惜字库平面图

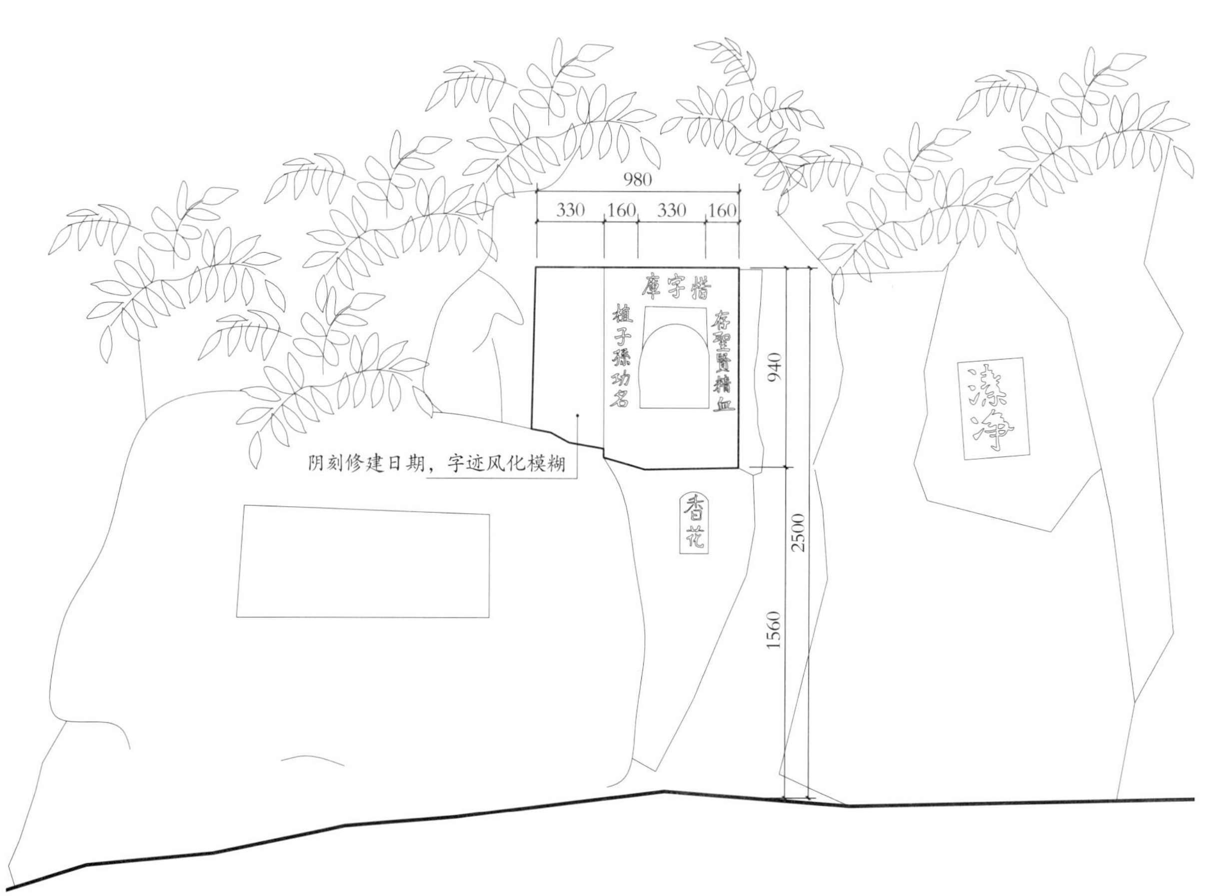

图号 03

绘制时间：2022 年 10 月

绘 制 人：刘洋

比　　例：1 : 15

图　　名：观音岩摩崖惜字库东立面图

照片 01

拍摄时间：2022 年 10 月
拍 摄 人：刘洋
拍摄方向：由东向西
文物部位：东立面全景

照片 02

拍摄时间：2022 年 10 月
拍 摄 人：刘洋
拍摄方向：由南向北
文物部位：字库周围全貌

照片 03

拍摄时间：2022 年 10 月
拍 摄 人：刘洋
拍摄方向：由东向西
文物部位：东立面近照

紫云山惜字宫

紫云山惜字宫调查保护记录表

<table>
<tr><td>名　　称</td><td colspan="4">紫云山惜字宫</td></tr>
<tr><td>年　　代</td><td colspan="2">清宣统三年（1911）</td><td>类　别</td><td>古建筑</td></tr>
<tr><td>所 在 地</td><td colspan="4">四川省泸州市叙永县天池镇甲寨村</td></tr>
<tr><td>海　　拔</td><td>352 米</td><td>经　度</td><td>105°26'50"E</td><td>纬　度</td><td>28°18'7"N</td></tr>
<tr><td>保护级别</td><td colspan="4">一般不可移动文物</td></tr>
<tr><td>所 有 权</td><td colspan="2">集体所有</td><td>使用人</td><td>甲寨村</td></tr>
<tr><td>管理机构</td><td colspan="4">叙永县文旅局、天池镇</td></tr>
<tr><td>用　　途</td><td colspan="4">活动场所</td></tr>
<tr><td>简　　介</td><td colspan="4">该惜字宫位于叙永县天池镇甲寨村五社，建于清宣统三年（1911），东北距李姓居民家50米；坐西向东，为三层四边形阁楼式空心石塔；总高约4.6米，台明边长约1.4米，库身刻对联二副，有“宣统三年”题记。旁侧原有紫云山庙，现已毁，为川南地区典型的惜字库建筑。</td></tr>
<tr><td>文物描述</td><td colspan="4">紫云山惜字宫由台基、塔身、塔檐、塔顶组成，为四边形阁楼式石质空心塔，整座塔用石灰、糯米浆、红砂石砌筑，榫卯卡槽式连接。
台　基：四边形素面台基，表面做磨光处理。
塔　身：四边形库身的石板、角柱由榫卯连接，置于基座卡槽之上；分上中下三层，每层东面开窗，一层为条石砌筑；二层东面开圆形窗，左右两侧立柱阴刻对联一副；三层东面开异形窗，两侧立柱阴刻对联一副，檐下阴刻“惜字宫”三个字，南面有“宣统三年”题记。
塔　檐：四角攒尖石雕塔檐。
塔　顶：原塔顶缺失，现塔顶为后期更换。
真实性：紫云山惜字宫基本保持了清代建筑形制，文物建筑在形制特征、材料和工艺特点等方面保留了历史原状，具有鲜明的地方特色，碑刻题记记载的历史和物质遗存可以相互印证，同时仍保留了宗教活动场所的简易功能。
完整性：紫云山惜字宫整体保存状况较完整，基本保留了历史原构，留存不同时期的历史活动信息，周边环境能够真实反映惜字宫选址与地形地貌的关系。</td></tr>
<tr><td rowspan="2">文物调查</td><td>形制</td><td>工艺</td><td>结构</td><td>材料</td></tr>
<tr><td>三层四边形阁楼式石塔</td><td>柱、板、枋、顶石构糯米浆砌筑，榫卯连接，各部构件整石雕刻，表面做细道和扁光相结合的加工工艺，龛门表面纹饰浮雕图案，有阴刻题记文字</td><td>仿木榫卯结构，内部构造为单腔空筒式</td><td>石灰、糯米浆、红砂石</td></tr>
<tr><td colspan="5">文物本体历史沿革
根据库身石刻题记文献记载，该惜字宫建于清宣统三年。
至今，该惜字库未做过较大修缮，基本为原状保存，后期佛教信徒添置佛像于龛内作祈福之用。</td></tr>
</table>

（续表）

<table>
<tr><td>保护管理工作沿革
2009 年，对该文物建筑进行普查记录。
至今，紫云山惜字宫由天池镇和叙永县文旅局协同管理。</td></tr>
<tr><td>价值评估
紫云山惜字宫由台基、塔身、塔檐和塔顶组成，为三层石质仿木结构，其上饰有瑞兽、花卉等主题的深、浅浮雕，寓意吉祥如意、繁衍生息及保佑一方水土平安，其雕刻手法娴熟飘逸、精湛细腻；建筑营造美观大方，结构连接严谨科学，整体庄严肃立；雕刻栩栩如生、活灵活现，具有一定艺术价值。</td></tr>
<tr><td>风险评估
紫云山惜字宫主要为石砌仿木结构，受大自然酸雨长期浸渍，有风化侵蚀的风险。
紫云山惜字宫所处地区年雷雨天数较多，文物建筑遭受雷击风险较高。
紫云山惜字宫地处偏僻的山林地区，塔身构件雕刻精美，神韵独特，存在一定的被盗风险。</td></tr>
<tr><td>现状评估
紫云山惜字宫整体形制保存较完整，石构件表面多风化，库身部分破损、开裂，塔檐青苔、微生物滋生，塔顶为后期更换。
紫云山惜字宫坐落于山坡上的耕地里，石塔旁原有一座庙宇，现已毁。其距离乡村水泥公路约 5 米，距当地居民住宅约 30 米。</td></tr>
<tr><td>“四有”工作情况
保护范围：暂未划定。
保护标志：无。
记录档案：紫云山惜字宫保护档案已建立，现存于叙永县文旅局。
保护管理机构：紫云山惜字宫现由天池镇管理，叙永县文旅局主要负责对紫云山惜字宫文物保护工作的监督、指导，并协同管理。</td></tr>
<tr><td>安全保卫情况
安　防：暂未安装监控等相关安防预警设施。
消　防：无消防设施。
防　雷：紫云山惜字宫未安装防雷设施，无法满足防雷要求。</td></tr>
<tr><td>调查、考古、保护、展示工作
保护工作：叙永县文旅局定期对文物保护单位进行安全巡查。
利用情况：当地宗教信徒开展宗教活动，燃香祈福。</td></tr>
<tr><td>下一阶段保护、管理、使用计划
保护区划：调整、完善保护区划。
本体保护：制订保护计划，消除存在的影响惜字宫安全的隐患，根据最小干预的保护原则按原状进行修复。
保护措施：现状保存，局部加固处理，加强日常维护管理。
加强研究：加强对紫云山惜字宫艺术价值和社会价值的研究工作。
安全防护：进一步完善安防、消防、防雷等防护措施。
环境整治：周边地面适当硬化，修建文物工作巡查道路（采用传统方式，如铺设石板）。
管理工作：完善管理机制，增设管理人员，每年定期对文物安全进行巡查。</td></tr>
</table>

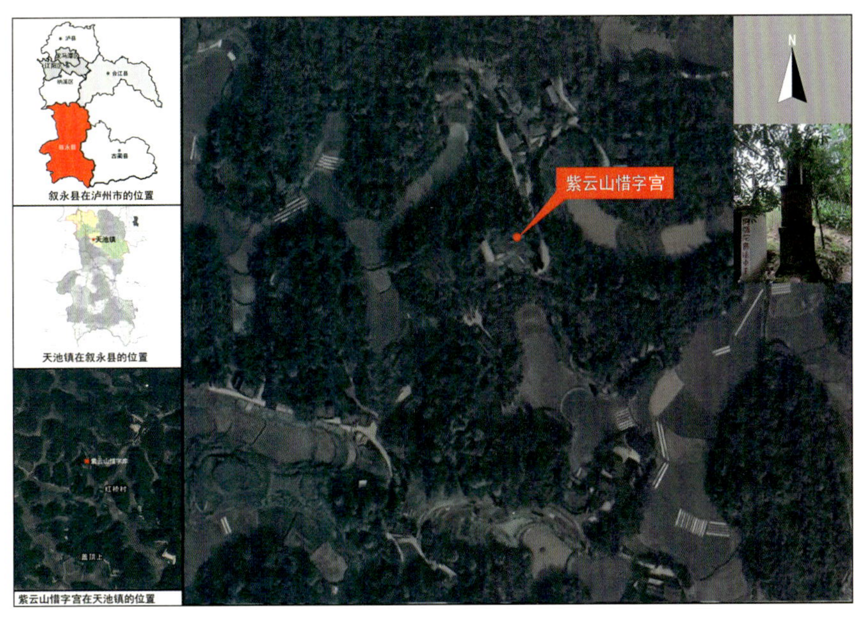

图号 01

绘制时间：2022 年 10 月

绘 制 人：刘洋

图　　名：紫云山惜字宫区位图

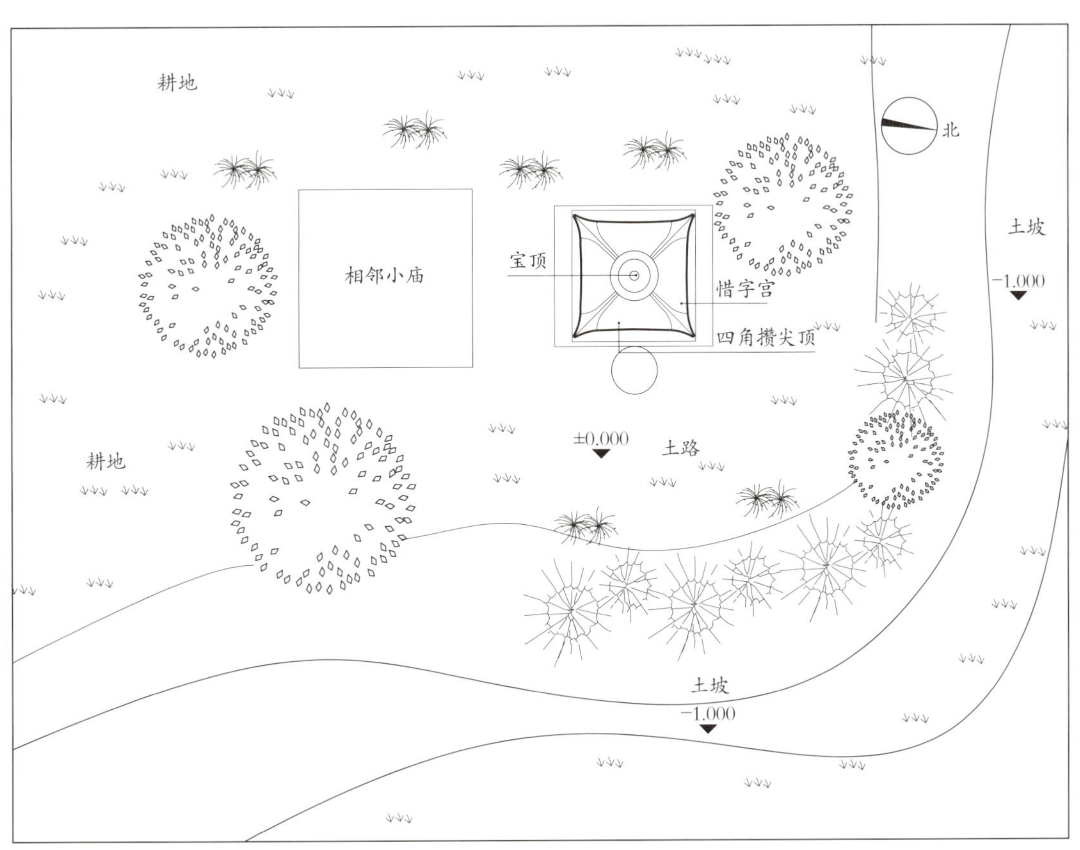

图号 02

绘制时间：2022 年 10 月

绘 制 人：刘洋

比　　例：1∶20

图　　名：紫云山惜字宫总平面图

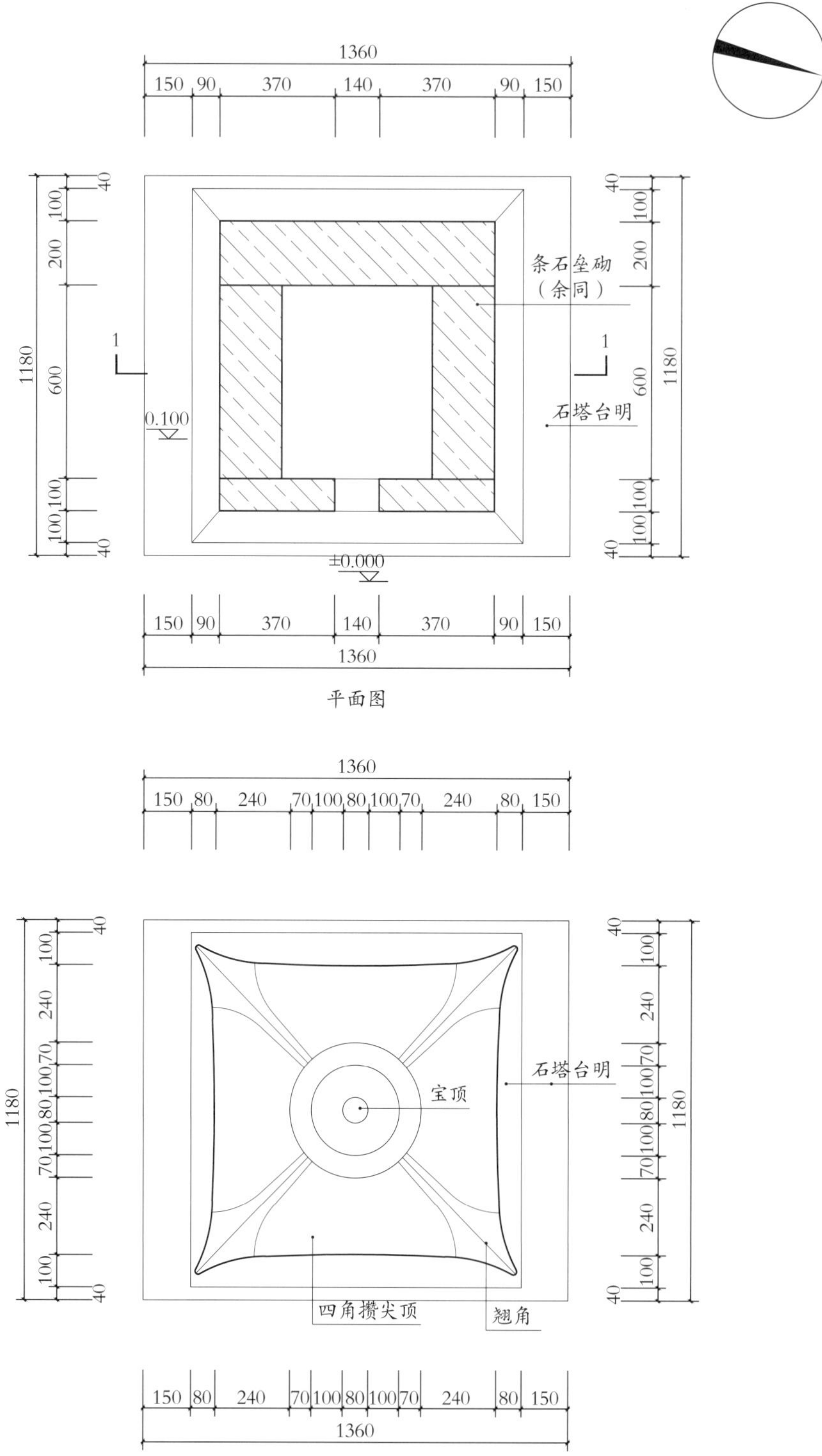

图号 03

绘制时间：2022 年 10 月

绘 制 人：刘洋

比　　例：1∶10

图　　名：紫云山惜字宫平面图、俯视图

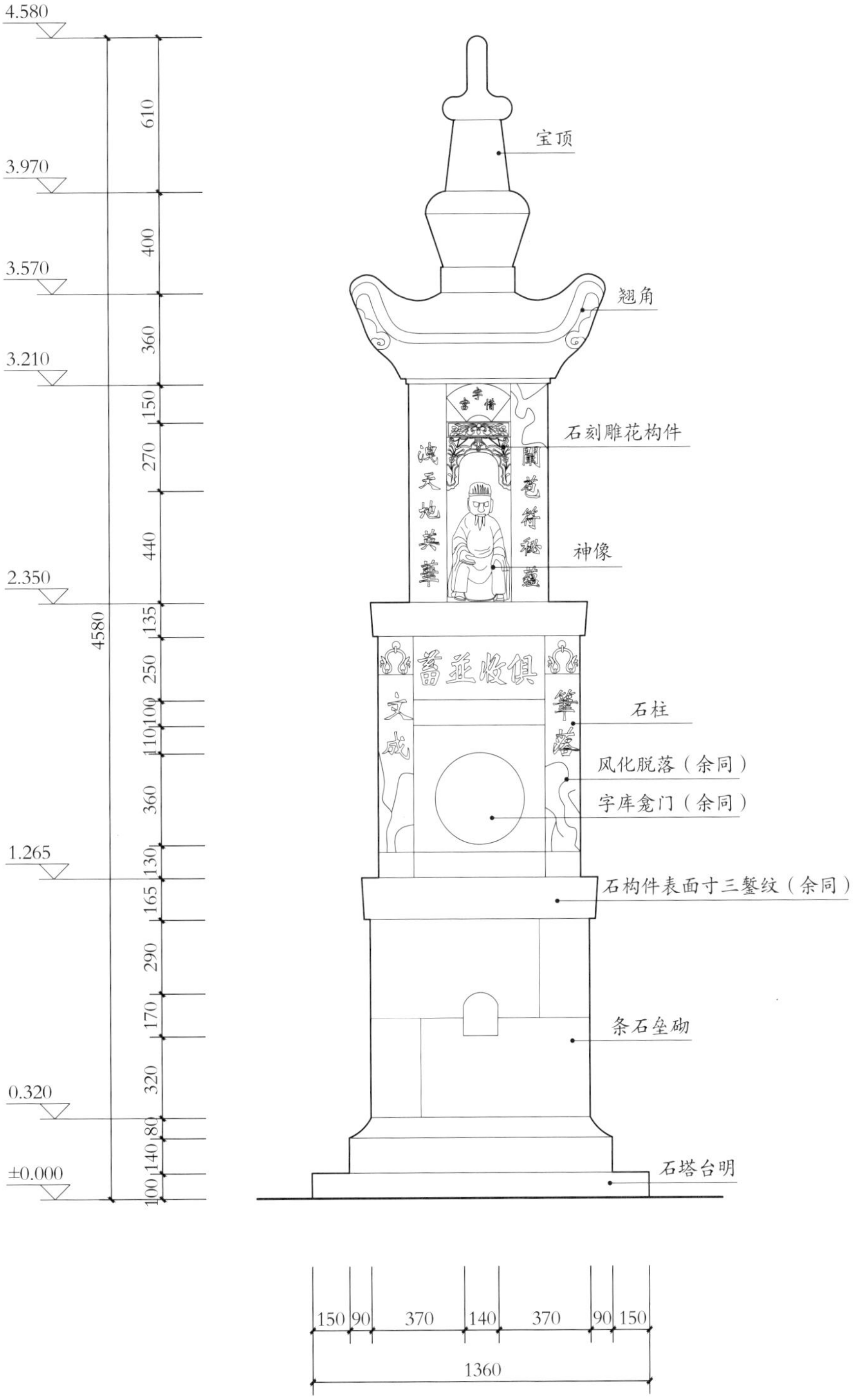

4.580
3.970
3.570
3.210
2.350
1.265
0.320
±0.000

610
400
360
150
270
440
135
250
100
110
360
130
165
290
170
320
80
140
100

4580

宝顶
翘角
石刻雕花构件
神像
石柱
风化脱落（余同）
字库龛门（余同）
石构件表面寸三錾纹（余同）
条石垒砌
石塔台明

150 90 370 140 370 90 150

1360

图号 04

绘制时间：2022 年 10 月

绘 制 人：刘洋

比　　例：1∶20

图　　名：紫云山惜字宫东立面图

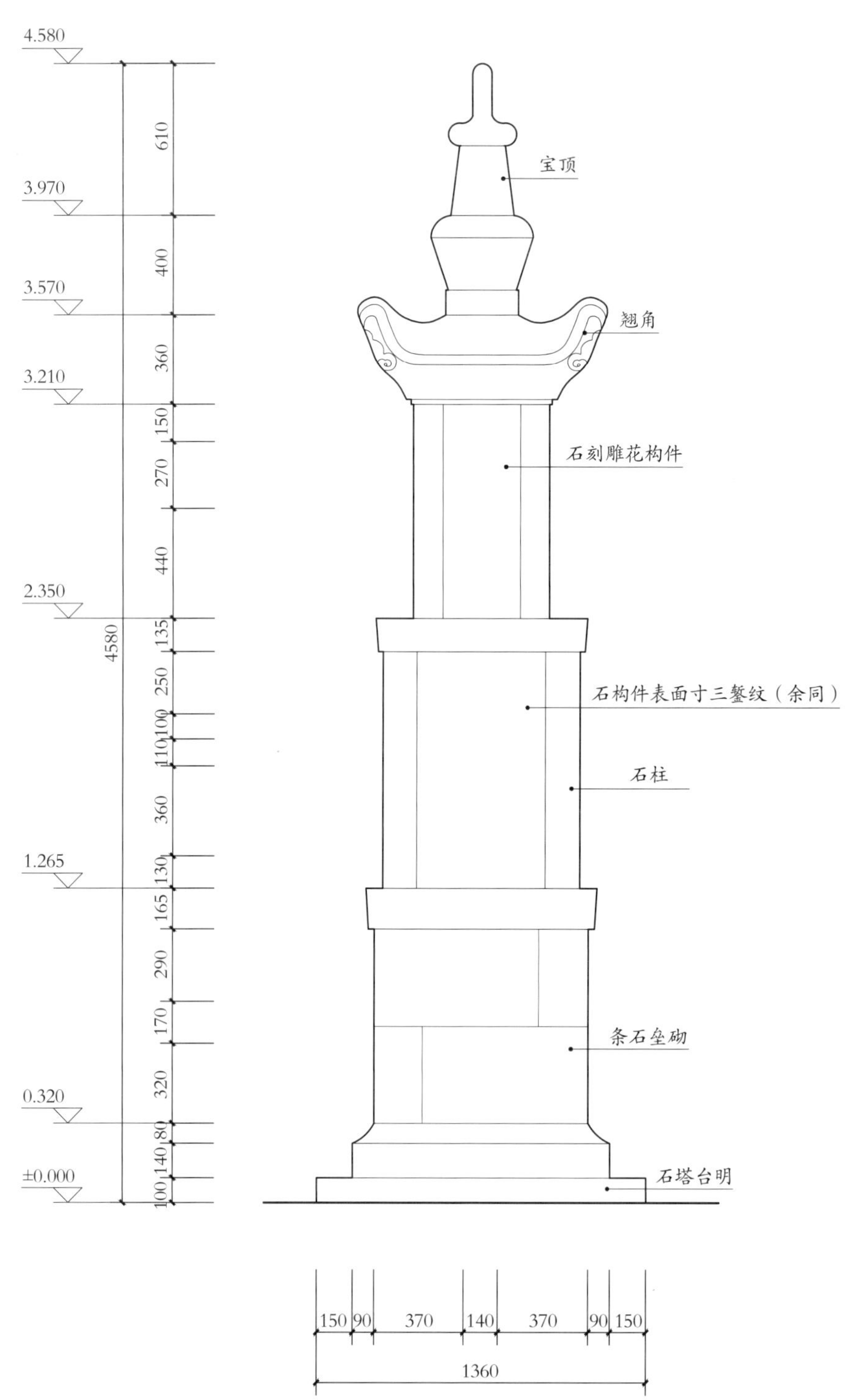

图号 05

绘制时间：2022 年 10 月

绘 制 人：刘洋

比　　例：1∶20

图　　名：紫云山惜字宫西立面图

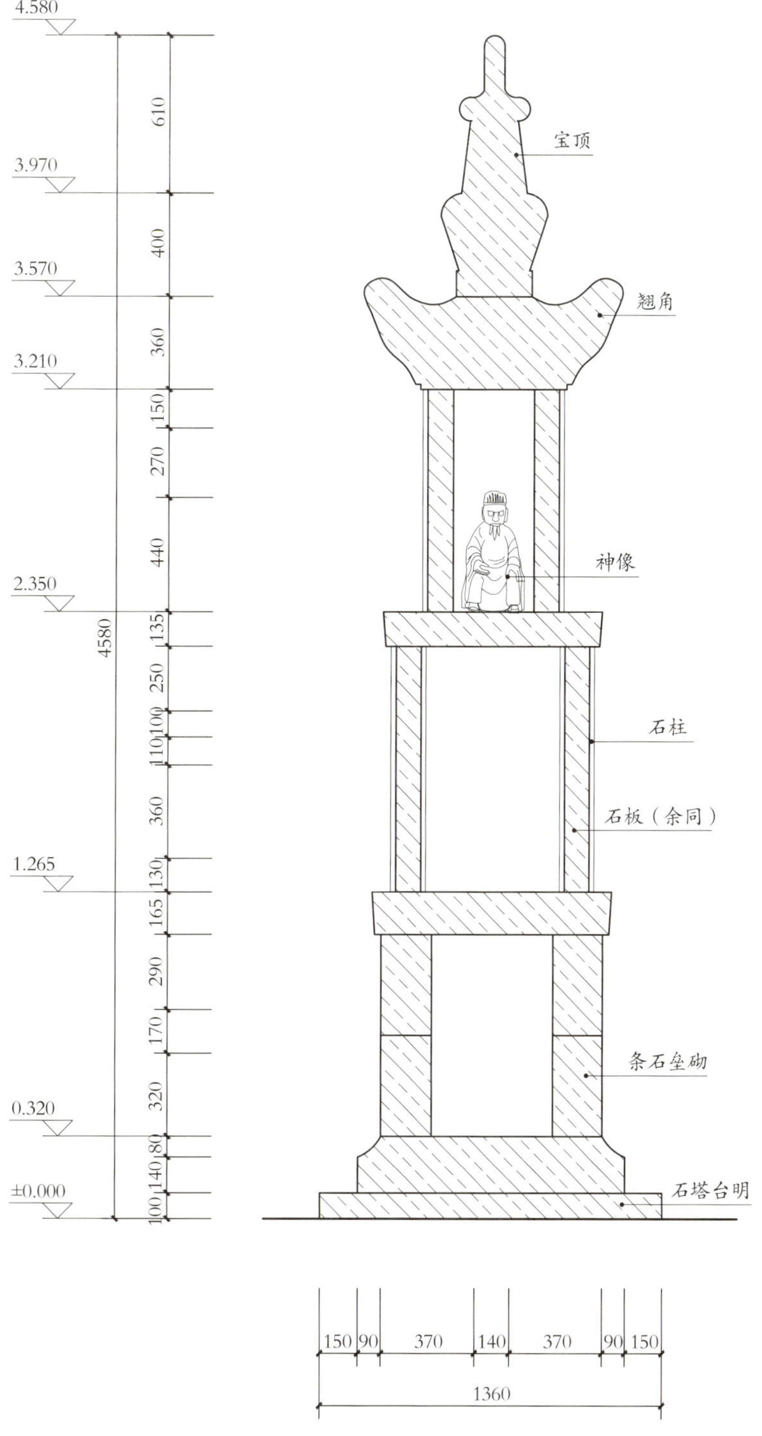

图号 06

绘制时间：2022 年 10 月
绘 制 人：刘洋
比　　例：1∶20
图　　名：紫云山惜字宫剖面图

照片 01

拍摄时间：2022 年 10 月
拍 摄 人：刘洋
拍摄方向：由东向西
文物部位：东立面全景

照片 02

拍摄时间：2022 年 10 月
拍 摄 人：刘洋
拍摄方向：由西南向东北
文物部位：三层及塔顶西南立面

照片 03

拍摄时间：2022 年 10 月
拍 摄 人：刘洋
拍摄方向：由西南向东北
文物部位：西南立面

照片 04

拍摄时间：2022 年 10 月
拍 摄 人：刘洋
拍摄方向：由东向西
文物部位：二层东立面

照片 05

拍摄时间：2022 年 10 月
拍 摄 人：刘洋
拍摄方向：由东向西
文物部位：三层东立面

合江县

金鸭子惜字塔

金鸭子惜字塔调查保护记录表

<table>
<tr><td>名　称</td><td colspan="5">金鸭子惜字塔</td></tr>
<tr><td>年　代</td><td colspan="2">清咸丰四年（1854）</td><td>类　别</td><td colspan="2">古建筑</td></tr>
<tr><td>所在地</td><td colspan="5">四川省泸州市合江县法王寺镇金鸭子村</td></tr>
<tr><td>海　拔</td><td>246 米</td><td>经　度</td><td>105°42'59"E</td><td>纬　度</td><td>28°39'36.2"N</td></tr>
<tr><td>保护级别</td><td colspan="5">县级文物保护单位</td></tr>
<tr><td>所有权</td><td colspan="2">集体所有</td><td>使用人</td><td colspan="2">金鸭子村</td></tr>
<tr><td>管理机构</td><td colspan="5">合江县文化广播电视和旅游局（下称文旅局）、法王寺镇</td></tr>
<tr><td>用　途</td><td colspan="5">活动场所</td></tr>
<tr><td>简　介</td><td colspan="5">金鸭子惜字塔位于四川省泸州市合江县法王寺镇金鸭子村 4 组，建于清咸丰四年，坐西南向东北；石塔基边长约 1.7 米。塔为四层六面，六角攒尖顶，通高约 5.6 米；第一层正面有弧形小门，高约 0.3 米，宽约 0.3 米，是信徒烧钱、纸的地方，其余五面阴刻有该塔的“塔序”；第二层有竖写阴刻楷书“字藏”二字，每个字宽约 0.2 米，极富神采；第三层刻有石龛，龛内刻“观音菩萨坐莲台”造像；第四层也是石龛，龛内刻“土地菩萨”造像。该塔年代久远，具有一定的历史价值。</td></tr>
<tr><td>文物描述</td><td colspan="5">金鸭子惜字塔由台基、塔身、塔檐、塔顶组成，为四层六边形阁楼式石质空心塔，整座塔用石灰、糯米浆、青砂石砌筑，榫卯卡槽式连接。
台　基：四边形素面台基，表面不做磨光处理而采用寸三錾纹。
塔　身：六边形塔身石板，由榫卯连接，置于基座卡槽之上，共四层，逐层上收；一层正面开拱形窗，是信徒烧钱、纸的地方，其余五面阴刻该塔的“塔序”；第二层有竖写阴刻楷书“字藏”二字；第三层刻有石龛，龛内刻“观音菩萨坐莲台”造像；第四层也是石龛，龛内刻“土地菩萨”造像。
塔　檐：六角攒尖石雕塔檐。
塔　顶：整石雕刻宝珠塔顶。
真实性：金鸭子惜字塔基本保持了清代建筑形制，文物建筑在形制特征、材料和工艺特点等方面保留了历史原状，具有鲜明的地方特色，碑刻题记记载的历史和物质遗存可以相互印证，同时仍保留了宗教活动场所的简易功能。
完整性：金鸭子惜字塔整体保存状况较完整，基本保留了历史原构，留存不同时期的历史活动信息，周边环境能够真实反映惜字塔选址与地形地貌的关系。</td></tr>
<tr><td rowspan="2">文物调查</td><td>形制</td><td colspan="2">工艺</td><td>结构</td><td>材料</td></tr>
<tr><td>四层六边形阁楼式石塔</td><td colspan="2">石构榫卯连接，各部构件整石雕刻，表面做细道和扁光相结合的加工工艺，龛门及龛内做摩崖造像和石刻题记</td><td>石砌体榫卯结构，内部构造为单腔空筒式</td><td>石灰、糯米浆、青砂石</td></tr>
</table>

（续表）

<table>
<tr><td>文物本体历史沿革
根据塔身石刻题记文献记载，该惜字塔建于清代咸丰四年。
至今，该惜字塔未做过较大修缮，基本为原状保存。</td></tr>
<tr><td>保护管理工作沿革
合江县政府 2007〔13〕号文件公布该塔为县级文物保护单位。
至今，金鸭子惜字塔由法王寺镇和合江县文旅局协同管理。</td></tr>
<tr><td>价值评估
金鸭子惜字塔由台基、塔身、塔檐和塔顶组成，为四层石质仿木结构，建筑营造美观大方，结构连接严谨科学，整体庄严肃立，极具区域代表性，对研究川南地区宗教和民间民俗文化有着重要作用，具有较高的历史价值。</td></tr>
<tr><td>风险评估
金鸭子惜字塔主要为石砌仿木结构，受大自然酸雨长期浸渍，有风化侵蚀的风险。
金鸭子惜字塔所处地区年雷雨天数较多，文物建筑遭受雷击风险较高。
金鸭子惜字塔地处偏僻的山林地区，塔身构件雕刻精美，神韵独特，存在一定的被盗风险。</td></tr>
<tr><td>现状评估
金鸭子惜字塔整体形制保存完整，石构件表面起层、脱落，塔檐破损，塔檐顶部微生物滋生。
金鸭子惜字塔坐落于耕地里，石塔旁边有一条小溪河，距离乡村水泥公路约 1.5 公里，通往此塔的道路分为碎石道路和耕地泥土小路，泥土小路到塔的距离约为 150 米。</td></tr>
<tr><td>“四有”工作情况
保护范围：暂未划定。
保护标志：无。
记录档案：金鸭子惜字塔保护档案已建立，现存于合江县文旅局。
保护管理机构：金鸭子惜字塔现由法王寺镇管理，合江县文旅局主要负责对金鸭子惜字塔文物保护工作的监督、指导，并协同管理。</td></tr>
<tr><td>安全保卫情况
安　防：暂未安装监控等相关安防预警设施。
消　防：除可从塔旁水田里取水外，无其他消防设施。
防　雷：金鸭子惜字塔未安装防雷设施，无法满足防雷要求。</td></tr>
<tr><td>调查、考古、保护、展示工作
保护工作：合江县文旅局定期对文物保护单位进行安全巡查。
利用情况：当地宗教信徒开展宗教活动，燃香祈福。</td></tr>
<tr><td>下一阶段保护、管理、使用计划
保护区划：调整、完善保护区划。
本体保护：制订保护计划，消除存在的影响惜字塔安全的病害，根据最小干预的保护原则按原状进行修复。
加强研究：加强对金鸭子惜字塔历史价值的研究工作。
安全防护：进一步完善安防、消防、防雷等防护措施。
环境整治：周边地面适当硬化，修建文物工作巡查道路（采用传统方式，如铺设石板）。
管理工作：完善管理机制，增设管理人员，每年定期对文物安全进行巡查。</td></tr>
</table>

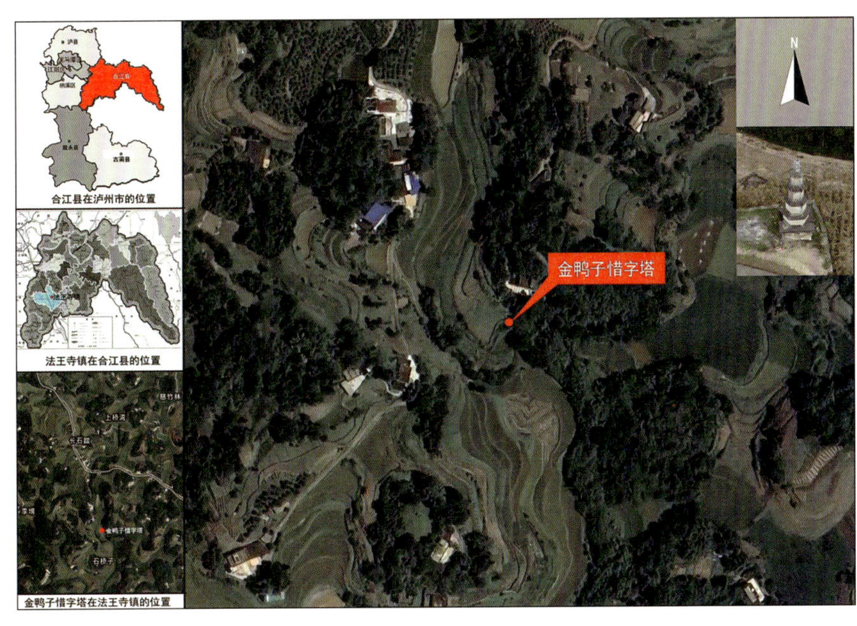

图号 01

绘制时间：2022 年 11 月

绘 制 人：刘洋

图　　名：金鸭子惜字塔区位图

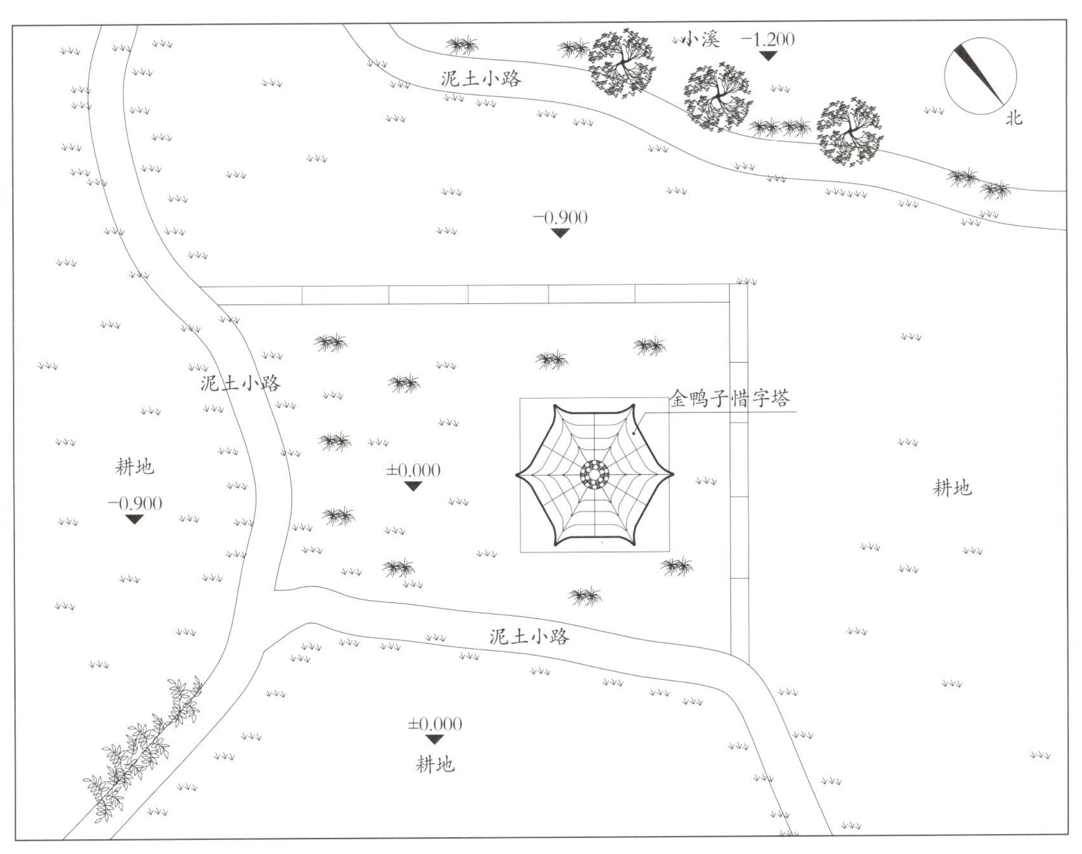

图号 02

绘制时间：2022 年 11 月

绘 制 人：刘洋

比　　例：1∶35

图　　名：金鸭子惜字塔总平面图

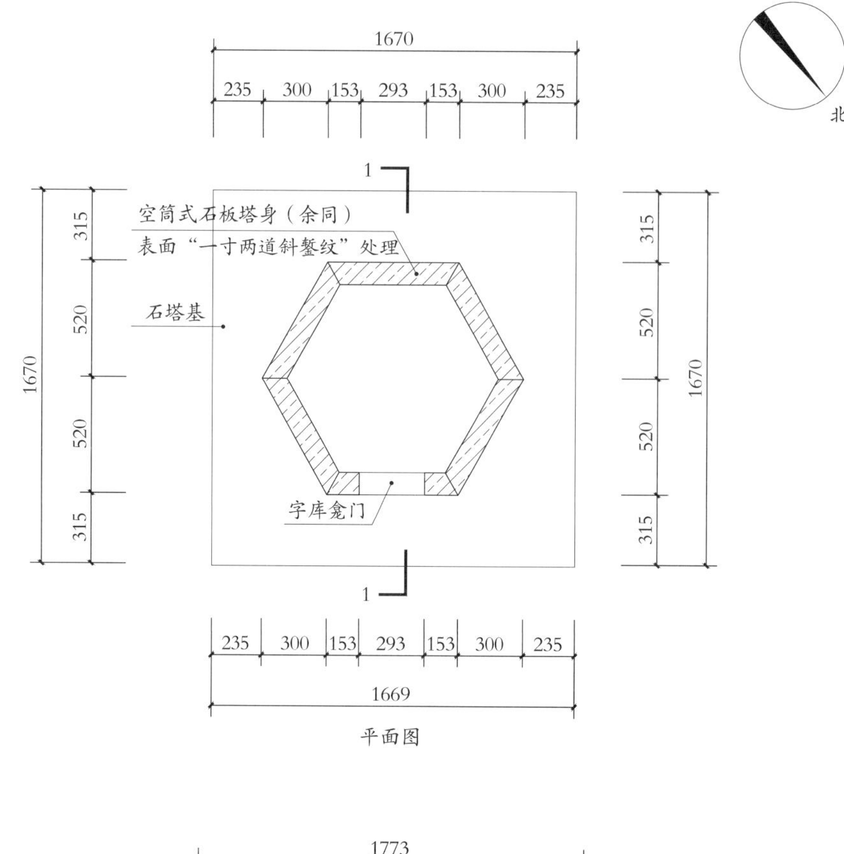

平面图

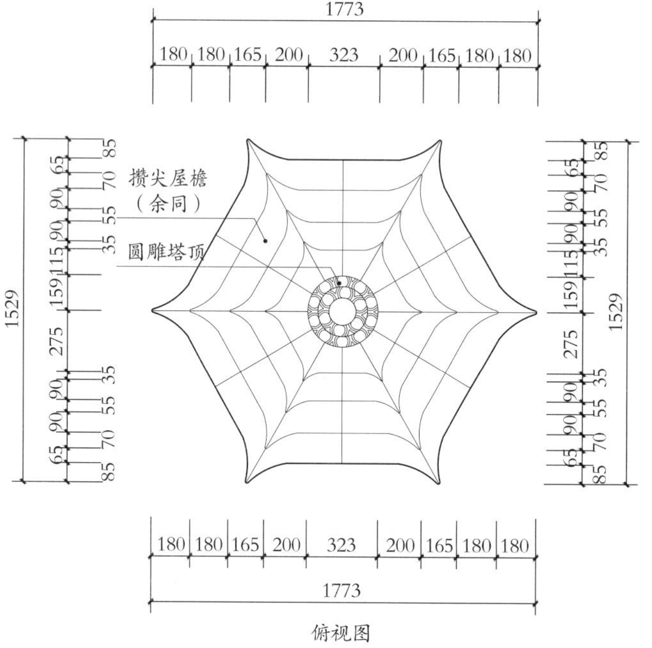

俯视图

图号 03

绘制时间：2022 年 11 月

绘 制 人：刘洋

比　　例：1∶20

图　　名：金鸭子惜字塔平面图、俯视图

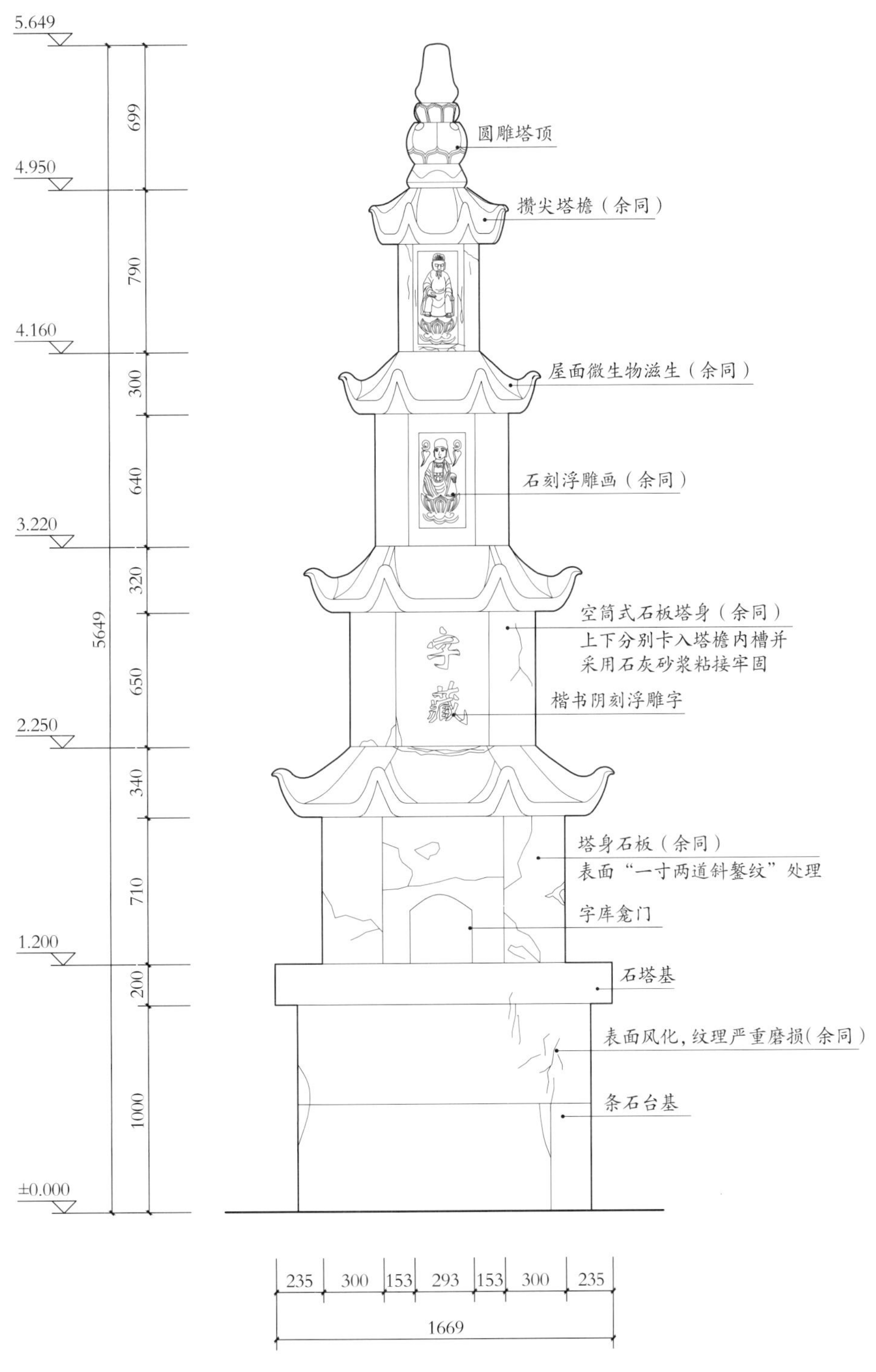

图号 04

绘制时间：2022 年 11 月

绘 制 人：刘洋

比　　例：1∶20

图　　名：金鸭子惜字塔东北立面图

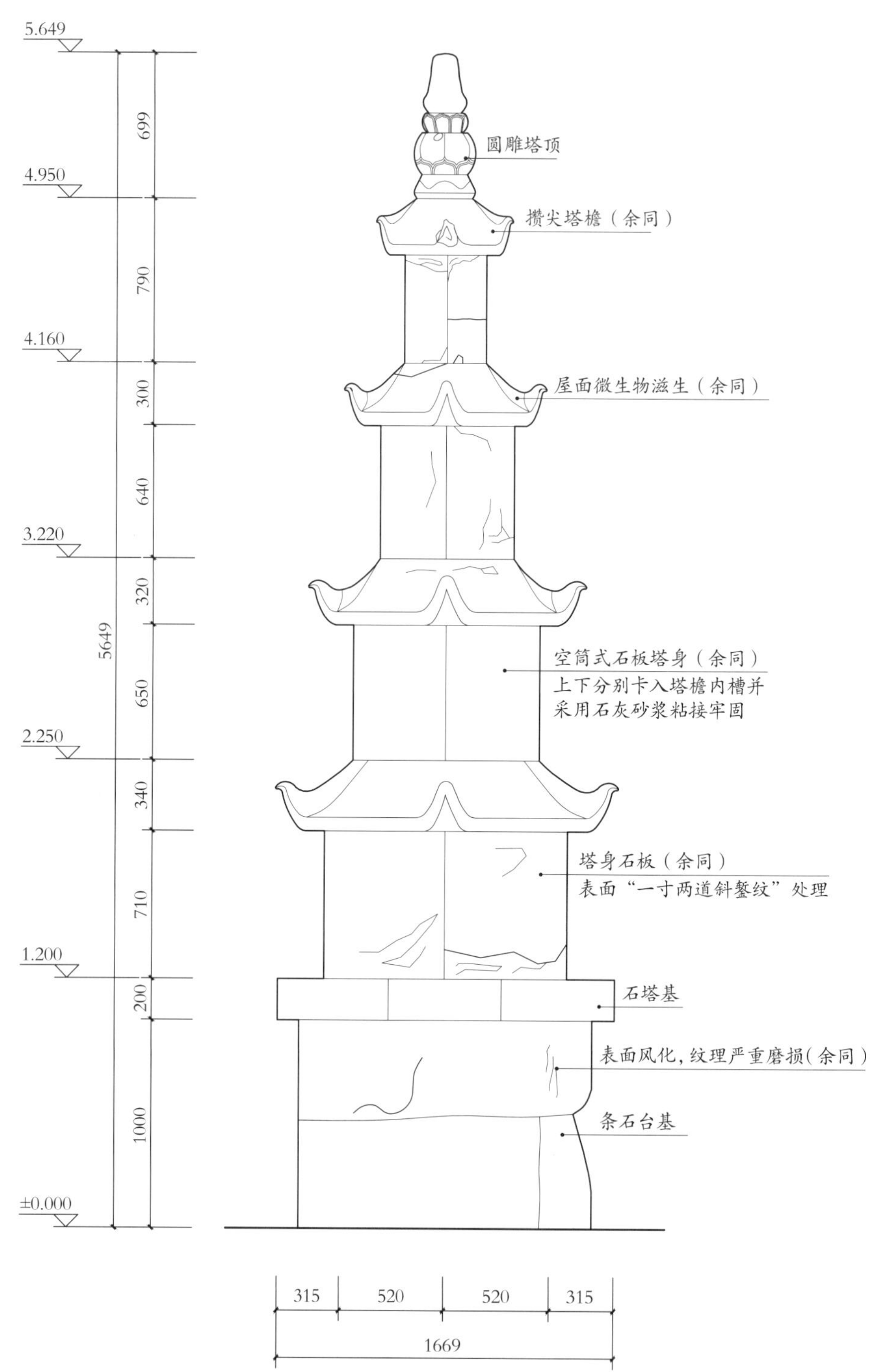

图号 05

绘制时间：2022 年 11 月
绘 制 人：刘洋
比　　例：1∶20
图　　名：金鸭子惜字塔东南立面图

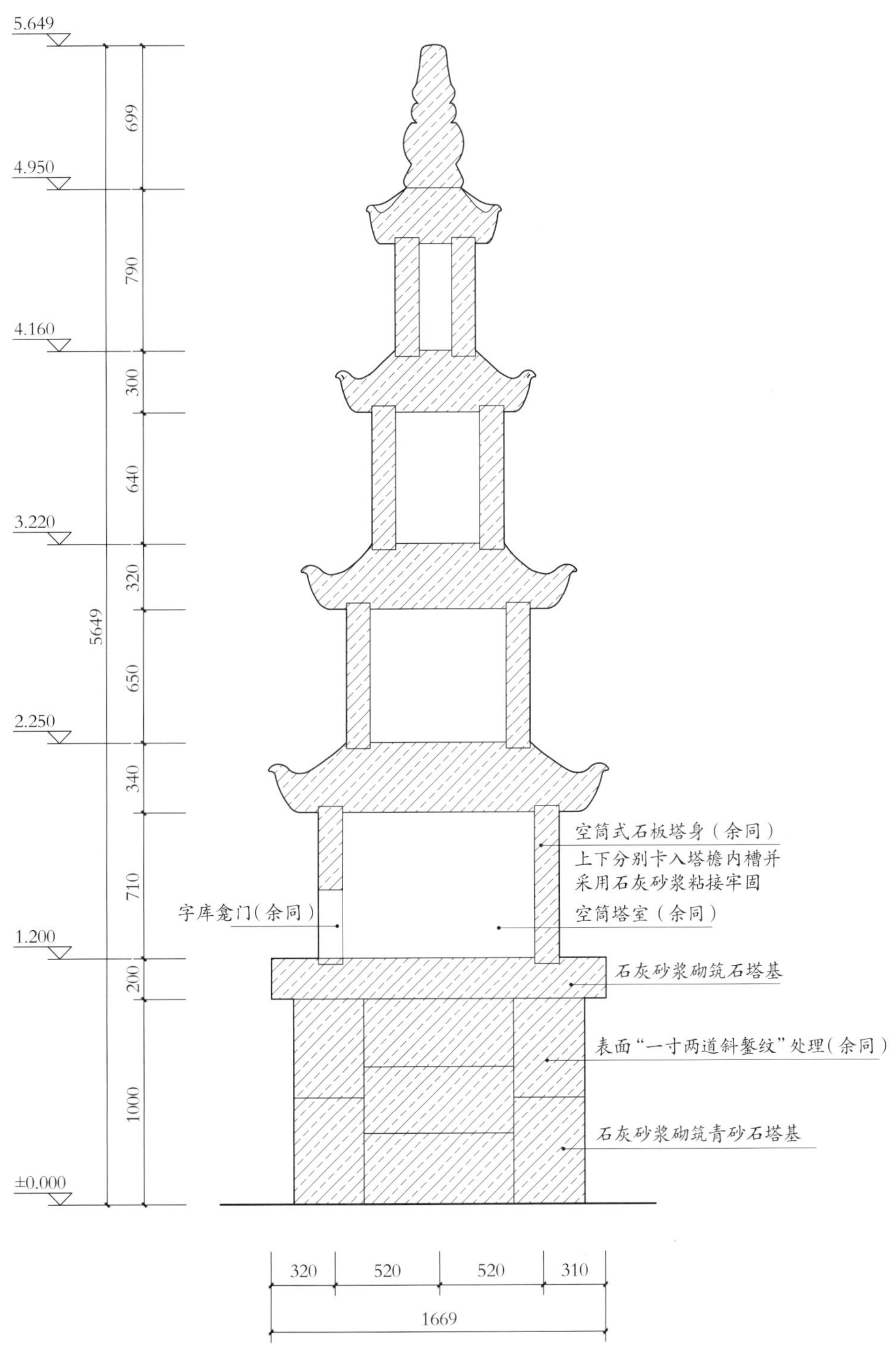

图号 06

绘制时间：2022 年 11 月

绘 制 人：刘洋

比　　例：1∶20

图　　名：金鸭子惜字塔剖面图

照片 01

拍摄时间：2022 年 10 月
拍 摄 人：刘洋
拍摄方向：由东北向西南
文物部位：东北立面全景

照片 02

拍摄时间：2022 年 10 月
拍 摄 人：刘洋
拍摄方向：由西南向东北
文物部位：西南立面

照片 03

拍摄时间：2022 年 10 月
拍 摄 人：刘洋
拍摄方向：由东北向西南
文物部位：一层东北立面

照片 04

拍摄时间：2022 年 10 月
拍 摄 人：刘洋
拍摄方向：由东北向西南
文物部位：三层（左）、四层东北立面雕刻

照片 05

拍摄时间：2022 年 10 月
拍 摄 人：刘洋
拍摄方向：由西向东
文物部位：一层西立面

照片 06

拍摄时间：2022 年 10 月
拍 摄 人：刘洋
拍摄方向：由东北向西南
文物部位：塔顶东北立面

回龙街惜字库

回龙街惜字库调查保护记录表

<table>
<tr><td>名　　称</td><td colspan="5">回龙街惜字库</td></tr>
<tr><td>年　　代</td><td colspan="2">清乾隆五十年（1785）</td><td>类　别</td><td colspan="2">古建筑</td></tr>
<tr><td>所 在 地</td><td colspan="5">四川省泸州市合江县福宝镇回龙桥社区惜字亭 22 号</td></tr>
<tr><td>海　　拔</td><td>243 米</td><td>经　度</td><td>106°4'36.9"E</td><td>纬　度</td><td>28°46'9.4"N</td></tr>
<tr><td>保护级别</td><td colspan="5">全国重点文物保护单位</td></tr>
<tr><td>所 有 权</td><td colspan="2">集体所有</td><td>使用人</td><td colspan="2">回龙桥社区</td></tr>
<tr><td>管理机构</td><td colspan="5">合江县文旅局、福宝镇</td></tr>
<tr><td>用　　途</td><td colspan="5">活动场所</td></tr>
<tr><td>简　　介</td><td colspan="5">回龙街惜字库位于四川省泸州市合江县福宝镇回龙桥社区惜字亭 22 号，大致坐东向西，为五层八边锥形阁楼式石塔；台基高约 1.3 米，通高约 7 米，逐层上收，各层均刻有图案；在第一层塔身朝西面，设有一个进纸口，上刻“字库”二字；塔身其余各层镌刻两篇“序”，记录了福宝当年的繁荣状况。回龙街惜字库时代较远，具有一定历史价值。</td></tr>
<tr><td>文物描述</td><td colspan="5">回龙街惜字库由台基、塔身、塔檐、塔顶组成，为八边形阁楼式石质空心塔，整座塔用石灰、糯米浆、青石砌筑，榫卯卡槽式连接。
台　基：八边形素面台基，表面做扁光处理。
塔　身：八边形塔身石板榫卯连接，置于基座卡槽之上，共五层，逐层上收，各层均刻有图案。在第一层塔身朝西面，设有一个进纸口，上刻“字库”二字，塔身其余各层，镌刻两篇“序”，记录了福宝当年的繁荣状况。
塔　檐：八角攒尖石雕塔檐。
塔　顶：整石雕刻柱形塔顶。
真实性：回龙街惜字库基本保持了清代建筑形制，文物建筑在形制特征、材料和工艺特点等方面保留了历史原状，具有鲜明的地方特色，碑刻题记记载的历史和物质遗存可以相互印证，同时仍保留了宗教活动场所的简易功能。
完整性：回龙街惜字库整体保存状况较完整，基本保留了历史原构，留存不同时期的历史活动信息，周边环境能够真实反映惜字库选址与地形地貌的关系。</td></tr>
<tr><td rowspan="2">文物调查</td><td>形制</td><td colspan="2">工艺</td><td>结构</td><td>材料</td></tr>
<tr><td>五层八边锥形阁楼式石塔</td><td colspan="2">石构榫卯连接，各部构件整石雕刻，表面做扁光处理</td><td>仿木榫卯结构，内部构造为单腔空筒式</td><td>石灰、糯米浆、青石</td></tr>
<tr><td colspan="6">文物本体历史沿革
根据塔身石刻题记文献记载，该惜字库建于清代中晚期。
至今，该惜字库未做过较大修缮，基本为原状保存。</td></tr>
</table>

（续表）

保护管理工作沿革 2019 年入选全国重点文物保护单位。 2020 年，对该文物建筑进行普查记录。 至今，回龙街惜字库由福宝镇和合江县文旅局协同管理。
价值评估 回龙街惜字库由台基、塔身、塔檐和塔顶组成，为石质五层仿木结构，其上饰有瑞兽、花卉等主题的深浮雕、圆雕，寓意吉祥如意、繁衍生息及保佑一方水土平安，其雕刻手法娴熟飘逸、精湛细腻；建筑营造美观大方，结构连接严谨科学，整体庄严肃立；雕刻栩栩如生、活灵活现，极具区域代表性，对研究川南地区宗教和民间民俗文化有着重要作用。
风险评估 回龙街惜字库主要为石砌仿木结构，受大自然酸雨长期浸渍，有风化侵蚀的风险。 回龙街惜字库所处地区年雷雨天数较多，文物建筑遭受雷击风险较高。
现状评估 回龙街惜字库整体形制保存完整，台基位移、破损，一层塔身破损后使用黏土石块封堵，塔檐翘角残损，石构件表面风化，塔身表面青苔滋生。 回龙街惜字库位于福宝古镇内，西南距大漕河 20 米，四周有建筑遮挡。
“四有”工作情况 2019 年回龙街惜字库所属福宝镇古建筑群入选全国重点文物保护单位。 **福宝古建筑群保护范围：**东至回龙河、天台山外延 100 米，西至双河街外延 20 米，南至映月山外延 20 米，北至福华山。 **保护标志：**无。 **记录档案：**回龙街惜字库保护档案已建立，现存于合江县文旅局。 **保护管理机构：**回龙街惜字库现由福宝镇管理，合江县文旅局主要负责对回龙街惜字库文物保护工作的监督、指导，并协同管理。
安全保卫情况 **安防：**暂未安装监控等相关安防预警设施。 **消防：**无消防设施。 **防雷：**回龙街惜字库未安装防雷设施，无法满足防雷要求。
调查、考古、保护、展示工作 **保护工作：**合江县文旅局定期对文物保护单位进行安全巡查。 **利用情况：**当地宗教信徒开展宗教活动，燃香祈福。
下一阶段保护、管理、使用计划 **保护区划：**调整、完善保护区划。 **本体保护：**制订保护计划，消除存在的影响惜字库安全的隐患，根据最小干预的保护原则按原状进行修复。 **保护措施：**加强日常维护，对石质文物表面做防风化加固处理。 **加强研究：**加强对回龙街惜字库历史价值和艺术价值的研究工作。 **安全防护：**进一步完善安防、消防、防雷等防护措施。 **环境整治：**文物建筑本体与周围环境融洽协调，可对周围遮挡建筑进行适当改造。 **管理工作：**完善管理机制，增设管理人员。

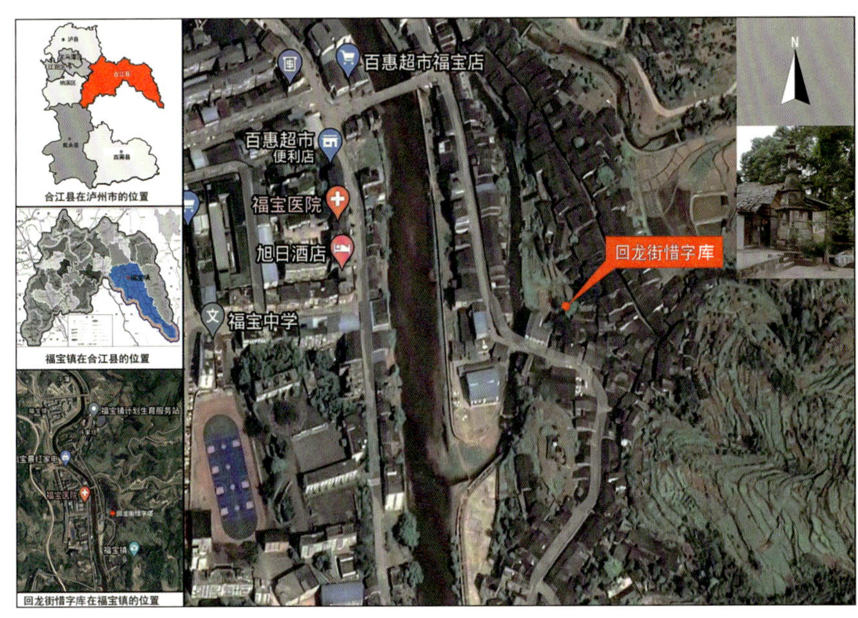

图号 01

绘制时间：2022 年 11 月

绘 制 人：刘洋

图　　名：回龙街惜字库区位图

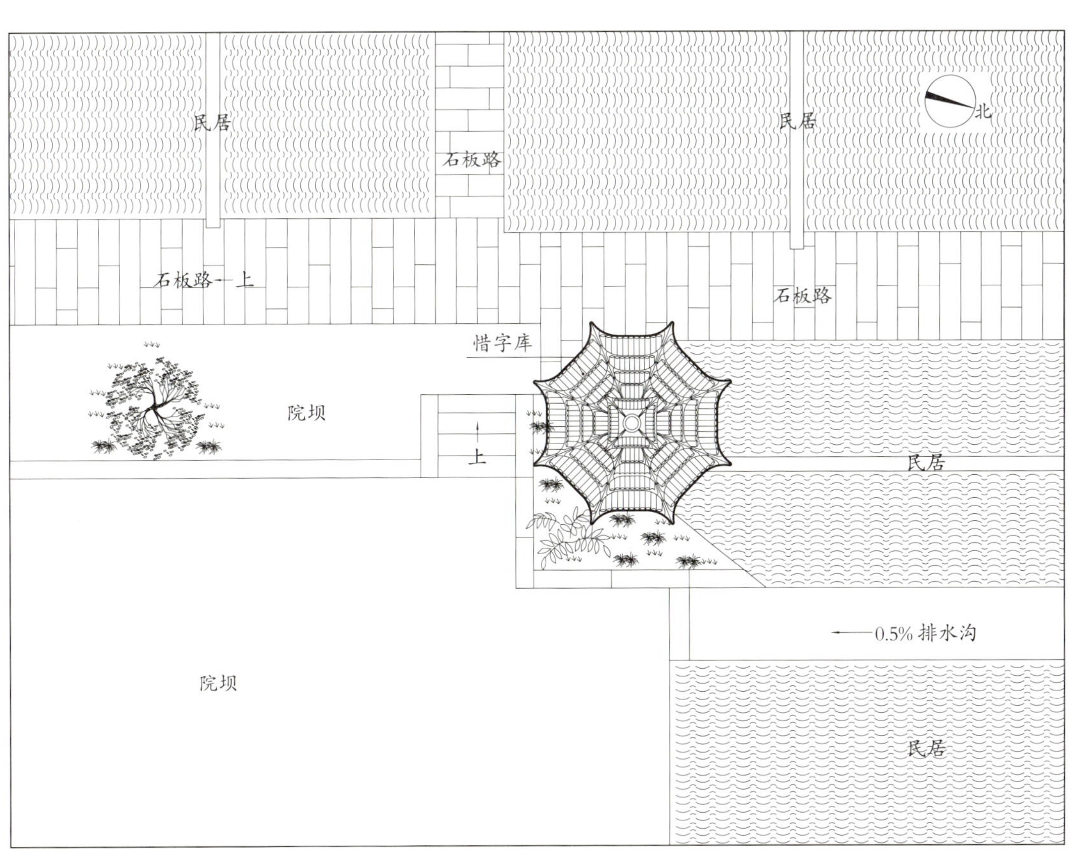

图号 02

绘制时间：2022 年 11 月

绘 制 人：刘洋

比　　例：1:30

图　　名：回龙街惜字库总平面图

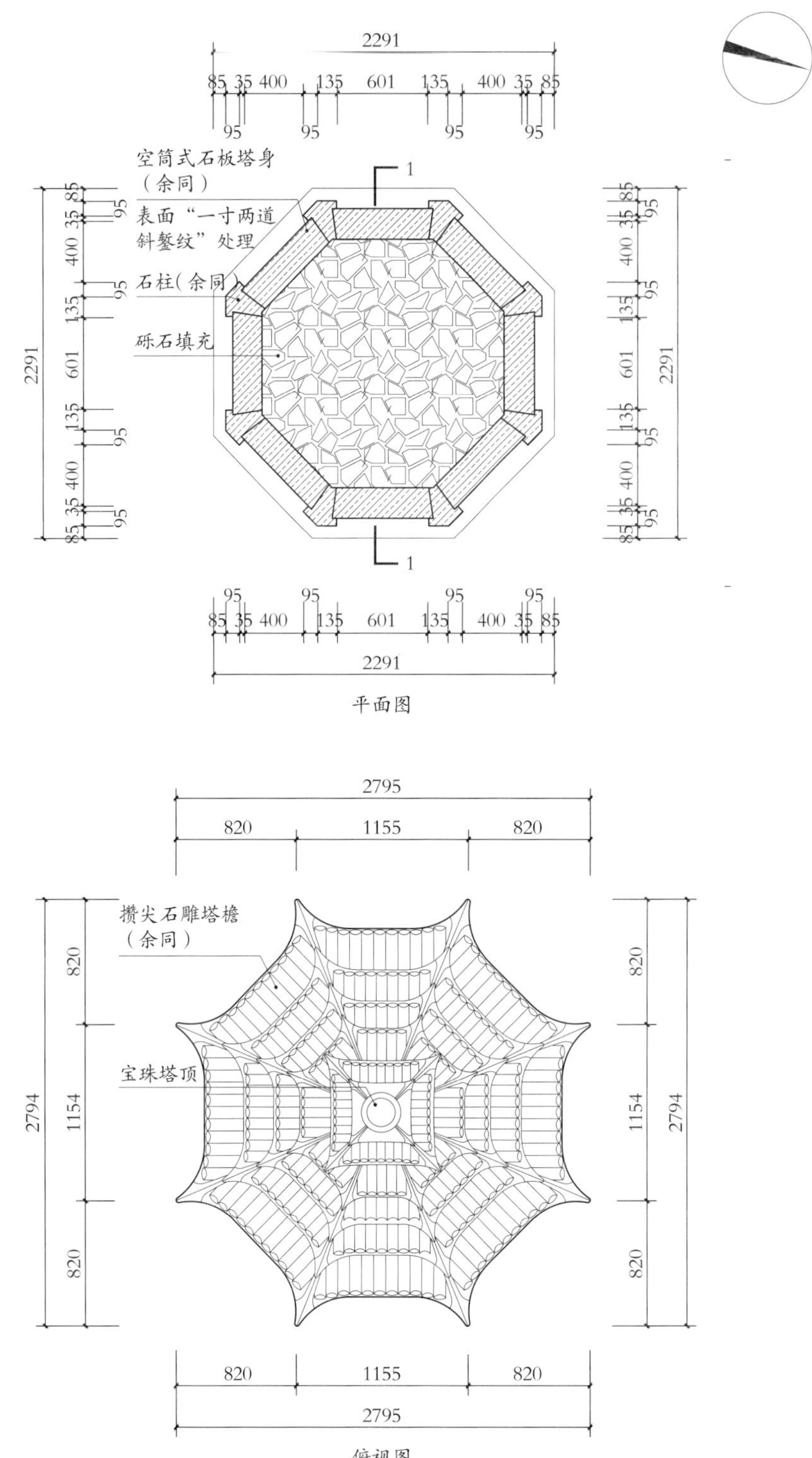

图号 03

绘制时间：2022 年 11 月

绘 制 人：刘洋

比　　例：1 : 25

图　　名：回龙街惜字库平面图、俯视图

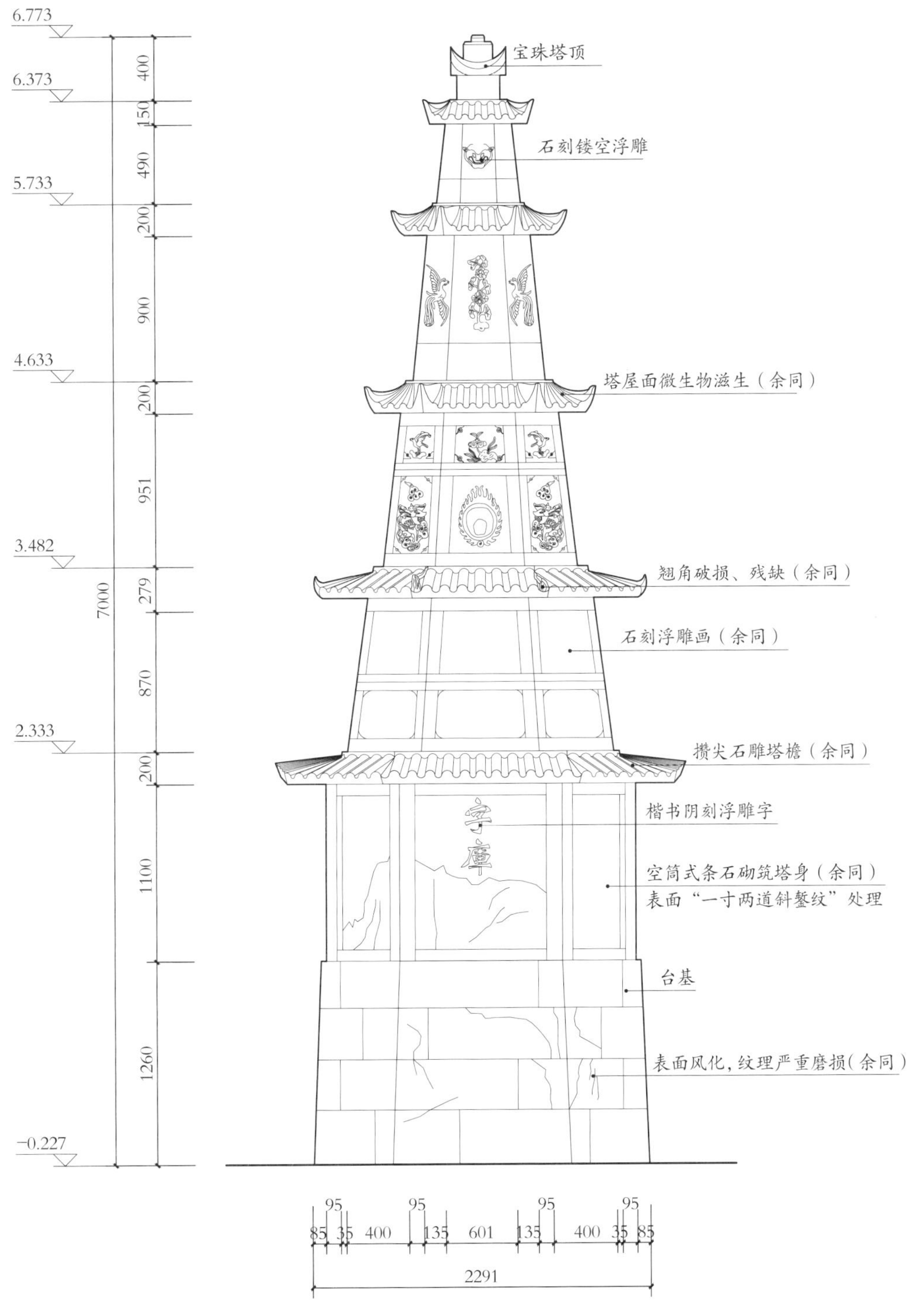

图号 04

绘制时间：2022 年 11 月

绘 制 人：刘洋

比　　例：1∶25

图　　名：回龙街惜字库西立面图

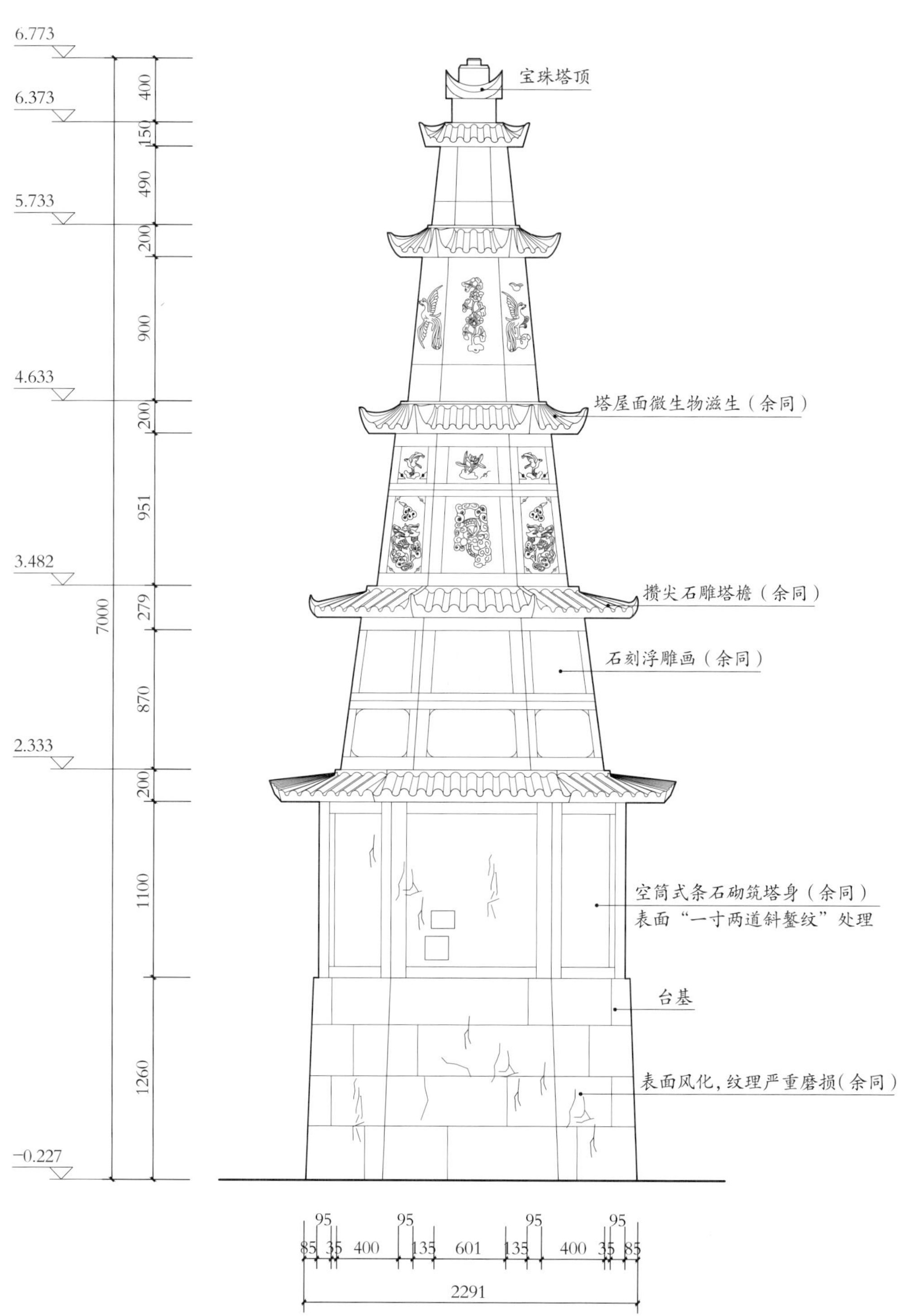

图号 05

绘制时间：2022 年 11 月

绘 制 人：刘洋

比　　例：1∶25

图　　名：回龙街惜字库南立面图

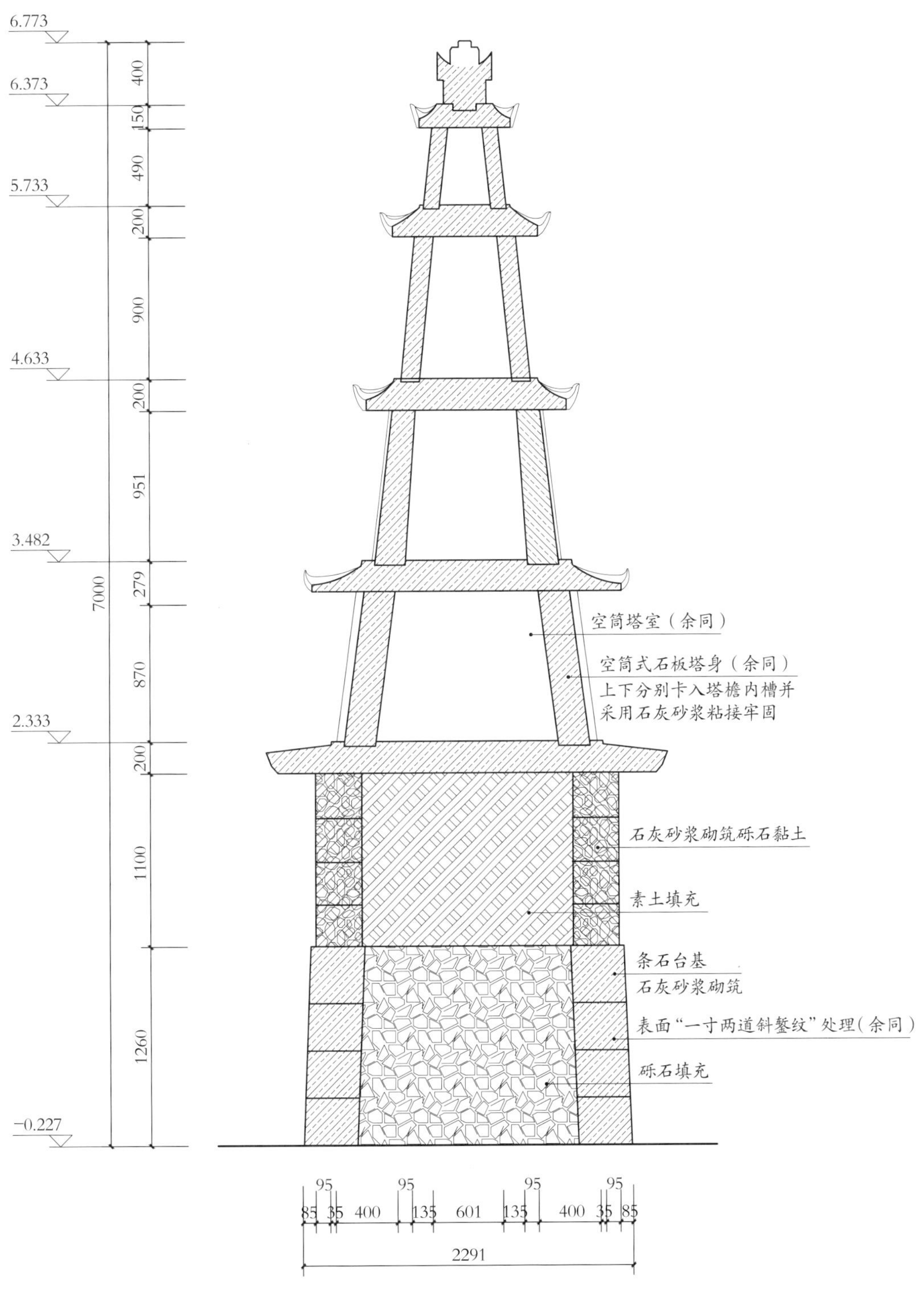

图号 06

绘制时间：2022 年 11 月

绘 制 人：刘洋

比　　例：1∶25

图　　名：回龙街惜字库剖面图

照片 01

拍摄时间：2022 年 10 月

拍 摄 人：刘洋

拍摄方向：由南向北

文物部位：南立面全景

照片 02

拍摄时间：2022 年 10 月
拍 摄 人：刘洋
拍摄方向：由西向东
文物部位：二、三、四、五层西立面

照片 03

拍摄时间：2022 年 10 月
拍 摄 人：刘洋
拍摄方向：由北向南
文物部位：三层北立面

照片 04

拍摄时间：2022 年 10 月
拍 摄 人：刘洋
拍摄方向：由东向西
文物部位：顶层东立面

照片 05

拍摄时间：2022 年 10 月
拍 摄 人：刘洋
拍摄方向：由西向东
文物部位：西立面一层

湾蹬子惜字塔

湾蹬子惜字塔调查保护记录表

<table>
<tr><td>名　称</td><td colspan="4">湾蹬子惜字塔</td></tr>
<tr><td>年　代</td><td colspan="2">清嘉庆十三年（1808）</td><td>类　别</td><td>古建筑</td></tr>
<tr><td>所在地</td><td colspan="4">四川省泸州市合江县石龙镇新朝门村</td></tr>
<tr><td>海　拔</td><td>370 米</td><td>经　度</td><td>106°8'12"E</td><td>纬　度</td><td>28°50'43"N</td></tr>
<tr><td>保护级别</td><td colspan="4">县级文物保护单位</td></tr>
<tr><td>所有权</td><td colspan="2">集体所有</td><td>使用人</td><td>新朝门村</td></tr>
<tr><td>管理机构</td><td colspan="4">合江县文旅局、石龙镇</td></tr>
<tr><td>用　途</td><td colspan="4">宗教活动场所</td></tr>
<tr><td>简　介</td><td colspan="4">湾蹬子惜字塔位于四川省泸州市合江县石龙镇新朝门村 3 社水洞泵处，坐东北向西南，为四层六边形阁楼式空心塔；建在一完整的河边石上，台基呈正方形，共有三层；第一层基由条石堆砌而成，高约 1.8 米，边长约 1.6 米；第二层基边与第一层基边相距约 0.08 米，高约 0.35 米，边长约 1.4 米；第三层基边与第二层基边相距约 0.06 米，高约 0.3 米，边长约 1.2 米；塔身四层六面，逐层上收，攒尖顶；通高约 7.2 米；塔身第一层西南面阴刻“字藏流芳”。湾蹬子惜字塔年代久远，对研究川黔地区文化有一定参考价值。</td></tr>
<tr><td>文物描述</td><td colspan="4">湾蹬子惜字塔由台基、塔身、塔檐、塔顶组成，为四层六边形阁楼式石质空心塔，整座塔用石灰、糯米浆、青砂石砌筑，榫卯卡槽式连接。
台　基：四边形素面台基，表面不做磨光处理而采用寸三錾纹的工艺。
塔　身：六边形塔身石板，榫卯连接，置于基座卡槽之上，逐层上收。一层西南面开异形窗，窗上阴刻“字藏流芳”四字，四层东北面刻菩萨雕像。
塔　檐：六角攒尖石雕塔檐。
塔　顶：整石雕刻四边形塔顶。
真实性：湾蹬子惜字塔基本保持了清代建筑形制，文物建筑在形制特征、材料和工艺特点等方面保留了历史原状，具有鲜明的地方特色，碑刻题记记载的历史和物质遗存可以相互印证，同时仍保留了宗教活动场所的简易功能。
完整性：湾蹬子惜字塔整体保存状况较完整，基本保留了历史原构，留存不同时期的历史活动信息，周边环境能够真实反映惜字塔选址与地形地貌的关系。</td></tr>
<tr><td rowspan="2">文物调查</td><td>形制</td><td>工艺</td><td>结构</td><td>材料</td></tr>
<tr><td>四层六边形阁楼式石塔</td><td>石构榫卯连接，各部构件整石雕刻，表面做细道和扁光相结合的加工工艺</td><td>仿木榫卯结构，内部构造为单腔空筒式</td><td>石灰、糯米浆、青砂石</td></tr>
<tr><td colspan="5">文物本体历史沿革
根据塔身石刻题记文献记载，该惜字塔建于清嘉庆十三年。
至今，该惜字塔未做过较大修缮，基本为原状保存。</td></tr>
</table>

（续表）

保护管理工作沿革 2020 年，对该文物建筑进行普查记录。 至今，湾蹬子惜字塔由石龙镇和合江县文旅局协同管理。
价值评估 湾蹬子惜字塔由台基、塔身、塔檐和塔顶组成，为石质四层仿木结构，建筑营造美观大方，结构连接严谨科学，整体庄严肃立，具有一定的科学价值和历史价值。
风险评估 湾蹬子惜字塔主要为石砌榫卯结构，受大自然酸雨长期浸渍，有风化侵蚀的风险。 湾蹬子惜字塔所处地区年雷雨天数较多，文物建筑遭受雷击风险较高。 湾蹬子惜字塔地处偏僻的山林地区，塔身构件雕刻精美，神韵独特，存在一定的被盗风险。
现状评估 湾蹬子惜字塔整体形制保存完整，石构件表面多风化，台基、塔檐、塔身有青苔及微生物滋生。 湾蹬子惜字塔位于小河沟旁的竹林里，北面距新朝门村委会所在地约 500 米，距离公路约 6 米，距当地居民住宅约 20 米，无便道通往此塔。
“四有”工作情况 **保护范围**：以惜字塔为中心向四周辐射，约 10 平方米范围。 **保护标志**：无。 **记录档案**：湾蹬子惜字塔保护档案已建立，现存于合江县文旅局。 **保护管理机构**：湾蹬子惜字塔现由石龙镇管理，合江县文旅局主要负责对湾蹬子惜字塔文物保护工作的监督、指导，并协同管理。
安全保卫情况 **安　防**：暂未安装监控等相关安防预警设施。 **消　防**：除塔侧有条河沟可用，无其他消防设施。 **防　雷**：湾蹬子惜字塔未安装防雷设施，无法满足防雷要求。
调查、考古、保护、展示工作 **保护工作**：合江县文旅局定期对文物保护单位进行安全巡查。 **利用情况**：当地宗教信徒开展宗教活动，燃香祈福。
下一阶段保护、管理、使用计划 **保护区划**：调整、完善保护区划。 **本体保护**：制订保护计划，消除存在的影响惜字塔安全的病害，根据最小干预的保护原则按原状进行修复。 **保护措施**：现状保存，加强日常维护。 **加强研究**：加强对湾蹬子惜字塔历史价值和科学价值的研究工作。 **安全防护**：进一步完善安防、消防、防雷等防护措施。 **环境整治**：周边地面适当硬化，修建文物工作巡查道路（采用传统方式，如铺设石板）。 **管理工作**：完善管理机制，增设管理人员，每年定期对文物安全进行巡查。

图号 01

绘制时间：2022 年 11 月

绘 制 人：刘洋

图　　名：湾蹬子惜字塔区位图

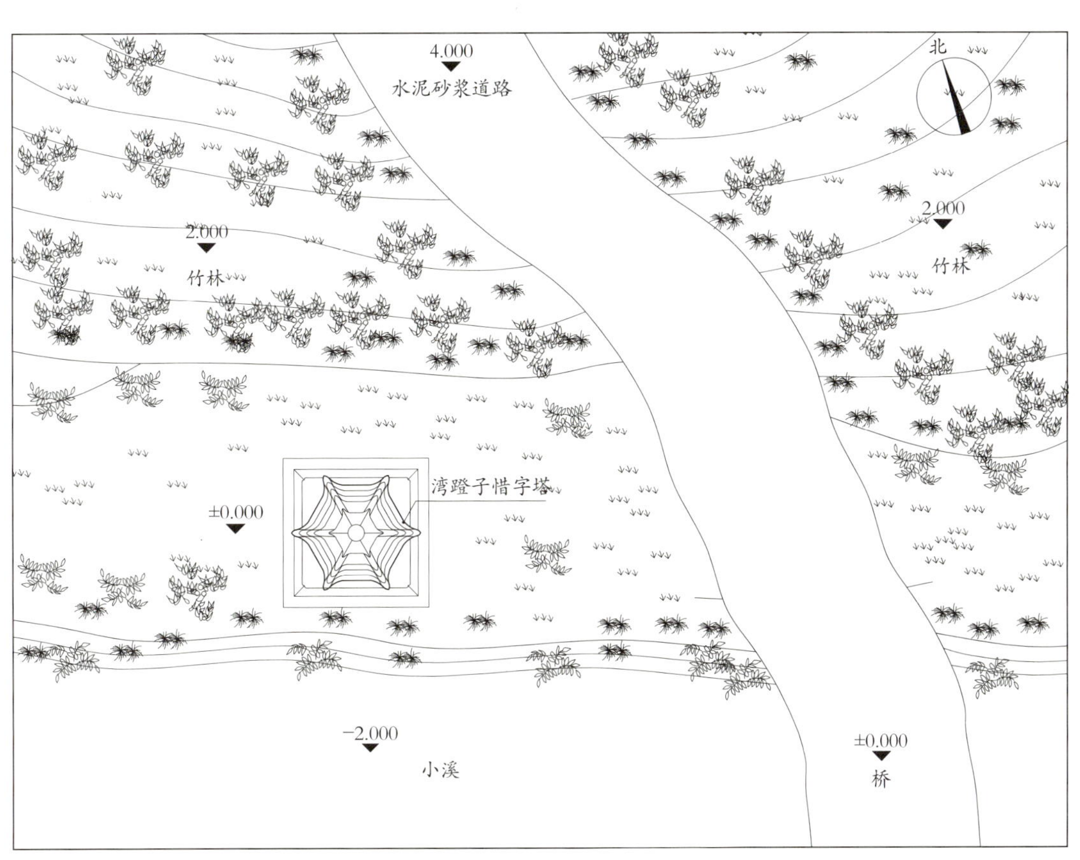

图号 02

绘制时间：2022 年 11 月

绘 制 人：刘洋

比　　例：1∶35

图　　名：湾蹬子惜字塔总平面图

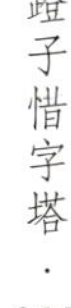

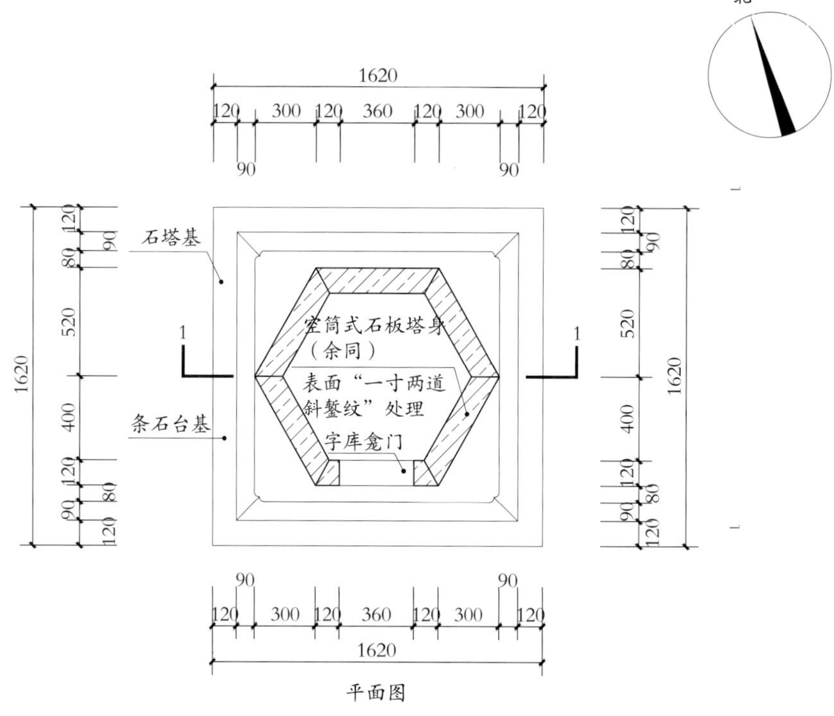

平面图

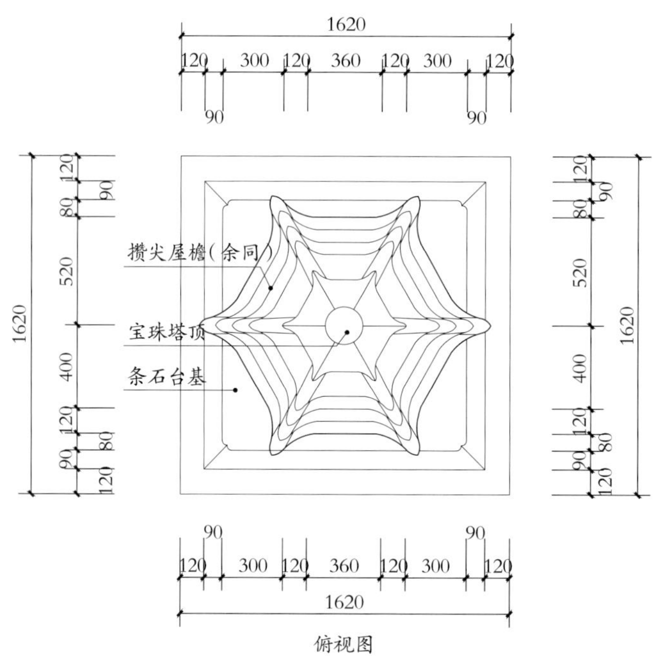

俯视图

图号 03

绘制时间：2022 年 11 月

绘 制 人：刘洋

比　　例：1∶25

图　　名：湾蹬子惜字塔平面图、俯视图

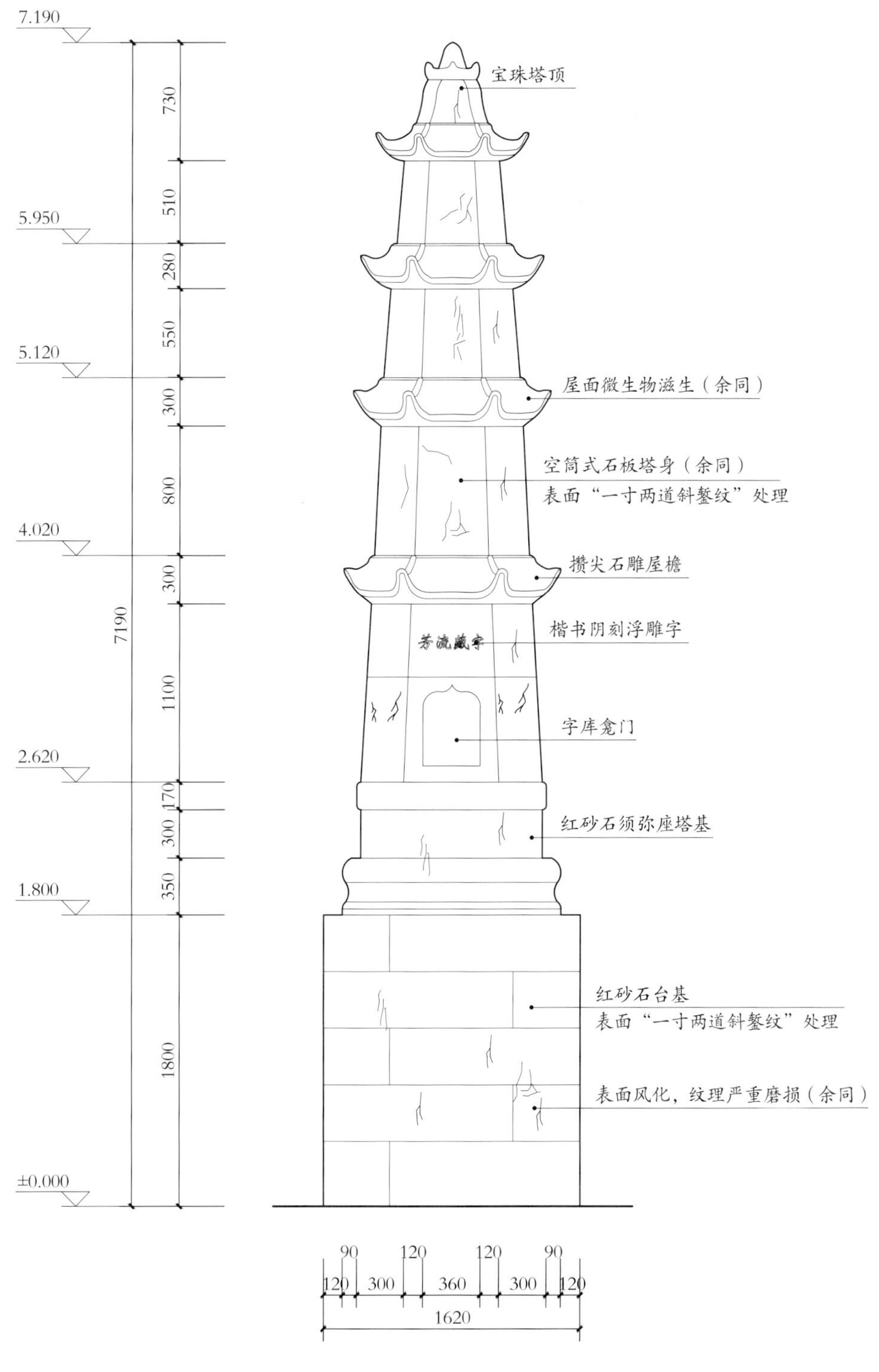

图号 04

绘制时间：2022 年 11 月

绘 制 人：刘洋

比　　例：1 : 30

图　　名：湾蹬子惜字塔西南立面图

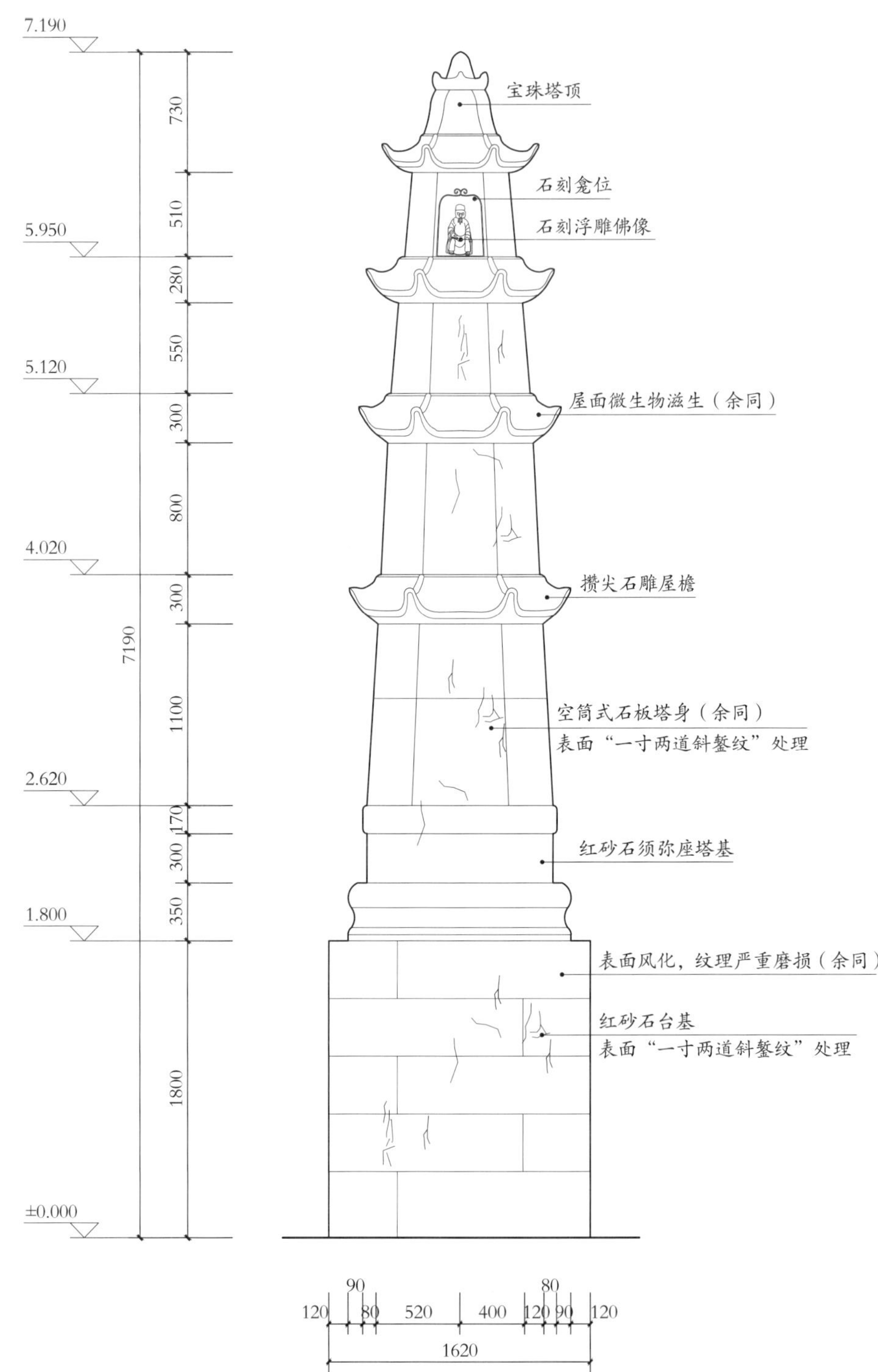

图号 05

绘制时间：2022 年 11 月

绘 制 人：刘洋

比　　例：1∶30

图　　名：湾蹬子惜字塔东北立面图

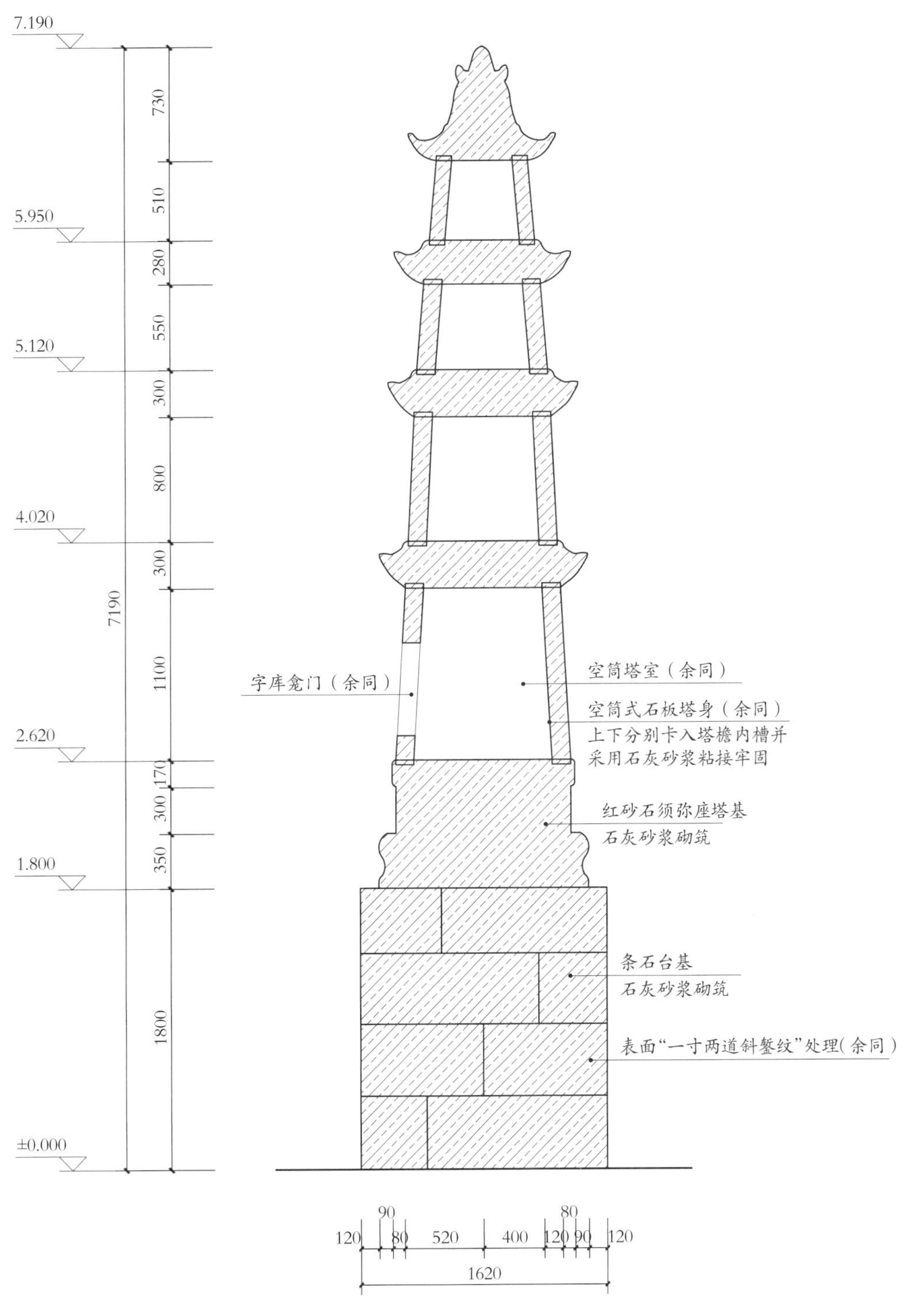

图号 06

绘制时间：2022 年 11 月

绘 制 人：刘洋

比　　例：1∶30

图　　名：湾蹬子惜字塔剖面图

照片 01

拍摄时间：2022 年 10 月
拍 摄 人：刘洋
拍摄方向：由东北向西南俯视
文物部位：东北立面全景

照片 02

拍摄时间：2022 年 10 月
拍 摄 人：刘洋
拍摄方向：由东北向西南平视
文物部位：东北立面全景

照片 03

拍摄时间：2022 年 10 月
拍 摄 人：刘洋
拍摄方向：由东南向西北
文物部位：东南立面全景

照片 04

拍摄时间：2022 年 10 月
拍 摄 人：刘洋
拍摄方向：由西向东
文物部位：塔基西面

照片 05

拍摄时间：2022 年 10 月

拍 摄 人：刘洋

拍摄方向：由西南向东北仰视

文物部位：一层西南立面

照片 06

拍摄时间：2022 年 10 月
拍 摄 人：刘洋
拍摄方向：由东北向西南
文物部位：四层东北立面

照片 07

拍摄时间：2022 年 10 月
拍 摄 人：刘洋
拍摄方向：由东北向西南
文物部位：塔顶东北立面

深田惜字塔

深田惜字塔调查保护记录表

名　称	深田惜字塔						
年　代	清			类　别	古建筑		
所在地	四川省泸州市合江县神臂城镇小岩村						
海　拔	276.4 米	经　度		105°39'35"E	纬　度		28°54'32"N
保护级别	一般不可移动文物						
所有权	集体所有			使用人	小岩村		
管理机构	合江县文旅局、神臂城镇						
用　途	活动场所						
简　介	深田惜字塔为五层六边形阁楼式石质空心塔，坐南向北；方形素面台基长 1.6 米，高 0.7 米；一层高 0.7 米，宽 0.65 米，仅一层北面开圆形窗，二层北面雕刻菩萨及牌坊，三、四、五层塔身每面各阴刻一字；六边形攒尖塔檐；塔顶为整石雕刻宝珠顶。该塔造型别致，它的发现为研究川南民间石刻艺术提供了一个重要的实物依据。						
文物描述	深田惜字塔由台基、塔身、塔檐、塔顶组成，为五层六边形阁楼式石质空心塔，整座塔用石灰、糯米浆、青砂石砌筑，榫卯卡槽式连接。 **台　基：**八边形素面台基，表面磨光处理。 **塔　身：**六边形塔身石板榫卯连接，置于基座卡槽之上，共五层，逐层上收，仅一层北面开圆形窗，二层北面雕刻菩萨及牌坊，三、四、五层塔身每面各阴刻一字。 **塔　檐：**六角攒尖石雕塔檐。 **塔　顶：**整石雕刻宝珠塔顶。 **真实性：**深田惜字塔基本保持了清代建筑形制，文物建筑在形制特征、材料和工艺特点等方面保留了历史原状，具有鲜明的地方特色，碑刻题记记载的历史和物质遗存可以相互印证，同时仍保留了宗教活动场所的简易功能。 **完整性：**深田惜字塔整体保存状况较完整，基本保留了历史原构，留存不同时期的历史活动信息，周边环境能够真实反映惜字塔选址与地形地貌的关系。						
文物调查	形制	工艺		结构	材料		
	五层六边形阁楼式石塔	石构榫卯连接，各部构件整石雕刻，表面扁光		仿木榫卯结构，内部构造为单腔空筒式	石灰、糯米浆、青砂石		

文物本体历史沿革

根据塔身石刻题记文献记载，该惜字塔建于清代。

至今，该惜字塔未做过较大修缮，基本为原状保存。

（续表）

保护管理工作沿革 2020 年，对该文物建筑进行普查记录。 至今，深田惜字塔由神臂城镇和合江县文旅局协同管理。
价值评估 深田惜字塔由台基、塔身、塔檐和塔顶组成，为石质五层仿木结构，整座塔用石灰、糯米浆、青砂石整石砌筑，榫卯卡槽式连接，建筑营造美观大方，结构连接严谨科学，整体庄严肃立，具有一定科学价值。
风险评估 深田惜字塔主要为石砌榫卯结构，受大自然酸雨长期浸渍，有风化侵蚀的风险。 深田惜字塔所处地区年雷雨天数较多，文物建筑遭受雷击风险较高。
现状评估 深田惜字塔整体形制保存完整，塔檐、塔身多开裂，一层塔檐翘角缺失，部分石构表面风化。 深田惜字塔位于民居旁小坡上，距离公路约 20 米。
“四有”工作情况 **保护范围**：暂未划定。 **保护标志**：无。 **记录档案**：深田惜字塔保护档案已建立，现存于合江县文旅局。 **保护管理机构**：深田惜字塔现由神臂城镇管理，合江县文旅局主要负责对深田惜字塔文物保护工作的监督、指导，并协同管理。
安全保卫情况 **安　防**：暂未安装监控等相关安防预警设施。 **消　防**：无消防设施。 **防　雷**：深田惜字塔未安装防雷设施，无法满足防雷要求。
调查、考古、保护、展示工作 **保护工作**：合江县文旅局定期对文物保护单位进行安全巡查。 **利用情况**：当地宗教信徒开展宗教活动，燃香祈福。
下一阶段保护、管理、使用计划 **保护区划**：调整、完善保护区划。 **本体保护**：制订保护计划，消除存在的影响惜字塔安全的病害，根据最小干预的保护原则按原状进行修复。 **保护措施**：现状保存，后期开展石质文物表面防风化加固处理。 **加强研究**：加强对深田惜字塔历史价值和科学价值的研究工作。 **安全防护**：进一步完善安防、消防、防雷等防护措施。 **环境整治**：周边地面适当硬化（采用传统方式，如铺设石板），保护塔基。 **管理工作**：完善管理机制，增设管理人员，每年定期对文物安全进行巡查。

图号 01

绘制时间：2022 年 11 月

绘 制 人：刘洋

图　　名：深田惜字塔区位图

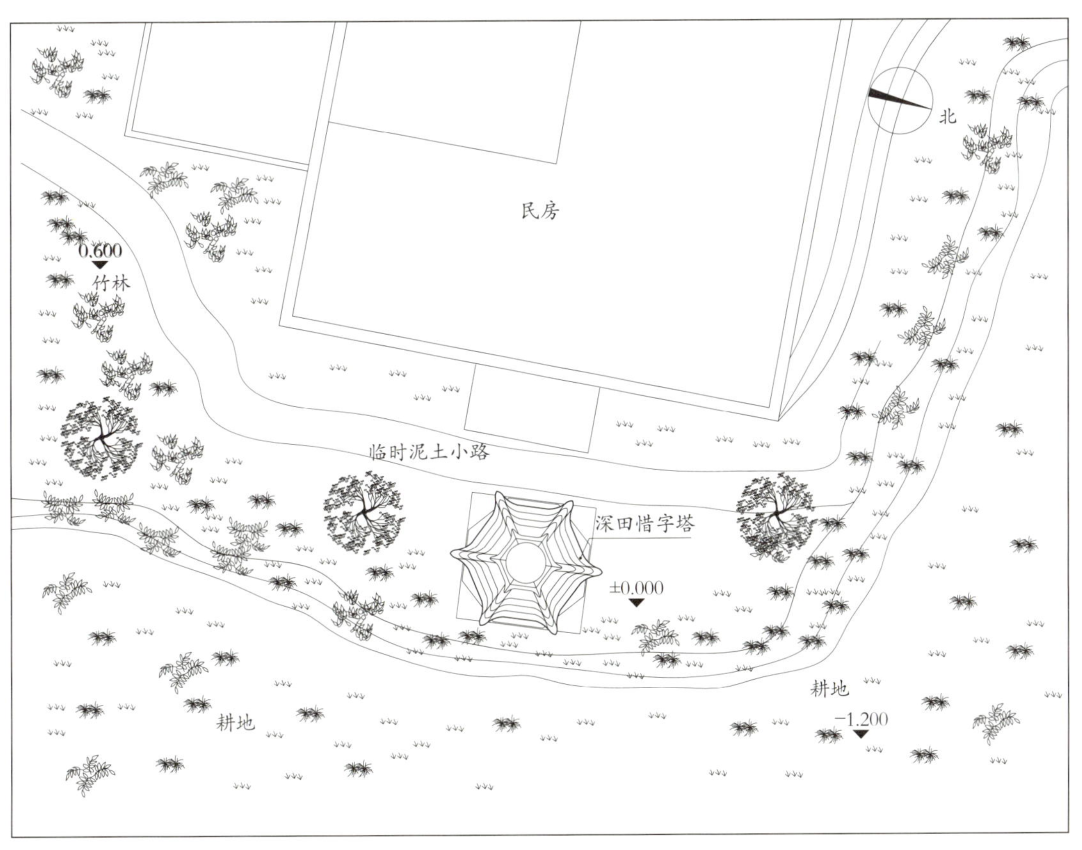

图号 02

绘制时间：2022 年 11 月

绘 制 人：刘洋

比　　例：1∶35

图　　名：深田惜字塔总平面图

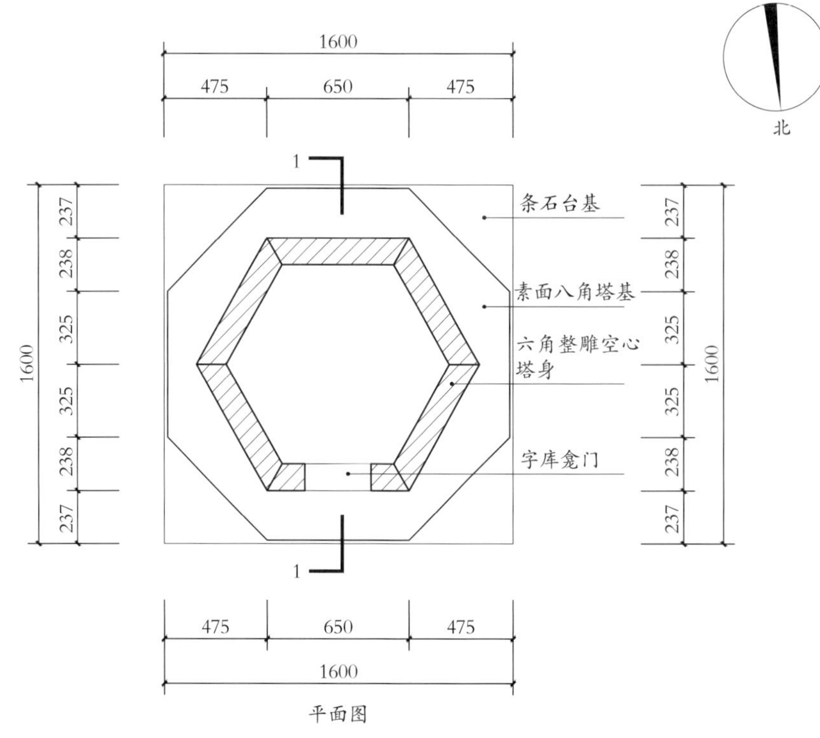

平面图

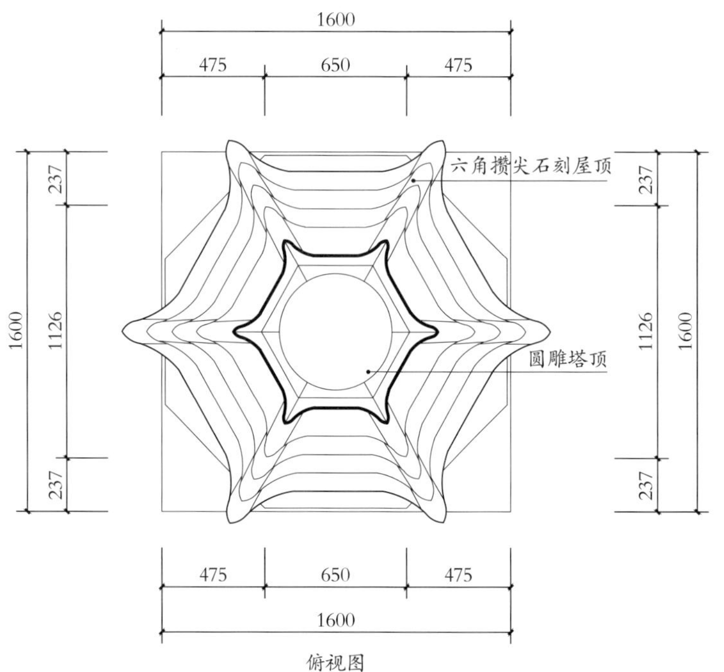

俯视图

图号 03

绘制时间：2022 年 11 月

绘 制 人：刘洋

比　　例：1∶20

图　　名：深田惜字塔平面图、俯视图

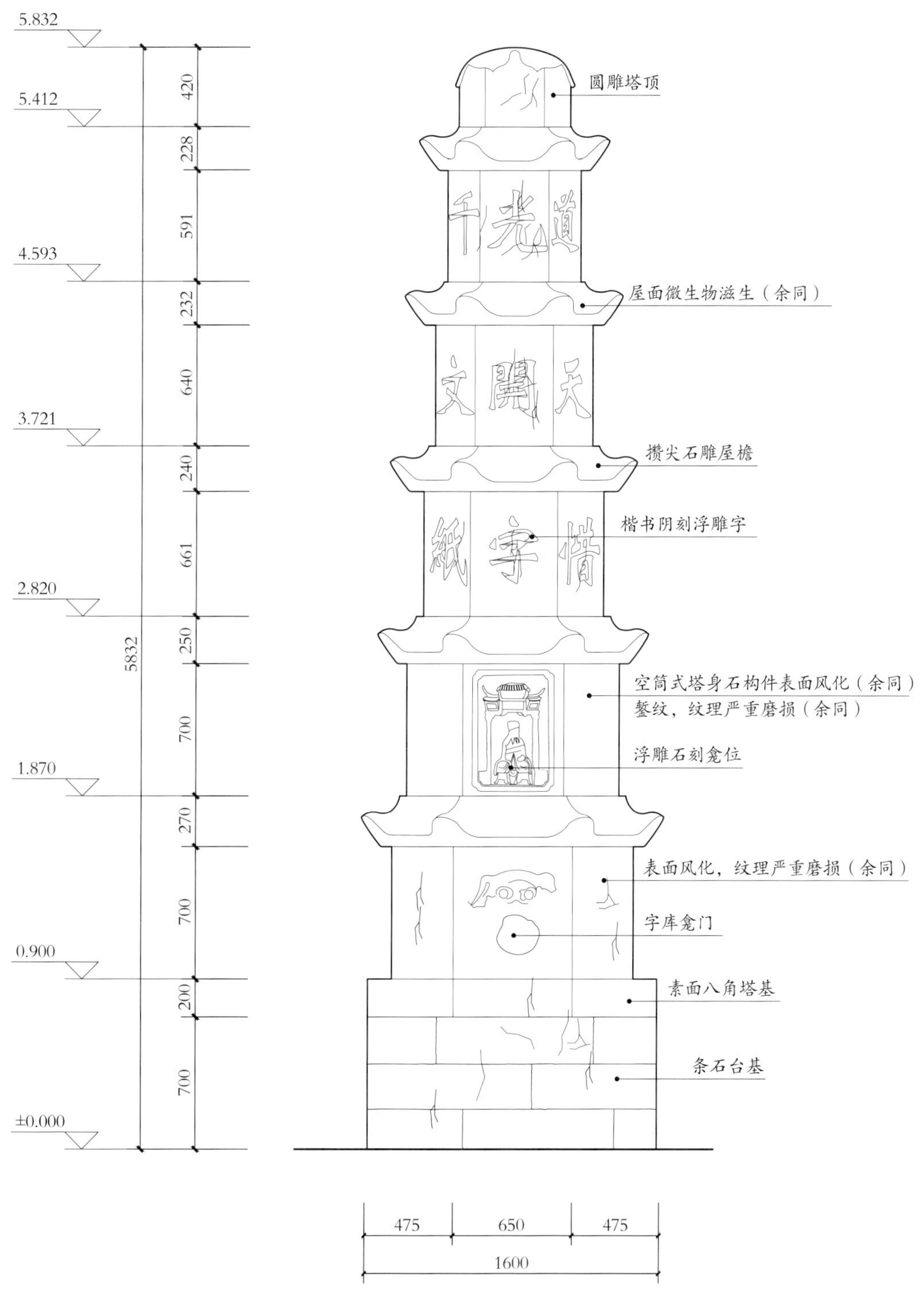

图号 04

绘制时间：2022 年 11 月

绘 制 人：刘洋

比　　例：1∶30

图　　名：深田惜字塔北立面图

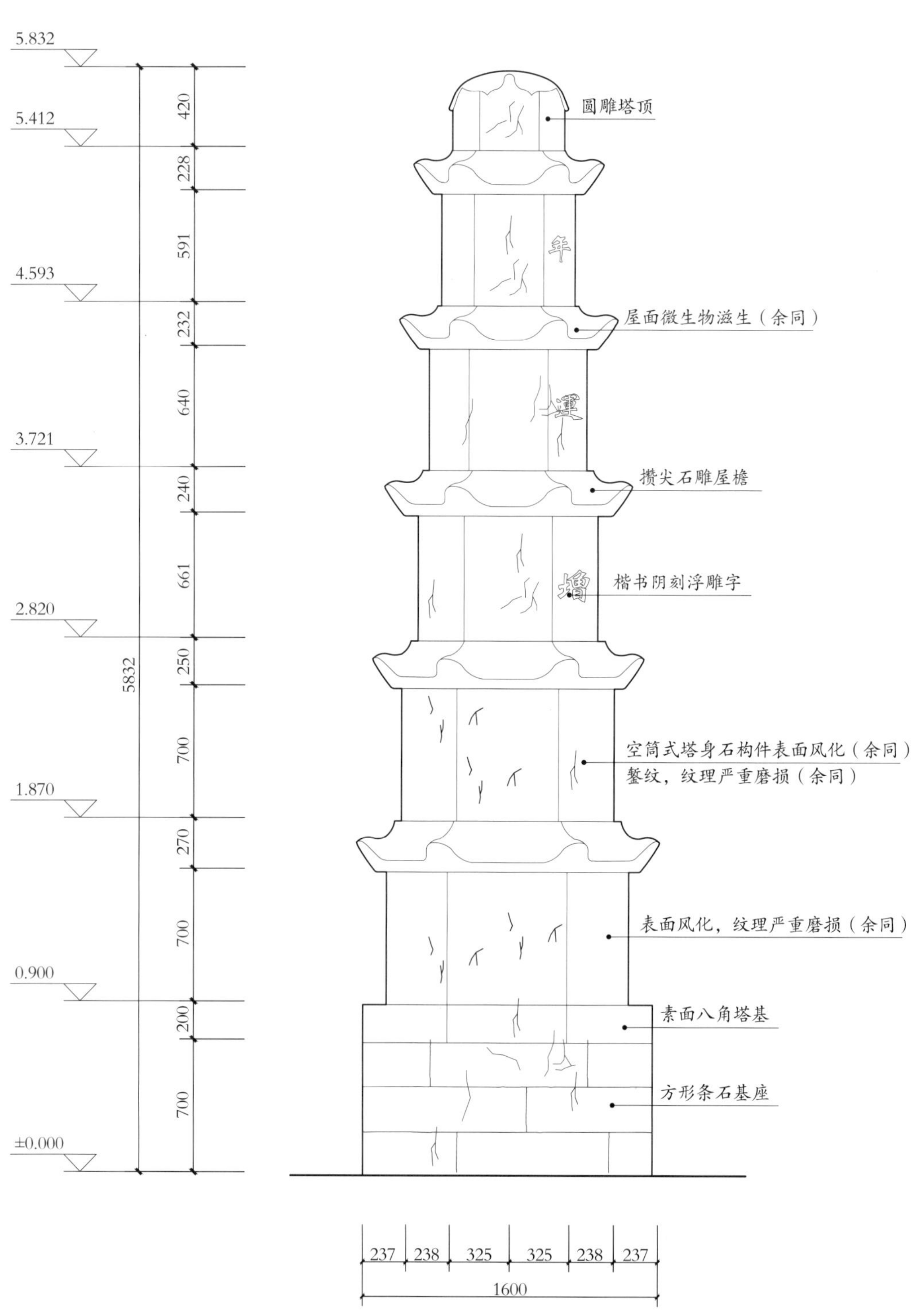

图号 05

绘制时间：2022 年 11 月
绘 制 人：刘洋
比　　例：1∶30
图　　名：深田惜字塔南立面图

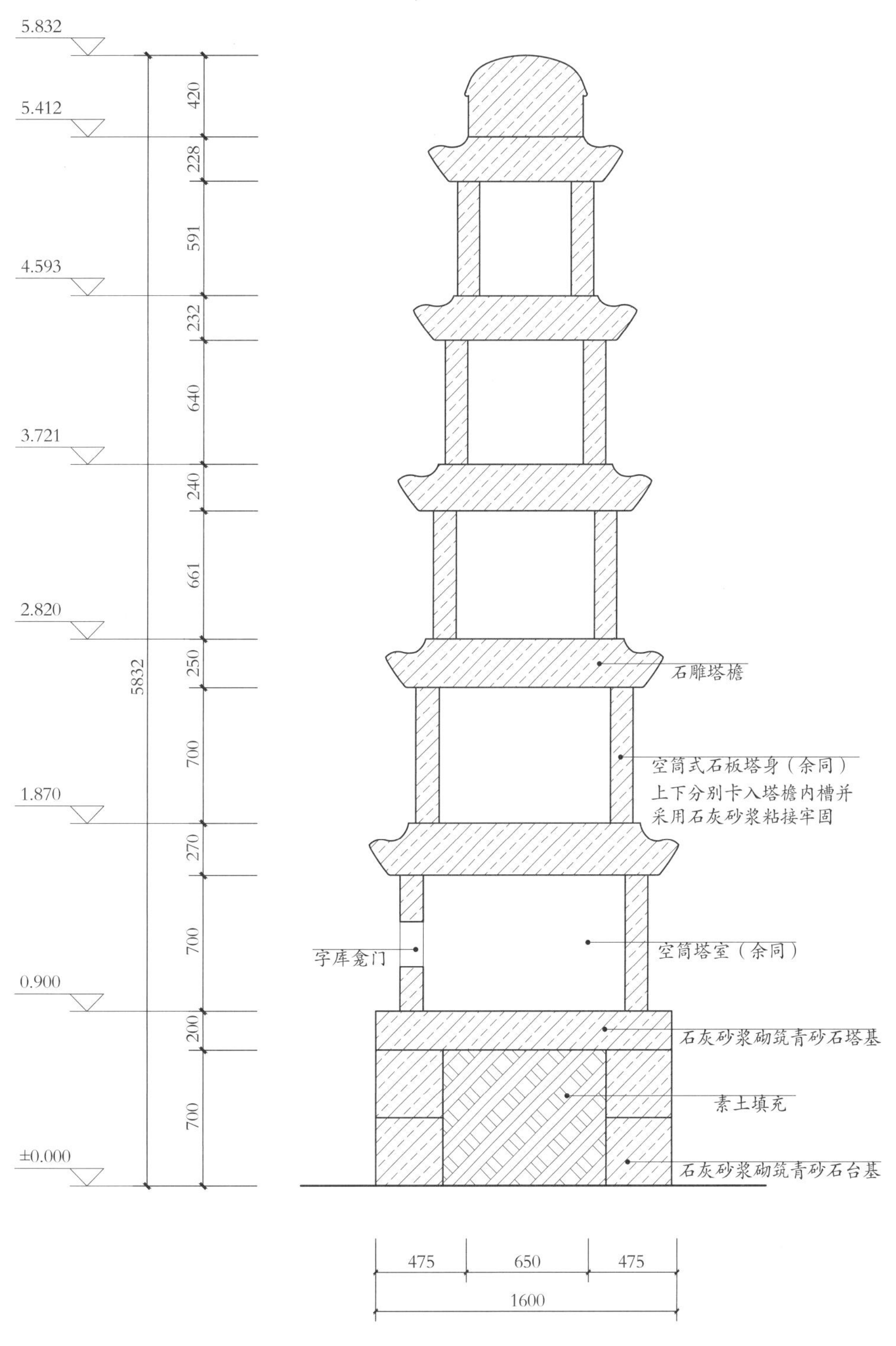

图号 06

绘制时间：2022 年 11 月

绘 制 人：刘洋

比　　例：1:30

图　　名：深田惜字塔剖面图

照片 01

拍摄时间：2022 年 10 月
拍 摄 人：刘洋
拍摄方向：由北向南
文物部位：北立面全景

照片 02

拍摄时间：2022 年 10 月
拍 摄 人：刘洋
拍摄方向：由南向北
文物部位：南立面全景

照片 03

拍摄时间：2022 年 10 月
拍 摄 人：刘洋
拍摄方向：由东向西
文物部位：东立面全景

照片 04

拍摄时间：2022 年 10 月
拍 摄 人：刘洋
拍摄方向：由北向南
文物部位：北立面一层

照片 05

拍摄时间：2022 年 10 月
拍 摄 人：刘洋
拍摄方向：由北向南
文物部位：北立面二层

照片 06

拍摄时间：2022 年 10 月
拍 摄 人：刘洋
拍摄方向：由南向北
文物部位：檐顶

江阳区

大脚石字库

大脚石字库调查保护记录表

<table>
<tr><td>名　称</td><td colspan="5">大脚石字库</td></tr>
<tr><td>年　代</td><td colspan="2">清道光二十五年（1845）</td><td>类　别</td><td colspan="2">古建筑</td></tr>
<tr><td>所在地</td><td colspan="5">四川省泸州市江阳区江北镇岱宗村</td></tr>
<tr><td>海　拔</td><td>267.3 米</td><td>经　度</td><td>105°14'51"E</td><td>纬　度</td><td>28°44'31"N</td></tr>
<tr><td>保护级别</td><td colspan="5">一般不可移动文物</td></tr>
<tr><td>所有权</td><td colspan="2">集体所有</td><td>使用人</td><td colspan="2">岱宗村</td></tr>
<tr><td>管理机构</td><td colspan="5">江阳区文物局、江北镇</td></tr>
<tr><td>用　途</td><td colspan="5">活动场所</td></tr>
<tr><td>简　介</td><td colspan="5">该字库位于江北镇岱宗村，坐东向西；字库余底部，残高约 1.4 米，边长约 0.8 米；共有六面，位于一圆形基座上，基座高约 0.6 米，直径约 2 米；基座上雕刻狮头圆雕像；四面都有刻字，正面中间有一处门状镂空，其上有繁体阴刻楷书“字库”二字，两旁柱上还分别刻联，字迹已风化模糊。</td></tr>
<tr><td>文物描述</td><td colspan="5">大脚石字库现存台基、塔身，原为六边形阁楼式石质空心塔，整座塔用石灰、糯米浆、青砂石砌筑，榫卯卡槽式连接。
台　基：圆鼓形素面台基，表面磨光，基座周围雕刻兽头六个。
塔　身：塔身仅存一层，六边形整石塔身，由榫卯连接，置于基座卡槽之上，西面开拱形窗，拱形窗上方刻有“字库”二字，两侧刻联。
塔　檐：缺失。
塔　顶：缺失。
真实性：大脚石字库基本保持了清代建筑形制，文物建筑在形制特征、材料和工艺特点等方面保留了历史原状，具有鲜明的地方特色，碑刻题记记载的历史和物质遗存可以相互印证，同时仍保留了宗教活动场所的简易功能。
完整性：大脚石字库仅存台基和一层塔身，现存部分基本保留了历史原构。</td></tr>
<tr><td rowspan="2">文物调查</td><td>形制</td><td colspan="2">工艺</td><td>结构</td><td>材料</td></tr>
<tr><td>六边形阁楼式石塔</td><td colspan="2">石构榫卯连接，各部构件整石雕刻，表面扁光</td><td>仿木榫卯结构，内部构造为单腔空筒式</td><td>石灰、糯米浆、青砂石</td></tr>
<tr><td colspan="6">文物本体历史沿革
根据塔身石刻题记文献记载，该惜字塔建于清道光二十五年，垮塌年代不详。
至今，该惜字塔未做过较大修缮。</td></tr>
</table>

（续表）

<table>
<tr><td>保护管理工作沿革
2009 年，对该文物建筑进行普查记录。
至今，大脚石字库由江北镇和江阳区文物局协同管理。</td></tr>
<tr><td>价值评估
大脚石字库现仅剩台基和一层塔身，台基有狮头圆雕，寓意吉祥如意、繁衍生息及保佑一方水土平安；对研究川南地区宗教和民间民俗文化有着一定作用。</td></tr>
<tr><td>风险评估
大脚石字库主要为石砌仿木结构，受大自然酸雨长期浸渍，有风化侵蚀的风险。
大脚石字库现存塔身顶部被村民用于磨刀，磨损较多。</td></tr>
<tr><td>现状评估
大脚石字库垮塌后仅存台基和一层塔身，因附近村民在塔身顶部磨刀，导致塔身磨损。
大脚石字库位于公路旁，旁边为民居。</td></tr>
<tr><td>“四有”工作情况
保护范围：暂未划定。
保护标志：位于字库东侧。
记录档案：大脚石字库保护档案已建立，现存于江阳区文物局。
保护管理机构：大脚石字库现由江北镇管理，江阳区文物局主要负责对大脚石字库文物保护工作的监督、指导，并协同管理。</td></tr>
<tr><td>安全保卫情况
安　防：暂未安装监控等相关安防预警设施。
消　防：无消防设施。
防　雷：大脚石字库未安装防雷设施。</td></tr>
<tr><td>调查、考古、保护、展示工作
保护工作：江阳区文物局定期对文物保护单位进行安全巡查。
利用情况：当地宗教信徒开展宗教活动，燃香祈福。</td></tr>
<tr><td>下一阶段保护、管理、使用计划
保护区划：调整、完善保护区划。
本体保护：制订保护计划，消除存在的影响字库安全的隐患，根据最小干预的保护原则按原状进行修复。
保护措施：增设临时防护屋顶，防止居民日常生活的扰动。
加强研究：加强对大脚石字库历史价值的研究工作。
安全防护：进一步完善安防、消防、防雷等防护措施。
环境整治：字库周边加设防护石栏杆，防止人类活动对它造成损坏。
管理工作：完善管理机制，增设管理人员。</td></tr>
</table>

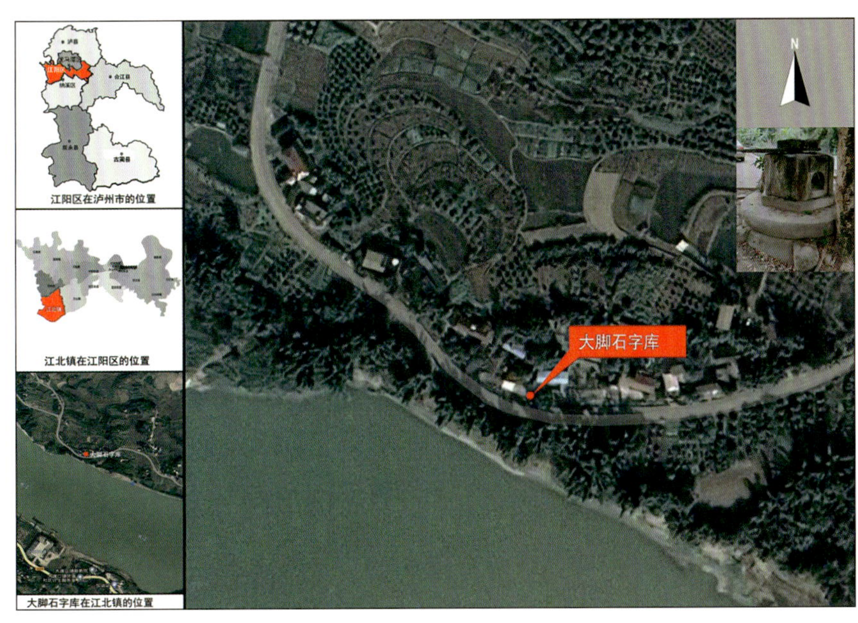

图号 01

绘制时间：2022 年 11 月
绘 制 人：刘洋
图　　名：大脚石字库区位图

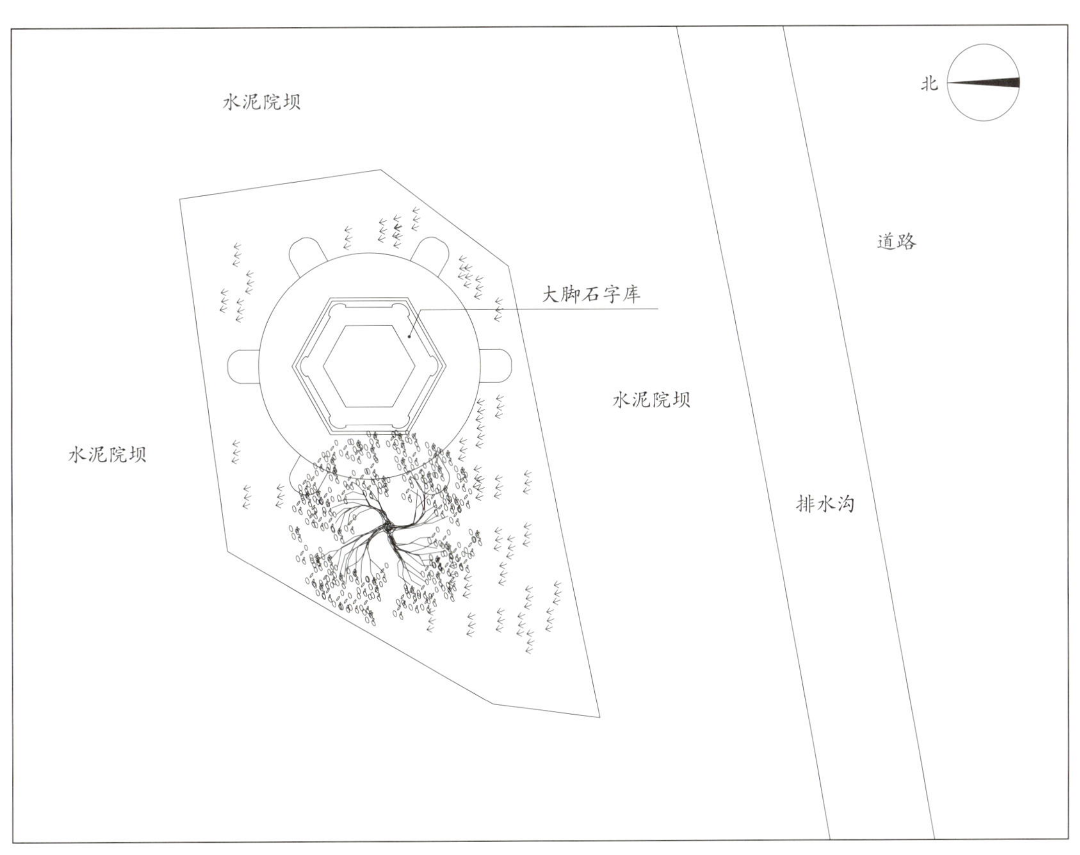

图号 02

绘制时间：2022 年 11 月
绘 制 人：刘洋
比　　例：1:30
图　　名：大脚石字库总平面图

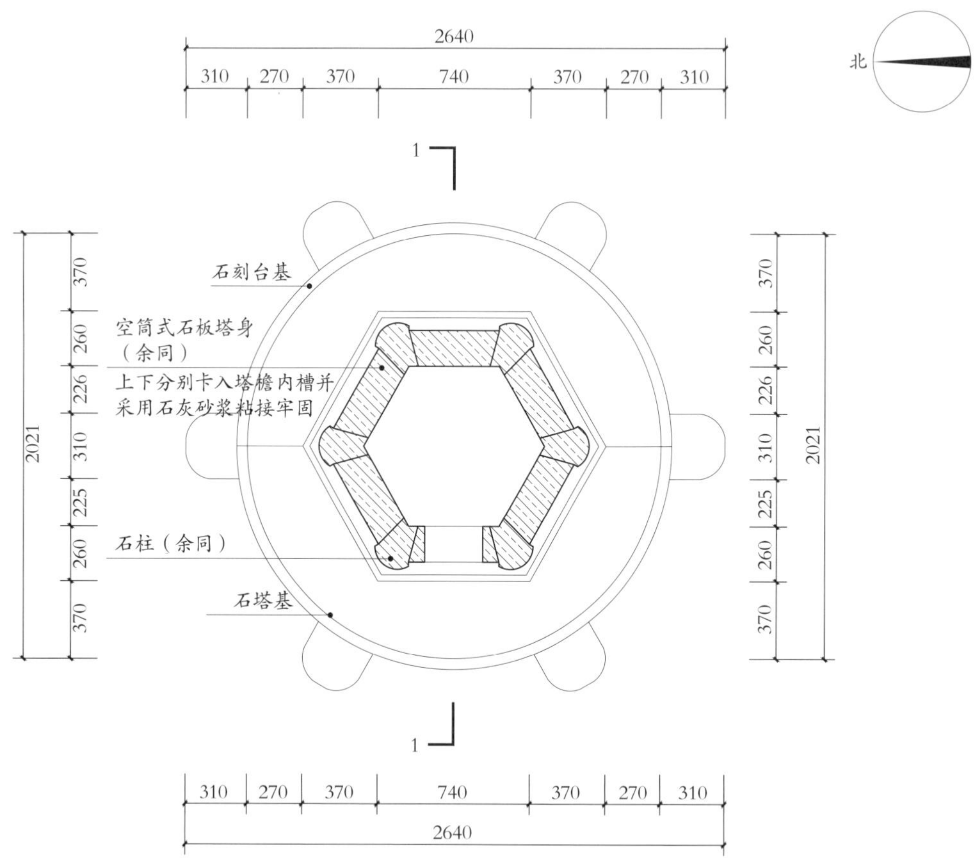

图号 03

绘制时间：2022 年 11 月

绘 制 人：刘洋

比　　例：1∶20

图　　名：大脚石字库平面图

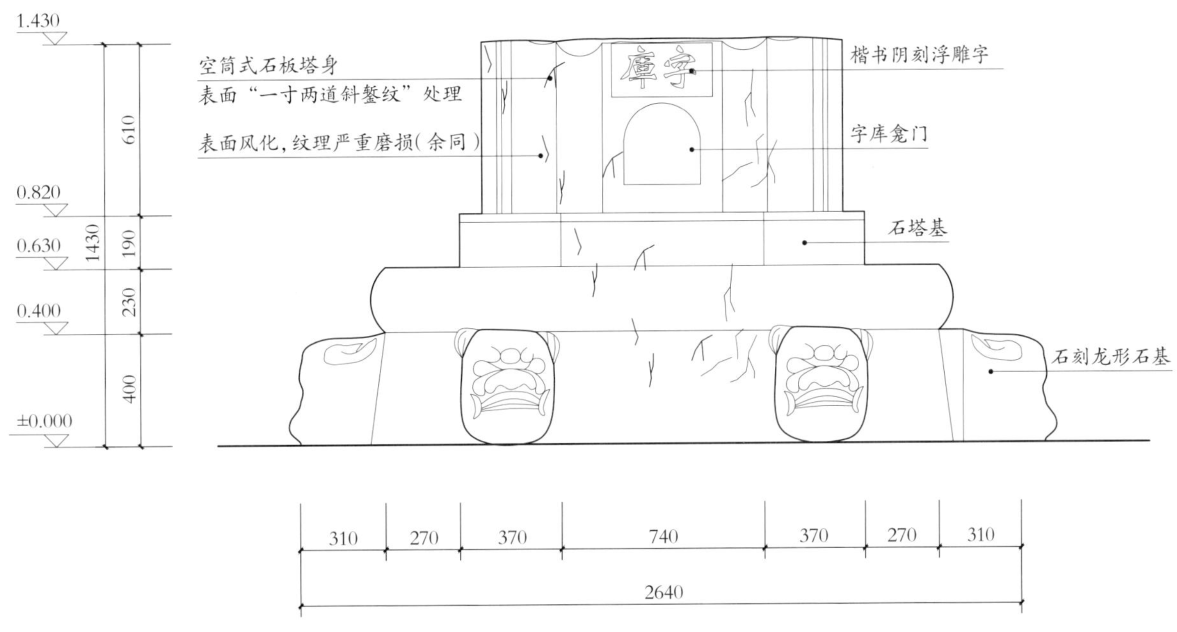

图号 04

绘制时间：2022 年 11 月

绘 制 人：刘洋

比　　例：1∶15

图　　名：大脚石字库西立面

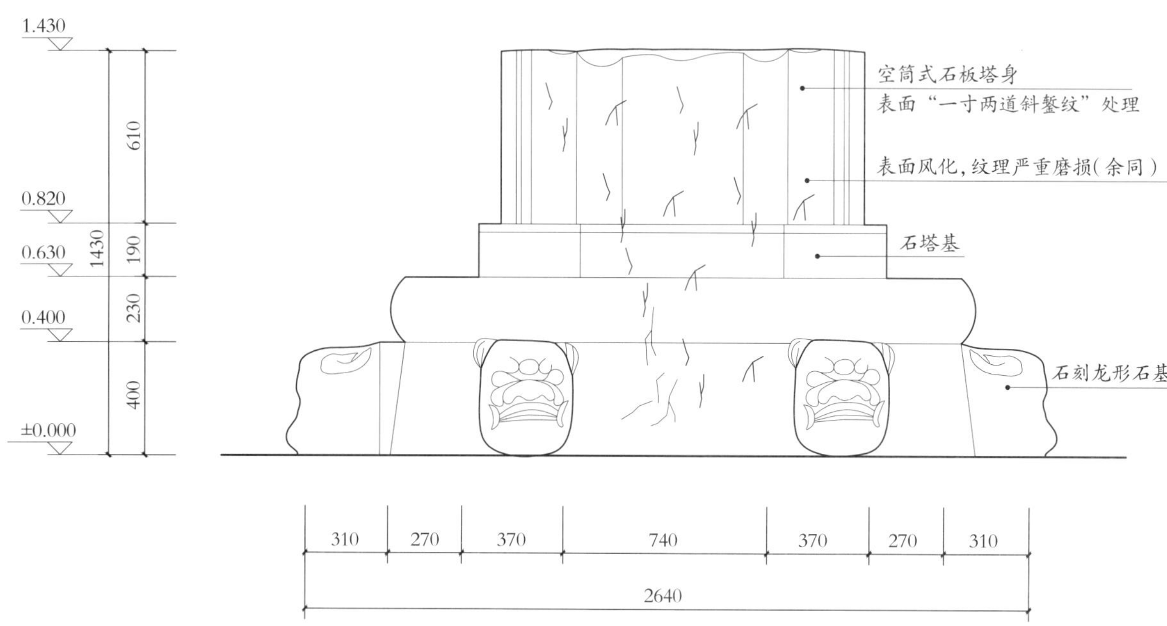

图号 05

绘制时间：2022 年 11 月

绘 制 人：刘洋

比　　例：1∶15

图　　名：大脚石字库北立面

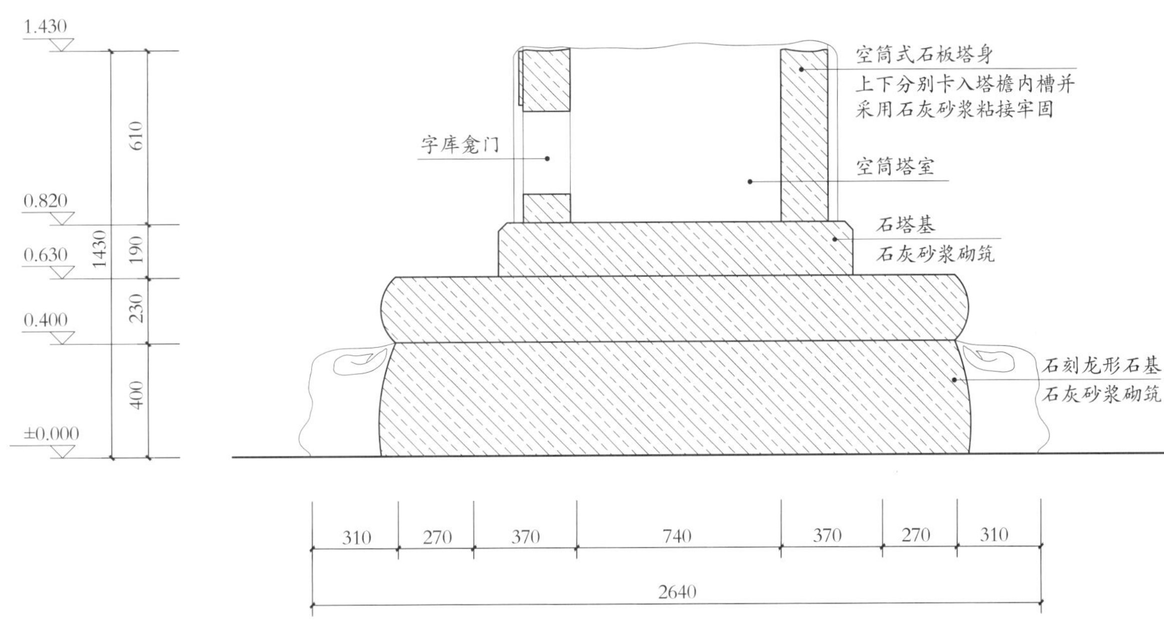

图号 06

绘制时间：2022 年 11 月

绘 制 人：刘洋

比　　例：1∶15

图　　名：大脚石字库剖面

照片 01

拍摄时间：2022 年 10 月
拍 摄 人：刘洋
拍摄方向：由西北向东南
文物部位：西北立面全景

照片 02

拍摄时间：2022 年 10 月
拍 摄 人：刘洋
拍摄方向：由东南向西北
文物部位：东南立面全景

照片 03

拍摄时间：2022 年 10 月
拍 摄 人：刘洋
拍摄方向：由南向北
文物部位：塔身题记（上），塔身整石雕刻

照片 04

拍摄时间：2022 年 10 月
拍 摄 人：刘洋
拍摄方向：由东向西
文物部位：文物铭碑

照片 05

拍摄时间：2022 年 10 月
拍 摄 人：刘洋
拍摄方向：由东南向西北
文物部位：台基兽头

干坝村字库

干坝村字库调查保护记录表

<table>
<tr><td>名　称</td><td colspan="4">干坝村字库</td></tr>
<tr><td>年　代</td><td colspan="2">清道光三十年（1850）</td><td>类　别</td><td>古建筑</td></tr>
<tr><td>所在地</td><td colspan="4">四川省泸州市江阳区江北镇干坝村 4 社</td></tr>
<tr><td>海　拔</td><td>245.4 米</td><td>经　度</td><td>105°13'5"E</td><td>纬　度</td><td>28°45'2"N</td></tr>
<tr><td>保护级别</td><td colspan="4">一般不可移动文物</td></tr>
<tr><td>所有权</td><td colspan="2">集体所有</td><td>使用人</td><td>干坝村</td></tr>
<tr><td>管理机构</td><td colspan="4">江阳区文物局、江北镇</td></tr>
<tr><td>用　途</td><td colspan="4">活动场所</td></tr>
<tr><td>简　介</td><td colspan="4">该字库位于江北镇干坝村，坐北向南；为石质三层六边形阁楼式空心塔，六角攒尖顶，通高约 3 米；六边形台基高约 0.2 米，每边宽约 0.9 米，底层每边长约 0.71 米；塔顶大部缺失，余部为鼓形；塔身阴刻“经通四海，一字千金”等字，题刻年代为“清道光庚戌年”。</td></tr>
<tr><td>文物描述</td><td colspan="4">干坝村字库由台基、塔身、塔檐、塔顶组成，为三层六边形阁楼式石质空心塔，整座塔用石灰、糯米浆、青石砌筑，榫卯卡槽式连接。
台　基：六边形素面台基，表面不做磨光处理而采用寸三錾纹工艺。
塔　身：六边形塔身石板由榫卯连接，置于基座卡槽之上，分上中下三层，逐层上收，二层南面开拱形窗，窗上方横额刻有“字库”二字，两侧阴刻对联“一字千金，经通四海”。
塔　檐：六角攒尖石雕塔檐。
塔　顶：缺失。
真实性：干坝村字库基本保持了清代建筑形制，文物建筑在形制特征、材料和工艺特点等方面保留了历史原状，具有鲜明的地方特色，碑刻题记记载的历史和物质遗存可以相互印证。
完整性：干坝村字库整体保存状况较完整，基本保留了历史原构，留存不同时期的历史活动信息，周边环境能够真实反映字库选址与地形地貌的关系。</td></tr>
<tr><td rowspan="2">文物调查</td><td>形制</td><td>工艺</td><td>结构</td><td>材料</td></tr>
<tr><td>三层六边形阁楼式石塔</td><td>石构榫卯连接，各部构件整石雕刻，表面做细道和扁光相结合的加工工艺</td><td>仿木榫卯结构，内部构造为单腔空筒式</td><td>石灰、糯米浆、青石</td></tr>
<tr><td colspan="5">文物本体历史沿革
根据塔身石刻题记文献记载，该字库建于清道光三十年。
至今，该字库未做过较大修缮，基本为原状保存。</td></tr>
</table>

（续表）

保护管理工作沿革 2009 年，对该文物建筑进行普查记录。 至今，干坝村字库由江北镇和江阳区文物局协同管理。
价值评估 干坝村字库由台基、塔身、塔檐和塔顶（缺失）组成，为石质三层仿木结构，其上饰浅浮雕纹饰。形制规整美观，庄严挺拔，具有一定科学价值和社会研究价值。
风险评估 干坝村字库主要为石砌仿木结构，受大自然酸雨长期浸渍，有风化侵蚀的风险。 干坝村字库所处地区年雷雨天数较多，文物建筑遭受雷击风险较高。
现状评估 干坝村字库整体形制保存较完整，青石基座石构件缺失，现存青石歪斜、变形，塔顶缺失，塔身部分石板破损，塔身题记风化。 干坝村字库距公路约 55 米，西侧有一寺庙，塔前土路通往原码头。
“四有”工作情况 **保护范围**：暂未划定。 **保护标志**：字库正前方设青砂石铭碑一块。 **记录档案**：干坝村字库保护档案已建立，现存于江阳区文物局。 **保护管理机构**：干坝村字库现由江北镇管理，江阳区文物局主要负责对干坝村字库文物保护工作的监督、指导，并协同管理。
安全保卫情况 **安　防**：暂未安装监控等相关安防预警设施。 **消　防**：无消防设施。 **防　雷**：干坝村字库未安装防雷设施，无法满足防雷要求。
调查、考古、保护、展示工作 **保护工作**：江阳区文物局定期对文物保护单位进行安全巡查。 **利用情况**：当地宗教信徒开展宗教活动，燃香祈福。
下一阶段保护、管理、使用计划 **保护区划**：调整、完善保护区划。 **本体保护**：制订保护计划，消除存在的影响字库安全的隐患，根据最小干预的保护原则按原状进行修复。 **保护措施**：台基整体补配石构加固。 **加强研究**：加强对干坝村字库历史价值的研究工作。 **安全防护**：进一步完善安防、消防、防雷等防护措施。 **环境整治**：清除周围鸡爪竹，铺设巡查步道（采用传统方式，如铺设石板）。 **管理工作**：完善管理机制，增设管理人员。

图号 01

绘制时间：2022 年 11 月

绘 制 人：刘洋

图　　名：干坝村字库区位图

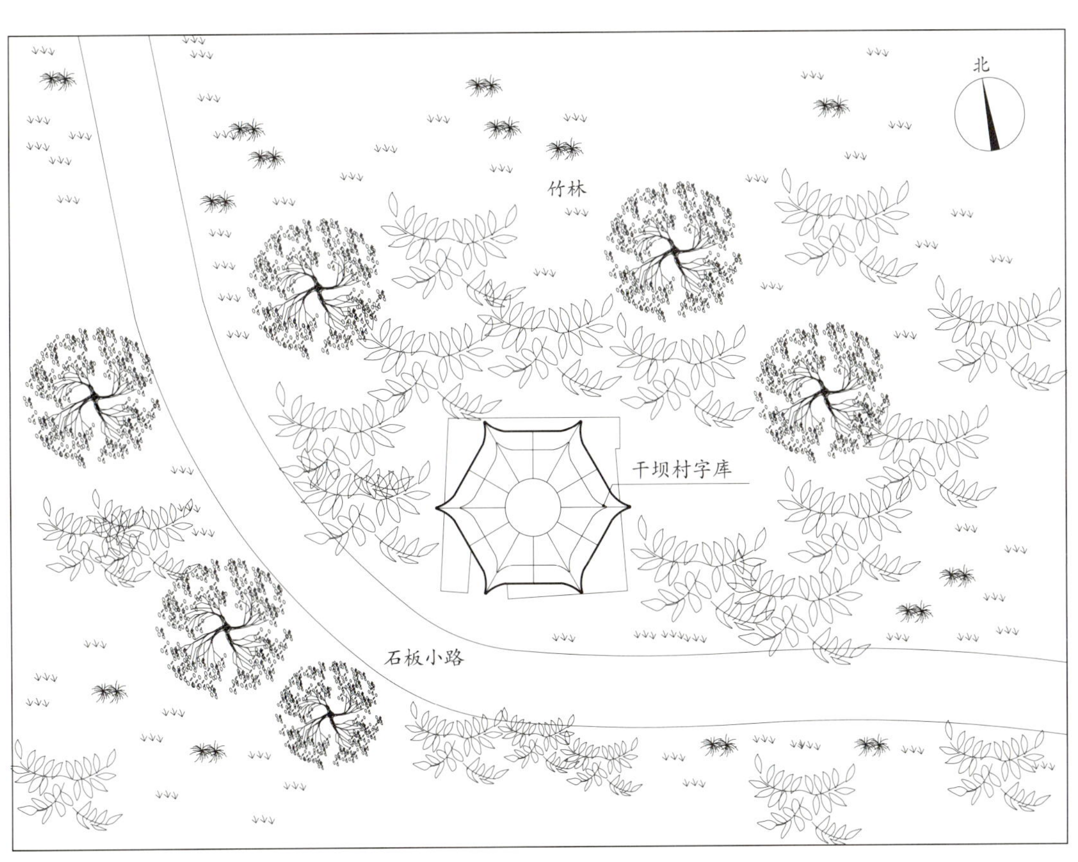

图号 02

绘制时间：2022 年 11 月

绘 制 人：刘洋

比　　例：1∶30

图　　名：干坝村字库总平面图

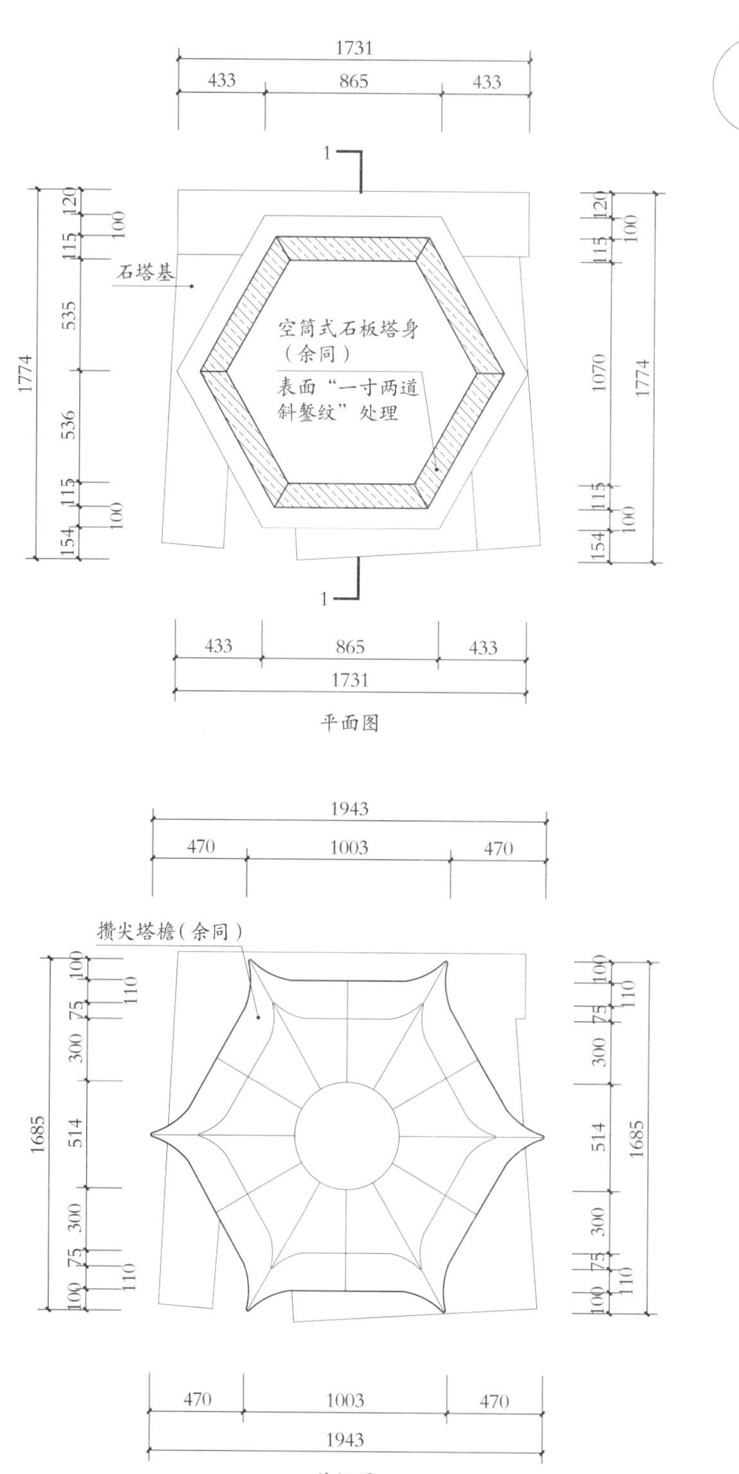

图号 03

绘制时间：2022 年 11 月

绘 制 人：刘洋

比　　例：1∶20

图　　名：干坝村字库平面图、俯视图

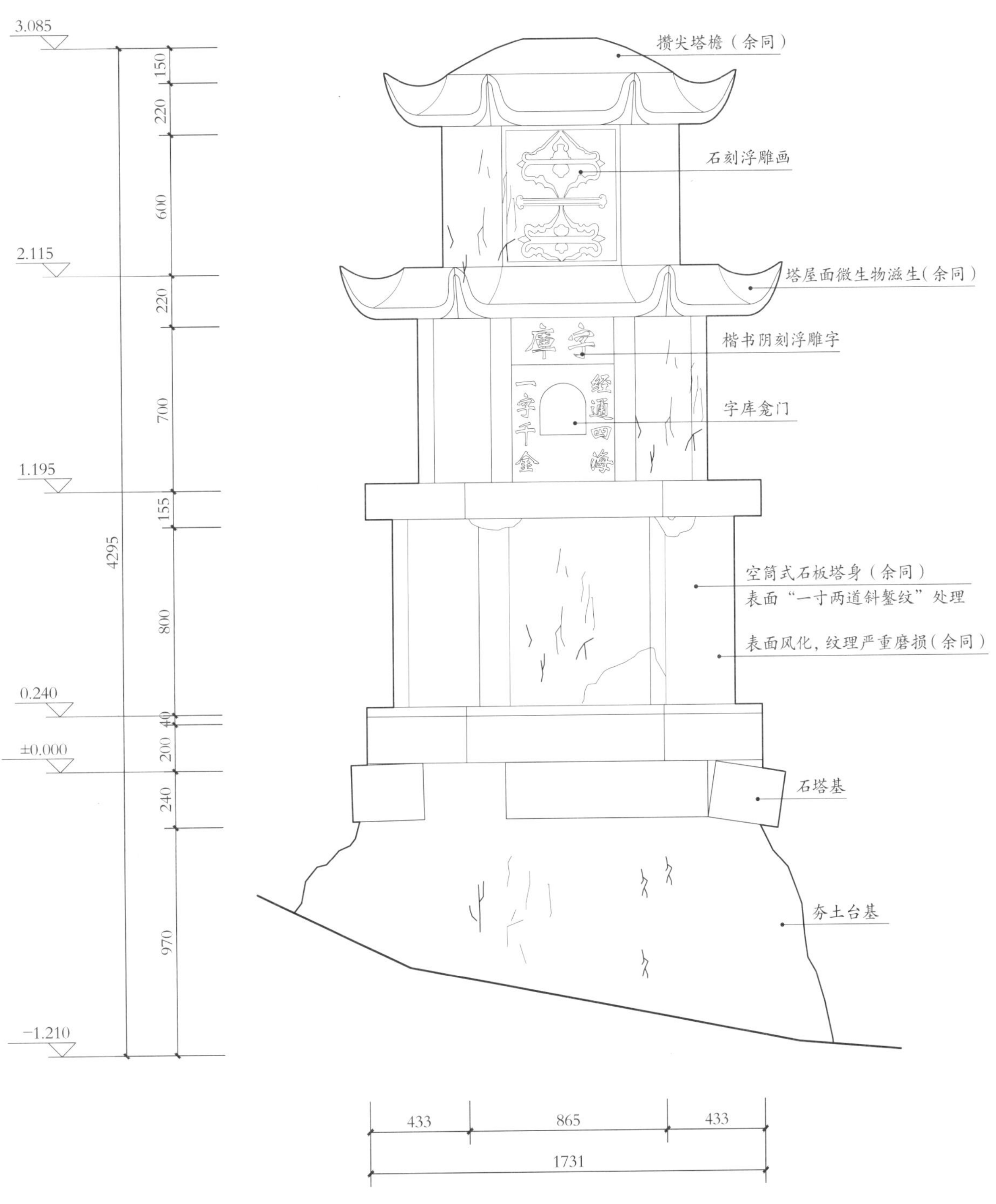

图号 04

绘制时间：2022 年 11 月

绘 制 人：刘洋

比　　例：1∶20

图　　名：干坝村字库南立面图

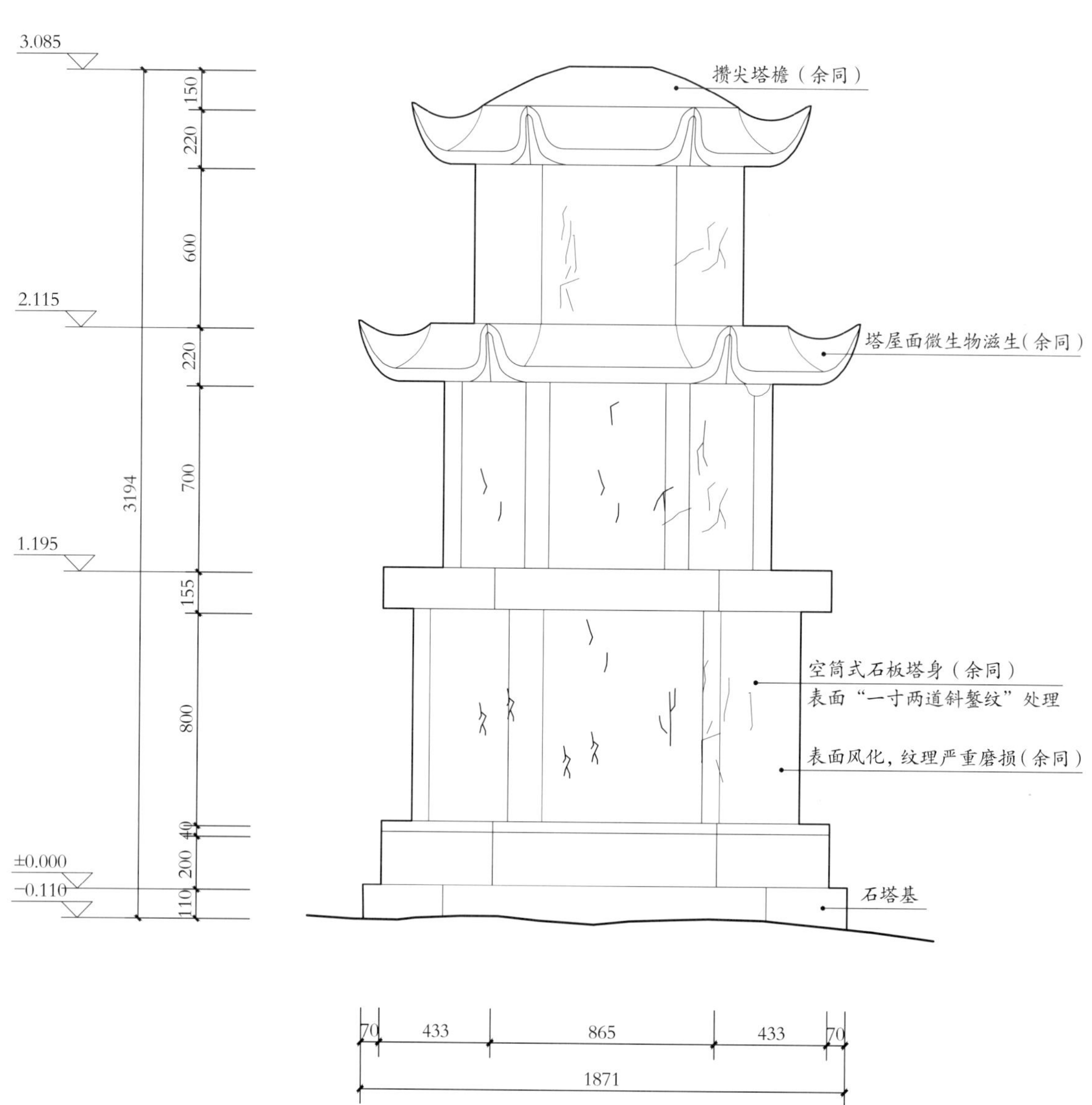

图号 05

绘制时间：2022 年 11 月

绘 制 人：刘洋

比　　例：1∶20

图　　名：干坝村字库北立面图

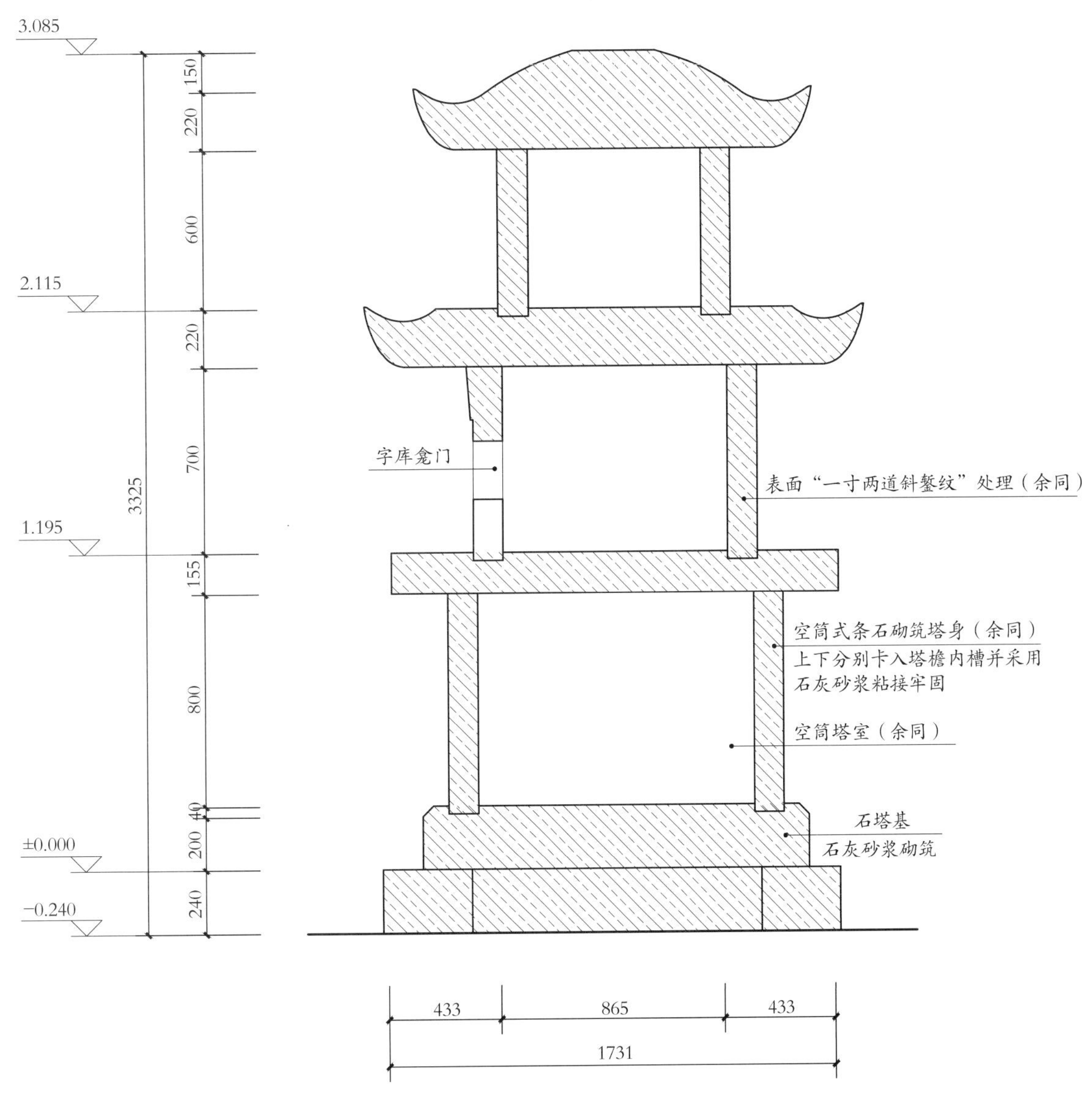

图号 06

绘制时间：2022 年 11 月

绘 制 人：刘洋

比　　例：1∶20

图　　名：干坝村字库剖面图

照片 01

拍摄时间：2022 年 10 月

拍 摄 人：刘洋

拍摄方向：由南向北

文物部位：铭碑

照片 02

拍摄时间：2022 年 10 月

拍 摄 人：刘洋

拍摄方向：由东南向西北

文物部位：青石台基

照片 03

拍摄时间：2022 年 10 月

拍 摄 人：刘洋

拍摄方向：由南向北

文物部位：南立面

照片 04

拍摄时间：2022 年 10 月
拍 摄 人：刘洋
拍摄方向：由西向东
文物部位：西立面

照片 05

拍摄时间：2022 年 10 月
拍 摄 人：刘洋
拍摄方向：由东向西
文物部位：东立面

照片 06

拍摄时间：2022 年 10 月
拍 摄 人：刘洋
拍摄方向：由东向西
文物部位：二层东立面题记

照片 07

拍摄时间：2022 年 10 月
拍 摄 人：刘洋
拍摄方向：由北向南
文物部位：一层北立面